本辑得到日本河合文化教育研究所资助，特此致谢！

北大史学

CLIO AT 17 BEIDA

北京大学历史学系编

(History Department,Peking University)

执行主编：王立新　张帆

北京大学出版社
PEKING UNIVERSITY PRESS

图书在版编目(CIP)数据

北大史学. 17/北京大学历史学系编. —北京:北京大学出版社,2012. 12
ISBN 978-7-301-21801-3

Ⅰ. ①北… Ⅱ. ①北… Ⅲ. ①史学-世界-文集②史评-世界-文集
Ⅳ. ①K0-53

中国版本图书馆 CIP 数据核字(2012)第 303029 号

书　　名: 北大史学〈17〉
著作责任者: 北京大学历史学系　编
责 任 编 辑: 张　晗
标 准 书 号: ISBN 978-7-301-21801-3/K·0921
出 版 发 行: 北京大学出版社
地　　址: 北京市海淀区成府路 205 号　100871
网　　址: http://www.pup.cn　新浪官方微博:@北京大学出版社
电 子 信 箱: pkuwsz@yahoo.com.cn
电　　话: 邮购部 62752015　发行部 62750672　编辑部 62752025
出版部 62754962
印 刷 者: 三河市北燕印装有限公司
经 销 者: 新华书店
965mm×1300mm　16 开本　26.75 印张　400 千字
2012 年 12 月第 1 版　2012 年 12 月第 1 次印刷
定　　价: 54.00 元

目　录

专题论文

读史札记

学术综述

学者访谈

书　评

学者追忆

改订西汉新莽纪年表

辛德勇

【内容提要】 由于传世文献记载简约模糊，西汉、新莽时期的历史纪年，一直存在一些比较严重的错谬，这主要包括汉武帝在现实生活中启用年号纪年的确切年代、新莽时期诸年号的名称，以及汉宣帝地节改元的时间等问题。作者近年分析相关纪年文物和《史记》、《汉书》等基本史籍的记载，得出一些新的认识，依据这些研究结论，制为本表，供学术界参考。

公元纪年	干支	庙　谥	姓名	年号	年数	改元月份	新皇帝即位月份等事
汉							
公元前							
206	乙未	太祖高皇帝	刘邦		元年		二月为汉王
205	丙申				二年		

续 表

公元纪年	干支	庙 谥	姓名	年号	年数	改元月份	新皇帝即位月份等事
204	丁酉				三年		
203	戊戌				四年		
202	己亥				五年		二月即皇帝位
201	庚子				六年		
200	辛丑				七年		
199	壬寅				八年		
198	癸卯				九年		
197	甲辰				十年		
196	乙巳				十一年		
195	丙午				十二年		五月
194	丁未	孝惠皇帝	刘盈		元年	十月	
193	戊申				二年		
192	己酉				三年		
191	庚戌				四年		
190	辛亥				五年		
189	壬子				六年		
188	癸丑				七年		八月吕后亲政
187	甲寅	（吕太后、高皇后、高后）	吕雉		元年	十月	
186	乙卯				二年		
185	丙辰				三年		
184	丁巳				四年		
183	戊午				五年		

续表

公元纪年	干支	庙谥	姓名	年号	年数	改元月份	新皇帝即位月份等事
182	己未				六年		
181	庚申				七年		
180	辛酉				八年		闰九月
179	壬戌	太宗孝文皇帝	刘恒		元年	十月	
178	癸亥				二年		
177	甲子				三年		
176	乙丑				四年		
175	丙寅				五年		
174	丁卯				六年		
173	戊辰				七年		
172	己巳				八年		
171	庚午				九年		
170	辛未				十年		
169	壬申				十一年		
168	癸酉				十二年		
167	甲戌				十三年		
166	乙亥				十四年		
165	丙子				十五年		
164	丁丑				十六年		
163	戊寅			（后元）	元年	十月	
162	己卯				二年		
161	庚辰				三年		
160	辛巳				四年		
159	壬午				五年		
158	癸未				六年		

续　表

公元纪年	干支	庙　谥	姓名	年号	年数	改元月份	新皇帝即位月份等事
157	甲申				七年		六月
156	乙酉	孝景皇帝	刘启		元年	十月	
155	丙戌				二年		
154	丁亥				三年		
153	戊子				四年		
152	己丑				五年		
151	庚寅				六年		
150	辛卯				七年		
149	壬辰			（中元）	元年		
148	癸巳				二年		
147	甲午				三年		
146	乙未				四年		
145	丙申				五年		
144	丁酉				六年		
143	戊戌			（后元）	元年		
142	己亥				二年		
141	庚子				三年		正月
140	辛丑	世宗孝武皇帝	刘彻	【建元】	元年	十月	
139	壬寅				二年		
138	癸卯				三年		
137	甲辰				四年		
136	乙巳				五年		
135	丙午				六年		
134	丁未			【元光】	元年		
133	戊申				二年		

续 表

公元纪年	干支	庙 谥	姓名	年号	年数	改元月份	新皇帝即位月份等事
132	己酉				三年		
131	庚戌				四年		
130	辛亥				五年		
129	壬子				六年		
128	癸丑			【元朔】	元年		
127	甲寅				二年		
126	乙卯				三年		
125	丙辰				四年		
124	丁巳				五年		
123	戊午				六年		
122	己未				七年		
				【元狩】	元年	十月以后	
121	庚申				二年		
120	辛酉				三年		
119	壬戌				四年		
118	癸亥				五年		
117	甲子				六年		
116	乙丑				七年		
				【元鼎】	元年	正月以后	
115	丙寅				二年		
114	丁卯				三年		
113	戊辰				四年		
112	己巳				五年		
111	庚午				六年		
110	辛未			【元封】	元年		

续 表

公元纪年	干支	庙 谥	姓名	年号	年数	改元月份	新皇帝即位月份等事
109	壬申				二年		
108	癸酉				三年		
107	甲戌				四年		
106	乙亥				五年		
105	丙子				六年		
104	丁丑				七年		
				太初	元年	十一月①	
103	戊寅				二年		
102	己卯				三年		
101	庚辰				四年		
100	辛巳			天汉	元年		
99	壬午				二年		
98	癸未				三年		
97	甲申				四年		
96	乙酉			太始	元年		
95	丙戌				二年		
94	丁亥				三年		
93	戊子				四年		
92	己丑			征和	元年		
91	庚寅				二年		
90	辛卯				三年		
89	壬辰				四年		

① 本年五月汉武帝颁行太初历，改以正月为岁首，此前系以十月为岁首，该十一月为旧历丁丑年(元封七年)岁初第二月，实际不属太初元年。又这次改元之初，很可能还没有使用年号纪年，采用太初年号，更有可能是在这一年五月与改正朔、易服色的改制措施同时实行。

续　表

公元纪年	干支	庙　谥	姓名	年号	年数	改元月份	新皇帝即位月份等事
88	癸巳			（后元）	元年		
87	甲午				二年		二月
86	乙未	孝昭皇帝	刘弗陵	始元	元年	正月	
85	丙申				二年		
84	丁酉				三年		
83	戊戌				四年		
82	己亥				五年		
81	庚子				六年		
80	辛丑			元凤	元年	八月	
79	壬寅				二年		
78	癸卯				三年		
77	甲辰				四年		
76	乙巳				五年		
75	丙午				六年		
74	丁未			元平	元年	正月	七月
73	戊申	中宗孝宣皇帝	刘询	本始	元年	正月	
72	己酉				二年		
71	庚戌				三年		
70	辛亥				四年		
69	壬子			本始	五年		
				〖地节〗	〖元年〗		
68	癸丑			本始	六年	五月追改本始五年为地节元年,本年为二年	五月宣帝亲政
				〖地节〗	〖二年〗		
				地节	二年	五月	
67	甲寅				三年		

续　表

公元纪年	干支	庙　谥	姓名	年号	年数	改元月份	新皇帝即位月份等事
66	乙卯				四年		
65	丙辰			元康	元年	四月	
64	丁巳				二年		
63	戊午				三年		
62	己未				四年		
61	庚申			神爵	元年	三月	
60	辛酉				二年		
59	壬戌				三年		
58	癸亥				四年		
57	甲子			五凤	元年	正月	
56	乙丑				二年		
55	丙寅				三年		
54	丁卯				四年		
53	戊辰			甘露	元年	四月	
52	己巳				二年		
51	庚午				三年		
50	辛未				四年		
49	壬申			黄龙	元年	二月	十二月
48	癸酉	高宗孝元皇帝	刘奭	初元	元年	正月	
47	甲戌				二年		
46	乙亥				三年		
45	丙子				四年		
44	丁丑				五年		
43	戊寅			永光	元年	正月	
42	己卯				二年		
41	庚辰				三年		

续 表

公元纪年	干支	庙　谥	姓名	年号	年数	改元月份	新皇帝即位月份等事
40	辛巳				四年		
39	壬午				五年		
38	癸未			建昭	元年	七～八月	
37	甲申				二年		
36	乙酉				三年		
35	丙戌				四年		
34	丁亥				五年		
33	戊子			竟宁	元年	正月	六月
32	己丑	统宗孝成皇帝	刘骜	建始	元年	正月	
31	庚寅				二年		
30	辛卯				三年		
29	壬辰				四年		
28	癸巳			河平	元年	三月	
27	甲午				二年		
26	乙未				三年		
25	丙申				四年		
24	丁酉			阳朔	元年	正月	
23	戊戌				二年		
22	己亥				三年		
21	庚子				四年		
20	辛丑			鸿嘉	元年	四～五月	
19	壬寅				二年		
18	癸卯				三年		
17	甲辰				四年		
16	乙巳			永始	元年	五～六月	

续 表

公元纪年	干支	庙 谥	姓名	年号	年数	改元月份	新皇帝即位月份等事
15	丙午				二年		
14	丁未				三年		
13	戊申				四年		
12	己酉			元延	元年	六～七月	
11	庚戌				二年		
10	辛亥				三年		
9	壬子				四年		
8	癸丑			绥和	元年	四月	
7	甲寅				二年		四月
6	乙卯	孝哀皇帝	刘欣	建平	元年	正月	
5	丙辰				二年		
				太初元将	元年	六月	
				建平	二年	八月	
4	丁巳				三年		
3	戊午				四年		
2	己未			元寿	元年	十二～闰十二月	
1	庚申				二年		九月
公元							
1	辛酉	元宗孝平皇帝	刘衎	元始	元年	正月	
2	壬戌				二年		
3	癸亥				三年		
4	甲子				四年		
5	乙丑				五年		十二月王莽摄政，称假皇帝或摄皇帝

续 表

公元纪年	干支	庙　谥	姓名	年号	年数	改元月份	新皇帝即位月份等事
6	丙寅	（孺子）	刘婴	居摄	元年	正月	三月立刘婴为皇太子，号孺子。
7	丁卯				二年		
8	戊辰				三年		
				初始	元年	十一月	奏事王莽始径称皇帝
			新				
9	己巳		王莽	始建国	元年	正月①	正月
10	庚午				二年		
11	辛未				三年		
12	壬申				四年		
13	癸亥				五年		
14	甲戌			始建国天凤	一年	正月	
15	乙亥				二年		
16	丙子				三年		
17	丁丑				四年		
18	戊寅				五年		
19	己卯				六年		

① 王莽改以十二月为岁首，并改称该月为正月，故此正月实际上是汉太初历戊辰年十二月。以下始建国天凤和始建国地皇的改元时间并同。

续　表

公元纪年	干支	庙　谥	姓名	年号	年数	改元月份	新皇帝即位月份等事
20	庚辰			始建国地皇	元年	正月	
21	辛巳				二年		
22	壬午				三年		
23	癸未				四年		十月王莽被杀

说明：

一、本表以方诗铭编著《中国历史纪年表》为基础并参据清人陆费墀的《帝王庙谥年讳谱》改制。增改的主要内容，是年号和每一纪元的起始时间。

二、“中元”、“后元”均外加圆括号(　)，表示当时并未使用年号纪年，这只是后世史籍习惯的用法。

三、太初以前建元至元封诸汉武帝年号，均出自后来追加，而并未用于当时纪年，故外加方括号【　】，以示区别。

四、汉宣帝在本始六年五月追改本始五年为地节元年、本始六年为地节二年，故地节元年的年号外加空心方括号〖〗相区别。

五、“改元月份”项下套加方框的月份，是《汉书》帝王本纪或《汉书·王莽传》以及颜师古《汉书》注有明确记载的改元月份，其无方框者则是根据相关史料和纪年文物所做的推测。

六、本表较方诗铭《中国历史纪年表》增改的年号和纪元起始时间，主要是依据拙著《重谈中国古代以年号纪年的启用时间》(《文史》2009年第1期)、《汉宣帝地节改元事发微》(《文史》2012年第3期)和《所谓“天凤三年鄣郡都尉”砖铭文与秦“故鄣郡”的名称以及莽汉之际的年号问题》(《文史》2011年第1、第2两期连载)这三篇文章的研究结论。其未见于上述三文论述者，说明如下：

1. 汉文帝后元元年起始于岁首十月。《汉书·文帝纪》记载文帝十六年九月诏令翌年改元,《资治通鉴》从之,故后元元年应始行于岁首。惟《史记·孝文本纪》与《史记·封禅书》俱系文帝改元事于十七年中,尚待进一步考定。

2. 汉文帝至汉昭帝间诸帝初即位改元时间,《史记》、《汉书》没有直接记载,也没有相关纪年文物(仅居延汉简中有一"始元(元)年十月甲辰朔戊辰"日文书,见谢桂华、李均明、朱国炤合著《居延汉简释文合校》之第275·10号简,北京,文物出版社,1987年,页464),这里书作翌年岁首"十月"(太初改历之前)或"正月"(太初改历之后),是按照当时惯例推定。

3. 汉武帝后元元年改元时间不详,惟居延出土有"征和五年正月庚申朔庚(下脱地支字)"简,可知此时居延尚未接奉改元诏书。该简简文见谢桂华、李均明、朱国炤合著《居延汉简释文合校》(北京,文物出版社,1987)之第273·9号简,页460。居延另有一"□□元年九月丙戌朔丙戌"日简,依朔日干支当属武帝后元元年,若释文无误,按照居延地区接奉京师诏书需要一个月上下时间推算,则最迟在八月初前当已改行新元。该简见谢桂华、李均明、朱国炤合著《居延汉简释文合校》之第178·17号简,页284。

(辛德勇 北京大学中国古代史研究中心教授)

试析开元初年山东蝗灾的应对*

张 龙

【内容提要】 唐玄宗开元初年山东地区发生大范围、持续性的蝗灾，引发朝廷内外的激烈论争：在灾异学说的影响下，一批大臣反对灭蝗；宰相姚崇在玄宗的支持下，运用火焚与填埋相结合的方法灭蝗，并取得了成功。灭蝗成功使山东地区农业免遭大面积损失，同时保证了开元初年的政治改革得以顺利进行。

在中国传统农业社会，蝗灾与水灾、旱灾并称为影响最巨的自然灾害。近年来，史学界针对历史时期蝗灾对人类社会的影响及历代应对蝗灾的政策，进行了较多的思考，取得了一系列的成果①。其中，有关唐代

---

* 本文系教育部人文社会科学重点研究基地北京大学中国古代史研究中心重大项目“6—10 世纪中国的族群凝聚与国家政治体制演进研究”(批准号 10JJD770011)课题成果之一。

① 参赵艳萍:《中国历代蝗灾与治蝗研究述评》,《中国史研究动态》2005 年第 2 期。

的研究[①]，为我们深入探讨这一时段蝗灾问题提供了宏观、概括的框架。从文献记载来看，唐代有较多蝗灾发生的记录，除了总体关注之外，对于一些重大灾害级别的蝗灾，还值得从微观层面深究其与当时社会政治、经济乃至与文化之间的关系。唐玄宗开元时期号称盛世，但其初年曾发生过一次大范围、持续性的蝗灾，灾害应对且引发了政治论争。本文希望通过对这场大蝗灾及抗灾过程的分析，发掘自然界与人类社会之间的互动关系，进而从灾害应对的视角对传统政治史作出一种新的诠释。

一、开元初年蝗灾概况

1. 蝗灾发生的时间

唐玄宗开元初年山东蝗灾发生的年代，史料记载有两个年份：开元三年(715)、开元四年(716)，说明这场蝗灾持续了两年，这是唐代迄文宗开成年间(836—840)大蝗灾之前，持续时间最长、波及范围最广的蝗灾记录。但是通过对比史料发现，关于开元初年山东发生蝗灾的记载并不一致，最大不同就是许多史料并未记录开元三年的蝗灾情况[②]，而第二年即开元四年发生的蝗灾成为各种史籍记录的重点[③]。开元四年蝗灾发生的时间诸书较为一致的记载是五月，偶有笼统记载为“四年夏”。相较于前

① 可参考么振华：《唐代自然灾害及救灾史研究综述》，《中国史研究动态》2004年第4期；彭展：《20世纪唐代蝗灾研究综述》，《防灾技术高等专科学校学报》2005年第3期。主要研究成果有张剑光、邹国慰：《唐代的蝗灾及其防治》，《南都学坛》1997年第1期；周怀宇：《隋唐五代淮河流域蝗灾考察》，《光明日报》2000年7月14日；阎守诚：《唐代的蝗灾》，《首都师范大学学报》2003年第2期；勾利军、彭展：《唐代黄河中下游地区的蝗灾分布研究》，《中州学刊》2006年第3期。

② 记录开元三年蝗灾的史料有：《旧唐书》、《新唐书》、《资治通鉴》及《册府元龟》。对于此次灾害发生的具体时间，史料中存有不同：《旧唐书·玄宗纪》记为“六月”，《新唐书·五行志》记为“七月”。《通鉴》于此有《考异》一条，从《旧史》，但未明确标出“六月”字样。《册府元龟》卷一〇五《帝王部·惠民一》收有开元三年十月乙丑诏书，记载玄宗命朝臣宣抚河南、河北两道遭蝗灾民众，但未及蝗灾发生月份。

③ 主要见于《旧唐书》、《新唐书》、《通典》、《唐会要》、《资治通鉴》、《册府元龟》及《太平广记》。

一年的蝗灾,有关开元四年蝗灾的史料明显要丰富得多。此外,也有史料以“开元初”的笼统说法来描述这次连续发生的蝗灾①。按照飞蝗的繁殖特点,在一年中可以发生一至两个世代,理论上一年可以在夏季、秋季两次发生蝗灾,而夏季是多发季节,开元初年的蝗灾正是夏季成灾。

2. 蝗灾发生的地域

据研究,唐宋时代所记载的飞蝗灾害发生严重地区,主要属于现在的河南、山东、河北、苏北与皖北一带,被波及的则有关中平原及晋西南的河流交汇谷地②。这个范围与唐代“山东”大致吻合,按照唐代的行政划分,这个区域基本是在河南、河北两道范围内③。但是据生态学的研究,长期在这些地区泛滥成灾的蝗虫是东亚飞蝗,由于它们生活的环境不同,分为河泛蝗区、沿海蝗区、滨湖蝗区和内涝蝗区。所以,虽然蝗虫同在山东地区,但它们却分属于不同蝗区。基于此,有学者针对蝗区分布将唐代河南道、河北道进行了对应划分④。除了这种关于生活环境的蝗区概念,还有针对蝗灾爆发频率而定义的蝗区,即发生基地、一般发生地和临时发生地。简言之,发生基地是蝗虫常年发生地,一般发生地即蝗虫适生区,临时发生地即蝗灾扩散区⑤。对唐代蝗灾发生的地域进行统计,可以认为,“河南道中河南府(洛阳)、兖、青、曹、海等州发生次数最多;河北道中贝州、相州、澶州、沧州等州较为严重”⑥。以上统计中发生蝗灾次数多的地

---

① 如两《唐书》之《韩思复传》以及《开天传信录》。

② 马世骏等:《中国东亚飞蝗蝗区的研究》,科学出版社,1965年,第10页。

③ 汉代的山东指华山或崤山以东,魏晋北朝隋唐时期的山东指的是太行山以东。其中,北朝后期至唐前期,“山东”一语经常用指北齐的统治范围,至唐中叶以后,“山东”又多指河北道地区。总的情形是,历史上“山东”所指区域逐步在向东部推移,涵盖的范围呈日益缩小趋势。参看钱穆:《史记地名考》,商务印书馆,2001年;劳干:《两汉户籍与地理之关系》,《历史语言研究所集刊》第5本2分,1935年;邢义田:《试释汉代的关东、关西与山东、山西》及《补正》,收于氏著《秦汉史论稿》,台北:东大图书公司,1987年;张荣芳《试论隋唐的山东与关东》,(台湾)《食货》复刊第13卷第1、2期,1983年,后收于《唐代研究论集》第三辑,台北:新文丰出版公司,1993年。

④ 参阎守诚:《唐代的蝗灾》,《首都师范大学学报》(社会科学版)2003年第2期,第13页。

⑤ 马世骏等,前引书,第19—20页。

⑥ 勾利军、彭展:《唐代黄河中下游地区蝗灾分布研究》,《中州学刊》2006年第3期,第187页。

区,应当都属于发生基地。这些蝗灾多发的地区,与开元初年蝗灾的爆发区域相吻合。

唐代山东地区之所以容易爆发大规模蝗灾,与当地的气候和地形条件关系密切。8世纪初期是我国历史上的较温暖时期①,能够满足飞蝗繁殖发育所需要的温度条件②,利于蝗虫的孳生,开元三、四年正处在这一时段。另一方面,“东亚飞蝗的主要发生地分布于长江以北的华北平原,即淮河流域、黄河流域及海河流域中下游的冲积滩地。地势多在海拔50米以下”③,这与唐代山东地域正相吻合。此外,水旱灾害的交替发生,也有利于飞蝗成灾。据统计,开元蝗灾前,山东地区曾频繁发生水、旱灾害,且以水灾为多④。需要指出的是,开元初年的山东水灾并不像后来多是黄河泛滥造成的,因为当时黄河还处在一个相对安流的时期⑤。就这一地区而言,当时泛滥的主要是洛水、瀍水及海河流域诸水系。水旱灾害的交替发生,使得沿湖、滨海、河泛及内涝地区出现大面积的荒滩或抛荒地,为飞蝗创造了适生的环境,一旦温度适宜,蝗灾就极有可能爆发⑥。

3. 蝗灾对农业的影响

开元蝗灾对当时山东地区的农业造成了严重影响。蝗灾爆发后,山东百姓“烧香礼拜,设祭祈恩,眼看食苗,手不敢近”⑦,这必然使农作物遭

---

① 蓝勇:《唐代气候变化与唐代历史兴衰》,《中国历史地理论丛》2001年第1辑,第5—6页。

② 参郭郛、陈永林、卢宝廉:《中国飞蝗生物学》第二十二章《飞蝗与温度关系》,山东科技出版社,1991年,第418—438页。

③ 马世骏等,前引书,第10页。

④ 〔日〕佐藤武敏编:《中国灾害史年表》,东京:国书刊行会,1993年;阎守诚主编《危机与应对——自然灾害与唐代社会》附录《唐代自然灾害年表》,人民出版社,2008年。

⑤ 谭其骧:《何以黄河在东汉以后会出现一个长期安流的局面》,《学术月刊》1962年第2期,收入《长水粹编》,河北教育出版社,2000年,第481—517页。

⑥ 郭郛、陈永林、卢宝廉:《中国飞蝗生物学》,第528页。

⑦ 《旧唐书》卷九六《姚崇传》,中华书局,1975年,第3024页。《资治通鉴》卷二一一,玄宗开元三年“山东大蝗”条载:“山东大蝗,民或于田旁焚香膜拜设祭而不敢杀,姚崇奏遣御史督州县捕而瘗之。”中华书局,1956年,第6710页。在此有一条胡注,认为“膜拜,胡礼拜也”。笔者以为,“膜拜”在这里并非特指某种外来宗教的仪式,该词语已经在当时中原地区广泛使用。

到损害。在有害的蝗虫种类中,大多数系为害禾谷类植物①。蝗虫之所以对农业危害大,在于它损毁人类赖以生存的粮食作物。我国中古时期的主要粮食作物有黍、粟、麦、水稻、豆、麻(大麻、胡麻)②,其中最主要的是粟、麦、水稻三类,而粟又是国家征收田租的正粮③,地位高于麦、稻。粟的种植面积自然也是最大的。据华林甫先生研究:"洛阳以东的整个河南道,除了今日的山东丘陵之外,普遍盛产谷子(粟)";而"河北道无论是太行山东麓平原,还是河北平原腹地,南起黄河,北抵燕山山脉,都是谷子盛产之地,乃是唐代谷子生产的主要产区之一"④。由于开元初年蝗灾爆发时华北地区种植的冬小麦已经收获,而当地水稻种植并不广泛,粟则处于生长期,因此开元蝗灾影响的主要作物是粟⑤。

二、姚崇主持的灭蝗战役

面对来势凶猛,持续时间长、影响范围大的蝗灾,紫微(中书)令姚崇极力主张灭蝗,他认为:"自古有讨除不得者,只是人不用命,但使齐心戮力,必是可除。"⑥为了消灭蝗虫,姚崇派遣官员到地方督促灭蝗,并采取了与以往灭蝗不同的方法。

1. 遣使督促灭蝗

开元三年蝗灾发生,姚崇即派御史下诸道,促官吏驱扑焚瘗蝗虫。姚崇此次所派当为监察御史,因为唐朝制度规定监察御史有"分察百僚,巡

---

① 马世骏等,前引书,第9页。

② 王利华:《中古华北饮食文化的变迁》,中国社会科学出版社,2000年,第66—83页。

③ 李林甫等撰,〔日〕广池千九郎训点:《大唐六典》卷三《尚书户部》"户部郎中员外郎"条,三秦出版社,1991年,第68页。

④ 华林甫:《唐代粟、麦生产的地域布局初探》,《中国农史》1990年第2期,第36—37页。

⑤ 华林甫:《唐代粟、麦生产的地域布局初探(续)》,《中国农史》1990年第3期,第35页注⑪。

⑥ 《旧唐书》卷九六《姚崇传》,第3024页。

按郡县，纠视刑狱，肃整朝仪”的职能①。开元四年蝗灾再起，朝廷先后派出两批官员到诸道督促捕蝗，第一批仍然是监察御史，第二批则为专设的捕蝗使。据《旧唐书·五行志》：“开元四年五月，山东螟蝗害稼，分遣御史捕而埋之。……八月四日，敕河南、河北检校捕蝗使狄光嗣、康濯②、敬昭道、高昌③、贾彦璿等，宜令待虫尽而刈禾将毕，即入京奏事。”④又据《旧唐书·韩思复传》，思复向朝廷上书提到“前、后驱蝗使等，伏望总停”。说明朝廷派出的驱蝗官员至少有两批。此次驱蝗、捕蝗之所以先后派出两批官员督促，原因在于发生了如汴州刺史倪若水“拒御史，不肯应命”的情况。这次朝廷委任并派出专门的捕蝗使（即驱蝗使），在中国历史上是第一次。这个捕蝗使团至少有户部郎中、殿中侍御史和监察御史参加组成⑤。其中，监察御史应该就是上面提到的第一批派往灾区的官员，后来被统一任命为捕蝗使。捕蝗使的派出对于扑灭这次蝗灾发挥了重要作用。

2. 灭蝗方法

通过史料分析可知，开元三年和四年所采取的灭蝗方法并不完全相同。开元三年“紫微令姚崇奏请差御史下诸道，促官吏遣人驱扑焚瘗，以救秋稼”。驱、扑、焚、瘗是灭蝗的四个步骤，即先驱赶、再捕捉、焚烧及填埋。但是到了开元四年，姚崇的灭蝗举措变为“蝗既解飞，夜必赴火，夜

① 《大唐六典》卷十三《御史台》“监察御史”条，第273页。

② 《旧唐书》卷三七《五行志》及《唐会要》卷四四《螟蜮》，均作“康瓘”。据赵钺、劳格考证，“康瓘”当为“康璀”或“康濯”，而唐御史台精舍题名中唯有“康濯”，以下提到此人均从“康濯”。参赵钺、劳格撰，张忱石点校：《唐御史台精舍题名考》卷一《碑阴题名》，中华书局，1997年，第14页。

③ 《旧唐书》此处人名恐有缺字。据《唐御史台精舍题名考》卷二《碑阴题名》，在监察御史题名中有“高昌瑀”，亦有写作“高昌宇”、“高昌寓”，参上引该书，第62页。

④ 《旧唐书》卷三七《五行志》，第1364页。

⑤ 狄光嗣当时为户部郎中，参劳格、赵钺著，徐敏霞、王桂珍点校：《唐尚书省郎官石柱题名考》卷十一《户部郎中》，中华书局，1992年，第533页。高昌，此人不见《唐御史台精舍题名考》记载，因五人排名按照官职高低顺序，高昌基本可以确定为监察御史。贾彦璿为监察御史确定无疑，见上引《唐御史台精舍题名考》卷二《碑阴题名》，第63页。但据《唐御史台精舍题名考》，康濯曾担任殿中侍御史和侍御史，敬昭道曾担任监察御史和殿中侍御史，而康、敬二人在开元初年的具体任职，尚不能确定。

中设火,火边掘坑,且焚且瘗,除之可尽”。也就是夜间燃火诱蝗及焚烧与填埋相结合。思路的变化,可能与开元四年成灾蝗虫的数量大有关,同时“且焚且瘗”有利于节省时间、提高效率。

对虫害的火焚之法古已有之,《诗经 · 小雅 · 大田》:“去其螟螣,及其蟊贼。无害我田稚! 田祖有神,秉畀炎火。”螟、螣(亦作螣[①])、蟊、贼是四种有害农田的昆虫。按照现代的分类法,在这四种害虫中,螣指的便是直翅目蝗科中的飞蝗[②]。据研究,《诗》“田祖有神,秉畀炎火”的本意是说:“虫灾是盛夏之时阳气不足之所致,故使阳气盛者,乃所以息虫灾。诗人谓阳气为炎火,言神能使阳气盛,虫灾因自消亡。”[③]所以“螟螣之属,阴湿则生,晴热稍敛,故祈田祖之灵,以盛阳灭之。可知当时尚未找到有效的治虫办法,或酺祭而已”[④]。强调的仍然是超自然力量对灾害消除所发挥的作用。然而史料记载:“开元四年,山东蝗虫大起,(姚)崇奏曰:‘《毛诗》云:“秉彼蟊贼,以付炎火。”又汉光武诏曰:“勉顺时政,劝督农桑,去彼蝗蜮,以及蟊贼。”此并除蝗之义也。虫既解畏人,易为驱逐。又苗稼皆有地主,救护必不辞劳。蝗既解飞,夜必赴火,夜中设火,火边掘坑,且焚且瘗,除之可尽。’”[⑤]姚崇的阐释对《诗经》原意做了引申,他采用火焚法灭蝗,其实是一种创造性的“古为今用”。在具体操作上,《诗经》郑注云“持之付与炎火,使自消亡”[⑥]。说明从前灭虫的方法是先捕后焚,这也与姚崇“且焚且瘗”的方法不同。

灭蝗的填埋之法,东汉时已见使用。《论衡 · 顺鼓篇》载:“蝗虫时至,或飞或集,所集之地,谷草枯索。吏卒部民,堑道作坎,榜驱内于堑坎,

① 《吕氏春秋 · 任地》:“大草不生,又无螟蜮。”高诱注:“蜮或作螣。食心曰螟,食叶曰蜮。兖州谓蜮为螣,音相近也。”吕不韦撰,高诱注:《吕氏春秋》(《诸子集成》本),中华书局,1954 年,第 334 页。

② 邹树文:《中国昆虫学史》,科学出版社,1981 年,第 19 页。

③ 〔日〕仁井田好古:《诗经补传》卷二一,转引自扬之水《诗经名物新证》,北京古籍出版社,2000 年,第 77 页。

④ 扬之水:《诗经名物新证》,第 77 页。

⑤ 《旧唐书》卷九六《姚崇传》,第 3023—3024 页。

⑥ 《毛诗正义》卷十四《小雅 · 大田》,阮元校刻:《十三经注疏》,中华书局,1980 年,第 476 页。

杷蝗积聚以千斛数，正攻蝗之身，蝗犹不止。"[①]说明填埋法的效果并不佳，但是在中国古代此方法曾被长期使用。其实，姚崇灭蝗的主要步骤仍然是填埋。用火焚是利用蝗虫夜间的趋光性。"飞蝗在夜间飞翔，有月光的夜晚或有星光的夜晚均可飞行。飞蝗不能在完全黑暗中飞翔。强烈灯光也可以诱导飞蝗飞行。夜间蝗虫还可以飞到火光附近。"[②]开元蝗灾，单单汴州一地就"获蝗十四万石"[③]，总体灭蝗"百余万石"[④]。形成灾害的飞蝗已经是聚集性活动群体，在夜间看到火光，必然是大批同时向光亮处飞去。捕蝗者此时站在火光周围，当大量飞蝗靠近火光并部分被火烧到时，奋力用土泼向飞蝗，致使它们在压力作用下落到事先已挖好的坑中，然后再用土填埋，造成它们被土压死或窒息而亡。所以，火在灭蝗中的作用不宜过高估计，用土填埋应当是灭蝗成效更为显著的方法。曾经极力反对灭蝗的汴州刺史倪若水的墓志中也提到了开元蝗灾，其中将朝廷所下灭蝗令记作"下埋蝗之令"[⑤]，可见当时人仍然认为"埋"是灭蝗的主要步骤。

3. 当时人对蝗灾的认识

从开元蝗灾的记载看，当时人对蝗虫孳生地已经有了一定的认识。"是时，山东诸州蝗虫，五月末在处生子，陂泽卤田尤甚。"又"恐山泽之内，或遗子息，农隙已后，各令府州县长检校，仍告按察使"[⑥]。但是，由于当时的技术条件与土地利用程度，农田及其周边的蝗虫仍是治理重点。当时，广大民众对待蝗灾的态度还是以防为主。成书于唐末的《四时纂要》收录了北朝《齐民要术》的"辟蝗虫法"："取马骨一茎，碎，以水三石煮之三五沸，去滓，以汁渍附子五个。三四日，去附子，以汁和蚕矢各等分，搅合令匀，如稠粥。去下种二十日以前，将溲种，如麦饭状。常以晴日

① 王充：《论衡》卷十五《顺鼓篇》，上海人民出版社，1974年，第240页。
② 郭郛、陈永林、卢宝廉，前引书，第385页。
③ 《旧唐书》卷九六《姚崇传》，第3024页。
④ 郑綮：《开天传信录》，《开元天宝遗事十种》，上海古籍出版社，1985年，第51页。
⑤ 周绍良、赵超主编：《唐代墓志汇编续集》开元028《大唐故尚书右丞倪公墓志铭并序》，上海古籍出版社，2001年，第471页。
⑥ 王钦若等：《册府元龟》卷一四四《帝王部·弭灾二》，中华书局，1960年，第1750页。

溲之，布上摊，搅令一日内干。明日复溲。三度即止。至下种日，以余汁再拌而种之，则苗稼不被蝗虫所害。无马骨，则全用雪水代之。雪者，五谷之精也，使禾稼耐旱。冬中宜多收雪贮用。所收必倍。煮茧蛹汁和溲，亦耐旱而肥。一亩可倍常收。”①比勘《四时纂要》的相关记载，仅文字略有差异，说明中古时期农民应对蝗虫的方法基本未变，都是通过在农田中施放特殊加工的肥料来防止蝗虫的孳生。

但是，蝗虫的栖息地大都并不在农田周围，而是“陂泽卤田”，即平原的河谷及湖泊附近的低洼地带。这些地区的农业开发较少，大部分土地并未得到利用。现代研究表明，“通过改变蝗区植被结构、调整耕作及栽培方式、保护利用天敌等非化学防治手段，人为增强自然因子的控制作用，培育有利于天敌繁衍而不利于蝗虫孳生的良性生态环境”②，才是从长远角度出发降低蝗灾爆发可能性的主要方法。然而唐代受生产条件与认识水平制约，只能采用人为扑打、焚烧、填埋等治标的办法，治本的方法尚未被人意识到。

三、蝗灾应对与政治形势

在中国历史上，因自然灾害的爆发而影响政治形势的情形屡屡出现，这一方面说明自然灾害具有严重的破坏性，另一方面则说明当时的政治形势具有不稳定性。所以，自然灾害与政治形势往往发生关联，经常互为作用。开元初年山东蝗灾的发生及其应对也反映出这种情况。

1. 开元初年的政治局面

唐玄宗开元初年承中宗、睿宗乱世之后。中宗、睿宗均为女皇武则天之子，兄弟相继当政八年(705—712)，迄至玄宗继位，共发生七次政变③，

---

① 韩鄂原编，缪启愉校释：《四时纂要校释》卷一《春令》，农业出版社，1981年，第31页。

② 朱恩林主编：《中国东亚飞蝗发生与治理》，中国农业出版社，1999年，第34页。

③ 汪篯：《唐玄宗安定皇位的政策和姚崇的关系——玄宗朝政治史发微之一》，唐长孺等编：《汪篯隋唐史论稿》，中国社会科学出版社，1981年，第189—190页。

换了四个皇帝。玄宗亲自发动参加过两次政变，他本人的地位也在政变中迅速上升。但是，频繁的政变显然不利于和平建设，因而唐玄宗即位后决心改变国家生活中这种不正常的状况。于是，具有丰富管理经验的“纯朴经术之士”姚崇成了协助玄宗稳定统治、开创治世局面的重要人物。史载，姚崇在出任宰相前曾上“十事要说”[①]，玄宗对姚崇所提改革措施均予认可，姚崇才同意出任宰相。姚崇上台后主要辅佐玄宗做了四项工作：(1)及时实现政治重点的转移；(2)裁汰冗员、选贤任能；(3)勤政节俭、除弊劝农；(4)抑制边功，维持和平发展。这些措施，对于开元初年的政治稳定和社会发展起到了重要作用，但却损害了相当一部分皇亲和勋贵的利益。由于许多措施都是姚崇建议玄宗下诏实行的[②]，因而也招来了既得利益受损者的多方怨恨。恰在此时，山东连续两年发生大蝗灾，这为失势者攻击朝政，指斥玄宗、姚崇的政策提供了机会。在这种情况下，玄宗、姚崇坚决灭蝗，减少灾害损失，保证了国家的持续稳定和各项改革措施的继续推行。

2. 玄宗对蝗灾的态度

在这场灭蝗战役中，姚崇的位置和作用突出。作为最高统治者——玄宗并未出现在前台，与其曾祖太宗皇帝相比，似乎有些逊色。史载，“贞观二年(628)，京师旱，蝗虫大起。太宗入苑视禾，见蝗虫掇数枚而咒曰：‘人以谷为命，而汝食之，是害于百姓。百姓有过，在予一人，尔其有灵，但当食我，无害百姓。’将吞之，左右遽谏曰：‘恐成疾，不可。’太宗曰：‘所冀移灾朕躬，何疾之避！’遂吞之。自是蝗不复为灾。”[③]一般认为，太宗吞蝗的做法“表现了当时最高决策者在蝗灾面前的大无畏精神以及减灾的决心，这对于改善灾民的灾害心理和减灾心理，提高其参与社会减灾和自我减灾的自觉性，积极投身于灭蝗这样的减灾之中，以降低自然灾害

---

① 《新唐书》卷一二四《姚崇传》，中华书局，1975年，第4383页。

② 汪篯：《唐玄宗时期吏治与文学之争——玄宗朝政治史发微之二》，唐长孺等编：《汪篯隋唐史论稿》，第196—208页。

③ 吴兢撰，谢保成集校：《贞观政要集校》卷八《务农第三十》，中华书局，2003年，第424页。

给灾区造成的经济损失和心理恐慌，具有强力的推动作用”①。然而，太宗此举虽对减少民众心理恐慌有意义，但在治蝗、灭蝗上并不具有任何直接作用。

史书对玄宗的记载则是：“帝曰：‘杀虫太多，有伤和气，公其思之。’崇曰：‘若救人杀虫致祸，臣所甘心。’”②韩思复上书建议玄宗要收揽人心，玄宗“深然之，出思复疏以付崇”③，姚崇却将韩思复派往山东检查灾情，后将其出为德州刺史，玄宗对此并未阻止。《资治通鉴》载：“姚崇奏遣御史督州县捕（蝗）而瘗之。议者以为蝗众多，除不可尽；上亦疑之。崇曰：‘今蝗满山东，河南、北之人，流亡殆尽，岂可坐视食苗，会不救乎！借使除之不尽，犹胜养以成灾。’上乃从之。”④虽然《开天传信录》载：“上谓左右曰：‘吾与贤相讨论已定，捕蝗之事，敢议者死。’”⑤但从多数史料来看，玄宗在蝗灾应对问题上并没有积极发挥主导作用。而姚崇如此积极地承担责任，是开元初年政治改革的成果，作为宰相的姚崇既然是行政首脑，当然应该在国家行政事务中发挥主要作用。而玄宗作为最高统治者，他的职责之一就是赋予行政首脑以参政和执行的权力，并监督他们如何行使权力。所以，玄宗没有出现在灭蝗的第一线无可厚非，但他对于灾害对朝廷政治的影响是有清醒认识的。

玄宗身为太子时，就曾发生灾异影响朝廷政治的事件。景云二年（711）十月，睿宗以“政教多阙，水旱为灾，府库益竭，僚吏日滋”的理由将“辅佐非才”的太子之党郭元振、李日知、张说三人罢相，换以太平公主的亲信知政事⑥。第二年七月，彗星见，“太平公主使术者言于上曰：‘彗所以除旧布新，又帝座及心前星皆有变，皇太子当为天子。’上曰：‘传德避灾，吾志决矣。’”⑦这两次借助灾异影响政局的事件，距离开元三、四年的

① 魏明孔：《唐初对于自然灾害的认识及其赈灾决策述论》，赫治清主编：《中国古代灾害史研究》，中国社会科学出版社，2007 年，第 135 页。

② 《旧唐书》卷三七《五行志》，第 1364 页。

③ 《旧唐书》卷一〇一《韩思复传》，第 3149 页。

④ 《资治通鉴》卷二一一，玄宗开元三年“山东大蝗”条，第 6710—6711 页。

⑤ 《开天传信录》，第 50—51 页。

⑥ 《资治通鉴》卷二一〇，睿宗景云二年（711）十月甲辰条，第 6667 页。

⑦ 《资治通鉴》卷二一〇，睿宗景云三年（712）七月条，第 6673—6674 页。

蝗灾非常近，玄宗作为当时的亲历者，对此是非常清楚的。所以，当他面对开元初年的严重蝗灾时，并没有轻举妄动。依据礼法，遭遇灾害时，皇帝要采取自谴、避正殿、减膳、改元、出宫女等弭灾行为及祈祷、祭祀等仪式活动[①]。例如，唐朝自高祖至睿宗的历代皇帝，凡有蝗灾发生都有自谴、修德的政治宣传与弭灾活动。即使太宗吞蝗之举，同样具有祈祷的意味。可是，面对巨大的蝗灾，玄宗不仅没有弭灾、祈祷的活动，反而在诏书中说“水旱虫螟，代则常有”[②]，将对灾害的认识平常化，而没有将其上升到少德天谴的层面。开元四年蝗灾又起，玄宗于五月再次下诏，对官员灭蝗提出明确要求：

> 今年蝗虫暴起，乃是孳生，所由官司不早除遏，信虫成长，开食田苗，不恤人灾，自为身计。向若信其拘忌，不有指麾，则山东田苗扫地俱尽。使人等至彼催督，其中犹有推讬。以此当委官员责实，若有勤劳用命，保护田苗，须有褒贬，以明得失。前后使人等审定功过，各具所由州县长官等姓名闻。此虫若不尽除，今年还更生子。委使人分州县计会，勿使遗类。[③]

这份诏书强调，地方官员务必尽力减少农业损失。因为这场蝗灾发生的地域是山东地区，即河南道、河北道。这个区域在唐前期是国家的基本经济区[④]，唐朝的田租、赋税有相当大部分出自这个地区。如果这个区域出现严重的自然灾害导致农业减产，就会造成国家财政困难；百姓由于农业减产而衣食无着、流离失所，若被人利用，则可能发生影响政局的重大事件。所以，姚崇讲：“河北、河南，无多贮积，倘不收获，岂免流离，事系安危，不可胶柱。”[⑤]对这一点，玄宗也是清楚的。在玄宗、姚崇君臣的戮力同心下，开元初年蝗灾的损失程度降低了许多。开元五年正月玄宗

① 阎守诚主编：《危机与应对——自然灾害与唐代社会》第五章《唐代皇帝与弭灾》，第183—212页。

② 《册府元龟》卷一〇五《帝王部·惠民一》，第1259页。

③ 《册府元龟》卷一四四《帝王部·弭灾二》，第1750页。

④ 冀朝鼎著，朱诗鳌译：《中国历史上的基本经济区与水利事业的发展》，中国社会科学出版社，1981年。

⑤ 《旧唐书》卷九六《姚崇传》，第3024页。

幸东都,二月下诏“河南北遭涝及蝗虫处,无出今年租”①。按照唐前期的规定:“凡水旱虫霜为灾,十分损四分以上免租,损六以上免租调,损七以上课役俱免。”②可见,开元初年蝗灾的损失当在十分之四以内,所以百姓才“不至大饥”。开元四年闰十二月,姚崇罢相,宋璟继之,完成了宰相权力的交接,政局更加稳定。次年未再发生蝗灾,玄宗于十月下诏:“朕绍膺洪业,于兹六载,每惇政理,思致和平,而阴阳未调,蝗水仍集,天之垂诫,朕甚惧焉!”③借此张扬天人合一、天人感应的儒家学说,玄宗的这种表态是适当的,反映了他高明的政治智慧。

3. 朝臣反对灭蝗试析

开元四年五月玄宗所下诏书中明确提到“使人等至彼催督,其中犹有推托”,即朝廷派御史到处督促灭蝗,而地方“犹有推托”,说明反对灭蝗的势力很强。在唐代,“灾异天谴说”仍在民间社会上广泛流行,人们将突降的天灾认为是上天的惩罚,特别是蝗灾。因为,蝗灾是一种生物灾害,蝗虫具有生命,被认为是神虫,所以蝗灾的发生具有强烈的天谴意味。由于姚崇在开元三年蝗灾时便采用灭蝗之法,而开元四年仍然“山东大蝗”,于是便有朝臣对灭蝗政策产生了怀疑并表示反对。史书记载了卢怀慎、倪若水、韩思复三位大臣反对灭蝗的言论,可以据之略作分析。

卢怀慎提出勿伤“和气”。他劝谏姚崇“蝗是天灾,岂可制以人事?外议咸以为非。又杀虫太多,有伤和气。今犹可复,请公思之”④。“和气”⑤,

---

① 《册府元龟》卷八五《帝王部·赦宥四》,第1002页。

② 杜佑撰,王文锦等点校:《通典》卷六《食货》六,中华书局,1988年,第106页。

③ 《册府元龟》卷六三《帝王部·发号令二》,第708页。

④ 这里涉及一个材料问题,黄门监卢怀慎以伤和气为由,反对姚崇推行的灭蝗政策。两《唐书》之《姚崇传》均直接记述开元四年蝗灾,不提及开元三年灾情,卢怀慎反对灭蝗的内容亦列于开元四年之下,而《资治通鉴》则将“卢怀慎以为杀蝗太多,恐伤和气”的内容安排在开元三年蝗灾条下。鉴于开元四年蝗灾的巨大影响力和朝廷上下的重视程度,卢怀慎的表态应当在开元四年,《资治通鉴》的史料编排恐不妥。

⑤ 《汉书》卷五八《公孙弘传》针对“和气”有一段概括:“人主和德于上,百姓和合于下,故心和则气和,气和则形和,形和则声和,声和则天地之和应矣。故阴阳和,风雨时,甘露降,五谷登,六畜蕃,嘉禾兴,朱草生,山不童,泽不涸,此和之至也。故形和则无疾,无疾则不夭,故父不丧子,兄不哭弟。德配天地,明并日月,则麟凤至,龟龙在郊,河出图,洛出书,远方之君莫不说义,奉币而来朝,此和之极也。”中华书局,1962年,第2616页。

在传统社会长期被认为与政权稳固、社会安定密切相关。倪若水主张修德以应对蝗灾:“蝗是天灾,自宜修德。刘聪时除既不得,为害更深。”而姚崇的回答非常巧妙:“刘聪伪主,德不胜妖;今日圣朝,妖不胜德。古之良守,蝗虫避境,若其修德可免,彼岂无德致然!今坐看食苗,何忍不救,因以饥馑,将何自安?幸勿迟回,自招悔吝。”①所谓修德,就是“把灾害的出现归因失德,是相信超自然意志的存在。这种超自然意志左右着灾害的来去,要感动、讨好这个超自然意志,才能免灾,于是就要拼命修德、拜德。……这个超自然的意志,执行的其实是人类的价值观”②。古代社会面对灾害发生时,修德是经常被提及的所谓应对方法。韩思复则要求皇帝“悔过责躬”。他上书说:“夹河州县,飞蝗所至,苗辄尽,今游食至洛。使者往来,不敢显言。且天灾流行,庸可尽瘗?望陛下悔过责躬,损不急之务,任至公之人,持此诚实以答谴咎,其驱蝗使一切宜罢。”③

显然,这三个人的言论都属于“灾异天谴说”一类。从史料记载看,此三人均是忠臣良吏,他们与姚崇之间没有任何矛盾,且曾得到姚崇的赏识④。他们之所以反对灭蝗,乃是受传统政治文化影响。而且从他们阻止灭蝗的言行中,还确实暴露出灭蝗工作存在的问题。韩思复指出在灭蝗过程中存在灾情谎报、瞒报现象。“崇建遣思复使山东按所损,还,以实言。崇又遣监察御史刘沼覆视,沼希宰相意,悉易故牒以闻,故河南数州赋不得蠲。崇恶之,出为德州刺史。”⑤刘沼“希宰相意”,说明在灾情的汇报中确实存在虚报、瞒报的问题。姚崇之所以贬斥韩思复,不过是形势使然,他希望尽快完成灭蝗工作,平息因灭蝗所产生的一切负面舆论。

但是,阻挠灭蝗的官员并不都是具有坦荡胸怀的忠臣良吏,借蝗灾发生而妄图恢复个人权利,报复政治对手的也大有人在。例如时人张鷟在其所撰《朝野佥载》中说:“开元四年,河南北螽为灾,飞则翳日,大如指,

① 《旧唐书》卷九六《姚崇传》,第3024页。
② 唐晓峰:《从混沌到秩序——中国上古地理思想史述论》,中华书局,2010年,第54页。
③ 《新唐书》卷一一八《韩思复传》,第4272页。
④ 《资治通鉴》卷二一一,玄宗开元三年正月“臣光曰”,第6709页;张鷟撰,赵守俨点校:《朝野佥载》,中华书局,1979年,第171页;前引《倪若水墓志》,第471页;《旧唐书》卷一〇一《韩思复传》,第3148页。
⑤ 《新唐书》卷一一八《韩思复传》,第4272页。

食苗草树叶连根并尽。敕差使与州县相知驱逐,采得一石者与一石粟;一斗,粟亦如之,掘坑埋却。埋一石则十石生,卵大如黍米,厚半寸盖地。浮休子曰:昔文武圣皇帝时,绕京城蝗大起,帝令取而观之,对仗选一大者,祝之曰:'朕政刑乖僻,仁信未孚,当食我心,无害苗稼。'遂吞之。须臾,有鸟如鹳,百万为群,拾蝗一日而尽。此乃精感所致。天若偶然,则如勿生;天若为厉,埋之滋甚。当明德慎罚,以答天谴,奈何不见福修以禳灾,而欲逞杀以消祸!此宰相姚元崇失燮理之道矣。"①张鷟夸大此次蝗灾的危害程度,所谓"埋一石则十石生,卵大如黍米,厚半寸盖地"明显是捏造事实抨击灭蝗,并将灾害的根由归罪"宰相姚元崇失燮理之道"。张鷟之所以如此,在于他和姚崇之间的个人恩怨。史载张鷟"性褊躁,不持士行,尤为端士所恶,姚崇甚薄之。开元初,淳正风俗,鷟为御史李全交所纠,言鷟语多讥刺时,坐贬岭南"②。因此,他便借蝗灾发生之机来攻击姚崇。不过,张鷟并非有权势的大臣。那些曾受姚崇打压的贵戚勋臣们是否也曾借机发难,史载阙如,不能妄加推测。

4. 姚崇在灭蝗中的作用

姚崇在开元初年蝗灾中,始终站在灭蝗第一线,扮演了灭蝗总指挥的形象,这也是开元初年中枢政治结构所使然。唐至玄宗朝,中央决策行政机制发生了很大变化。自武则天时担任中书令的裴炎将政事堂移至中书省,"以中书令为首的政事堂,逐渐改变了过去作为宰相议事之所的性质,成为宰相处理政务的机关。中书省成为政务运作的中心,中书令也因此成为了掌庶政的行政首脑"③。至玄宗临朝,又实行一种新的施政方式,"只用为数甚少的宰相,通常只有两三人,其中一人在制订政策时起

---

① 李昉等编:《太平广记》卷四七四《蝗》引《朝野佥载》,中华书局,1961 年,第 3906—3907 页。这条材料包含的信息比较多:捕蝗予粟的政策,称颂太宗吞蝗的行为,天敌灭蝗等。其中捕蝗予粟一事不见于其他唐代史料记载,恐为作者取唐以前资料与开元初年史事编织而成。

② 《旧唐书》卷一四九《张荐传》,第 4023 页。

③ 吴宗国主编:《中国古代官僚政治制度研究》,北京大学出版社,2004 年,第 166—167 页。

决定性作用"[①]。有学者将其中起决定性作用的宰相,称为"首辅",玄宗与"首辅"的关系,类似后代政治学上的权能分立。君主有权,可以任免宰相;宰相有能,可以驱百官而治国[②]。开元初年的姚崇就是被任命为中书(紫微)令而成为首辅大臣,玄宗将其视为"任以庶政"的行政长官[③]。面对如此重大的蝗虫灾害,作为行政长官的姚崇必须担当起职责,力行灭蝗。所以他才对灭蝗提出异议的宰相卢怀慎说:"此事崇已面经奏定讫,请公勿复为言。若救人杀虫,因缘致祸,崇请独受,义不仰关。"[④]同时,他也向玄宗表示:"陛下好生恶杀,此事请不烦出敕,乞容臣出牒处分。"[⑤]这些都是他的职责使然。过去曾有说法认为姚崇之所以敢于灭蝗,在于他具有唯物主义思想,其实未必,可能更多还是与他作为首辅的职责和吏治型官员的性格有关。汪篯先生认为,开元时代政治核心集团中存在着文学与吏治的斗争,其中姚崇是吏治型官员的代表[⑥]。吏治,表现在吏干与务实,即运用权力、施展才干为皇帝处理好具体政务。姚崇作为两名宰相中的首辅,居于决定地位并负有主要责任,倘若处理不好这场蝗灾,他必然难辞其咎。

除此之外,中国传统政治文化赋予宰相的"燮理阴阳"职能,对姚崇也有很大的影响[⑦],上文提到张鷟正是利用这一点来攻击姚崇。宰相"燮理阴阳说"在古代中国由来久远,至唐代仍然十分盛行。唐中宗朝宰相苏瓌曾撰文道:"宰相者,上佐天子,下理阴阳,万物之司命也。居司命之位,苟不以道应命,翱翔自处,上则阻天地之交泰,中则绝性命之至理,下则阻生物之阜植。"[⑧]文章中强调宰相必须能够"佐天子,理阴阳"。《太平广记》记载了中宗朝宰相杨再思死后在地府受审判的故事:"大足元年

① 〔英〕崔瑞德编,中国社会科学院历史研究所西方汉学研究课题组译:《剑桥中国隋唐史(589—906年)》,中国社会科学出版社,1990年,第345页。

② 王吉林:《君相之间——唐代宰相与政治》,中国人民大学出版社,2007年,第167页。

③ 吴宗国主编:《中国古代官僚政治制度研究》,第167页注②。

④ 《旧唐书》卷九六《姚崇传》,第3025页。

⑤ 同上书,第3024页。

⑥ 汪篯:《唐玄宗时期吏治与文学之争——玄宗朝政治史发微之二》,唐长孺等编:《汪篯隋唐史论稿》,第196—198页。

⑦ 参阎守诚、李军:《自然灾害与唐朝宰相》,《晋阳学刊》2004年第1期,第82—85页。

⑧ 苏瓌《中枢龟镜》,董诰等编:《全唐文》卷一六八,中华书局,1983年,第1723—1724页。

(701),河北蝗虫为灾,烝人不粒。再思为相,不能开仓赈给,至令百姓流离,饿死者二万余人。宰相燮理阴阳,再思刑政不平,用伤和气,遂令河南三郡大水,漂溺数千人。如此者凡六七件,示再思,再思再拜伏罪。忽有手大如床,毛鬣可畏,攫再思。指间血流,腾空而去。”①杨再思未处理好阴阳即天人关系,导致和气大伤,蝗、水为灾,因而受到惩罚。由于深知宰相具有“燮理阴阳”职责,所以作为“救时宰相”的姚崇要采取措施迅速平息这场大蝗灾,避免自己陷入被动局面,更要防止改革政局遭受破坏。

四、结语

显然,围绕开元初年山东蝗灾应对产生的论争,除了受传统的灾异学说影响之外,还有更深刻的政治原因:确保国家“衣食之源”的山东地区农业不受重大打击,是坚持灭蝗的直接意图;防止借蝗灾否定现实政治改革,是坚持灭蝗的深层考虑。具体来说,开元初年的玄宗统治还不巩固,他正在姚崇的协助下大刀阔斧地进行政治改革,许多皇亲、勋贵在改革中失势,他们是一些不稳定的政治因素。大面积的蝗灾恰于此时爆发,如果只是消极应对(如祈祷、自责),势必给广大山东地区造成严重的农业损失,导致饥荒的出现。这种局面一旦被人利用,后果不堪设想。所以玄宗、姚崇君臣从维护稳定、坚持改革的愿望出发,采取措施冲破各种阻力,取得了灭蝗斗争的胜利。至于姚崇在灭蝗中扮演总指挥的角色,则因为当时中枢政治结构较唐初已有很大变化,宰相已成为“任以庶政”的行政长官,他出面主持灭蝗,实乃职责所系。

(张龙　人民出版社编辑)

① 《太平广记》卷三八〇《杨再思》引《广异记》,第3024页。

论唐宋时期的"赐绯紫"

陈文龙

【内容提要】 中古时期的服色分等多与军事活动有关,赐绯紫也不例外。唐代赐绯紫主要包括皇帝亲赐绯紫、长官为僚属奏荐赐服以及制度性赐服三类。唐代宦官服色不依散官,一般宦官穿黄色衣服,同时存在赐绿、赐绯和赐紫,三者与散官的关系非常松散。宋代前期继承唐后期制度,官员服色依散官,分绿、绯、紫三等,赐绯紫与年劳的结合是宋代赐服的重要特点。赐服使官员服色与散官发生偏离,同时也缩小了官服等级与官员实际地位的差距,使得服色依散官制度得以维持。

中国古代服饰大多具有区分等级的功能,所谓"分别礼数,莫过舆服"①。隋唐时期建立的官员服色等级制度,就是服饰区分等级的重要表现之一。唐太宗贞观四年(630)"八月丙午,诏三品已上服紫,五品已上

① 《南齐书》卷一七《舆服志》,中华书局点校本,第343页。有关服饰等级的简要概述,参看阎步克《服周之冕——〈周礼〉六冕礼制的兴衰变异》,中华书局,2009年,第5—8页。

服绯，六品七品以绿，八品九品以青”①。这里的“品”指散官官品，对此古今学者多有论述②。此后官员服色等级规定基本是在这一制度基础上的变更。官员服色依散官，在此之外，还出现大量“赐绯紫”以及“赐绿”行为。赐绯紫的基本含义是，允许散官不够高的官员服绯或服紫。赐服色始于何时？它会出现在哪些场合？赐服色的制度意义何在？黄正建先生认为“赐绯紫”实质是表面上不违反“服色依散官品”原则上的变通，是向服色依职事官品制度的过渡。黄先生还指出唐后期开始取消青色官服③。这个说法是有启发意义的，但唐宋时期并不存在服色依职事官品的制度，那么是否还存在以上所说的过渡？仅仅关注唐代的赐服，不容易看出赐服的制度意义，因此有必要将视线扩展至宋代。张苹、马冬二位先生专门考察了唐后期宦官的“赐紫绯”行为④，但对宦官赐服的特殊之处并无太多揭示。对唐宋时期赐绯紫的系统考察能较为完满地回答上面的问题。

一、赐绯紫的军事起源

赐绯紫在开元以后非常普遍，中高层文武百官都有可能获得这一待遇。赐绯紫的最初起源和军事活动有关。宋代高承《事物纪原》卷一“借紫”条云：

---

① 《旧唐书》卷三《太宗纪下》，中华书局点校本，第40页；又参看《旧唐书》卷四五《舆服志》，第1952页。

② 王楙：《野客丛书》卷二七“唐阶官之制”，中华书局，2007年，第311页。胡仔：《苕溪渔隐丛话前集》卷二一《白乐天》引蔡宽夫《诗话》，人民文学出版社，1962年，第138页。钱大昕：《十驾斋养新录》卷一〇“唐人服色视散官”，江苏古籍出版社，2000年，第213—214页。陈寅恪：《元白诗笺证稿》第二章《琵琶引》，三联书店，2001年，第60—62页。黄清连：《唐代散官试论》，《历史语言所集刊》第58本第1分，1987年，第187—196页。

③ 黄正建：《王涯奏文与唐后期车服制度的变化》，荣新江主编：《唐研究》第十卷，北京大学出版社，2004年；又收入黄正建主编：《中晚唐社会与政治研究》第四章第二节《唐后期车服制度的变化——以文宗朝王涯奏文为中心》，中国社会科学出版社，2006年，第374—380页。

④ 张苹、马冬：《墓志所见晚唐内侍省官员与“赐紫绯”》，《中国历史文物》2010年第6期。

> 又《通典》曰：唐武后天授二年(691)八月，右羽林大将军建昌王攸宁借紫衫金带，九月二十六日除纳言，依旧著紫带金龟。则借紫之制，自则天时武攸宁始也。①

以上所引《通典》，见该书卷六三《嘉礼八》②。天授二年二月，武则天改羽林军为羽林卫，并建立一套完整的职官系统，武攸宁任左羽林大将军，就是武则天控制禁军的重要一环③。借紫出现在天授二年是非常有象征意义的。借紫始于武攸宁，并不是说此前没有赐服。唐高祖时期就有不少赐服行为，比如高祖赐王君廓"锦袍金带，还镇幽州"④。不过这是个别的、临时场合的赐服，借紫则是一个制度规定，很有可能还入官衔。

唐玄宗即位之前，有大规模给立功武职人员赐绯紫的举动：

> 及(景龙)四年(710)六月，中宗遇弑，韦后称制……及二十日夜，玄宗入苑中……又召钟绍京领总监丁匠刀锯百人至，因斩关而入，后及安乐公主等皆为乱兵所杀。其夜，少帝以玄宗著大勋，进封平王。以绍京、(刘)幽求知政事，署诏敕。(薛)崇简、(麻)嗣宗及(葛)福顺、(李)宜德，功大者为将军，次者为中郎将。其时，梓宫在殡，举城缟素。及明，玄宗引新立功者皆衣紫衣绯，持满铁骑而出，倾城聚观欢慰。⑤

在玄宗消灭韦后的军事行动中，立功将领除了命为将军或中郎将外，还特别给他们"衣紫衣绯"的待遇，这立刻造成非常明显的视觉效果，"倾城聚观欢慰"。在此后一系列的军事活动中，很多军官获得了赐服：

> 【曹仁】寓县复安，皇家再造，论功议赏，不独织箔之人，颁禄封官，岂后贩缯之子。遂授左骁卫绛州涑川府左果毅同正，赐绯，是乃

① 《事物纪原》卷一，中华书局，1989年，第42页。

② 《通典》卷六三《嘉礼八》，中华书局点校本，1996年，第二册第1770页。

③ 蒙曼：《唐代前期北衙禁军制度研究》，中央民族大学出版社，2005年，第52—54页。

④ 《旧唐书》卷六〇《宗室传·庐江王瑗传附王君廓》，第2352页。这种临时赐服，参看马冬：《唐代官僚服饰赏赐制度渊源及其流变》，《中国文化研究》2006年秋之卷，第104—105页。

⑤ 《旧唐书》卷一〇六《王毛仲传》，第3252—3253页。

唐元之初酬其庸也。①

【高德】唐元之初，巨朋间衅，我皇召貔熊，斩枭镜，从安区寓，立乎大功……超授定远将军、右龙武军翊府中郎、赐紫金鱼袋、长上、上柱国、内带弓箭。②

【齐子】国祚重兴，元勋见赏，初任晋州羊邑府左果毅，赐绯鱼袋……又迁游骑将军、陕郡上阳府折冲，赐紫金鱼袋。③

【李福延】唐元功臣、左金吾卫大将军、赐紫金鱼袋、上柱国。④

可见，赐绯紫最早出现在军人群体中。开元二十年(732)十一月祀后土后大赦天下，《旧唐书》将赦文节略为："左降官量移近处，内外文武官加一阶，开元勋臣尽假紫及绯。"⑤赦书把内外文武官和开元勋臣区别开来，只有开元勋臣才可以享受尽赐绯紫的待遇，这也从一个侧面印证赐服最早发生在军队系统中的观点。后来赐绯紫的泛滥，也大多集中在军官当中。开元二年规定："承前诸军人多有借绯及鱼袋者，军中卑品，此色甚多，无功滥赏，深非道理。宜敕诸军镇，但是从京借，并军中权借者，并委敕到收取，待立功日，据功合得郎将以上者，委先借后奏。"⑥开元二十五年敕云："绯紫之服，班命所崇，以赏有功，不可僭滥。如闻诸军赏借人数甚多，曾无甄别，是何道理。自今已后，除灼然有战功外，余不得辄赏绯紫，仍永为令式。"另外，还有制度规定："若在军赏绯紫鱼袋者，在军则服之，不在军不在服限。若经叙录，不合得者，在军亦停之。"⑦以上规定都是阻止赐绯紫在军队中的泛滥，并防止滥赐绯紫向非军事群体扩散。

很多服制方面的变化往往与军职或者武职有关，这是很好理解的。在军事行动中，能快速、直观地辨别一个人的身份，这是至关重要的。当

① 赵君平编：《邙洛碑志三百种》，中华书局，2004 年，第 194 页。
② 周绍良主编：《唐代墓志汇编》天宝〇〇八，上海古籍出版社，1992 年，第 1536 页。
③ 《唐代墓志汇编》天宝二〇三，第 1673 页。
④ 周绍良主编：《唐代墓志汇编续集》大历〇二五，上海古籍出版社，2001 年，第 708 页。
⑤ 《旧唐书》卷八《玄宗纪上》，第 198—199 页。
⑥ 《唐会要》卷三一《舆服上》，上海古籍出版社，2006 年，第 677 页。"郎将"原作"即将"，据四库本《唐会要》改。《唐会要》此事系于开元二年闰二月，《册府元龟》卷六〇《帝王部·立制度一》系于开元二年三月，中华书局，2003 年，第 671 页。
⑦ 《唐会要》卷三一《内外官章服》，第 667、666 页。

今服饰，表面上的等级制度已趋于淡化，但部队中仍维持比较严格的服饰等级制度。赐绯紫首先出现在军职人员当中，还可与品色服制度的起源联系起来考察。一般认为，与唐代四等服制起源紧密相关的事有二：一是北周大象二年（580）的品色衣制度，二是隋炀帝大业六年（610）的百官皆服戎衣制度①。

大象二年"诏天台侍卫之官，皆著五色及红紫绿衣，以杂色为缘，名曰品色衣"②。又一记载云："（大象）二年下诏，天台近侍及宿卫之官，皆著五色衣，以锦绮缋绣为缘，名曰品色衣。"③周宣帝自称所居为天台，天台侍卫相当于宫殿侍卫。近侍官不一定是武官，但却与武官关系紧密，从他们所带"武官加貂蝉"的配饰可以看出④。北周的品色衣制度是源自武官系统的。

隋炀帝时期，品色服扩展至所有流内官。大业元年，"宪章古则，创造衣冠，自天子逮于胥吏，章服皆有等差。始令五品以上，通服朱紫"⑤。这个记载《通典》作："大业中，令五品以上通服朱紫，是以乌纱帽渐废，贵贱通服折上巾。"⑥据此，所谓"五品以上通服朱紫"，似乎专指帽子的颜色，而不是衣服。《隋书》云："是后师旅务殷，车驾多行幸。百官行从，唯服袴褶，而军旅间不便。至（大业）六年后，诏从驾涉远者，文武官等皆戎衣。贵贱异等，杂用五色。五品已上，通着紫袍，六品已下，兼用绯绿，胥吏以青，庶人以白，屠商以皂，士卒以黄。"⑦"文武官等皆戎衣"，明确表明百官服等与军服有关，设置服色等级的最初目的是为了便于军旅行事，使得"贵贱异等"从服饰上一眼即可看出。朱熹多次提及，服色分等，源自隋炀帝时期的戎服，"今朝廷服色三等，乃古间服。此起于隋炀帝时，然

---

① 孙机：《两唐书舆（车）服志释稿》卷三旧82条注1，同著《中国古舆服论丛（增订本）》，文物出版社，2001年，第446页。

② 《周书》卷七《宣帝纪》，中华书局点校本，第123页。

③ 《隋书》卷一一《礼仪志六》，中华书局点校本，第251页。

④ 叶炜：《从武冠、貂蝉略论中古侍臣之演变》，荣新江主编：《唐研究》第十三卷，北京大学出版社，2007年。

⑤ 《旧唐书》卷四五《舆服志》，第1951页。

⑥ 《通典》卷五七《礼十七·嘉礼二》，第1621页。

⑦ 《隋书》卷一二《礼仪志七》，第279页。

当时亦只是做戎服”,“今之朝服乃戎服”[1]。马端临认为:“紫绯绿青为命服,昉于隋炀帝巡游之时,而其制遂定于唐。”[2]以上都是非常精辟的论述。

北周至隋唐,服色分等多起源于军事系统。这只是从起源上讨论服等的变化,当服等制度确立后,往往会向文职官僚群体扩张,影响就不局限于军职系统。赐绯紫最早出现在军事活动中,然后向所有官僚群体扩散,这与服等制的起源有类似之处。

二、赐绯紫出现的场合和政治意义

黄正建先生将“借服”分为三类:一是立军功者;二是入蕃使;三为都督、刺史中卑官者[3]。借服和赐服有别,借服必须“离任则停”[4],赐服则没有这样硬性的规定。笔者下文的讨论将借服也算作一种特殊的赐服,对赐绯紫的分类讨论就不局限于以上三类。按照赐服主客体间关系,赐服可分为以下几类:

1. 皇帝亲自赐服

赐绯紫出现之初为犒赏军人的措施之一,此后,赐绯紫多成为皇帝笼络大臣的手段,这可从皇帝赐绯紫出现的场合,以及对赐服的管理可以看出。

史籍中所载唐代赐绯紫行为,多强调皇帝“面赐”,赐服的地点亦大多在内殿:

---

① 《朱子语类》卷九一,中华书局,2004 年,第 2324 页。

② 《文献通考》卷一一二《王礼七·君臣冠冕服章》,中华书局,2003 年,第 1015 页。

③ 黄正建:《唐代衣食住行研究》,首都师范大学出版社,1998 年,第 79 页。

④ 岑仲勉:《依唐代官制说明张曲江集附录诰命的错误》,同著《金石论丛》,中华书局,2004 年,第 464—465 页。虽然借服和赐服有这样的区别,在结衔上不一定有清楚体现。刺史多带理应是借服,但结衔中出现赐服的很多,如《樊川集》卷一八即有“朝议郎、前使持节虔州诸军事、守虔州刺史、上柱国、赐绯鱼袋苏庄”官衔(上海古籍出版社,2007 年,第 270 页)。

是日(元和十五年[820]正月丙午),召翰林学士段文昌、杜元颖、沈传师、李肇,侍读薛放、丁公著,对于思政殿,并赐金紫。①

【韦贯之】转尚书右丞,中谢日面赐金紫。明年(元和九年),以本官同中书门下平章事。②

【李训】大和八年(834),自流人补四门助教,召入内殿,面赐绯鱼。③

【王徽】学士阙人,(萧)仿用徽为翰林学士,改职方郎中、知制诰,正拜中书舍人。延英中谢,面赐金紫,迁户部侍郎、学士承旨。④

思政殿、延英殿均为内朝便殿。赐绯紫还可能在浴殿、麟德殿进行:孙瑴会昌三年(843)"四月十五日,浴殿赐绯……大中元年(847)十二月七日,加(翰林学士)承旨,思政殿赐紫",刘瑑会昌六年"七月九日,三殿赐绯"⑤。三殿即麟德殿,"殿有三面,南有阁,东西有楼,故曰三殿"⑥。延英、思政、麟德等殿在紫宸殿西,浴殿在紫宸殿东,均为内殿⑦。

赐服的场所多在内殿,且赐服多在官员"中谢"之时。一定级别的官员,新获官职后,需要到宫殿(多在内殿,如紫宸殿、延英殿)面谢皇帝,此称"中谢"。中谢时赐服出现的频率极高。白居易为秘书监,"中谢日赐金紫"⑧。黄滔《奉和翁文尧十九员外中谢日蒙恩赐金紫之什》诗云:"面蒙君赐自龙墀。"⑨《旧唐书》云:"丞郎中谢洎郎官出使,多赐章服。"⑩卢商"开成初,出为苏州刺史,中谢日,赐金紫之服"⑪。李推贤"复为右庶

① 《旧唐书》卷一六《穆宗纪》,第475页。
② 《旧唐书》卷一五八《韦贯之传》,第4174页。
③ 《旧唐书》卷一六九《李训传》,第4395页。
④ 《旧唐书》卷一七八《王徽传》,第4640页。
⑤ 《翰苑群书》卷六,傅璇琮、施纯德编:《翰学三书》,辽宁教育出版社,2003年,第42、43页。
⑥ 李健超增订:《唐两京城坊考(修订版)》,三秦出版社,2006年,第24页。《资治通鉴》卷二三八元和五年六月甲申条胡注可参看,中华书局点校本,第7676页。
⑦ 参看李健超:《唐两京城坊考(修订版)》卷一,第22—24页。
⑧ 《册府元龟》卷六二〇《卿监部·恩奖》,第7466页。
⑨ 黄滔:《黄御史集》卷三,景印文渊阁四库全书本,台湾商务印书馆,1986年,第1084册第123页。
⑩ 《旧唐书》卷一五八《郑余庆传》,第4165页。
⑪ 《旧唐书》卷一六七《卢商传》,第4373页。

子,拜兹郡(指汉州)焉,中谢日,懿宗皇帝宠爱其材,特赐金紫"[1]。

赐服前后,往往还有皇帝和大臣的对话。穆宗时,牛僧孺为御史中丞,"上因可其奏,曰'善',赐章服金紫"[2]。穆宗召薛放"对思政殿,赐以金紫之服"[3]。大和四年,崔玄亮"拜谏议大夫,中谢日,面赐金紫"[4]。《崔玄亮墓志》云:"拜太常少卿,迁谏议大夫,屡上封章,言行职举。上召对,加金紫以奖之。"[5]中谢、召对、赐绯紫三者是发生在同一场合的事。崔绍由幕职"拜大理正,详明法律,洞究根本。因对扬天问,面锡绯衣银艾"[6]。张建章为幽州节度判官,"大中十二年敷奏对扬,大悦圣旨,面赐金紫兼御史中丞"[7]。

内殿性质较为私密,虽然唐后期大多数政务是在内殿进行的,但赐服多在内殿应引起注意。"中谢"是君臣之间建立个人关系的重要场合,赐服则进一步加强了君臣的这种私人关系。赐服前后的君臣对话,促进了君臣双方的互相了解,便于巩固君臣间的私人关系。大多数中央官的赐服是非制度性的,皇帝利用制度外的赐绯紫行为,加强皇帝个人对官僚的控制。赐服的实施者被认为必须是君主,否则为僭越。《资治通鉴》载:"上(唐僖宗)之为普王也,小马坊使田令孜有宠,及即位,使知枢密,遂擢为中尉。上时年十四,专事游戏,政事一委令孜,呼为'阿父'。令孜颇读书,多巧数,招权纳贿,除官及赐绯紫皆不关白于上。"[8]除官和赐绯紫为君主之权,宦官田令孜单独除官及赐绯紫,是异常现象。赐绯紫的非制度性,从官僚机构对此事的管理可看出。"上(唐宣宗)重惜服章,有司常具绯、紫衣数袭从行,以备赏赐,或半岁不用其一,故当时以绯、紫为荣。"[9]

---

① 《唐代墓志汇编》乾符〇一三,第 2481 页。

② 《樊川集》卷七《牛僧孺墓志铭并序》,第 115 页。

③ 《旧唐书》卷一五五《薛戎传附弟放传》,第 4127 页。

④ 《旧唐书》卷一六五《崔玄亮传》,第 4313 页。

⑤ 《白居易集》卷七〇《崔玄亮墓志铭并序》,中华书局,1996 年,第 1470 页。

⑥ 《唐代墓志汇编》乾符〇一九,第 2486 页。

⑦ 《唐代墓志汇编》中和〇〇七,第 2511 页。

⑧ 《通鉴》卷二五二乾符二年正月,第 8176 页。《通鉴》卷二一六天宝十载二月丙辰条云:安禄山"私作绯紫袍、鱼袋,以百万计"。第 6905 页。这也是突出了安禄山欲私赐绯紫的非法性。

⑨ 《通鉴》卷二四九大中八年二月,第 8054 页。

赐绯紫具有不固定性，所以需要有司在皇帝身边随时准备好绯紫服，以备特殊时的赏赐之用。

2. 长官为僚属奏荐赐服

皇帝赐服给百官，皇帝处在主动位置；长官为僚属奏荐赐服，官僚处在较为主动的一方。当然，此时皇帝和主管机构还是拥有自主权，他们决定着奏赐服的成功与否。

藩镇长官多为幕僚奏请赐服。大历十年（775），马燧为河阳三城镇遏使，辟张建封为判官，“奏授监察御史，赐绯鱼袋”①。贞元十三年（797），江西观察使李巽征辟郑高为幕僚，“奏加章服，领都团练副使”②。元和十三年，宰相李夷简出镇淮南，奏韦弘景“为副使，赐以金紫”③。长庆二年（822），李德裕为浙西观察使，为李蟾“奏加命服，请仍旧职”④。大中时期，杨汉公为荆南节度使，奏高瀚为“节度副使，赐朱绂银章”⑤。类似例子特别多，藩镇长官同时为幕僚奏荐官职和赐服。崔致远撰《奏请从事官状》、《请转官从事状》均提到“伏请转官、改章服”事⑥。张次宗《荐观察判官陆畅请章服状》云：“准敕文，使下检校官凡至五品，便得赐绯。今陆畅前任秘书丞，已是登朝五品，即颇与格文相当。又职事修举，合当甄奖。臣先已有状，未蒙允许，今辄敢再具论奏，伏望天恩特赐章服。”⑦一次奏请朝廷给僚属赐章服失败，再次上奏请赐章服。

节镇、州府长官为僚属奏赐章服，动因是多方面的。第一，僚属的推动。“于良史为张徐州建封从事，每自吟曰：‘出身三十年，白发衣犹碧。日暮倚朱门，从未污袍赤。’公闻之，为奏章服焉。”⑧幕僚自身地位不够高，个人请求无法上达，因而推动长官为其奏请章服。第二，表彰僚属功

① 《旧唐书》卷一四〇《张建封传》，第3829页。
② 《唐代墓志汇编续集》贞元〇七九，第792页。
③ 《旧唐书》卷一五七《韦弘景传》，第4153页。
④ 《唐代墓志汇编》大和〇五八，第2137页。
⑤ 《唐代墓志汇编》大中一〇五，第2332页。
⑥ 《桂苑笔耕集》卷四，第90页；卷七，第154页。
⑦ 《文苑英华》卷六三九，中华书局，1982年，第3290页。
⑧ 周勋初：《唐语林校证》卷四《企羡》，中华书局，1997年，第360页。

业或才能。宝历二年(826)六月,京兆府为法曹参军独孤谓奏请章服,原因是他曾杀死杀人犯二人,“不酬官吏,无以激劝,其独孤谓伏请特赐章服”①。崔倰为宣州录事参军时,“观察使崔衍奇其才,奏加章服,倰辞而不受”②。第三,为僚属奏赐章服,可以拉近与僚属的关系。另外,更多僚属得以获赐章服,也是藩镇或州府地位重要的表现,宰相担任藩镇长官,僚属赐服有单独规定,就是基于这一考虑。分析见下文。

长官奏荐赐服,朝廷一般会同意,偶尔也会出现不同意的情况。开成四年(839),杨嗣复云:“昨殷侑与韩益奏官及章服,臣以益前年犯赃,未可其奏。”③唐宣宗时期,“裴处权自司封郎中出河南少尹,到任,本府奏荐赐绯,给事中崔罕驳还,上手诏褒奖曰:‘有事不当,卿能驳还,职业既修,朕何所患!’”④赐服行为,一定程度上和对地方官的考核联系起来了。

由于奏荐赐服大量出现,中央除了个别审批外,很有必要出台规范措施,部分制度性赐服的出现,就是为了应付大量出现的奏荐赐服。

3. 制度性赐服

制度性赐服是指,按制度规定,官员达到了某一条件,就可以照例得到赐服。相较于皇帝亲自赐服和长官奏荐赐服,制度性赐服就少了一些任意性。另外,制度性赐服和前两者有重合之处,皇帝可以根据制度向官员亲自赐服,长官亦可据制度为僚佐奏荐赐服。

制度性赐服多与地方官有关,大致可分为两类,一是都督、刺史,二是藩镇僚佐。

开元八年(720)二月规定,“都督、刺史品卑者,借绯及鱼袋,永为常式”,都督、刺史“离任则停之”⑤。开元十八年,张九龄为桂州刺史兼岭南按察使,获“借紫金鱼袋”待遇,后担任秘书少监,朝廷专门颁布《赐紫

---

① 《南部新书》卷壬,中华书局,2002年,第150页。
② 《旧唐书》卷一一九《崔祐甫传附崔倰传》,第3444页。
③ 《旧唐书》卷一七六《李宗闵传》,第4554页。
④ 《东观奏记》卷中,中华书局,1997年,第109页。
⑤ 《唐会要》卷三一《舆服上·内外官章服》,第667、666页。又参看《旧唐书》卷四三《职官志二》,第1830页。

敕》:“中大夫、守秘书少监、集贤院学士、副知院事、上柱国、曲江县开国男张九龄,先任桂州都督,借紫金鱼袋,宜前件赐紫。”[①]桂州刺史离任后,借服就会取消,如果要再次赐服,需要另行颁敕。张九龄任刺史理应赐绯,但由于张九龄散官已是中大夫,故不需要赐绯。刺史、都督如果带有五品以上散官,大多会得到赐紫的待遇。白居易有《初著刺史绯,答友人见赠》和《初除尚书郎,脱刺史绯》二诗[②],任刺史即著绯,离任就脱去。牛藂自司勋员外为睦州刺史,中谢时,“上(宣帝)曰:‘赐卿紫。’藂退谢毕,前曰:‘臣所衣绯衣是刺史借服,不审陛下便赐紫,为复别有进。’上连曰:‘且赐绯,且赐绯。’”[③]

开元三年四月敕:“宰臣自朝廷出镇,请朝官自侍御史已上者,即许兼受章服,便为久例。”[④]这里的侍御史,指僚佐所带宪衔。开成三年(838)规定,宰相带平章事出镇,僚佐“官至侍御史以上者,即许奏章服”[⑤]。宰相带平章事出镇,一般称为相府,唐后期对相府僚佐的赐服记载非常多。宝历二年(826),宰相李逢吉为山南东道节度使,奏裴夷直“为掌书记,改殿中侍御史。复徙镇大梁,充节度判官、侍御史,赐绯鱼袋”[⑥]。大中十年(856),裴休自丞相为宣武节度使,奏皇甫燠“检校司封正郎兼中宪,赐朱绂,充节度副使”[⑦]。大中十一年,宰相魏谟为剑南西川节度使,以卢缄“为节度判官,守检校驾部郎中、兼侍御史,赐绯鱼袋”[⑧]。裴夷直、卢缄均是宪衔为侍御史,赐绯鱼袋。唐后期还有“赤尉从相府,得朱绂、殿中”的“故事”[⑨],宪衔为殿中侍御史可赐绯,与官员此前的“赤

① 熊飞:《张九龄文集校注》附录,中华书局,2008年,第1137页。
② 《白居易集》卷一七,第372页;卷一八,第394页。
③ 《东观奏记》卷中,第109页。“牛藂”即牛丛(藂),“藂”为异体字。
④ 《唐会要》卷三一《舆服上·内外章服》,第666页。
⑤ 《唐会要》卷七九《诸使下》,第1713页。
⑥ 吴钢主编:《全唐文补遗·千唐志斋专辑》李景让《裴夷直墓铭并叙》,三秦出版社,2006年,第398页。
⑦ 《全唐文补遗·千唐志斋专辑》刘允章《皇甫燠墓志铭并序》,第409页。
⑧ 《全唐文补遗·千唐志斋专辑》李蔚《卢缄夫人崔氏合祔墓志铭并序》,第402页。
⑨ 《唐代墓志汇编》咸通一一五《孔纾墓志铭并序》,第2467页。相关考证参看于溯:《唐〈孔纾墓志〉初考》,南京大学古典文献研究所编:《古典文献研究》第十二辑,凤凰出版社,2009年,第414—419页。

尉”经历有关。相府僚佐赐服有特殊规定，显然是为了突显节镇长官的个人资历。僚佐赐服者越多，说明长官地位越高，藩镇地位越重要。

除了宰相出镇外，一般节镇僚佐的赐服，也逐渐有了制度规定。大中三年五月规定："判官[已]上检校五品者，虽欠阶考，量许奏绯。副使、行军[司马]，俱官至侍御史已上者，纵阶考未至，亦许奏绯。如已检校四品官兼中丞，先赐绯，经三周年已上者，兼许奏紫。其有职事尤异、关钱谷者，须指事上言，监察已下，量与减年限，进改殿中已上，然后可许赐章服。公事寻常者。不在奏限。"①

以上制度性赐服，亦要经过地方长官的奏请。有了以上规定，朝廷批准的可能性更大。若僚属官衔符合朝廷规定，而朝廷不同意长官的奏荐，长官是可以多次上奏的。上引《荐观察判官陆畅请章服状》，即是第二次为僚佐奏章服。制度性赐服，主要限于地方官。中央官也有固定赐服的习惯，比如"丞郎中谢洎郎官出使，多赐章服"②，这似乎只是一种惯例，没有诏令予以制度化。

另外，出使外国亦多赐服，也可纳入制度性赐服范围，这和出使多临时假借较高官职的做法有相通之处。

以上三类赐服，均有特殊政治意义。官员散官升至五品、三品，就可按规定服绯服、紫服，除非有重大犯罪，绯服、紫服可长期保有。赐服则具有更大的灵活性，是否获得赐服，由很多政治因素决定。制度性赐服主要适用于地方官，但地方官离任时，赐服自然消失。皇帝在内殿给官员赐服，强化了君臣间个别联系。唐后期，皇帝多采用制度外的做法强化君主权威，赐服就是其中的一种做法③。地方长官可获制度性赐服，起到强化中央集权的作用，大多数地方长官是由中央派出的，给地方长官更高的礼制待遇，对中央也是有利的。宋代继承了以上两类赐服的做法，说明此类

---

① 《唐会要》卷三一《舆服上·内外官章服》，第 667—668 页。张国刚：《唐代阶官与职事官的阶官化论述》对此有论述，见《中华文史论丛》1989 年第 2 期，上海古籍出版社，第 83 页。补字据张先生文章。

② 《旧唐书》卷一五八《郑余庆传》，第 4165 页。

③ 比如，唐后期异姓爵位的承袭，需要通过上请的程序，意在强化君主权威，参看叶炜：《唐代异姓爵的袭封问题》，《国学研究》2011 年第二十七卷，北京大学出版社，2011 年，第 182—185 页。

政治需求一直存在。地方长官为僚属奏荐赐服,这和唐后期藩镇势力强大有关,随着藩镇割据问题的解决,第二类赐服在宋代就较少出现了①。以上是赐服的政治意义,赐服的制度意义见第五节。

三、宦官与赐服

唐代宦官赐服非常特别,有必要用一节作专门介绍。唐代宦官赐服有两个非常特别的现象:第一,宦官群体中存在"赐绿"现象,这在其他文武官中是见不到的②。第二,赐绿与五品以下散官、赐绯与四五品散官、赐紫和三品以上散官是可以并存的,这类现象在文武官群体中不多见。学界对以上现象关注较少。

先来看赐绿:

1.【刘渶润】有子五人:(中略)次曰仕僚,次曰仕份,赐绿;或趋驰禁掖,或参贰王曹,或委质宫闱,或优游坟籍。③

2.【许遂忠】至贞元十七年(801),恩赐绿绶,拜将仕郎、掖庭局监作。④

3.【武自和】自宪宗朝,授职军器使监作,不更岁,迁监右神策军征马使,历福建监军判官,再迁殿前内养。至(元和)十五年(820),穆宗纂位之初,赐绿衣,官授登仕郎、内侍省内府局丞。⑤

4.【孟秀荣】祖讳光礼,皇任襄州别□□敕判官、朝散大夫、行内侍省内谒者监、赐绿、员外置同正员、上柱国。⑥

---

① 宋代逐渐废除地方节度使体制,但宋代又建立了宣抚使、制置使、转运使等体制,宣抚使司等机构亦可称为幕府,可以辟奏僚佐,参看王曾瑜:《宋朝宣抚使等的属官体制》,原载《文史》第22辑,1984年,收入同著《点滴集》,河北大学出版社,2010年,第150—154页。宋代是否存在宣抚使等为僚佐奏赐服色,需再考。

② 黄正建先生认为没有"赐绿"的制度,见《唐后期车服制度的变化——以文宗朝王涯奏文为中心》,第379页。这个说法仅适用于文武官群体,不包括宦官。

③ 《唐代墓志汇编》大和〇三三,第2120页。

④ 《唐代墓志汇编续集》大和〇二四,第899页。

⑤ 《唐代墓志汇编续集》会昌〇〇七,第947页。

⑥ 《唐代墓志汇编续集》大中〇三五,第993—994页。

5.【杨玄略】至大和二年(828)正月,加征事郎、行内侍省内府局丞。蒙恩赐绿,充东头库家。①

6.【吴全缋】曾祖赐绿、富平镇监军使、朝议郎、行内侍省内府局令、上柱国,讳晏。……(全缋)以大中元年(847)十一月廿六日特恩赐绿,拜将仕郎、行内侍省内府局丞、上柱国、充内养。……公有嗣子四人:长曰彦方,文林郎、行内侍省掖庭局官教博士、赐绿……次曰彦球,登仕郎、行内侍省掖庭局官教博士、上柱国、赐绿。②

以上诸例大致包括了赐绿的各种类型。例1中,刘仕僚、仕份二人没有担任实际官职,所谓"优游坟籍"即指此二人。白身宦官赐绿是很常见的,长庆四年(824)正月唐敬宗即位后连续给宦官赐服,正月戊寅"白身元孝思等二十人赐绿",庚辰"白身四十人并赐绿,而元孝温、刘仲孺昨日赐绿,今日赐绯",同日"白身二十八人并赐绿"③。此处的"白身"即指无散官的宦官④。给白身宦官赐绿,这是第一种情况。第二种情况是同时给宦官赐绿和五品以下散官,有时还包括职事官和使职。例2中的"恩赐绿绶,拜将仕郎、掖庭局监作",笔者认为赐绿和散官、职事官应该是同时赐予,例3、例5也是同时赐予多种官衔。例6中吴全缋曾祖、二子彦方、彦球官衔中同时有五品以下散官和赐绿,可以证实五品以下散官和赐绿是可以同时出现的。例4孟秀荣官衔中出现了从五品下散官朝散大夫和赐绿,对此可能存在两种解释:一是两者非同时并存的,记载已死者官衔时,很可能存在不同时期官职叠加的情况,孟秀荣先获得赐绿待遇,后散官升至朝散大夫,后人为了突显死者的地位,将不同时期的官衔同时记录下来。二是,朝散大夫和赐绿是同时出现的,宦官是特殊官僚,服色不依散官,必须通过赐服才能穿某一等级服色的衣服。第一种可能无法排除,笔者倾向于认为第二种更为合理。

以上分析表明,赐绿存在两种情况:给无散官的宦官赐绿;给带有五

---

① 《唐代墓志汇编续集》咸通〇二〇,第1048页。

② 《唐代墓志汇编续集》乾符〇一九,第1131—1132页。

③ 《册府元龟》卷六六五《内臣部·恩宠》,第7965页。

④ 柳浚炯先生对这段史料有专门分析,参看《唐代宦官与皇权运作关系研究》第一章第二节二,北京大学历史学系博士论文,2010年12月。

品以下散官的宦官赐绿，甚至还可能存在给带五品以上散官的宦官赐绿的情况。给白身宦官赐绿非常容易理解，赐服本身即是给官员赐予高于所带散官的服色，白身宦官无散官，而青色官服逐渐从官服体系中排除，给白身宦官赐绿是符合一般官制规定的。给有散官的宦官赐绿则非常奇怪，依据服色由散官决定的规定，官员拥有五品以下散官即可服绿，为何带有五品以下散官的宦官还要另外赐绿？同样的问题在赐紫绯行为中也会出现，分析见下。

再来看赐绯和赐紫：

1.《唐故银青光禄大夫、行内侍省内常侍、上柱国、彭城县开国公、食邑五百户、赐紫金鱼袋刘君（渶洌）墓志铭》：至（贞元）廿一年（805）三月，又转朝散大夫、内侍省内给事、兼赐绯鱼袋。……至宝历二年十一月，又转银青光禄大夫。……至（大和）九年（835）五月，又领毡坊使；至八月，又迁牛羊使，兼赐紫金鱼袋。①

2.《唐故银青光禄大夫、行内侍省内常侍员外置同正员、兼掖庭局令致仕、上柱国、汝南郡开国公、食邑二千户、赐紫金鱼袋似先府君（义逸）墓志铭有序》：长庆中，送太和主降北蕃至安北府，以劳得朝散大夫。宝历初，赐银印朱绂。……拜内客省使，傧赞戚里命妇，洎诸侯之使，能慎其仪。其在□留者，疏达之；廪食者，丰厚之，皆合上旨，换金章紫绶，寻拜琼林库使。②

3.《唐故银青光禄大夫、行内侍省掖庭局令员外置同正员致仕、上柱国、弘农县开国侯、食邑一千户、赐紫金鱼袋、赠内侍省内侍杨府君（玄略）墓志铭》：至会昌二年（842）十月。加宣德郎。三年二月，赐绯鱼袋。……至六年十月加朝请大夫，兼加供奉官，赐紫金鱼袋，除总监使。……至大中十二年（858）八月，加银青光禄大夫、开国子、食邑五百户。③

4.《大唐故朝议大夫、行内侍省内府令员外置同正员、上柱国、

① 《唐代墓志汇编续集》会昌〇〇八，第948页。
② 吴钢主编：《全唐文补遗》第七辑，三秦出版社，2000年，第125页。
③ 《唐代墓志汇编续集》咸通〇二〇，第1048—1049页。

赐紫金鱼袋王公(公操)墓志铭并序》:大中皇帝以此嘉尚,□一稔中夏而赐绯鱼袋,充端陵使。以恭勤夙夜,至(大中)十四年盛夏,加阶文林郎。……(咸通)九年(868)中春,牂牁、昆明并诸部落共献表章,而达于阙下。上悦其事,便加朝散大夫,兹岁夏首,更加朝请大夫。十三年中冬赐。①

赐绯紫亦分两种情况:一是散官未到三五品而赐紫绯,例 3 杨玄略散官为宣德郎时赐绯鱼袋,散官为朝请大夫时赐紫金鱼袋;例 4 王公操无散阶时即赐绯鱼袋,散阶为朝请大夫时赐紫金鱼袋。二是四五品散官和赐绯、三品以上散官和赐紫并存。例 1 刘渶浰散官为朝散大夫,同时赐绯鱼袋,他散官迁至银青光禄大夫后很久,获赐紫金鱼袋;例 2 似先义逸获得朝散大夫之后一段时间,才赐紫金鱼袋;前三例墓志标题中,均是银青光禄大夫和赐紫金鱼袋并存。由于在史料中找到了四五品散官和赐绯同时并存,以及三品以上散官与赐紫并存的现象,因此可以放心认为墓志标题中的散官和赐服,可以是同时存在的,而不完全是不同时期官衔叠加的结果②。第一种情况符合一般官制规定的,第二种情况则与一般官制规定矛盾。

对宦官的赐服,存在以下现象:五品以下散官和赐绿并存,四五品散官和赐绯并存,三品以上散官和赐紫并存。这些均与一般官制规则矛盾,应当如何解释?以上现象的存在,表明宦官服色和所带散官并没有必然联系,宦官服色均需通过赐服来确认,如无赐服,大概只能穿黄色衣服。

唐代一般宦官穿黄色衣服。《旧唐书·宦官传序》云:"贞观中,太宗定制,内侍省不置三品官,内侍是长官,阶四品。至永淳末,向七十年,权未假于内官,但在阁门守御,黄衣廪食而已。……(开元、天宝中)品官黄

① 《唐代墓志汇编续集》乾符○二二,第 1134 页。以上四个例子的选择,参考了柳浚炯博士论文《唐代宦官与皇权运作关系研究》附表二《唐代宦官和夫人墓志铭、神道碑文表》,特此致谢!

② 非宦官结衔中偶尔也会看到四五品散官与赐绯、三品以上散官与赐紫并存的现象,但都无法排除不同时期官衔累加的情况。比如,《唐代墓志汇编》咸通○六四《唐故朝请大夫、慈州刺史、柱国、赐绯鱼袋谢观墓志铭并序》(第 2428 页),谢观散官未达到五品时,带赐绯鱼袋,散官升至五品以上以后,赐绯鱼袋不会再出现于官衔中,墓志标题是将早先的赐绯鱼袋和稍后的朝请大夫叠加在一起。

衣已上三千人，衣朱紫者千余人。”①唐末朱全忠尽诛宦官，“罢监军院，咸视国初故事，以三十人为员，衣黄衣，不得养子”②。没有赐服时，宦官只能穿黄衣。“品官黄衣”的说法表明，宦官即使带散官，如果无赐服，也只能穿黄衣，这就是为何宦官群体中会存在“赐绿”。宦官之外的文武官员，如果带有散官，就可以依据散官高低穿相应服色的官服，唐后期最低的文武官员都可以服绿（青色官服逐渐消失，前文已有论述），因此文武官员群体中不存在赐绿。同样，由于宦官服色和散官的关联不大，宦官带有四五品散官并不能自动依据散官服绯，带有三品以上散官也不是必然服紫，而必须通过赐绯、赐紫才能穿相应服色的官服。宦官所带散官与赐服的关系，远较非宦官复杂。当然，赐服和宦官所带散官的差距也不会太大，会昌四年(844)内侍省奏议引到“内侍省叙阶长定格”云：“著紫供奉官及衔内有赐紫官，叙阶不得过金紫光禄大夫。著绯供奉官及衔内有赐绯官，叙阶不得过正议大夫。著绿供奉官及衔内有赐绿官，叙阶不得过朝议郎。”③这就是为了维持赐服和散官之间的合适差距。

以上对宦官服色的分析，可以避免一些误判。有学者依据赐绿、赐绯紫等来判断宦官地位，认为带赐绿者散官当为九品以下，带赐绯者散官在五品以下，带赐绯者散官在三品以下④。这个判断仅反映部分实际情况，通过宦官赐服，是无法确切判断宦官散官高下的。另外，有人通过分析唐后期宦官群体中大量出现的“赐紫绯”来说明宦官的突出地位⑤。这个说法没有错，但说服力并不强。宦官之外的文武官员带有四五品散官、三品以上散官即可服绯、服紫，宦官却不能，而必须通过赐紫绯才能穿紫绯衣服，因此宦官群体中带赐服的比例是非常高的，仅仅通过赐服不能说明宦官的地位较文武官重要⑥。

那么，宦官的服色管理为何为呈现以上特点呢？这与宦官的双重身

① 《旧唐书》卷一八四，第4754页。

② 《新唐书》卷二〇八《宦者传下》，中华书局点校本，第5901页。

③ 《唐会要》卷八一《阶》，第1773—1774页。

④ 柳浚炯：《唐代宦官与皇权运作关系研究》第一章第二节二。

⑤ 张芊、马冬：《墓志所见晚唐内侍省官员与“赐紫绯”》，第50页。

⑥ 唐后期宦官地位重要，这是常识。笔者只想强调，仅仅通过赐服一事，不能说明宦官的特殊地位。

份有关。一方面,唐代宦官官僚化程度已经非常高了,所以对宦官的管理也采用了散官、职事官等常规管理方式。另一方面,宦官"皇帝私臣"的色彩仍是相当浓厚,赐服就是一种律令制度之外的"柔性制度",通过赐服可以加强皇帝与宦官的关系。宦官服色不由散官决定,而必须通过赐予,充分说明宦官与皇帝的关系,较一般官僚与皇帝的关系更为亲密。宦官所获赐服,所得好处并不限于服色,一些待遇直接和服色挂钩。元和六年(811)所定丧葬制度:"内侍省品秩高,各随本秩,有章服者,紫同三品,绯同五品以上,绿及应官并同九品以上。"①所谓"品秩高",是指宦官所带职事官品,如果职事官品太低,则丧葬等级依章服,类似规定仅适用于宦官。

唐后期赐绯紫在宦官群体和武官群体中极其泛滥,而到宋代,宦官已不允许服黄。因此,北宋元丰以后,"武臣、内侍皆服紫而不佩鱼"②。

四、宋代服等与赐服

对宋代官员服等的一般性介绍不少③,但都缺少详细论证,错误说法时有出现。下面全面论述北宋前期散官与服等的关系。

首先要确定北宋前期流内官官服分几等。《宋史·舆服志五》云:"宋因唐制,三品以上服紫,五品以上服朱,七品以上服绿,九品以上服青。"又云:"元丰元年(1078),去青不用,阶官至四品服紫,至六品服绯,皆象笏、佩鱼,九品以上则服绿,笏以木。"④根据这一记载,似乎北宋前期

---

① 《唐会要》卷三八《葬》,第813—814页。五代后唐时期继承了这一做法,参看《五代会要》卷八《丧葬上》,上海古籍出版社,2006年,第137页。

② 《文献通考》卷一一三,第1024页。

③ 龚延明先生认为,真宗时期,散官犹关命服,仁宗康定二年(1041)以后,散官就完全徒具虚名了,见《论宋代官品制度及其意义》,原载《西南师范大学学报(哲学社会科学版)》1990年第1期,收入氏著《中国古代职官科举研究》,中华书局,2006年,第261页。黄正建先生认为,官员服色"到宋代就全部依职事官官品了",见《唐代衣食住行研究》第57页。张希清先生认为,宋初承唐制,散官决定服色,文武三品以上服紫,五品以上服绯,九品以上服绿,见《宋朝典章制度》,吉林文史出版社,2002年,第73—74页。

④ 《宋史》卷一五三《舆服志五》,中华书局点校本,第3561、3562页。

官服分四等是确切无疑的。其实，以上记载与现实并不符合，北宋前期官员服色仅分三等。唐文宗时期规定“客女及婢通服，服青碧”，而官员“服青碧者，许通服绿”①，青色逐渐从官员服色中剥离，对此黄正建先生有详细分析②。长庆元年(821)，柳公绰上奏称：“又敕使行李人数，都无限约。其衣绯紫乘马者二十、三十匹，衣黄绿者不下十匹、五匹。”③这里衣黄者指无赐服之宦官，衣绯紫绿者包括文武官员及有赐服的宦官。从这也可看出，唐穆宗时期的官服仅紫绯绿三等。如果说存在“宋因唐制”，则北宋前期服等是沿袭唐后期的制度，官员服色仅有紫绯绿三等。太平兴国七年(982)，翰林学士承旨李昉上奏称“服青、服黄久已寝废”④，宋代流内官官服已无青色。《古今源流至论续集》云：“国朝之制，其服则举子以白纻，品官以绿衣，章服以绯、紫。”⑤《宋史・职官志九》在罗列文散官二十九等、武散官三十一等后，有一段总结性的话：“已上文武三品已上服紫，五品已上服绯，九品已上服绿。”⑥这些说法均表明北宋前期官员服色仅紫绯绿三等。而据《职官志九》还可知，北宋前期官员服色仍是依照散官品级。

不少学者认为北宋前期服色依职事官品，这个说法是不成立的。《司马光日记》熙宁二年(1069)十月庚戌条云：“庚戌，吕惠卿初讲书，特赐绯。”李裕民先生注释云：“吕惠卿官著作佐郎，八品，本无资格服绯，赐绯表示神宗对吕惠卿特殊的恩宠。”⑦此即认为服色依职事官品，并没有证据支持这个说法。宋真宗时期，官员服色依散官。咸平四年(1001)，

---

① 《册府元龟》卷六一《帝王部・立制度二》，第678页。

② 黄正建：《唐后期车服制度的变化——以文宗朝王涯奏文为中心》，第378—379、382—383页。赵睿才先生对卑微群体穿青色衣服的习俗有进一步的阐释，参看《唐诗与民俗关系研究》，上海古籍出版社，2008年，第33页。

③ 《旧唐书》卷一六五《柳公绰传》，第4303页。

④ 《宋会要辑稿・舆服》四之二八，中华书局，1997年，第1807页；又见同书舆服五之二六，第1822页。

⑤ 《古今源流至论续集》卷七。

⑥ 《宋史》卷一六九《职官志九》，第4051页。

⑦ 李裕民：《司马光日记校注》，中国社会科学出版社，1994年，第24页。

杨亿云:“今朝散、银青,犹关命服。”①服色由散官决定,朝散大夫、银青光禄大夫分别为服绯、服紫的最低散官,这也表明带五品以下散官官员的服色是相同的,都是服绿,这也印证了北宋前期不存在四等官服。龚延明先生曾引“散官勋爵不系品位,止从正官为之服”一语,证明仁宗时期官员服色即不依散官。来看这段史料的完整表述:

> 准《衣服令》,五梁冠,一品、二品侍祠大朝会则服之,中书门下则加笼巾貂蝉。准《官品令》,一品:尚书令,太师,太傅,太保,太尉,司徒,司空,太子太师、太傅、太保。二品:中书令,侍中,左右仆射,太子少师、少傅、少保,诸州府牧,左右金吾卫上将军。又准《阁门仪制》,以中书令、侍中、同中书门下平章事为宰臣,亲王、枢密使、留守、节度使、京尹兼中书令、侍中、同中书门下平章事为使相,枢密使、知枢密院事、参知政事、枢密副使、同知枢密院事、宣徽南北院使、佥书枢密院事并在东宫三司之上。以上品位职事,宜准前法给朝服。宰臣、使相则加笼巾貂蝉,其散官、勋、爵不系品位,止从正官为之服。②

“止从正官为之服”,仅指宰臣、使相所加笼巾貂蝉,并不是说所有官员的服色均依职事官品。官员服饰涉及诸多层面,上引材料是在讨论官员帽子时出现的,并没有提及服色。从这句话推不出宋代官员服色依职事官品的结论。嘉祐三年(1058),《上仁宗论详定官制》云:“于今唯散官犹叙服色,粗系轻重。”③仁宗末年,官员服色仍是由散官决定。还可举出若干元丰改制前散官决定服色的例子:

> 1. 熙宁元年(1068)《宋故永康郡夫人董氏墓志铭》:朝奉郎、守

---

① 《武夷新集》卷一六《次对奏状》,景印文渊阁四库全书本,第1086册第559页。对此龚延明先生已有论述,参看《论宋代官品制度及其意义》,第261页。

② 《宋史》卷一五二《舆服志四》,第3552页。

③ 《宋朝诸臣奏议》卷六九,北京大学中国中古史研究中心点校整理,上海古籍出版社,1999年,第755页。又见刘敞《公是集》卷三三、胡宿《文恭集》卷七、《长编》卷一八八嘉祐三年十一月辛亥。《长编》云:“诏翰林学士胡宿、知制诰刘敞详定以闻,敞等条上改正、裁损、申明十事。”(第4537页)上引文即所云十事之一。该奏议实由刘敞、胡宿二人合上,故二人文集均有收载。

殿中丞、监庐州酒务、骑都尉、赐绯鱼袋钱勰书。①

2. 熙宁二年《皇后册文》：摄太尉、推忠协谋同德佐理功臣、枢密使、光禄大夫、检校太傅、行尚书刑部侍郎、上柱国、东平郡开国公、食邑五千户、食实封一千户吕公弼，摄司徒、朝散大夫、右谏议大夫、参知政事、护军、太原郡开国侯、食邑一千一百户、赐紫金鱼袋王珪。②

例1中，朝奉郎正六上。唐后期，殿中丞从五品上，北宋前期殿中丞官品当沿袭唐后期制度，殿中丞前的"守"字亦表示此处其官品要高于正六品上。如果服色依职事官品，则五品以上服绯，就不必带"赐绯鱼袋"官衔；服色依散官，朝奉郎为五品以下，本应服绿，带"赐绯鱼袋"表示钱勰可服高于绿服的绯服。例2中，刑部侍郎四品，谏议大夫五品，若依职事官，吕公弼仅可衣绯，王珪因带有"赐紫金鱼袋"官衔可衣紫，吕公弼地位比王珪高，所服官服等级却比王珪低，这种可能性很小。因服色依散官，吕公弼带有从二品的光禄大夫散阶，据此可服紫，故不需带"赐紫金鱼袋"官衔；王珪散官为从五上的朝散大夫，故只有带"赐紫金鱼袋"方能服紫。以上二例均在神宗熙宁时期，据元丰改制不远，认为北宋前期服色依散官是可以成立的。

《宋史·舆服志五》云"元丰元年，去青不用"，这个说法也不完全错。唐后期，"服青碧者，许通服绿"，这只是习惯做法，政府是承认的，但法律令式所记官服等级可能还是青、绿、绯、紫四等服色。《宋史·舆服志五》所说"宋因唐制，三品以上服紫，五品以上服朱，七品以上服绿，九品以上服青"，这只是法律令式中的规定，并不反映现实情况。太平兴国七年(982)正月，李昉上奏说："准诏，定车服制度。《礼部式》：三品已上服紫，五品已上服朱，七品以上服绿，九品以上服青，流外官及庶人并衣黄。"流内官服色四等制度，是《礼部式》中的规定，唐后期至北宋前期均是如此。元丰时期，令式中官员服色"去青不用"，正式规定仅用绿绯紫三等。

最后简单提及四品以上服紫、六品以上服绯制度确立的具体时间。

---

① 杨国宜：《包拯集校注》，黄山书社，1999年，第280页。

② 王安石：《临川先生文集》卷四五，中华书局上海编辑所，1959年，第474页。

据上引《宋史·舆服志五》，这一制度元丰元年(1078)确立①。如果相信这一记载，会有一些难以解释的现象。《资治通鉴》唐纪共八十一卷，司马光结衔为“端明殿学士、兼翰林侍读学士、太中大夫、提举西京嵩山崇福宫、上柱国、河内郡开国公、食邑二千二百户、食实封九百户、赐紫金鱼袋”。此时司马光已不带本官(即唐代的职事官)，“太中大夫”为新寄禄官，则这一结衔定出现在元丰三年九月颁布《以官易阶寄禄新格》之后②。太中大夫从四品上，如果元丰元年即规定四品以上服紫，则此时司马光不应带“赐紫金鱼袋”。《资治通鉴》自后梁纪后，司马光结衔为“端明殿学士、兼兼翰林侍读学士、太中大夫、提举西京嵩山崇福宫、上柱国、河内郡开国公、食邑二千六百户、食实封一千户”。除了食邑和食实封的区别，此时的结衔已无“赐紫金鱼袋”。究其原因，就是在此期间有了四品以上服紫的新规定，司马光带从四品寄禄官即可服紫，故不需另带“赐紫金鱼袋”结衔。梁太济先生推测后梁纪上奏于元丰六年以后，也有可能是元丰五年以后③。毫无疑问，后梁纪上书时间当在“四品以上服紫”规定出台之后。根据以上司马光结衔的分析，我怀疑“元丰元年，去青不用，阶官至四品服紫，至六品服绯”，这里的“元年”当作“五年”，“元”和“五”在古刻本中是容易混淆的。另外，元丰五年四月“甲戌，诏中书五月朔颁行官制”④，新的服等很可能是与新官制同时开始实行⑤。

宋代也存在赐绯紫、借绯紫制度，赐服与年劳的紧密结合是宋代赐服最值得关注的现象。个别场合的赐绯紫依然存在，如许仲宣，“南唐平，

---

① 《文献通考》卷一一三《王礼八·君臣冠冕服章》:“元丰之制，去青不用。阶官至四品服紫，至六品服绯，皆象笏佩鱼；九品以上则服绿，以木为笏，上挫下方。”第1024页。这里没有明确说四品服紫等规定始于元丰元年，仅言此为“元丰之制”。

② 梁太济:《从每卷结衔看〈资治通鉴〉各纪的撰进时间》，原载《内蒙古大学学报(人文社会科学版)》1997年第5期，收入氏著:《唐宋历史文献研究丛稿》，上海古籍出版社，2004年，第10页。

③ 梁太济:《从每卷结衔看〈资治通鉴〉各纪的撰进时间》，第12页。

④ 《长编》卷三二五元丰五年四月甲戌，第7825页。

⑤ 元丰后，四品以上服紫、六品以上服绯，但人们仍习惯用赐三品服、赐五品服这样的说法。周必大云:“近世士大夫为人作铭志，凡赐紫则曰三品服，赐绯则曰五品服，失之矣。”见《文忠集》卷一八一《二老堂杂志》卷三，景印文渊阁四库全书本，第1149册第51页。

以漕挽功拜刑部郎中。中谢日,召升殿奖谕,赐绯"①。类似例子很多,不一一列举。更多的则是依据年劳赐服。《宋史》叙南宋赐借服制度云:"有以年劳而赐者,有品未及而借者。"②这个说法也适用于北宋前期。"太宗雍熙初郊祀庆成,始许升朝官服绯绿二十年者,叙赐绯紫。真宗登极,京朝官亦听叙。后东封、西祀赦书,京朝官并以十五年为限。仁宗、英宗、神宗登极,亦如例。"③此段论述大体是成立的,以下几个变化要注意:第一,《燕翼诒谋录》卷一云:"旧制,品官服绯紫,皆以品格,故选人久次,多服绯紫,京朝迁转之速者反多服绿。太平兴国六年(981)十一月冬至郊祀赦文:'令常参官衣绯绿二十年,于吏部投状,具履历以闻。'"④常参官衣绯绿二十年可赐绯紫,宋代该规定始于太平兴国六年。实行以上规定的目的,就是避免出现迁转迅速的朝官服色等级反而低于选人服等的现象。如果进一步向前追溯,五代后周时期就出现过类似规定,显德元年(954)正月南郊赦文:"升朝官两任已上,著绿十五周年与赐绯,著绿十五年与赐紫。"⑤第二,至道三年(997)以后,除了朝官以外,京官也享有这个待遇。至道三年四月乙未朔,"尊皇后为皇太后,大赦天下。……京朝官衣绯、绿及二十年,并与改服色。官未升朝亦听叙赐绯、紫自此始"⑥。第三,京朝官服绯绿二十年赐绯紫,真宗东封、西祀时将二十年压缩为十五年。乾兴元年(1022)二月己未赦文:"京朝官服绯绿及十五年者,并与改赐服色。改赐服色以十五年为限,登极用东封西祀例,自此始。"⑦嘉祐八年(1063)英宗即位,亦是京朝官服绯绿十五年者与改服⑧。

宋代借绯紫制度,与唐代刺史、都督借绯有类似之处,出任一定级别地方官可以借绯紫,归朝时借服则取消。太平兴国二年二月诏:"京朝官

① 《宋史》卷二七〇《许仲宣传》,第9268页。
② 《宋史》卷一五三《舆服志五》,第3563页。
③ 《宋会要辑稿·舆服》四之二八,第1807页。
④ 《燕翼诒谋录》卷一,中华书局,1997年,第7页。
⑤ 《旧五代史》卷一一三《周书·太祖纪四》,中华书局点校本,第1501页。
⑥ 《长编》卷四一至道三年四月乙未,第863页。
⑦ 《长编》卷九八乾兴元年二月己未,第2272页。
⑧ 《长编》卷一九八嘉祐八年四月癸酉,第4794页。

出知节镇者借紫,知防、团、刺史州及通判并借绯,罢日依旧。"[①]此后,由于路级行政官员的设置,类似规定更为详细。《却扫编》卷上:"凡知州军、通判、提点刑狱、转运判官、知三京赤县皆借绯,知州、提点刑狱自服绯者仍借紫。转运使副、知节镇州,虽不服绯亦借紫,谓之隔借。自节镇、转运副使改授列郡亦借紫,谓之带借,中间尝历他官则不。"[②]借绯紫的官员,两宋基本实行"自朝辞出国门,则衣借色,回入国门,则衣本色"的规定[③],这和唐代"借服色得于君前服之"的做法不同[④]。

五、结论:兼论赐绯紫的制度意义

中古时期的官服分等多与军事有关,赐绯紫也源自军事活动。唐代赐绯紫可分为三类:皇帝亲自赐服、长官为僚佐奏荐赐服和制度性赐服。皇帝赐服加强了君臣之间的私人联系,地方长官可获制度性赐服,对强化中央权威有益,因此这两类赐服在宋代依然存在。长官为僚佐奏荐赐服则是藩镇势力强大的特殊产物,随着藩镇割据问题的解决,此类赐服在宋代就较少出现。唐代宦官官服服色与散官联系很低,宦官群体中还存在赐绿,赐绿和五品以下散官、赐绯和四五品散官、赐紫和三品以上散官都是可以并存的,宦官所穿黄色之外的官服,主要靠赐服获得。北宋前期官服服色依散官,分绿、绯、紫三等,赐服和年劳的紧密结合是宋代制度的一个特点。大致在元丰五年,官服令式中正式"去青不用",三五品官服分界线也变为四六品[⑤]。

---

① 《长编》卷一八太平兴国二年二月戊戌,第 397 页。

② 《却扫编》卷上,《宋元笔记小说大观》,第 4486 页。相关记载又参看《游宦纪闻》卷二,中华书局,1997 年,第 19 页。《萍州可谈》卷一,中华书局,2007 年,第 113 页。

③ 《萍州可谈》卷一,第 113 页。

④ 《容斋三笔》卷五《绯紫假服》,中华书局,2005 年,第 481 页。又参看《鸡肋编》卷上,中华书局,1997 年,第 20 页。

⑤ 参看吴丽娱:《从天圣令〈丧葬令〉的职官标准看唐宋社会之变迁》第四节"以四品、六品取代三品、五品的等级分野",《第一届中日学者中国古代史论坛文集》,中国社会科学出版社,2010 年,第 270—279 页。

最后简要谈下赐绯紫的制度意义。赐绯紫的政治意义前文已经提及，而赐绯紫的制度意义，专指赐绯紫与散官功能发挥的关系。

赐绯紫的制度意义，需要从唐宋历史的长时段来考察，否则容易误判。黄正建先生强调，赐绯紫办法的出现，实质是在表面不违反"服色依散官品"原则基础上的变通，是向服色依职事官品制度的过渡①。如果仅仅局限于唐后期历史，这个判断是非常有建设性的。若全面考虑北宋前期的情况，以上论述则值得商榷。黄先生曾指出，宋代官员服色"全都依职事官官品"②，上面的判断就建立在这一基础上。而据笔者上文的考察，北宋前期官员服色并非依职事官品。北宋前期职事官已经比较彻底地阶官化，成为"本官"，但此时官员服色依然据散官，同样存在着复杂的赐绯紫做法。如果唐后期的赐绯紫是服色向依职事官品制度的过渡，那北宋前期还是过渡吗？元丰改制后，官员服色依寄禄官，两宋时期均不存在服色依职事官品的制度。唐宋时期，不存在官员服色由依散官向依职事官品的转变，当然就不存在所谓的官员服色"向依职事官品制度的过渡"。

官员服色依散官，是北宋前期散官唯一的功能③，当其他诸多等级特权纷纷从散官上剥离时，为何官员服色仍依散官？赐绯紫做法在这里起了非常大的作用。一方面，赐绯紫做法的出现，破坏了官员服色依散官的制度，造成服色对散官的偏离，黄正建先生已经注意到这一层面的意义。但另一方面，赐绯紫亦是对散官决定服色职能的维护。唐后期至北宋前期，决定官员地位的主要是职事官（本官）和差遣，散官的升迁与职事官（本官）、差遣并无必然的联系，因此散官与职事官（本官）、差遣发生较大偏离的机会非常大。如果此时官员服色完全依据散官，则容易造成官员服等与官员地位完全脱节的局面，这会导致散官决定服色职能的废除。赐绯紫做法的出现，缩小了官员服等与官员实际地位的差距，使得服色更能反映官员的实际地位，所以，唐后期至北宋前期，虽然服色依散官，但由

① 黄正建：《唐后期车服制度的变化——以文宗朝王涯奏文为中心》，第 377 页。
② 黄正建：《唐代衣食住行研究》，第 57 页。
③ 参看邓小南：《宋代文官选任制度诸层面》，河北教育出版社，1993 年，第 20 页。

于赐绯紫做法的存在,并没有造成官员服等与官员实际地位严重脱节的局面,这使得服色依散官的制度能够继续存在。

对于官员服色依散官制度,表面看赐绯紫做法是破坏这一制度,而在实质上,赐绯紫做法则起到维护此制度的作用。看似矛盾的两点,却是同时并存的。这就是赐绯紫做法的制度意义。

(陈文龙　华中科技大学历史研究所讲师)

材料的取舍编次与历史形象的塑造
——以宋人王樵的传记为例*

赵冬梅

【内容提要】 通过材料的取舍、编次来表达历史解释、价值判断,是古代史家的常用手法。宋人王樵,在《宋史》本传中是“孝义”的楷模,在《渑水燕谈录》中则呈现出强烈的隐逸特征。本文对两种王樵传的文本进行了细致的比对、解读,展示了材料的取舍编次是如何塑造历史形象的。

《宋史》卷四五八《隐逸·王樵传》(以下简称《宋史传》)用三百多字

---

* 1992 年暑假,我偶然读到《宋史·王樵传》,立刻被这个小人物的故事所吸引。最让我感到惊奇的是他处置个人死亡的离奇方式。蚕在茧中会长出翅膀,王樵筑“茧室”,也是怀了破茧而出的梦想么?我很想为他写点什么,但是又感觉无从下笔。

2005 年,我开始将《宋史·王樵传》作为我为本科生开设的“中国古代社会生活史专题”课的期末作业题目。这项作业,同学们写了三届,厘清了许多细节,也分享了对王樵命运的感慨。教学相长,益我良多。

2010 年年初再次开课之前,我决定换一个题目考试,讲一次《王樵传》,从此跟这位老朋友说再见。就在备课和讲课的过程中,我赫然发现,原来还有那么多我们自以为弄清了的事情,其实仍然是一笔糊涂账。于是,我不得不回到原点,真的为王樵写下这篇文章。

的篇幅讲述了淄州人王樵的一生:他本来是一个平平常常的读书人。“咸平中,契丹游骑度河,举家被掠”。王樵的生命轨迹从此彻底改变。他先是“挺身入契丹”寻亲,“累年不获”之后,乃“刻木召魂以葬”,“立祠画像”,“服丧六年”,“又为属之尊者次第成服”。“遂与俗绝,自称‘赘世翁’,唯以论兵击剑为事”。屡游塞下,以策干诸边将,“求灭辽复仇,不用。乃于城东南隅累砖自环,谓之‘茧室’……病革,入室自掩户卒”①。

明人朱明镐《史纠》卷五“总论宋史有三善七失”言:“命名既舛,位置并失,按部而就班,觉所处之非据,此其失者五也。”他举的“所处非据”的例子便是《王樵传》:“王樵以父母被虏,志灭契丹,筑茧室以自居,号赘翁而鸣志,宜入节义传,而顾入隐逸。”“节义”是《王樵传》给朱明镐留下的阅读印象,王樵之节在家而不在朝,其实也就是孝义。清朝康熙皇帝敕命编修的《孝经衍义》便将王樵故事归入卷九一“士之孝·敬亲”类,强调王樵的“孝子”形象。根据互联网上的淄博旅游资源介绍,现在当地还有“王孝子祠”。

比《宋史·王樵传》更早的王樵故事文本,是北宋王辟之《渑水燕谈录》卷四“高逸·王樵”(以下简称《渑水传》)②。王辟之是王樵的同乡,生于天圣九年(1031),治平四年(1067)进士。其书成于绍圣二年(1095),“皆记绍圣以前杂事……所记质实可信”③。就我个人的阅读感受而言,《渑水传》中的王樵形象的确无愧于“高逸”的称号。

王樵是过去时空中真实存在过的一个人。时间横亘在作为读者的我们与王樵的真实存在之间。让我们得以认识、了解王樵的是文本,隔开了我们与王樵也是文本。“古人修史,基本史实的叙述大体因袭前人著作为多。”④“古代史学以叙述为主,以解释、评论为辅。史家为数不多的解释、评论主要集中在序、论之中。”⑤此言不谬,然需补充申述者,在序、论

---

① 《宋史》卷四五八《隐逸中·王樵传》,第38册,第13439—13440页。

② 王辟之撰,吕友仁点校:《渑水燕谈录》,中华书局,1981年,第51页。南宋江少虞《宋朝事实类苑》卷四三“旷达隐逸·王樵”全文抄录《渑水燕谈录》。

③ 《文渊阁四库全书》本《渑水燕谈录》卷首提要。

④ 周一良:《略论南朝北朝史学之异同》,《魏晋南北朝史论集续编》,北京大学出版社,1991年,第99页。

⑤ 胡宝国:《汉唐间史学的发展》,商务印书馆,2003年,第101页。

之外,古代史学表达其历史解释、价值判断的更常用方式,还有所谓“书法”和材料的取舍、编次。①《宋史传》与《渑水传》的两个王樵故事文本,呈现了两个差别极大的王樵形象,也为我们提供了一个简便易行的个案,来观察材料的取舍编次是如何影响历史叙述的。下文将比对细节,分析差异,观察材料的取舍编次与历史形象之间的关系。

一

关于王樵服丧之后的活动,《宋史传》和《渑水传》所记差异极大,先来看《宋史传》:

> (樵)北望叹曰:“身世如此,自比于人可乎!”遂与俗绝,自称“赘世翁”,唯以论兵击剑为事。一驴负装,徒步千里,晚年屡游塞下。画策干何承矩、耿望,求灭辽复仇,不用。

照这个说法,王樵在完成作为人子和亲属当服的丧服之后,就绝了俗务,一心复仇。他“论兵击剑”,到边境进行实地考察,还拜会守边臣僚,献计献策,希望能说服他们对辽开战,但没人听他的。“不用”的理由也很简单,王樵的家难发生在咸平二年(999)年底②,五年之后,宋辽之间就签订了“澶渊之盟”。此后,宋辽交好,“国仇”成了历史,王樵却不肯放下他的“家恨”,逆国家大势、社会潮流而动,继续谋求复仇。如果说“举家被掠”是王樵悲惨命运的开始,那么这种不与“时宜”合作的顽强与执拗,

---

① 司马光向范祖禹所传授《资治通鉴》长编写作方法清晰地透露了这一信息:“其修《长编》时,请据‘事目’下所该新旧纪、志、传及杂史、小说、文集,尽检出一阅。其中事同文异者,则请择一明白详备者录之;彼此互有详略,则请左右采获,错综铨次,自用文辞修正之……若彼此年月事迹有相违戾不同者,则请选择一证据分明、情理近于得实者,修入正文,余者注于其下,仍为叙述所以取此舍彼之意……其实录、正史未必皆可据,杂史、小说未必皆无凭,在高鉴择之。”司马光:《答范梦得书》,《司马文正公传家集》卷六三。

② 咸平二年十二月五日裴村之战,大将康保裔战死之后,“敌遂自德、棣济河,掠淄、齐而去”,王樵家难当在此时。《续资治通鉴长编》卷四六,咸平三年正月甲申追记,第985页。康保裔战死的具体时间,见王安石《临川文集》卷八九《故赠左屯卫大将军李公神道碑铭并序》,此条蒙秦克宏君赐示。

则使王樵的命运彻底走向了悲剧。其原因,可以解读为对孝道的坚持。应当正是基于这样一种理解,朱明镐才会认为王樵虽"赘世"而非"隐逸",而清人则径以王樵为孝子。

从咸平元年到景德三年九月,中间除短暂的他任和入朝以外,何承矩一直知雄州,是重要的边将①。耿望于咸平二年至五年间,在河北前线任转运使②。照《宋史传》字面看,王樵画策干何、耿当在晚年,所以很让人怀疑他是否真的见过这两个人。当然,我们也可以退一步,不死抠字面,相信王樵见过这两个人。但是,见到了又有什么用呢?耿望对战争的态度不详。而何承矩"自守边以来,常欲朝廷怀柔远人,为息兵之计"③,从骨子里反战。他又怎么会支持王樵的灭辽复仇计划!今天的历史学家在回望中这样总结澶渊之盟在宋朝历史中的地位:"它结束了长达25年的战争局面,维持了此后将近120年的和平往来,反映了宋辽双方人民向往和平、反对战争的愿望……"④这种"宏大叙事"的总结当然没有问题。但是,就王樵个人而言,战争所造成的伤害在某种程度上是无法平复的。按照所受的教育,他在"家"中的角色是孝顺的儿子,应当读书应举做官,光宗耀祖,娶妻生子,传宗接代。可是在现实生活中,战争却夺去了他的父母亲人,从此,他再大的成就也无人可光耀,无人可分享,他的未来几乎完全落了空。这是《宋史传》中王樵人生悲剧的根本原因。

《宋史传》对王樵服丧之后活动的记述是概括性的,而《渑水传》的记述则更富细节,更具体:

> 太守刘通诣樵,逾垣遁去。其后,高弁知州事、范讽为通判,相与就见之。李冠以诗寄之曰:"霜台御史新为郡,棘寺廷评继下车。首谒梓桐王处士,教风从此重诗书。"

《渑水传》中的王樵——"王处士"是地方社会重要而"活跃"的因

---

① 《长编》卷六四,景德三年九月丙寅,第3册,第1427页。

② 《长编》卷四八,咸平四年五月甲戌,第2册,第1059页;卷五一,咸平五年三月甲辰,第1117页。

③ 《宋史》卷二七三《何继筠附子承矩传》,第27册,第9332页。

④ 张希清、田浩、穆绍珩、刘乡英主编:《澶渊之盟新论》,上海人民出版社,2007年,《前言》,第3页。

素，知州、通判对他的拜会甚至被视为“重诗书”的标志，这表明，王樵很可能继续了家难之前的读书、会友活动。

两任知州拜会王樵的不同遭遇形成了有趣的对比。刘通来，王樵越墙而走。高弁、范讽来，王樵“相与就见之”。见谁不见谁，是王樵的自主选择。而这种选择的背后是他在家难前后一以贯之的交游倾向。

家难之前，王樵的朋友主要有贾同、李冠。贾同，“青州临淄人……笃学好古，有时名，著《山东野录》七篇”①。李冠，齐州历城人，“以文学称京东”，“举进士不第，得同三礼出身，调乾宁主簿，卒，有《东皋集》二十卷”②。

家难之后来拜访王樵的新任知州高弁，是王樵“朋友的朋友”。高弁，濮州雷泽人，做过著名隐士种放的学生，跟柳开学过古文，“至道(995—997)中，以文谒王禹偁，禹偁奇之”。他的品性，与王樵相类，“弁性孝友，所为文章多祖六经及孟子，喜言仁义……与李迪、贾同、陆参、朱頔、伊淳相友善，石延年、刘潜皆其门人也”③。跟高弁一起来的淄州通判范讽，论年纪似是王樵的后辈。范讽是齐州人。其父亲范正辞“治《春秋公羊》、《谷梁》登第”，太祖朝时，“治逋欠于淄州，转运使称其能，转左赞善大夫，就知淄州”，对淄州有德政。范讽先以恩荫入仕，后“举进士第，迁大理评事、通判淄州”④。

贾同、李冠、高弁与王樵都属于北宋前期的山东士人，有着相似的学术倾向和人格追求，比如“笃学好古”，“性孝友”，以隐居自高，排斥非类等等。举例言之，大中祥符四年(1011)，贾同四十多岁时才得到“同进士出身”的科第，“王钦若方贵盛，闻同名，欲致之。固谢不往”⑤。这批人的后辈，以范讽和高弁的学生石延年为代表，在仁宗初期走向了极端，“喜豪放剧饮，不循礼法”，时人称之为“东州逸党”或“山东逸党”，视之为

---

① 《宋史》卷四三二《儒林·贾同传》，第37册，第12830—12831页；《长编》卷一〇九，天圣八年正月甲戌，第5册，第2535页。

② 《宋史》卷四四二《文苑·石延年传附刘潜、李冠传》，第37册，第13071页。

③ 《宋史》卷四三二《儒林·高弁传》，第37册，第12832页。

④ 《宋史》卷三〇四《范正辞传、附子讽传》，第29册，第10059、10061页。

⑤ 《宋史》卷四三二《儒林·贾同传》，第37册，第12830—12831页；《长编》卷一〇九，天圣八年正月甲戌，第5册，第2535页。

“败乱风俗”之渐。景祐四年(1037),范讽等人遭到处分①。“东州逸党”是后话,其原因这里也不暇深究。然而,这种小团体的高自标致与排斥非类,与王樵闻刘通来而越墙、贾同之拒见王钦若,的确让人闻到了某种相通的味道。

高弁、范讽拜会王樵的时间,当在大中祥符八年(1015)左右。大中祥符七年九月,高弁仍在御史台任推直官。九年二月,殿中侍御史李竦欲“援高弁、俞献卿例求补外郡”,遭到拒绝。中书对高弁得补外郡的解释是:“弁固庸人,无它能。然在职将二岁,以亲老求归侍,特命知淄州。”②因此,高弁出知淄州、下车伊始拜会王樵,必当在大中祥符七年九月至九年二月之间,八年左右。

按照《渑水传》,王樵在咸平二年年底遭遇家难,寻亲、服丧之后,并没有执著于复仇,而是随着大环境的转变,逐渐回复到家难前的个人生活状态,隐居读书,与朋友交往。他在地方社会的影响也在继续扩大。大中祥符八年,新任地方长官高弁的拜访,更将王樵的社会影响力推向最高峰。

如果说《宋史传》中的王樵是决绝而悲怆的,那么,《渑水传》中的王樵则更接近于正常状态,至少在表面上,他跟着“形势”前进了。

二

关于王樵自号“赘世翁”的时间、“茧室”的形制和铭文,两种文本也存在着诸多细节差异。

《宋史传》将王樵自号“赘世翁”的时间安置在服丧之后,给人的感觉是他的心死了,并且此后再不复生。有关“茧室”的细节被安排在他求灭辽复仇“不用”之后,其文如下:

---

① 《宋史》卷四四二《文苑·颜太初传》,第37册,第13087页;《长编》卷一二〇,景祐四年(1037)七月丁未,第5册,第2834页。叶梦得:《石林燕语》卷七,侯忠义点校,中华书局,1984年第1版,1997年第2印,第103—104页。

② 《长编》卷八三,大中祥符七年九月乙巳,第4册,第1897页;卷八六,大中祥符九年二月癸未,第4册,第1972页。

乃于城东南隅累砖自环，谓之“茧室”。铭其门曰：“天生王樵，薄命寡智。材不济时，道号‘赘世’。生而为室，以备不虞，死则藏形，不虞乃备。”病革，入室自掩户卒。

《渑水传》则将王樵自号“赘世翁”的情节安排在他的晚年，“茧室”情节紧随其后：

晚自号“赘世翁”，为赞书其门曰：“书生王樵，薄命寡志。无益于人，道号‘赘世’。”豫卜地为窌，名“茧室”，中垒石榻，刻铭其上，曰：“生前投躯，以虞不备；殁后寄魄，以备不虞。”后感疾，即入茧室中，自掩户，乃卒。

细读之下，两种文本对“茧室”的细节描写差别着实不小。按《宋史传》，“茧室”在淄州城里的东南角，“累砖自环”，似是地面建筑。它既是王樵生时的居所，也是他为自己预备的死后“藏形”埋尸的地方。茧室的门铭一共八句，可以分为两段：前四句是王樵对自己人生的总结：“天生王樵，薄命寡智。材不济时，道号‘赘世’。”其核心是“赘世”。后四句是对“茧室”功能的说明：“生而为室，以备不虞。死则藏形，不虞乃备。”

居所与坟墓合一的情节，令人欷歔。随着王樵“感疾”，入茧室中，“自掩户卒”，《宋史传》也完成了对王樵决绝悲怆的节孝形象的塑造。一直到死，《宋史传》中的王樵都是孤绝抗争的，他自言“天生王樵”，伤“命”之“薄”，“智”之“寡”，“材”与“时”的背违不“济”。这里的“时”，既是澶渊之盟后宋辽边境形势的改变，也包括学术倾向与官场风气的转变——中书对高弁的评语“庸人，无它能”，让我们隐约看到王樵的同类们在官场中的笨拙。时代在跟王樵作对，或者说，王樵从来没想过要改变自己来适应时代，他执拗到底了——这是《宋史传》中王樵的形象。

按照《渑水传》，王樵生时自有居所，它的门上有铭，其文为：“书生王樵，薄命寡志。无益于人，道号‘赘世’。”“茧室”则另有所在，是王樵为自己选定的坟墓。窌，通窖，“穿地曰窌”①。据此，“茧室”当为地下或半地下建筑。其中垒有石榻，“生前投躯，以虞不备；殁后寄魄，以备不虞”是

① 《周礼·考工记·匠人》郑玄注。

石榻上的铭文。

如前所述,《宋史传》中那八句门铭其实是可以拆开来看的。因此,两相比较的话,《渑水传》似更接近事实。在《渑水传》中,从未真正平复的战争创伤在王樵晚年复发。他检讨自己的一生,是"书生"却从未取得功名,是人子却失去双亲又无力复仇,少年时的"概世之志"早已灰飞烟灭,"命"既"薄"而"志"又"寡",于国于家都毫无益处,于是自号"赘世"——多余的人。

唐睿宗的刘、窦二妃被武则天处死,"梓宫秘密,莫知所在"①。景云二年(711),睿宗追赠二妃为皇后,立陵招魂以葬,立庙以祀。范祖禹对此颇不以为然,论曰:"人之死也,魂气归于天,形魄归于地。葬所以藏体魄也。若魂气则无不之也。苟无体魄,则立庙以祀之而已,魂气不可得而葬也。夫棺椁所以掩形也,墓所以藏棺椁也,其形气既无有矣而必为之陵墓,不亦虚乎!"②这段议论,王樵自是无从知晓。但是,魂与魄的区别,王樵是知道的。跟睿宗一样,他招魂葬了无从寻得"形魄"的家人,以此来取得心灵的慰藉。在死亡即将来临的时候,他却清楚地意识到,"奂山东"的家族墓地是空的,那里面没有家人的遗体。因此,他没有选择归葬奂山,而是给自己注定要孤单的"形魄"安排了一个单独的坟墓——"茧室"。这种面对死亡的达观和与众不同的埋葬方式,使得王樵在世人眼中的高逸形象更趋完美。行文至此,《渑水传》对王樵隐逸形象的塑造宣告成功。

三

王樵进入茧室,掩户而卒。到此为止,两个文本的王樵生平故事都已讲完。剩下的是尾声,是王樵事迹的后续影响,以及王樵故事的书写过程。两个文本仍然是不同的。这一次,我们先看《渑水传》:

---

① 《旧唐书》卷五一《睿宗昭成窦后传》,第7册,第2176页。

② 范祖禹撰,吕祖谦注:《唐鉴》卷八,文渊阁四库全书本。

济南李芝为《赘世先生传》载其事。治平中，淄川僧文幼募资，即其地为“茧室”，亦起堂祠樵。文幼薄能为诗，精阴阳地理。

据此，李芝的《赘世先生传》应当就是王樵故事最早的文本，并且极有可能是《渑水传》的原本。李芝本人就是有名的隐士，仁宗朝曾游开封，三十岁时因病东还，宋祁、张方平皆有诗相赠①。李芝以隐士之身为隐士王樵作传，其文本倾向不难想见。

《宋史传》没有提到李芝和《赘世先生传》，而是直接进入了治平年间，其文曰：

治平末，职方郎中向宗道知淄州，访“茧室”，已构屋为民居。得樵甥牟氏子，乃知改葬。因而即其地复作“茧室”及祠堂，刻石以记之。

这方刻石所书之祠堂记，应该就是《宋史传》王樵故事的原本。以《宋史传》与《渑水传》相较，还有一个小问题：究竟是谁重修了“茧室”并为王樵起祠？我认为，应当是向宗道与文幼的合作——向宗道作为地方官“名义”主持了这件事，而当地僧人文幼则是实际的主办人②。类似的官民合作，不乏其例。至于文幼的动机是什么，王樵祠祭与佛教究竟有没有关系，已非笔者所能支吾。向宗道是地方官员，有教化责任，起祠供奉王樵，必寓深意，因此，很有可能在刻石中弘扬孝道、表彰王樵作为“孝子”的一面，而这一面也正是老百姓更容易理解和接受的。这应当就是《宋史传》更像“节义”而非“隐逸”的原因。而由于王樵在当地人心目中长期是以“高逸”的隐士形象出现的，因此，地方官采择事迹上报朝廷时也就采用了“隐逸”这样的名目，这一名目直接影响到王樵传在宋朝《国史》中的分

① 宋祁《景文集》卷一八有《送李芝还旧隐》，诗云：“章冠惯趍舞雩春，属疾弥年素产贫。旧隐却招三径菊，归装不受九街尘。平时戏服欢为彩，日后迎蒲待裹轮。天下书生皆皓首，牛溪休访续经人。”张方平《乐全集》卷一有《送李芝东归》，诗云：“此君齐鲁之奇才，三十病废吁命哉！来游京国动凄怅，东归泰山卧崔嵬。支离攘臂福所倚，功名累身古共哀。但恐人求蛟马骨，未免却上黄金台。”

② 清官修《山东通志》卷三〇有文幼小传：“文幼，淄川人，字夙悟，博通经律，尤精百法论，所至为徒众讲解，重修经藏，补诸经之缺。明道二年，受具足戒；嘉祐五年，赐紫方袍；元丰三年，示寂于明水镇之惠觉院。”

类，间接影响了《宋史传》的分类。

写到这里，我们已经简单解释了两种文本中的王樵形象差异的来源。最后，我还想简单"复原"一下隐藏在两种形象背后的王樵存在：淄州读书人王樵善读书、击剑，慷慨有大志。咸平二年年底，由于宋朝边将的无能，位于黄河以南的淄州遭到契丹游骑的袭击，王樵的父母家人被掠北去。唯一的幸存者是王樵及其夫人。而他却抛弃了夫人，深入辽境寻找亲人，累年不获，只好以招魂葬和服丧的方式宣告寻找的失败。他拜访边将，献上自己搜寻到的情报和安边之策，但无人理会。澶渊之盟彻底打碎了他灭辽复仇的理想，从此他安心在淄州生活，成为地方闻人，受到地方长官的尊敬。晚年，他反思自己的一生，自号"赘世翁"，并为自己预修坟墓，这就是"茧室"。这种独特的自葬方式为他博得了更大的名声，有人为他作传。多年以后，地方官和僧人一起重建了"茧室"，修了王樵祠堂。王樵成为地方传奇。最终，他的传记被呈报给中央，进入国史，成为中国历史的沧海一粟。当然，这也不过是包含了事实的我的叙述，只是我努力使它更合理，更接近事实，仅此而已。

附录　两个版本的王樵故事原文

1.《宋史》卷四五八《隐逸中·王樵传》

王樵，字肩望，淄州淄川人，居县北梓桐山。博通群书，不治章句，尤善考《易》。与贾同、李冠齐名，学者多从之。

咸平中，契丹游骑度河，举家被掠。樵即弃妻，挺身入契丹访父母，累年不获，还东山，刻木召魂以葬，立祠画像，事之如生，服丧六年，哀动行路。又为属之尊者次第成服。

北望叹曰："身世如此，自比于人可乎！"遂与俗绝，自称"赘世翁"，唯以论兵击剑为事。一驴负装，徒步千里，晚年屡游塞下。画策干何承矩、耿望，求灭辽复仇，不用。

乃于城东南隅累砖自环，谓之"茧室"。铭其门曰："天生王樵，薄命寡智。材不济时，道号'赘世'。生而为室，以备不虞，死则藏形，不虞乃备。”

病革，入室自掩户卒。

治平末，职方郎中向宗道知淄州，访“茧室”，已构屋为民居。得樵甥牟氏子，乃知改葬。因而即其地复作“茧室”及祠堂，刻石以记之。

2. 王辟之《渑水燕谈录》卷四《高逸》

王樵，字肩望，淄川人也。性超逸，深于《老》《易》，善击剑，有概世之志。庐梓桐山下，称“淄右书生”，不交尘务。山东贾同、李冠皆尊仰之。

咸平中，契丹内寇，举族北俘。潜入虏中访其亲，累年不获，乃归。持诸丧，刻木为亲，葬奂山东，立祠，奉侍终身。

太守刘通诣樵，逾垣遁去。其后，高弁知州事、范讽为通判，相与就见之。李冠以诗寄之曰：“霜台御史新为郡，棘寺廷评继下车。首谒梓桐王处士，教风从此重诗书。”

晚自号“赘世翁”，为赞，书其门，曰：“书生王樵，薄命寡志。无益于人，道号‘赘世’。”豫卜地为窌，名“茧室”，中垒石榻，刻铭其上，曰：“生前投躯，以虞不备；殁后寄魄，以备不虞。”

后感疾，即入茧室中，自掩户，乃卒。命以古剑殉葬。著《游边集》二卷、《安边三策》、《说史》十篇，皆已散失。

济南李芝为《赘世先生传》，载其事。治平中，淄川僧文幼募资，即其地为“茧室”，亦起堂祠樵。文幼薄能为诗，精阴阳地理。

（赵冬梅　北京大学历史学系副教授）

岭南州府宋元明之际两税征收的比较研究

——以连州、广州、潮州、惠州为例*

刘光临

【内容提要】 现存宋元方志中保存了关于地方行政制度、财政和军事组织方面的实例和资料，弥足珍贵。研究者更可进一步与明代方志中保存的相关制度加以比较，为考察南宋、元朝至明代嘉靖以前的国家体制和社会变迁提供一个重要的观察角度。本文利用《大德南海志》、《潮州三阳志》、《潮州三阳图志》、《湟川志》等志书中宋元明之际财政结构变迁的珍贵信息，重点比较这一时期两税征收方式的异同及其所反映出纳税负担的变化。

现存宋元方志中保存了关于地方行政制度、财政和军事组织方面的实例和资料，弥足珍贵。研究者更可进一步与明代方志中保存的相关制

* 作者曾于中山大学历史系2011年11月主办的“十至十三世纪中国的政治与社会学术研讨会暨岭南宋史研究会第二届年会”上报告此文并得到与会学者指正。梁庚尧先生阅读本文后，也提出具体而宝贵的意见，文中已有注明。当然文中的不妥和错误之处，概由作者个人负责。本文写作受香港大学教育资助委员会研资局(642410)项目资助，特此致谢。

度加以比较，为考察南宋、元朝至明代嘉靖以前的国家体制和社会变迁提供一个重要的观察角度。我因持此种想法而前后收集了二十多个样本，涵括了江浙、福建、江西等诸多州郡，准备就一些共通性的问题一一加以比对，岭南地区也是其中的重要一环。

广东宋元乃至明代前期方志保存不甚理想，顾宏义《宋朝方志考》登录了74种广东方志，而今天得以流布而堪资利用者寥寥无几，且无一完整。这里面较为重要的有《大德南海志》、《潮州三阳志》、《潮州三阳图志》、《湟川志》等。尽管如此，我还是发现不少关于宋元明之际财政结构变迁的珍贵信息，加上《广东通志初稿》、《嘉靖惠州府志》提供的一些材料，足资稽考一时之变。这其中涉及农业税收、商税和征榷体制、劳役制的复兴以及军事动员组织对经济和财政的刺激等各个方面，本文即侧重于这一时期两税征收方式的异同及其所反映出纳税负担的变化。

一

中日学者对于两税法的研究已经取得许多成果，蔚为大观。自建中元年杨炎推行两税法，其具体名目、税率、征收方式和折纳要求等，各地都不尽一致，前后也有发展。述其要者，两税征收的规范化经历了唐末、五代至北宋中期的一个长期演变过程，具体方式从最初的“定税之数，皆计缗钱”，到后来推行虚实估而以布帛匹段为重，征收对象从户税到履亩而税，皆非一时之功。

入宋之后，对两税征收方式影响较大的是户等制的规范和产钱、家业钱纽算的通行。以农业作物为税收对象，必然要求对土地的生产能力做一定层次的区分，同时也必须考虑市场发育下农户生产并不局限于谷物种植而形成的收入多样化。同时农村社会的贫富分化，导致农户生产能力和财富占有都出现严重差别，为直接征税带来诸多困难。虽然一些研究者声称户等制由来已久，皆以财产为准，却忽视了自然经济下均田制农户和唐宋变革以来市场经济下农户生产状况和社会分层的巨大差异①。宋代乡村五等户制即是针对后者而来,而且其走向成熟也是在北宋中期。日本学者多以宋仁宗明道二年诏令和嘉祐敕的颁布来说明五等户制在北宋各地的全面推行②。根据斯波义信和梅原郁二位先生的研究,两税的课税基准包括③:

A. 田亩;

B. 产钱或曰税钱,以耕地的肥瘠换算成贯文,也即货币化税额指数;

C. 种子(播种量);

D. 养桑地带桑木种植数;

E. 牛及牛具(一户耕地能力);

F. 租赁收入;

G. 家业钱(非农业收入)

H. 以一县为范围评估,以一家综合资产(包括田亩物力和浮财

① 王曾瑜先生在《从北朝的九等户到宋朝的五等户》(《中国史研究》1980 年第 2 期)即持一种贯通观点,以为"中国封建时代的户等制的正式出现,始于北朝,备于唐,盛于宋",都是以财产作为区分基础,而自九等户演变为五等户,"乃是将九等户中的上七等户压缩为五等户的上三等户",目的"是为了简化与户等相关的赋役"。但是王文未举证说明在宋代以前政府如何以财产或土地为标准划分户等,以财产分等时是否包括土地和奴婢,如果包括又何以评定土地等级,丁口多寡和勋品高低又是如何和财产相衡量而算定一家户等。就唐代而言,唐长孺先生引盛唐时期吐鲁番文书指出,丁数是当时评定户等的重要依据,而田产可能不在财产数。唐氏又引敦煌差科簿中的索思礼个例,本人有勋品,有丁奴和婢私人,已授田 243 亩,却被列为下户(唐长孺:《吐鲁番出土文书中所见的西州府兵》,载《山居存稿三编》,中华书局,2011 年,第 237—256 页)。

② 日本学者岛居一康以嘉祐敕的颁布作为五等户制正式成立的标志,开始明确以"税产物力"为原则确立户等,并视之为近世社会体制的重要基础(参见岛居康一:《宋代税政史研究》,东京:汲古书院,1993 年,第 230—239 页);柳田节子则以为明道二年作成五等版簿诏令意味着总结以往习惯的成文法的形成,是五等户制的确立,而其系谱应该追溯至唐末五代。柳田并批评东一夫《王安石新法の研究》中的观点,因为东氏企图贯通唐初九等户制和宋初制度的联系,完全没有考虑到租庸调在本质上与承认土地私有的宋代土地制度之间存在重大差异,而其所举例证过于单薄而可作不同解释,对于说明这四五百年的变化显然是不够的(参见柳田节子:《宋元乡村制の研究》,东京:创文社,1986 年,第 31—33 页)。附带一提的是,上述批评也可以用来指摘王曾瑜的户等制研究。中国学者也有以天圣编敕为依据,以为其普遍推行在景祐元年(参见梁太济:《两宋阶级关系的若干问题》,河北大学出版社,1998 年,第 38—49 页)。

③ 转引自岛居一康:《宋代税政史研究》,第 36—37 页。

物力)为对象。

以上种种,基本包罗了11世纪农家的劳动产品和经济来源,以此为基础的农业税收颇为接近近代税收体系中农业税范围,但是其实际推行却不容乐观。面对数千万家普通农户,不管是农家的种植收获还是其租赁和借贷等经营收入,都不易评估。宋初土地税收政策,从原则和实践上看都相当保守,斯波义信名之为低税率的保守主义。我同意斯波先生的看法,以下试举几例。

《文献通考》卷四《田赋考四》载:

五代以来,常检视见垦田,以定岁租,吏缘为奸,税不均适,由是百姓失业,田多荒莱。上(按:指宋太祖)悯之,乃诏禁止,许民辟土,州县无得检括,止以见佃为额。

同卷又载陈靖为劝农使事:

(至道)二年,以陈靖为劝农使。靖时为直史馆,上言曰:"谨按天下土田,除江淮、湖湘、浙右、陇蜀、河东等处,地里敻远,虽加劝督,未能遽获其利。古者强干弱枝之法,必先富实于内。今京畿周环三二十州,幅员数千里,地之垦者十才一二,税之入者又十无五六。复有匿里舍而称逃亡,弃耕农而事游惰。逃亡既众,则赋税岁减而国用不充,敛收科率,无所不行矣。游惰既众,则地利岁削而民食不足,寇盗杀伤,无所不至矣。……"

同卷再载政府掌握的垦田数字:

开宝末,天下垦田二百九十五万三千三百二十顷六十亩。

至道二年,垦田三百一十二万五千二百五十一顷二十五亩。

天禧五年,垦田五百二十四万七千五百八十四顷三十二亩。……

皇祐中,垦田二百二十八万余顷。

治平中,四百四十余万顷。

皇祐、治平,三司皆有《会计录》,其间相去不及二十年,而垦田之数增倍。以治平数视天禧则犹不及,而叙《治平录》者,以为此特

> 计其赋租以知顷亩之数，而赋租所不加者十居其七，率而计之，则天下垦田无虑三千余万顷矣。

以上记载大致都说明北宋初期供开垦的空闲地很多，政府极少检括民户田亩而依赖其自供手状，具报顷亩多少。从登记的垦田数字看，至道二年(996)距开宝末有20年，其间垦田增加极为缓慢，陈靖的责备在这里得到印证。从开宝末年到天禧五年(1021)，政府掌握的户数从3090504增长到8677677[①]，几近三倍，而垦田数字增长二倍不到，其后居然又大幅跌落。所以当时人普遍以为田亩面积多有隐藏低报以逃避赋税。《文献通考》作者马端临虽然多处攻击宋代课税的混乱和苛刻，但是对于顷亩簿籍不实也持同样看法，"田制不立，甽亩转易，丁口隐漏，兼并伪冒者，未尝考按，故赋入之利，视古为薄。丁谓尝曰'二十而税一者有之，三十而税二者有之'，盖谓此也"。

但是从11世纪开始，政府也开始加强对耕地的清理统计，方田均税之议络绎不绝。上引书同卷载：

> (熙宁)五年，重修定方田法。八月，诏司农以《均税条约并式》颁之天下。以东西南北各千步，当四十一顷六十六亩一百六十步为一方。岁以九月，县委令、佐分地计量，随陂原平泽而定其地，因赤淤黑垆而辩其色。方量毕，以地及色参定肥瘠而分五等，以定税则。至明年三月毕，揭以示民，一季无讼，即书户帖，连庄帐付之，以为地符。均税之法，县各以其租额税数为限，旧尝取蹙零，如米不及十合而收为升，绢不满十分而收为寸之类，今不得用其数均摊增展，致溢旧额，凡越额增数皆禁之。若瘠卤不毛，及众所食利山林、陂塘、路沟、坟墓，皆不立税。凡田方之角，立土为埄，植其野之所宜木以封表之。有方帐，有庄帐，有甲帖，有户帖，其分烟析生、典卖割移，官给契，县置簿，皆以今所方之田为正。令既具，乃以济州钜野尉王曼为指教官，先自京东路行之，诸路仿焉。

方田法的意义不在于单纯的丈量土地，还要"随陂原平泽而定其地，

① 吴松弟：《中国人口史》第三卷，复旦大学出版社，2000年，第346—347页。

因赤淤黑垆而辩其色”，就土地性质和等级予以评估，最后才以“以地及色参定肥瘠而分五等，以定税则”，完全符合近代意义上的耕地调查和税收评定。但是随其而来的社会阻力和技术困难，使得政府在开始时就已经妥协，应允“不得用其数均摊增展，致溢旧额，凡越额增数皆禁之”，即方田不会直接导致地方税额增加，而仅仅供一地内部调增税额以求纳税公平。遗憾的是，此次方田均税仅在北方数路推行过后就无疾而终。

现代学者对于王安石变法的评价在上世纪 80 年代开始向传统观点复归，强调其富国是实，而富民未必，却有扰民之效。本文重点不在于兹，仅仅指出有宋一代的财政货币政策有其连续性，绝非王安石或宋神宗可以轻易变易的。抛开熙宁元丰时期某些激进的财政社会政策和具有理想色彩的官制改革不谈，从整体来看，11 世纪初到南宋末期这两个半世纪的财政货币政策都是扩张性的，其目的是为以募兵制为特色的军事动员体制服务，实际上也配合了市场经济的扩张。这样一种结构性联系，实际得益于唐宋变革以来经济活动的商业化和财政的货币化趋势，而以征榷为主体的间接税发挥了至关重要的作用。

农业税征收的货币化和公平化虽然自建中以后即开始，但过程曲折复杂。前述斯波义信和梅原郁提出的两税课税基准大致于熙宁期间在各地以不同形式推行，元祐初吕陶言及各地资产评定的纷乱不同：

> 天下郡县所定版籍，随其风俗，各有不同。或以税钱贯百，或以地之顷亩，或以家之积财，或以田之受种，立为五等。就其五等而言，颇有不均。盖有税钱一贯，或占田一顷，或积财一千贯，或受种一十石为第一等；而税钱至于十贯，占田至于十顷，积财至于万贯，受种至于百石，亦为第一等。其为等虽同，而贫富甚相远。①

吕陶所言却从另一方面证明了这种制度的成熟。即使 19 世纪农业大国也无法对全国成千万农户所拥有的农业耕地的生产力做出划一明确的评定，11 世纪的宋朝政府自然无力去推动这样一项宏伟规划，而以一县为单位综合考虑农户的生产能力和家庭资产的办法才实际可行。正是

① 徐松辑：《宋会要辑稿》，食货一三之二四，中华书局，1957 年，第 5031 页。

通过这一纷乱而充满地方特色的过程，最终确立起以家业钱和产钱的评定和纽算为计算基础、以一县为单位的复杂灵活的两税课征体系。

关于家业钱和产钱，已有梁太济、王曾瑜和柳田节子等前辈学者所作经典性研究。因为家业钱和产钱的纽算方式，南宋两税税制设计中还有累进税率的考虑，以保护下等主户。这种设计尤其不可以混同为九等户等制的上下差别，因为后者只是一种民户登记制度，虽然也体现一种社会或者经济的差别，但是仍属于社会群体范畴，其征收对象的内容构成无法均质单一化，并无明确的税收对象，不是税率或者税种，因而累进（退）或者平均云云无从谈起。①

表一　九等户制和以产钱纽算的两税之差别

	征收对象的内容构成	征收成品	征收方式	计算方式
户等	混杂（丁口、财产和勋品之关系不明）	所索取产品非一，包括农产品、徭役、军役、杂色，很难标准化切割	不规范，多为摊派、轮值	无清晰划一税则或税率，多与人头（丁）税配合
两税（产钱纽算）	单一（依土壤肥力和亩积分级）	多为货币化产品	按农业生产年度一年两次缴纳	有税则、税率，纳税对象指数化，可以产钱为基础在分配比例上不断分割

表中所列的重要差别也揭示了唐宋变革前后农村税收体制的本质不同。宋代两税体系经历了长时期的演变，到11世纪中叶开始确立。虽然

① 包伟民先生曾质疑我的说法，并以九等户制来反诘，因为后者以上中下三级九等来区划民户，却从未被视为累进税率之例，由此可见南宋土地税累进税率说法之误。见《再论南宋国家财政的几个问题——答刘光临君》，《台大历史学报》第46期，2010年。我这里需要重申的是，北朝、隋唐的户等制与宋代户等制绝非同样制度。但是，宋代两税制度来源复杂，地方差别颇大，故累进税率仅是其征税中所考虑方法之一种，而不可等同为现代累进税制。

其农村主户人口和财产登记制度也沿用了户等这一词汇，但是其课税对象已转到纳税人的生产能力和财产拥有，并对耕地予以分等评级，又在经济货币化的前提下，尽量以贯伯等货币化指数来估算一地农户内部的经济差别和纳税负担。如是，方有可能在税收时普遍考虑纳税者的贫富差别，而酌情运用累进税率。实际上，明清时代土地税沿用了两税法，但是类似的级差式评估却未能再现，浮财物力和田亩物力的区分也不能做到，以此要求自然经济之下的北朝和隋唐，其可得乎？

二

本文主要是利用现存广东方志中有关宋元明之际土地赋税的一些数据，就两税征收方式、内容和税率加以梳理，试图厘清从12世纪到明洪武时期农业税收变迁的具体途径及其原因。诸家高明已经指出，税钱是两税的夏税钱，以各户的田亩的多少肥瘠为基础，家业钱则包括田亩和其他资产；就地区而言，福建路特别以前者来划分乡村五等主户①。广南东路也属于前者之列，《宋会要辑稿》食货一八《经进续总类会要·商税》载：

> 嘉泰三年六月二十四日，侍御史张泽言："广州八邑例不均税，每遇大礼年分，于产钱上科敷赏钱。唯清远一县，官既收税，故得免科。近年复创行科率，每产钱一文，科二十七文；满贯，科二十贯，号田根钱。差摧锋官兵追纳，所过鸡犬一空……乞下本路提举司体访罢去，以惠远民。"从之。

这是广东府以产钱科敷大礼银的事例，所云"创行科率，每产钱一文，科二十七文；满贯，科二十贯"，即是通过确立产钱和所欲得税租的比例关系来敷配田亩，如一贯以下这种比例是1∶27。《大德南海志》载南宋时广州府两税构成为：

---

① 参见王曾瑜：《宋朝的产钱》，《中华文史论丛》1984年第3辑。但王氏没有说明广南路究竟为何种类型。岛居一康以为广南东、西路均属税（产）钱类型，见《宋代税政史研究》第279—281页。

田钱1391贯有奇。

茶钱2138贯有奇。

夏秋料、役钱共40424贯有奇。

田米旧管56197硕有奇,今管40804硕有奇。

丁米旧管122248硕有奇,今管一等至四等65763硕有奇,余系五等。①

田米属于最初的正税,不随产钱或税钱纽算。开首的田钱应是产钱的另一称谓,其后的茶钱和夏秋两料役钱这些货币税种,均当随产钱敷配。丁米虽然以实物上纳,但极可能还是随田钱纽算。《宋会要辑稿》"食货"载潮州府七等盐钱事:

(嘉定)五年二月十三日,广东提举司言:"……勘会旧来七等敷盐,系以下县土色高下、产钱轻重分为等第,初无定说,如潮阳以三贯文为第一等,而揭阳则以四贯,海阳则以五贯。今若例以三县一文之产均五文盐,不均甚矣。……今欲以三县第七等数内一文至十文尽与蠲免,其十文以上至五贯以上(按:均指产钱),并依旧来等第买盐。仍严行约束,每斤只从久价七十三文足,不许多收,亦不得专立单钞,只于纳本户产钱钞上带纳,明言买盐若干,纳钱若干,使贫民下户皆被实惠。"从之。

广东提举司不同意完全以产钱为依据在全府范围统一征纳盐钱的建议,特别指出原来潮州府各户的产钱就是各县制定,以产钱为基础的七等标准也不一致。但是最终商定的方案仍然容纳了产钱高低的考虑,且指定盐钱随产钱征收。潮州的两税征纳赖宋元方志残篇得以保存一些内容,其中关于元代的赋税条中就载有宋代两税制度:

今将税赋名件疏列于后,附以前代诸色科名,以记沿革。本州三县一司,粮米总一万三千四百四十一石五升四合,录事司粮米总七百五十五石九斗八升二合二勺。

赋税:州之赋税,产户曰苗米,曰产钱,曰二科役钱,曰七等盐钱。

① 《大德南海志》卷六《旧志税赋》,《宋元方志丛刊》本,第8421—8422页。

白丁则折米、丁钱而已。①

志文中后句的"赋税",应录自前(宋)志,而所列各项与前引广州府两税种类比较,也基本一致。

以产钱纽算两税中的种种附加税,对于保证税负清晰公平至为重要。宋代广南东路产钱和两税关系最重要的一段资料来自于连州《湟川志》,学者多有征引,我也在以前文章中予以分析,但因为事关说明如何利用产钱纽算两税,就不惮再引用一次:

> 地有肥瘠,则税有轻重,先王制赋之法也。今江、浙、福建内郡多以产钱纽税,此郡独以田亩等第纽夏布为准。每岁上供银、夏秋二役、五等丁米,皆视田布为多寡。然三县诸乡,又各分等第。且以负郭言之,家有田一亩,上之上等,管布六尺;每降一等,则减布六寸。每管布一疋,折纳钱四百文足,通头子、勘合、畸零、索陌钱,共四百八十文足。又纳苗米四斗正,通耗米、义仓、加耗、斛面,共六斗,头子、勘合、畸零、索陌共钱七十三文省。又纳役钱一百四十〔文〕足,通头子、勘合、足零、索陌、共一百五十文足。夏秋各一料丁米,分五等,应人户管布,十疋以上至三疋五尺,为一等、二等、三等人户,每一口折纳丁米四斗,计钱一贯二十文省。自三疋四尺五至一疋四尺为四等人户,每一口折纳丁米二斗四升,计钱六百二十五文省。一疋三尺至一尺为五等人户,每一口折纳丁米七升三合,计钱二百一十文省。无客田丁(按:当作"无田客丁")同。合布米二役论之,则是每上等田一亩(按:当作"疋"或"匹")岁赋米六斗,钱一贯六百三十文足,又添上供银钱三百文足,此第一等田税之中制也。②

志文中两税税种可依次排列为:布钱、苗米、役钱、夏秋两料丁米和附加的上供银钱,内中除苗米按亩出纳外,其他均依夏布纽算。就纽算两税

① 《三阳图志》"田赋",《永乐大典方志辑佚》(以下简称《辑佚》)第四册,中华书局,2004年,第2761页。

② 《湟川志》,《辑佚》第四册,第2585页。王曾瑜先生《宋朝的产钱》一文曾引用此段资料说明产钱可以作税钱和家业钱的统称,概括福建、两浙和江南东西路的户等划分标准,但没有定义连州夏(田)布的性质。

其他税种的作用而言，夏布正是具有产钱性质的一种折算方式。以名称而论，以夏冠于布前，说明其很可能与夏税有关，而文中又呼为田布，恰与广东爱呼产钱为田钱相通。所以连州《湟川志》为讨论岭南地区两税纽产钱计算提供了关键性证据。

我曾在他处撰文，通过连州夏布纽算两税的例子和秦九韶《数书九章》事例来说明南宋两税税制设计中有累进税率的考虑以保护下等主户，并以数学计算形式表达其递减的税则。宋代两税时或有累进税率的考虑，但实际执行时未能普遍划一，征税标准往往因地而宜，所以其效果还要具体分析。就连州而言，我曾具体指出，连州附郭土地经过九等上下的质量评级，以一定比率折算成夏布，然后敷配其他税种，从而达成因土地占有面积大小和土壤肥瘠不同而承担轻重有差的税负。其两税主要税种如布钱、苗米和役钱的征收均按田产规模和等级由夏布纽算，同是一亩地，上之上等的税率是下之下等的 5 倍，确实体现了累进税率的特色，这里不再赘述①。但是丁米的征收，却体现出征税方法和意图的矛盾，是南宋地方财政困难之下税收窘迫的一个很好例子：

表二 《湟川志》中对夏秋两料丁米的纽算

户等	夏布	口纳丁米（折钱）	斗米折钱
一至三等户	三疋五尺至十疋以上	4 斗（折钱 790 文省）	198 文省
四等户	一疋四尺至三疋四尺五	2.4 斗（折钱 625 文省）	260 文省
五等户	一尺至一疋三尺	0.73 斗（折钱 210 文省）	288 文省
无田客丁	无	0.73 斗（折钱 210 文省）	288 文省

资料来源：岛居一康《宋代税政史研究》，第 286—287 页。

据岛居一康的研究，这里五等丁米已经从五代时的身丁钱转变为正

① 刘光临：《市场、战争和财政国家——对南宋赋税问题的再思考》，《台大历史学报》第 42 期。

式田赋。岛居一康将志文中的“口”解释为“人户一口”,我前文也如是解,现在看来应当做“丁口”理解。敷税时根据夏布折算的税率具有累进税率的特色,上三等户每丁口纳米为4斗,是四等户每丁口的1.67倍,五等户和无田客丁的5.48倍,这体现了税率随财产收入级差而有明显区别,已非人头税的均一算法。但是最后折钱时又有调整,四等户每斗米折钱260文省,五等户每斗米折钱288文省,而上三等户每斗米折钱198文省;如是上三等户每丁口实际纳钱792文省,是四等户1.26倍、五等户的3.76倍。这种税率设计对于五等户和客户颇有体恤,但是四等户每丁口仅比上三等户少纳不足170文,考虑到南宋户等登记中四等户众多的普遍现象,四等户大概就是该税的主要承担者。这里值得注意的,最后纳钱时再次折算调整了累进税率,反而使得后者功能不彰①。所以宋代两税征收虽有累进税率的考虑,但毕竟不可等同于现代累进税制。至于征榷等收入,多为贸易和消费环节所收的间接税,与实际财产收入无直接关系,而穷人消费此种产品时所纳,按其收入比例甚或高于有产者,故有某种累退税率的特色,读者不可不留意。

岛居一康同时以为连州丁米征收的安排也适用于前引《大德南海志》中丁米的例子,我亦以为然,因为《南海志》特别提到“丁米旧管”122248硕有奇,“今管一等至四等”65763硕有奇,“余系五等”,是将第五等(可能还有无田客丁)排除“今管”之外以示恤顾。丁米和盐钱都是宋代两税体制中杂变之赋演进的代表,大中祥符四年(1011)政府颁布放免身丁钱诏令,岛居一康以此作为其演变为正式田赋的开始而与人丁税无关。上述事例固然说明这些税负确实完全转化为田赋的一部分而无人头税之痕迹,但是它们的征收毕竟未完全视田产高低或财产规模而定,而是综合了实际消费的情况,使得其税基容纳了农村中大部

① 梁庚尧教授阅读本文后指出斗米折钱的比率有利于上三等户而不利于下等户,这其实近于累退税率而非其原意。梁教授亦指出以夏布折算丁米时,实际情况也各有不同,“以同一级距而言,税率其实是随着资产的增加而递减,亦未能体现出级差税率的特色”,“各级的差别是在税额,而非税率”。梁教授所言很有道理,不过我以为该附加税对象本是丁口,而夏布、产钱均是折算税额的杠杆或中介,如果从丁口观之,则税率确因财产贫富而累进(progressive rate)。如从田赋角度看,则不成立。总之,此例中“丁米”由于往复变迁,税制复杂,所以很难用单一角度解释。

分民户。

潮州“白丁则折米、丁钱而已”,应该也属于丁米之类。据《三阳图志》,“本州白丁乃无产业之民……白丁旧纳钱几一千足,折米价值初科三千五百足,民甚病之。嘉泰间,大师廖公德明敷奏朝廷,纳丁只用五百五十,折米只用二千八百,悉从所请,至今民以为便”①。这里所言的“纳钱几一千足”,应当是指一千贯足,“折米价值初科三千五百足”即是指三指三千五百贯足,而不是一千文和三千五百文;嘉泰改法后的五百五十和二千二百,也是指五百五十贯和二千二百贯。这应该是潮州全州白丁所纳丁钱和折米钱的总数,而非个别白丁所纳的数量,政府以此总数再敷配给个别的白丁。每客户或每白丁一年决不可能出钱1贯足,还纳米折钱四贯省。淳祐年间为免除潮州在城白丁身丁钱,统计已经达7703户,如果每户或每丁按5贯省出钱,计钱就会达38515贯,而现有宋元方志从未提及有偌大一笔税入,也不可能存在——因为这仅仅是计算州城坊郭户白丁,而农村无地客丁又该是在城白丁的数倍至十倍,则其总和该是多么惊人。但是如果是以7703户在城白丁分摊1000贯丁钱和3500贯折米钱的部分,则每户或者每丁所摊就极为有限。假设在城白丁是全州白丁的1/10—1/20②,则每户或者每丁所纳丁钱、折米钱就分别是13—32文和46—114文,合计就是59—146文;而嘉泰后会进一步减少到51—127文,税负本身仍然是轻微的。这也验证了前面志文中的货币计算单位应是“贯”而非“文”,所言是总数而非个体③。但是“在城白丁”属无产业的城市贫民,即除消费税外本无纳税义务,今有折米、丁钱之征,难免为人所议。

① 《三阳图志》,《辑佚》第四册,第2762—2763页。

② 潮州在元丰元年主客户合计74682户,其中主户56912,客户17770,南宋末达到116743户,147570口(丁),但未有主客户统计数字,史料来源见后文。

③ 我原来对此段文字也颇费思解,幸得梁庚尧教授来信指出,志文省略了“贯”;照如是解释,文字才豁然贯通。

表三　南宋连州和广州府两税之构成

州府	货币税收		实物税收	
	税种	数额	秋粮	数额
连州	夏布	5139 贯 551 文省	苗米	实征米 4284 石
	丁米	实征 1371 石，折纳钱 3033 贯 147 文省		
	夏秋役钱	4322 贯 275 文省		
	苗米折钱	2278 石折钱 5035 贯 729 文省		
	上供银	4282 贯 767 文省		
	合计	21814 贯 159 文省		
广州府	田钱	1391 贯有奇	田米	40804 石
	夏秋役钱	40424 贯有奇	丁米	65763 石
	茶钱	2138 贯有奇		
	合计	43953 贯有奇	合计	106567 石

资料来源:《辑佚》第四册，第 2585 页引《湟川志》;《大德南海志》卷六《旧志税赋》,《宋元方志丛刊》本，第 8421—8422 页。

上表所列是我根据方志数据重构的南宋连州和广州两税收入。从数据可以看出，南宋连州和广州两税都是多税种而以田钱(布)纽算，其夏税货币化程度相当高，而田米即一般所称的秋粮反而不甚重要。不同之处是广州丁米没有折钱而是以实物缴纳，这使得该州两税中实物的比重仍然占绝大部分①。

三

宋元鼎革之际，岭南城邑动荡不定，宋朝官兵士绅的抵抗和元军的进

① 不独连州，潮州丁米也折钱缴纳。现存《大德南海志》成书于元代，且非全本，所以南宋广州丁米是否实物缴纳还有待进一步考证。

攻、报复对经济都有破坏，岭南著籍人口数字也大幅降低。入元之后的广东属江西行省统领，元朝有意识地减低岭南赋税。《大德南海志》作者陈大震称颂元朝税制说：

> 什一取民，古之制也。汉晋而下，立法不同。唐自租庸调法既坏之后，兵戈日兴，土狭费广，陌钱、间架之类，往往病民。宋行雇役之法，故于田税之外，又有夏役、秋役、茶钱、赏给之需；商税之外，复有地基、河渡、银场、经制之目，名件不一，民以为病。圣朝混一，首以宽民力为第一义，凡宋无名之赋，一切蠲除之。广为极边，愈加优恤。惟种田纳地税，买卖纳商税（商税三十税一），鱼盐舶货之征，随土所有。自此之外，秋毫不扰。今将税赋名件疏列于后，附以前代诸色科名，以记沿革。①

按陈大震，番禺人，理宗宝祐元年（1253）进士，度宗咸淳年间知全州，元兵陷城，自劾罢。元世祖至元间授广东儒学提举，以疾力辞。陈大震是故宋名士，上述所言，也当于事实有本。元朝对于岭南地区的赋税政策确实有轻税特色，减罢了一些南宋既有税种，像志文中所提及的夏秋役钱、茶钱、赏给（应当是圣节进奉银和大礼年份银等类上供银）确实从元代岭南两税名目中消失。现有元明方志中就有一些例子，潮州《三阳图志》"田赋"条特别提及："本州自归附以来，客户亦纳丁米，每户二斗五升，今亦蠲免。为客户者，何其幸欤……本州三县一司，粮米总一万三千四百四十一石五升四合，录事司粮米总七百五十五石九斗八升二合二勺。"可见，潮州还罢革了客户丁米。值得注意的是，在罢革前，潮州客户按户、丁均一纳米，每户二斗五升。如果我前述理解不错的话，这实际意味着当地已经不再采用以产钱纽算五等丁米的方法而回到实物人头税的实践。

陈高华和史卫民主张岭南无夏税论，他们指出，元朝一段时期没有在江浙行省南部、福建、江西和湖广行省征收夏税，即使元贞二年于上述地区开征夏税后，两广仍然免征。对于江西行省在入元以后没有立刻征收

---

① 《大德南海志》卷六《税赋》，第 8415—8416 页。潮州《三阳图志》作者也极力称道元朝"赋税之轻，爱民之至"，惟大段文字与《大德南海志》类同，不知是否转抄自此。

夏税的原因，陈高华和史卫民援引元人说辞，认为是政府征税时改用省斛，较文思院斛要“多纳米三斗奇，故免夏税”，而两广地区因为兵灾所至百姓离散，所以一直免征。①

元代岭南地区两税税额之低殆无争议，但夏税是否仍在征收，或者更确切地讲，夏秋两税的框架是否仍在维系，还是一个悬而未决的问题。《大德南海志》卷六“税粮”条载广州路一司七县的两税数额为：

> 田钱 175 贯 245 文 4 分，计正耗米 12434 石 6 斗 2 升 5 合 4 抄 3 撮：正米 11621 石 1 斗 4 升 4 合 9 勺整，鼠耗分例米 813 石 4 斗 8 升 1 勺 4 抄 3 撮。
>
> 税户 28177，户丁 23128。丁米 14539 石 6 斗 3 升 4 勺：正米 13731 石 3 斗 4 升，鼠耗分例米 961 石 1 斗 9 升 3 合 8 勺。
>
> 客户 38303，户丁 38303。丁计正耗米 4703 石 6 斗 2 升 3 合 7 勺：正米 4 389 石 5 斗 1 升，鼠耗分例米 314 石 2 斗 6 升 5 合 7 勺。

以上两税包括田钱、税户丁米和客户丁米三项，合计 31830.6 石，比之表二中 106567 宋石（75158 元石）的实物收入少了一倍还多；如果考虑南宋两税有货币形式、元代无此类税种而全归入实物缴纳，则元代两税税额较之南宋降低之多更无疑问。值得注意的是，元代广州两税内容并非没有夏税遗存，像田钱、税户和客户丁米都很难归入传统秋粮范畴。废除夏税，不仅是减低课赋，而且是对南宋两税体系的根本改变，因为后者中秋米并不据主要地位，而以产钱纽算的诸种货币化税种才至关重要。上述广州府三项实物税收中，田米即是由田（产）钱而征，如以省贯算，大约平均 1 文纳 1 斗米。

志文中税户和客户两项相对，均以户丁统领而随之以课米。由于资料缺乏，目前无法判知这两项丁米是以何种方法和税率征收。不过值得注意的是，客户丁米一项似乎单纯根据户丁多少征收而不经纽算，即每户/丁纳米 1.2 斗。这和潮州罢革前的客户丁米有相同之处，惟不知广州路是否以后也罢革此项税课。由是，我们能否大胆推断所谓税户丁米也

① 陈高华、史卫民：《中国经济通史 · 元代经济卷》，经济日报出版社，2000 年，第 559—561 页。

是人头税形式征收的一项税课而与田地无关？而前述不征夏税的政策，也主要是因为征收方法改变、与原来南宋产钱纽算做法无关故而有此表露？

我在下面的表四中列出元大德间广州路各县的两税构成与分配，各县户均民粮和客户丁米也各异，似乎没有内在联系，所以前述问题只能停留在推测层次。目前的资料说明了元代两税税制的混乱，一方面田钱名目尚存，而其征收确是实物，甚至所有的元代两税交纳均取粮米，这是否也分夏秋两季缴纳尚不清楚，另一方面税户、客户所纳丁米数额众多，却有人头税的迹象，则其制度主体究竟以何者为基础尚有待深入研究。①

表四　元大德间广州路两税构成与分配

	田钱（贯）	田米（石）	税户（户）	民粮（石）	客户户数	客户丁数	客户丁米（石）
全路	175	12434	28177	14539.6	38303	38303	4703.6
录事司	2	156	176				
南海县	37	2819	11198	8048.2	11198	8880	5228.6
番禺县	17	1822	2732	3 097.9		2157	1275.6
东莞县	42	848	23727	4233.4		21447	3385.3
新会县	65	3780	18610	10650.5	18610	19063	6772.6
香山县	0.302	1023	8312	2399.6			
增城县	8	1840	1659	3038.4	1664	1418	1198.1
清远县	1	45	66	52.7	66	11	6.9

资料来源：《大德南海志》卷六。

如果仅从数据分析，元代两税数额低落也和其版籍管理效率不高有关。《大德南海志》载有广州路各属县和录事司两税数额（见表四）。表中一些数字不易理解，如税户一栏中东莞县的户数竟然比全路户数仅低

① 陈高华指出，元代在北方推行丁税和地税并重的田赋制度，而在江南主要是继承亡宋的两税制。见《元代税粮制度初探》，载《文史》第6辑，1979年，后收入陈高华著《元史研究论稿》，中华书局，1991年，第1—20页。

4450户，而其以税户数为基础的民粮也只比全路户粮数低3889石，显然全路数字有舛误。虽然不排除志书后来辗转传抄而有漏误，但是有些地方显然是当时税粮管理混乱所至。如清远县税户和客户合计仅仅132户，显然不通情理。此外，各县客户数基本接近或等同于税户数，如果排除其他特殊的政治性原因如元代封建诸王的实封户等，广州的无地客户比例不可能若是之高——这明显是出于逃税的考虑，因为前者户均所纳税粮也明显低于后者。元代岭南地区两税税额下降明显无疑，原因大概有多种情形，除以上分析外，也应该注意到元代的军事动员有游牧部落兵员之利而对于钱、粮在内的财政需求不高。

元代岭南也有与潮州和广州路相反的田赋征收情形。嘉靖《惠州府志》抄录元代惠州和循州的两税如下①：

> 惠州属县：田钱共38157文8分2厘，税粮共6651石5斗。归善县：田钱7689文6分7厘，税粮共768石9斗。博罗县：田钱20706文6分5厘，税粮共4142石3斗。海丰县：田钱1423文，税粮共357石2斗。河源县：田钱8338文5分，税粮共1384石。
>
> 循州属县：田钱72贯785文2分8厘，税粮3245石3斗。龙川县：田钱46贯467文，税粮990石3斗。长乐县：田钱14贯267文4分8厘，税粮719石1斗。兴宁县：田钱16贯50文8分，税粮519石2斗。

这里的税粮完全以田钱统领，暗示田赋敷配时必以田（产）钱为准。只是与《大德南海志》和《三阳图志》均为元人所作不同，嘉靖《惠州府志》刻板于明嘉靖三十五年（1556）。嘉靖志作者究竟能够在多大程度上掌握并理解两个世纪以前的两税制度，不能不让人狐疑。如果以上所录是惠州的全部两税税额，则总计四县不过6652石，加上循州属县税粮3245石，总计9897石。同一方志记元代惠州有24976户，则每户纳税粮不过0.3石；循州3498户，户均0.93石。同卷具体记载元代户口如下：

> 户口：元惠州户二万四千九百七十六，口一十一万一千四百六十

① 嘉靖《惠州府志》卷七上《赋役志上》，《天一阁藏明代方志选刊》本。

二;归善县:户九千五百七十五,口四万五千四百一十一。博罗县:户八千五百九十九,口四万一千三百一十二。海丰县:户三千二百九十九,口一万一千二百三十六。河源县:户三千五百三,口一万三千五百四。

循州户三千四百九十八,口无考。龙川县:户一千五百七十九。长乐县:户一千二百二十二。兴宁县:户六百九十七。

如果将惠州户口、税粮和田钱数据对照,就会发现税粮高低与户数不甚相关,而与田钱的关系较为明显,但循州则不甚明显。总之,惠州和循州两税都有田钱名目,但是其税额究竟是以何种税率计算仍无法确定。这里仍然存在的一种可能就是,元代岭南税收管理混乱,诸州府两税征收方法不一,所以田钱名目能否保存以及发挥何种作用,都不尽一致。

就两税全部缴纳实物而言,潮州、广州路如是,惠州和循州亦是,其对明制不无影响。岭南地区的两税资料揭示出,尽管元代继续推行货币化的专卖制度,但是农业税方面转向实物[①]。这就为明初朱元璋推行反市场的经济政策提供了某种便利。

明代岭南两税制度至少从志书材料看是整齐划一的。首先是两税种类大大增多,除秋粮外,还有桑丝、夏税麦、蓝靛、农桑等,潮州府《图经志》"夏税"条[②]:

本府海阳等四县青黄麻、麦、豆、芝麻、绵花、蓝靛等地二百九十五顷二十七亩八分一厘八毫七丝五微。

青麻地一十三顷三十三亩一分一厘一毫六丝九忽,每亩科麻一斤,计麻一千三百三十三斤一两七钱八分七厘四毫。

黄麻地一百四十四顷二十亩二分三厘二毫一丝四忽,每亩科麻一斤,计麻一万四千四百二十斤三两七钱一分四厘二毫四丝。

乌豆地四十三顷六十五亩四分五厘二毫四丝一忽,每亩科正豆三升,计正耗脚豆一百五十四石一斗四升四合一勺二抄四撮五圭九

---

① 陈高华和史卫民以为田赋征粮是全国现象,中经反复,从大德二年开始恢复了全部收粮的办法,不再折钞。见《中国经济通史·元代经济卷》,第558页。

② 潮州府《图经志》,《辑佚》第四册,第2613—2615页。

粟七微一尘。

小麦地四十一顷五十七亩四分六厘八毫七丝六忽,每亩科正麦三升,计正耗脚麦一百四十六石八斗二勺二抄一撮九圭一粟五微六尘。

绵花地三十四顷三十六亩四分五厘七毫七丝五微,每亩科绵花八两,计绵花一千七百一十八斤三两六钱六分一厘六毫四丝。

芝麻地一十六顷五十四亩二分二厘七毫,每亩科正麻二升,计正耗脚麻三十八石九斗四升五勺三撮九圭八粟。

蓝靛地一顷六十亩八分六厘九毫,每亩科靛青八两,计靛青八十斤六两九钱五分二厘。

畦桑:本府海阳等四县畦桑地五顷六亩三分五厘,每亩栽桑四十株,计桑二万二百五十四株。

两税名称也有蓝靛米、农桑米、地租米等,均以米缀其名,嘉靖《惠州府志》载明初赋税称:“国朝之制,有正赋,曰税粮。”洪武二十四年惠州府的税粮包括:“秋粮米”62404 石 7 斗 8 升,“夏税麦”294 石 9 斗,“蓝靛米”4 石 5 斗 8 升,“农桑米”3 石 6 斗,“地租米”27 石 1 斗 5 升,云云。这大约是由于取消了两税中货币化因素,只能以米作基准评估不同种类的农产品。虽然以上种类繁多,秋粮数量确是压倒性的,所以谓之曰“正赋”,这种观念明显不同于南宋时代以产钱为枢纽的两税观,对于明清赋税制度的影响深远。

其次,岭南各州府秋粮的数额大大增长,相对于元代田赋增额往往达数倍乃至十几倍。以惠州为例,元代惠州、循州合计纳粮 9897 石,而洪武二十四年秋粮米增至 63404 石。潮州府在元代“粮米总一万三千四百四十一石”,而洪武十年的秋粮则达到 65483 石。前述大德间广州路两税三项合计 31830 石,而明代秋粮米数为 312491 石。其属下的南海县,大德时两税合计为 16095 石(见上文表四),明代增长为 104088 石。15 世纪广州、潮州和肇庆三府秋粮占了广东一省税粮的 2/3,而后者达到一百万石以上,所以前述广州、潮州的巨额秋粮增加是了解明代两税结构的重要线索。明代政府究竟以何种手段在岭南地区达成上述结果呢?

由于数据缺乏,我们只能从现有田赋记载中搜寻答案。潮州府《图

经志》"田粮"条①:

洪武十年分终数:本府海阳等四县,官、民、僧道、学院、没官等项田地一万一千七百三十二顷四十六亩六分二厘二毫一丝五忽五微八尘,每亩正课米不等,计正耗米六万五千四百八十三石一斗六升四合八抄九撮五粟七微八尘六埃(按:平均每亩课米0.06石)。

官田地六十三顷六十一亩三分六厘三毫一丝六忽七微,每亩科正米不等,计正耗米二千八百六十一石三斗二升三合一勺四抄八撮三圭四粟五微(按:平均每亩课米0.45石)。

民、灶田一万一千二百五十九顷四十三亩一厘七毫一丝二忽六微四尘七埃…每亩科正米不等,计正耗米五万六千七百四十二石三斗三升五合五勺九抄一撮二圭四粟一微三尘一埃(按:平均每亩课米0.05石)。

僧道田二百六十八顷七十八亩七分六厘八毫六丝五忽,每亩科正米不等,计正耗米一千二百六十八石四升九合七勺五抄八撮七圭七粟五微(按:平均每亩课米0.05石)。

学院田一百一十三顷三十四亩七分五厘,每亩科正米不等,计正耗米三千一百四十三石九斗一升二合九抄二撮(按:平均每亩课米0.28石)。

没官田二十七顷二十八亩七分二厘三毫二丝一忽二微三尘三埃,每亩科正米不等,计正耗米一千四百六十七石五斗四升三合四勺九抄八撮六圭九粟六微五尘五埃(按:平均每亩课米0.54石)。

上条记载提供了洪武时期潮州府的田亩分类及其相应秋粮额。官田、学(院)田和没官田的课率极高,大约亩纳半石。但上述三类田地面积有限,合计203顷,只占全部潮州府纳税田亩的1%不到。民(灶)田平均课率是每亩0.05石(约合0.07—0.08宋石),虽然不是很高,但因为田亩数量巨大,所以成为秋粮的主要来源。

① 潮州府《图经志》,《辑佚》第四册,第2612—2613页。

四

宋代货币化财政是以市场的发展为基础，其专卖制度也是依附于市场体系，这和明初反市场的洪武财政体制有本质的不同。洪武体制的确立是对唐宋变革以来市场经济和货币财政这一潮流的否定，而朱元璋标榜非如此不足以除恶安良；则洪武经济体制下农民真实生活状态就很值得研究者关注。所以比较岭南民众税负轻重的变化，也是比较这两种截然不同的经济体制对民众生活的影响：岭南农民在明代里甲体制下是否比南宋市场经济中更为幸福？宋代税收以榷买为主体，明代财政体制又以役法为特色，比较宋元明之际岭南民众的税收负担，自然应当一律加以审视。但是对于劳役制在元明之际重新兴起这一影响深远的重大变化，本文因为篇幅的关系无法加以讨论，只能留待以后进行。我在这里试图对农民食盐消费而引致的税负再加上一些补充，庶几使读者对这一时期乡村居民生活负担的变化有更进一步的了解。

我的比较从元代和明初潮州的户口食盐法开始。《三阳图志》“税课”条载[1]：

> 潮之为郡，濒海广斥，俗富鱼盐。宋设盐场凡三所，元因之。散工本钞以助亭户，立管勾职以督课程。盐之为利，既可以给民食，而又可以供国用矣。
>
> 小江场，岁办盐七千八百二十四引。
>
> 招收场，岁办盐二千八十六引。
>
> 龙井场，岁办盐一千六百八十六引。
>
> 本路三县一司岁散民盐总八千四百八十六引，每引正钞三锭，篓脚钞一两六钱四分，总办课钞二万五千七百三十六锭一十七两四钱。
>
> 录事司岁散盐四百二十八引，课钞一千二百九十八锭一两九千二分。

① 《三阳图志》，《辑佚》第四册，第2765—2766页。

洪州户计司岁散盐八十引，课钞二百四十二锭三十一两二分。

这里提到的“岁散民盐”应该就是户口食盐法。《大德南海志》卷六“盐课”条也提及“客旅盐”、“散办盐”，而后者就包括了“官吏食盐”、“民食盐”两类，显然是在当地均配，并收钞以供国用。但是其具体如何运作，则语焉不详。

在明初的第一个世纪里，户口食盐法作为居民食盐分配的基本制度而在全国推行，对于其基本形态和后来的崩溃，学者已有很多研究，我在这里只是强调其在洪武、永乐时期对岭南军民的影响，以资比较。户口食盐法，是一种官收、官卖、官销体制，具体做法就是政府将征收来的盐，“运到州县，按户派散，计口征收钞米”①。明代户口食盐法继承元代的做法，但是因为有里甲制度作为基础，所以推行之初还是有效率的。潮州入明之后，也开始推行类似元代岁散民盐的制度。嘉靖《潮州府志》卷三“盐钞”条：

先年永丰仓设有盐仓，灶户纳盐于内，散给民众，征收其钞，谓曰“盐钞”，每岁每口坐食盐六引，折钞六贯，该钱一十二文，闰月加一文。洪武四年以后，灶户俱照米课纳银，民无盐给，钞遂寝。

徐泓先生已经指出文中的“六引”当为“六斤”之误。但是文中折钞而后纳钱的解释，恐怕是窜入文字（原文用小体字排印）而非明初实情，因为大明宝钞彼时尚未发行，何得云“折钞六贯，该钱一十二文”？而当时邻近地区譬如福建，所纳为银、钱，较为可信。② 永乐朝在岭南地区推行户口食盐钞，这在《明太宗实录》卷二八有明确记载：

（永乐二年二月戊子）承运库大使周端等言：“广东地广民稀，盐课无商中纳，军民多食私盐。宜令所司核实人口，大口岁食盐十二斤，小口半之，每斤纳钞三百文，于近场支给为宜。”从之。

---

① 徐泓：《明代前期的食盐运销制度》，《台大文史哲学报》23期，1974年，第221页。

② 《明太祖实录》卷五九洪武三年十二月癸酉条载：“殿中侍御史唐铎言：福建户口食盐，每引收银十两，或钱一万二千。民艰于办纳，请自今以土产物代输为便。从之。”以此计算，100斤盐纳银2.5两或钱3000文。

同书卷三三永乐二年八月庚寅条载：

> 都御史陈瑛言："比岁钞法不通，皆缘朝廷出钞太多，收敛无法，以致物重钞轻。莫若暂行户口食盐法。天下人民不下一千万户，官军不下二百万家，若是大口月食盐二斤，纳钞二贯，小口一斤，纳钞一贯，约以一户五口，季可收五千余万锭。行之数月，钞必可重。"帝令户部会群臣议，皆以为便，但大口令月食盐一斤，纳钞一贯，小口月食盐半斤，纳钞五佰文，可以行久。覆奏，上从之。

以上两条是永乐时期在全国推行户口食盐法的主要资料，已广为各家引用。由是言之，户口食盐法是滥觞于岭南地区食盐专卖的窘境。正如许多研究所强调的，明初强制推行该法实际与宝钞贬值有关，这在陈瑛的奏议中表达得非常清楚。大明宝钞最终遭弃如废纸，而户口食盐法在明代中期也基本崩溃。①

但是户口食盐法在推行初期还是发挥了一定作用，彼时该制度下岭南地区居民承受的实际税负正是我们真正关心的问题。由于户口食盐法具有明显的人头税特色，所以计算并不复杂，唯一需要确定的是宝钞的真实购买力。彭信威指出，从洪武到永乐，大米对宝钞的价格上涨了25倍。则洪武初期1贯宝钞相当于1石米，而永乐时期就会贬值到1贯宝钞仅购买0.04石米。② 那末，明代一家五六口人，男女占半，如以女口等于小口，则一家可视为两大口、三小口，则每月需食盐3.5斤，或纳钞3.5贯。一年计之，就是42贯，或者1.68石米。如果以周端所言的每斤纳钞300文计，也是一年12.6贯，或者0.5石米。这样的一个负担，和宋代岭南地区情形相比又是如何呢？

在具体比较之前，我首先粗略地报告一下宋代岭南地区食盐榷卖的概况。北宋在征服岭南地区后，并没有在这里推行类似中原或者江南那样严密的榷买政策，所以这里需要比较的只是榷盐，而且还是其中和民众

---

① 徐泓：《明代前期的食盐运销制度》，第227页。

② 彭信威利用明朝官俸来比较明初一个世纪的宝钞价格。明朝官俸用米计算，而用宝钞折支，"洪武年间一贯抵一石，到永乐元年改为十贯一石，洪熙元年加为二十五贯一石，所以永乐年间……米价比洪武初年涨成二十五倍"。见氏著《中国货币史》，上海人民出版社，2001年，第492页。

消费有关的税负部分。就目前而言,梁庚尧关于宋代广南东西路的榷盐研究已经极其精备,后来者很难超越,所以我就径直利用梁著中许多精辟见解和丰富数据加以演绎,只是部分环节因为梁著关注不够才援引它处史料加以论证。

根据梁庚尧的研究,广南东路自南宋初年以来便以实施钞盐法(亦即通商法)为主,而且实施的范围不断扩大;广南西路则钞盐法与官鬻法几度反复实行,钞盐法始终无法在广西长期实施。官鬻法在广西固然由于钞盐法推动失败而确立其不可动摇的地位,而广东的销售钞盐到后来已有抑配民户而非由商人自愿请钞的倾向,亦即在实质上已经不能称之为通商。这种情形,正反映出南宋政府在广南专卖食盐的特殊之处。①

通商法在形式上是商运、商销,政府除食盐生产外基本退出食盐流通环节。明清开中法就是继承了通商法的实践,但是在组织严密特别是围绕盐引流通而形成的二级金融市场上则远远不及宋人理财高明。通商法下的食盐流通为官商垄断合作下的自由市场运作。如果我们假设12世纪中叶广东南路的食盐销售是一均衡市场,其税负轻重就由购买者的具体消费水平决定。就总体而言,扣除食盐生产和流通成本之后的食盐销售净收益,再除以广东全体消费者数目,就是榷盐体制下的人均税负。但是,这类统计数字今天并不存在,所以严格计算也无从谈起。

可资利用的是广南地方当局报告的卖钞收入,即盐商为包卖某批定量的食盐而付给转运司或者提举司的盐价,其价格当然要大大高出盐场生产成本(特别是付给盐丁的报酬),一般是其一倍以上。这个垄断价格就构成通商法下榷买机关的主要收入。所以我们用扣除盐场成本之后的卖钞收入除以全体居民数目,也就获得一个类似的推测性答案。广南东路盐钞的收入有据可查,《宋会要辑稿》食货二八之二四载:

(淳熙十一年)八月十四日,广东提举同措置广西盐事韩璧言:"广州卖钞库准行在太府寺差官押到淳熙十五年料钞引,计盐九万九千九百九十九箩。自当年五月,今及一岁,卖过钞引八万五千六百二十箩。依指挥,以七万五千箩正钞钱银分隶支拨起发,其增卖盐一

① 梁庚尧:《南宋盐榷》,台大出版中心,2010年,第306页。

万六百二十箩，正钞钱银计五万三千一百贯文省，在广州卖钞库别项桩管。”诏韩璧将增卖到盐箩正钞钱银认数桩管，非奉朝廷指挥，不得擅行支使。其未卖淳熙十年分钞引，更切措置给卖。

韩璧报告，一年之内广州买钞库就已经卖过钞引85620箩，故要求将增卖的10620箩盐所得收入，按照规定在买钞库别项桩管而非支拨起发，申送中央。依照其报告，增卖盐10620箩，所得正钞钱银计53100贯文省，则全部钞引85620箩，所得正钞钱银就有428100贯文省。大约1箩盐，也就是100斤，钞价为4.2贯文省，或者3.2贯文足。但是淳熙十一年的买钞收入大增，是因为前此广南榷盐体制调整，允许东路盐货进入西路贩卖；而广东本路榷盐收入实不及此。就在淳熙九年，中央和广南酝酿两路钞盐法改革，下诏“遣浙西安抚司干办公事胡庭直遍诣两路，访问利害，与帅漕提举诸司详议，各具本末以闻”，以为“广西所行官般官卖，诚为民害，若两路改作通行客钞，诚为利便”，此时广南西路却有不同意见：

（淳熙十年）三月五日，广西经略、安抚、转运、提刑司言：“奉诏条具合行未尽事件，谨条具如后：……一、准指挥：住卖雷、廉、高、化四州食盐。缘四州系产盐去处，盐价低平，决无钞客算请，恐因而科抑，重为民害。一、准指挥：封闭钦州白皮场盐灶。契勘钦州自绍兴十二年内因咸土生发，遂创置白皮盐场，后因百姓兴贩私盐作过，遂行住罢，依旧差官般雷州蚕村场盐出卖，每斤收钱五十四足。今来客贩每斤价钱已及六十足，又有贴纳、縻费、脚剩在外，如此，则过于钦州见卖盐价，不惟客人兴贩无利，又无经涉海道，决无客人请贩。窃虑民间无盐食用，白皮场未免复有私煎盗贩等事。一、照对绍兴八年六月六日指挥，两路初行客贩，广东岁以十万箩为额，广西岁以八万箩为额，其时广西盐事系提刑兼领，不放东盐入西界，是致发卖及额。绍兴二十五年，因广东申请通货盐入西路，每箩额通货钱七百文，补助西路岁额，缘此西路岁额大亏，至于抑勒东客带买西钞，于是西路遂有并司之请。西路积压钞引无客算请，遂有官般官卖之请。既行官卖，而通货不行，两路纷争，遂令广东提举章潭、广西运判高绎会议，每岁止约以广东客钞二万五千箩入广西州郡住卖。自乾道八年改行客钞之初,当年广东盐入西界已及二万三千二百十八箩,至乾道九年,遂及三万三千八十六箩,是致搀夺西盐发卖不行,岁计阙误。于是淳熙元年再行官般官卖,不曾通入东盐。今来复行客钞,缘客贩便于东而不便于西,若不限以通货箩数,则客人必辐凑于广东,西路钞额,决难趁办。"①

所以实际情形是绍兴八年中央为两路钞盐法立额,“广东岁以十万箩为额,广西岁以八万箩为额”,但是广东产盐非越界销售则远不足以完成任务。胡庭直策划时也奏陈“二广旧行客钞时,通以九十万贯为额,广东卖盐十万箩,计正钞钱五十万贯,广西卖盐八万箩,计正钞钱四十万贯”②,是广南东路一年的钞盐收入为50万贯,而官府卖盐与商人价格为每斤50文。当然这里的定额仍然过高,很难保持,所以以后朝廷又同意不断调低,到绍熙四年已经减至6万箩③。但是盐钞收入是否同时调整没有明言。

我们可以尝试利用上述数字来大概估计广南东路居民在通商法下所承担的税负。如前所述,盐钞收入应该扣除盐场的工本钱之后,才可以视为政府专卖净收入,所以广东一年食盐专卖净收入不妨设定为50万贯④。而广东一路的人口据《宋会要辑稿》和《文献通考》的记载,绍兴三十二年为51万户,嘉定十六年为45万户。就暂时以50万户为准,则上述专卖收入即意味着一年户均纳钱1000文;如以五口之家计算,一人一月纳钱16文。当然这仅仅是就税负意义而言,已经扣除了食盐本身的生产和销售成本,而居民出钱购买食盐的预算,自然会高出一人一月纳钱16文的水平。但从另一方面讲,学者们一致认定南宋时广南东路在册户

---

① 《宋会要辑稿》,食货二八之一七至一九,中华书局,1957年,第5287—5288页。

② 《宋会要辑稿》,食货二八之一四,第5285页。

③ 《宋会要辑稿》食货二八之三八载绍熙四年五月十三日广东提举司言:“本路岁卖钞盐六万五千箩,今准指挥,减免五千箩,止以六万箩为额。”第5297页。

④ 这里依据梁庚尧先生的意见,梁先生以为“50万贯正钞钱应完全视为广东一年食盐专卖食的净收入。因为商人所纳盐钞钱通常分为两部分,一部分称为措留盐本钱,于盐场缴纳;另一部分称为正钞钱,于榷货务或卖钞库缴纳。前者用作盐本钱,后者则为榷货务的收入…广东盐每箩一百斤,钞面钱为七贯,内中两贯是措留钱,赴盐仓缴纳,五贯是正钞钱,赴算钞官司缴纳。两贯措留钱已是盐本钱的来源,不必再从正钞钱中扣除。”

籍不实,被严重低报,其最高户数竟然不及北宋元丰元年(1078)登记人口59万户。吴松弟认为嘉定十六年广东人口有80至90万户,即是在册户数的二倍①。由是言之,南宋中期广东居民食用走私盐的数量应当不在少数,而很可能超过钞盐,所以其真实人均税负应该比上述计算所得要低一倍。

上述计算为粗略估计,主要目的还在于说明南宋中央政府为何乐意而且一直强力推行通商法,原因就在于和商人合作管理成本低,广东市场销售因人口众、市镇多而有保证,同时销售价格和专卖利润也算适中而不致走私猖獗、私盐把持,这其实是一个政府、商人、居民三方共赢的局面,所以绍兴初始朝廷即孜孜于在广南东西两路推行通商法。

但是这个框架里唯独对于地方政府的利益考虑很少,盐钞买卖收入八成以上为中央所控制,而地方州府不独有本身行政开支压力,更有赡养军队之责,所以对这一制度不甚配合(见诸于广东),甚至公开抵制、阳奉阴违地改通商为官卖(见诸于广西),就完全可以理解。前引梁著中所言"广南专卖食盐的特殊之处"就是因此而起,而我们关于南宋广东食盐税负的估算,不能不作重新调整。

广南路州府倾向于食盐官卖,却又为中央所不容,因为官卖的要害之处就在于官府可趁机抬高盐价,必然为百姓反对,而这额外的收益大部被地方官吏占去,中央所得甚微却要担负政治风险。双方对同一政策反复辩诘,其实是基于立场不同而产生的:

> 淳熙六年四月二十五日,诏:"琼州卖盐止依祖额,如漕臣、守臣违戾增加,仰广西帅司按劾以闻。"先是,知琼州张颐老言:"本州盐额递年止卖四十五万斤,淳熙元年,漕司增作一百万斤。缘本州系是产盐地分,又无过往客旅,止是籍定人户均买,自添额之后,出卖不曾及额,遂至倍科。以此民居逃移,深入黎洞,结为聚落,指引黎人攻犯县寨,劫掠村乡,乞将琼州盐数一依祖额。"故有是诏。
>
> (淳熙)七年正月十一日,广西经略刘焞、提刑徐诩言:"本路漕郡计全赖榷盐。濒海数州产盐颇多,民间盐价虽贱,而漕郡计皆出其

① 吴松弟:《南宋人口史》,上海古籍出版社,2008年,第282—285页。

中,故官价贵。官价贵,则漕司货卖不行,必科配州郡。州郡货卖不行,必科配百姓。虽或官般官卖,或客贩钞,屡变其法,而科扰之弊,竟不可革。昨李椿任都司日,措置复行官般官卖之法,自淳熙元年始行官般。今州郡至不论贫富,并计口科卖,向时上户科抑之苦,今又移之下户矣。①

琼州知州大力批评官卖,认为其弊之甚,致逼民为盗。此时正是淳熙盐法改革前夕,中央喜见地方揭露官卖弊病,盖谴责之声浪骤起,中央就可趁机要求广西路推行通商法以代官卖。而广西当局面对诏书的要求,也不能不检讨弊端,当局所言官卖窘境,"官价贵则漕司货卖不行,必科配州郡;州郡货卖不行,必科配百姓",也颇为真切。总之,这样一个中央、地方和民间相互博弈的格局在广南东、西两路都有存在,只是剧烈程度不同。根据梁庚尧的研究,广南东路商业发达,经济富裕,所以比广西有更好的条件实施钞法,但即使如此,广东"从南宋中期以后,逐渐变质为抑配钞盐的趋势,到南宋晚期更加严重,使得部分州郡名义上是实行钞法,实质却与官卖没有差异"。文中的部分地区主要是指濒海产盐的广州、潮州、南恩州和惠州,其中后面三地在绍熙年间就开始抑配钞盐②。广东不产盐的其他10个州府,由于资料较少,很难得知其真实情形,但是推测起来与濒海产盐的府州还是应有不同③。

本文旨在检讨广东食盐榷卖对于当地居民特别是农民生活所带来的影响,所以广西的事例仅是用以补充。就广东濒海产盐四州而言,《三阳图志》保存资料相对最为丰富,反映出潮州抑配钞盐诸多政策变化,而已经梁庚尧认真梳理,我归纳引用于下:

淳熙之前,"城市、乡邑居民量行均买,未有抑配之扰"。

淳熙三年(1176),广东提举茶盐李纶开始改变榷买政策,"本州盐课始增,乃从主客丁口科给"。

绍熙二年(1191),赵不迂出任广东提举常平茶盐,"复请减"。

---

① 《宋会要辑稿》食货二八之八、之一〇,第5282—5283页。

② 《南宋盐榷》,第350—351页。

③ 这10个不产海盐的府州为英州、梅州、封州、连州、韶州、循州、新州、肇庆府、康州,产海盐府州具体分布见《南宋盐榷》第308—309页"南宋广南海盐产地及水运路线"。

庆元四年(1198),知州林嵥以财政盈余代第七等户输纳。

庆元五年,知州沈杞继续以财政盈余代第七等户输纳。

嘉泰年间(1201—1204),知州赵谧、赵师岉均以财政盈余代第七等户输纳。

嘉定五年(1212),前知潮州沈埴奏陈"本州七等敷盐不均,重为民害。乞照福建路漳、泉等州例,随产敷盐",为广东提举司所拒,但该司同意蠲免三县第七等数内产钱一文至十文,每斤盐价73文足,不许多收。

淳祐七年(1247),知州陈圭尽免三县小户(产钱数1文至50文)的夏税、产钱,遍榜给钞,与民照收。受益者达26850多户,用财政盈余7800贯文省代其输纳①。

官卖食盐最为人非议之处是抑配民户,寓消费于税收,虽未公开开征而等同强制纳税。这里我就利用一些零星数据,来大胆地推测一下潮州居民因抑配食盐所增税赋。首先是人口方面的数据,潮州在元丰元年主客户合计74682户,其中主户56912,客户17770,南宋末达到116743户,147570口(丁),但未有主客户统计数字②。其次是抑配食盐的数量和价格,据《三阳志》"钞盐"条记载,"本州均卖盐三千单六箩,内二千单四箩系三县随产作七等均卖,又一千单二箩均卖坊市、公吏口食"③。故所抑配(名曰"均卖")的食盐有三分之一在州城内摊派,而三分之二在农村。如果我们假设潮州城市人口不超过全州15%,则在籍农民最少有99231户。最后是官卖食盐价格,依照前面沈埴奏陈,潮州官府擅自加价到110文足,广东提举司要求每斤不得超过73文足。

将上述三项数据排比起来,所得结果就是潮州三县农户,每户每年抑配食盐不过2斤,以1斤110文足计也就是220文足,以73文足计则是146文足。如果以米计,上述花费可折米为0.7至1.0宋斗,也就是

① 各条内容见《南宋盐榷》,第352—353页。最后一条为我所补。南宋潮州知州任期及先后见嘉靖《潮州府志》卷五,《日本藏罕见中国地方志丛刊》本,书目文献出版社,1991年,第220—222页。

② 潮州府《图经志》,《辑佚》第四册,第2612页。其中南宋末户数,如加上蜑(蛋)户,则为135998户。

③ 《三阳志》,《辑佚》第四册,第2683页。

0.05 至 0.07 明石①。这个数量充其量不过相当于明初户口食盐法下广东居民户均负担的 1/10，也许更低。不过《三阳志》所载的 3006 箩，已经是绍熙四年广东提举常平茶盐减免后的新份额，这次减免涉及除广州府以外的全部产盐和不产盐州府，产盐的潮、惠、南恩三州减免钞盐岁额为 3000 箩，其中潮州减免 498 箩②。所以我就将这 498 箩按照一比二的比例重新敷配，并按照每斤 110 文单价计算，则农民每户每年平均负担约为 256 文足，也就是 0.08 明石，仍然不足以影响前述结果。

潮州食盐低税负主要是针对农民而言，因为只相当于农户数目 1/5 不到的城市居民，却承担将近 1/3 的食盐份额，即户均每年买官盐近 6 斤或者支付 629 文足(5.7 斤 ×110 文)。这样的计算结果也为史料所支持，在前述嘉定五年广东提举司驳回沈埴全府一体均敷建议时，即谓潮阳县的七等户一年仅买盐 4.5 斤，揭阳则 4 斤，海阳则 3.5 斤，按照 1 斤 73 文足计，每户所付不过 256 至 329 文足，“每日食盐不及一文，未为重困”③。广东提举司的计算明显高过我上述 146 至 220 文足的结果，因为其当利用七等食盐制户等数据，而我的算法是就全部农户平均计算，包括了客户等诸多贫弱细民，因为大多无产钱，故不成为七等食盐制的敷配对象。我

---

① 按连州两税折钱价格，1 斗宋米作 260 省文计，而 1 宋石等于 0.67 明石。

② 《宋会要辑稿》食货二八之三八：“(绍熙)四年五月十三日，广东提举司言：‘本路岁卖钞盐六万五千箩，今准指挥，减免五千箩，止以六万箩为额。其减五千箩，乞于内以三千箩专减潮、惠、南恩产盐三州岁〔额〕，余二千箩却均减不系产盐诸州。今给到绍熙三年产盐六万箩，随宜裁减均拨，除不系产盐诸州别行减拨外，其产盐三州，内潮州欲权减四百九十八箩，惠州欲权减二千四百七十箩，南恩州欲权减一千二十九箩，实卖盐五千五百一十七箩。窃缘三州各有拖欠绍熙二年分钞钱，通计三万一千七十五贯，见行催纳。今若以三年分(纱)〔钞〕引盐箩发下各州，必便均于民间，使其重迭纳盐，愈见困弊。今将收簇到钱代纳三州绍熙三年分盐五千五百一十七箩，计正钞、漕计、头例、盐本等钱五万一千七百六十八贯二百文，与岁计并无相妨，庶几少宽三州之民。’从之。”第 5297 页。

③ 《宋会要辑稿》食货二八之五二至五三：“(嘉定)五年二月十三日，广东提举司言：‘……今官司见行盐价，每斤七十三文。第七等户：潮阳则四斤半，揭阳四斤，海阳则三斤半，而潮阳所敷为重。每年纳钱不过三百二十八文足，每日食盐不及一文，未为重困。只缘本州后来每斤纳钱一百一十文足，是以小民难于送纳。今欲以三县第七等数内一文至十文尽与蠲免，其十文以上至五贯以上，并依旧来等第买盐。仍严行约束，每斤只从久价七十三文足，不许多收，亦不得专立单钞，只于纳本户产钱钞上带纳，明言买盐若干，纳钱若干，使贫民下户皆被实惠。’从之。”第 5304—5305 页。

在前面已经提及潮州在元丰元年有客户17770,约占主客户的1/5;却无南宋时客户数据。扣除客户等之后的户均水平自然会有所提升,但两种算法的差异约为百文左右,不算过大。

南宋食盐抑配的原则、基础和方法为何还是一个值得寻究的问题。从潮州情形来看,将民户依照资产分为七等、从高到低依次差减是抑配食盐的原则,而其基础仍然是产钱,而且以一县为单位统一敷配。我在本文第一节中就已经据《宋会要》中的资料分析过潮州府七等盐钱征收和产钱之间的关系。唯有抑配的具体方法,现存方志残篇中未有涉及,推测起来当然是上户多而下户少,但是下户即使有产,"亩地不出寻丈,岁入不过升斗","而输为官者,二税产米盐役等钱,縻费与中户同"。他们纳税能力却不稳定,最易成为问题而需要救济。上段所引南宋潮州食盐政策变化中线索之一,就是尽量豁除下户的税负。其中淳祐七年(1247)知州陈圭尽免三县下户(文中称"小户")税负一条,未必和盐钱直接有关,但却提供了有产钱而属贫困阶层的第一手数据,值得引录①。此次免税,涉及三县26850余户,户均免税不过300文省,这些人就该是七等盐钱制下的第七等户。如果再假设当时客户也不少于元丰元年数目,即17770户,两者合计就占了南宋潮州户口的近40%之多。从这个角度看,南宋岭南产盐州府抑配食盐固然是变相加税,但是其户均税负远低于明初户口食盐法下的纳钞负担。南宋绍熙四年潮州户均食盐负担不足1明斗,仅是永乐初年广东户均负担的1/10,或者全国户均标准下的1/20。明初户口食盐法虽然推行不久,毕竟大大加重了人民生活负担。而南宋榷盐政策原则上照顾贫民细产,多产钱者多纳,少产钱者少纳,甚至有时可以不纳,这比明初以人头税方法摊派还是合理高明。

---

① 《三阳图志》:"本州三县,小产最为贫窭。亩地不出寻丈,岁入不过升斗,而输为官者,二税产米盐役等钱,縻费与中户同。其间僻居山海,不能造县者,有乡司揽户私领不纳之弊,亲来投纳者,复有伺候往返之费。既纳之后,吏缘为奸,对钞消簿,色色有钱。由是下民转为贫民。陈侯圭轸念民瘼,尽刷三县产数自一文至五十文小产计二万六千八百五十余户,节郡费、捐己俸,为钱七千八百贯官省,代纳以上。小户七年、八年夏税产钱,遍榜给钞,与民照收。"见《辑佚》第四册,第2764—2765页。

五

我在前面试图勾勒出从南宋到明初这三百年岭南地区两税制度的沿革,由于资料所限,这里反映出的图景必然是不全面的。介于宋明之间的元代对于理解中国历史的长期变迁至关重要,但因材料的限制往往研究不够。就岭南地区的两税制度而言,现存方志资料揭示了元制的独特地位。这在一方面是税收征纳方式中承先启后的过渡作用,另一方面在这种过渡体制里酝酿了宋明制度的根本分歧。具体可就税种税制和货币化程度两方面而论。就税制而谈,元朝继续沿用了田(产)钱的名目,但是税课基础已经改变。元朝官员所说的不征夏税,可能更多意味着原来以产钱或家业钱纽算两税的实践已经中断。更为明显的变化,是赋税交纳从货币为主转移到完全实物税,这开启了此后中国历史上一段长达二三个世纪的实物田赋时代。

明代两税完全不同于宋代两税体系,不仅在形式上彻底割断和市场的联系,货币在税物中基本消失,而且其敷配方法和税率也重新制定,产(田)钱和家业钱这些名目已经无影无踪。即使输纳税粮到本县之外的官仓缴纳,哪怕是千里之遥,竟也成为农户自身的责任。上述这些改变是以劳役制度的全面复兴为基础的,梁方仲先生以江南社会为对象的里甲制和粮长制研究具体而微地说明了这一过程。但是这样一个剧烈变革,究竟是朱元璋专制君主一人之力、还是也有其他因素促成,就不易回答。出身于淮右布衣、以暴力革命上台的朱元璋,虽名义提倡复兴华夏文化,效法汉唐制度,其实是以蒙元制度为基础建立起新王朝的。但是元制本身复杂多源,不乏内部矛盾,其君主公开追求货币财富,而朝廷又大行屯田制度,朱元璋如何在元制中取舍是关键之处。

戴璟很可能是对广东历史上宋明时代作认真比较的第一人。他所编撰的《广东通志初稿》(以下简称《通志》)在人口、田赋多处采用《通典》和《通考》中的典制和数据。比较的结论自然是明代制度之良,经济之盛,远逾前代:

两汉晋宋，岭南诸郡有户口之数，而田赋史叟弗书。……宋太祖平南汉，悉去其无名之征，开宝七年遣使检岭南田土，又以漕臣有言廉、容数州民垦田不出常租者，上曰：遐方之人，宜省徭赋，停止其事。及景德会计天下垦田，广南顷亩不备，第以五等赋约之而已。熙宁中，重修方田法，分五等以定税，寻以民不便报罢。而天下方田见于籍者，广南东路已为田三万一千一百八十五顷一十八亩，官田二百七十顷，见催秋夏二税钱七十六万五千七百一十五贯。至崇宁中，转运判官王觉又以辟田几及万顷迁一官。……元初，江(岭?)南二税外无杂税，视历代殊轻，而豪右、不轨之民兼并无艺，元不能禁，故江(岭?)南卒乱于豪右，以至亡国。我朝洪武元年取岭表，又明年定天下版籍，凡田地山池塘浦港，皆令民以所业自实，不实者没之。其系官田地，若职、若学、若书院、若废寺之类，于民佃业而书其税。当是时，岭表以残破人少，税故特轻，至今有无税者。唯广之番禺、南海、东莞、新会及潮之三阳，濒海数邑，少有遗壤，而常有涨没荡移之患，田讼繁积，有司不能尽听也。称版籍田粮者，大抵蒙故牒整绪之而已。十年一更，其消息多寡，无敢甚远元额，今故取嘉靖十一年版赋载之，以概其余。

广州等十府官民田地园塘池湾浦港二十五万六千七百四顷七十五亩四分，夏税麦共该正耗税四千三百九十六石……豆共该正耗税八斗……米共该正耗税一千六百五十一石……秋粮正耗粮一百一万一千七百九十八石……①

《通志》所述制度背景，大约距事实不远，然而其结论却必然不为其列举数据所支持。如其本人所言，熙宁、元丰中广东在籍田亩31185顷，即使加上崇宁中新辟的近万顷，也就是4万顷。参照《中书备对》所载元丰广南东路565534户居民，户均土地只有5.5亩，竟然比江南和成都府路都低出许多，这必然是政府纵容隐匿田地的结果。因此宋代岭南两税长期征收不实，自然有利于地方土地占有者。

① 戴璟、张岳等纂修：(嘉靖)《广东通志初稿》卷二三《田赋》，《北京图书馆古籍珍本丛刊》第38册，书目文献出版社，1988年，第407—409页。

《通志》中提及的嘉靖十年广东十府在籍田亩为25万6千顷，秋粮100万石，后者也见于《大明一统志》。若以此作为洪武时期政府掌握的田亩税粮，则与北宋元丰比出现一个飞跃。但是北宋元丰户数，已接近广东洪武二十四年579693户的记载，而南宋广东人口估计可达80至90万户。笼统而言，以户均计算的宋代两税负担会大大低于洪武年间平均税负。

具体的计算才能推导出可靠的结论。现存宋元方志中绝大部分州府的信息零碎，而明代方志中往往无南宋时期的田亩和两税数据。比较而言，广州的数据是比较完整的。我将有关数据摘录整理如下，其结论还是指向明代初年户均税负最重。从表五中可以看出，从12世纪后期到15世纪早期，广州户数虽因战争或其他灾难而有变动，但长期趋势仍是缓慢而持续的增长。虽然人口变动不算剧烈，明代初年两税总额的陡然增加却十分明显，户均税额增长了3—4倍。而且在这里，我还没有计入农民因为食盐而产生的税负；根据上节的比较，明初（限于永乐朝）户口食盐法还是大大加重了居民生活负担。如果再考虑里甲体制对劳役的依赖，而南宋农民无此沉重劳役，则明初岭南百姓的负担之增重又会大大超过以上计算。

表五　南宋元明时期广州民户两税负担比较

时代	户数	两税（石）	户均两税（石）	户均税额（石）
南宋	185713	106567宋石+43953贯	0.57宋石+0.24贯*	0.44
元	172284	31830	0.18	0.18
明	210095	312491	1.49	1.49

资料来源：户数分别是南宋淳熙年间、元至元二十七年和洪武二十四年，具体见《中国人口史》辽宋金元卷和明代卷。两税数字见前表。广州无洪武朝秋粮数字，今取自《大明一统志》和嘉靖《广东通志初稿》，嘉靖十一年广州秋粮总额降至26万石（见附录表2）。

* 折价均从省文计算。按连州两税折钱价格，1斗宋米作260省文计；而1宋石等于0.67明石。表中0.24贯也作省贯计。

税负仅仅是影响人民福利生活诸多重要因素中的一种。虽然估算的明初户均两税税赋是南宋时期的近4倍，但是户均1.49石就绝对值而言，仍然不算苛重。明初岭南地区对人民生活水平影响最大的，还是当时的反市场经济的政策。唐宋变革以来，农村居民也逐渐享受由市场发展所带来的种种机会，家庭收入中贸易所得日益重要。朱元璋推行的种种制度，限制了人民自由迁徙、择业和为市场而生产的权利，其用力铲除市场经济，打击知识分子、士绅和商人，限制、迫害思想和言论，都是中国历史上突出的专制主义实例。如果考虑到宋元时代岭南民众可以通过商品性的农业生产获得极大一块收入，则随着朱元璋种种反市场的经济政策，当地民众生活水平必然大受影响，要到嘉靖、万历朝才重新融进市场化轨道。南宋和明初税制的差异，展示了这两种财政体制和（市场）经济关系上的重大差别。虽然存在文献不足的限制，岭南地区仍然为说明宋代两税体制的进步提供了一个证据。

附表

附表一　明天顺年间广东各府粮额数

府　名	粮额（石）	府	粮额（石）
广州府	320000	肇庆府	160000
韶州府	50000	高州府	66000
南雄府	35000	廉州府	26000
惠州府	67000	雷州府	55000
潮州府	164000	琼州府	80000
总　计	1023000		

资料来源：梁方仲根据《大明一统志》整理，见《中国历代户口、田地、田赋统计》乙编乙表43，上海人民出版社，1980年。

附表二　嘉靖十一年(1532)广州府田地、赋税

县名	田地(亩)	夏税米(石)	秋粮米(石)
南海	1541207	166.23	52575.10
番禺	968295	327.72	40597.95
顺德	858054	0.03	34682.39
东莞	1224018	36.29	46363.03
龙门	236223	—	7972.79
增城	675750	184.41	24975.47
新会	921169	4.98	36601.15
香山	581269	16.10	22569.72
三水	455860	14.10	15070.05
新宁	245433	0.19	8031.80
从化	98773	—	3525.51
清远	460348	6.44	10414.45
连州	160348	44.53	5458.17
连山	41904	69.32	1276.76
阳山	76090	7.44	2427.31
总计	8544741	877.78	259966.55

资料来源:梁方仲根据嘉靖《广东通志初稿》整理,见《中国历代户口、田地、田赋统计》附编附表34。

附表三　明代南海县田地、赋税

年　份	田地(亩)	夏税米(石)	秋粮米(石)
洪武二十四年	2700914	230.64	104088.25
永乐十年	2701091	230.64	106774.73
天顺六年	2960312	计入秋粮	110352.96
嘉靖十一年	1541207	166.23	52575.10
万历九年	1580922	85.54	52661.88

资料来源:梁方仲《中国历代户口、田地、田赋统计》附编附表34。

附表四　明代香山县田地、赋税

年　份	田地(亩)	夏税米(石)	秋粮米(石)
洪武二十四年	390240	10.22	18659.22
永乐十年	437859	13.53	18760.12
正统七年	451551	13.53	18932.02
景泰三年	426337	13.53	19343.50
天顺六年	435675	60.10	19474.58
成化八年	458127	—	20716.42
成化十八年	466265	—	20876.97
弘治五年	479905	—	21244.29
弘治十五年	482806	—	21391.86
正德七年	486522	—	21540.05
嘉靖元年	490729	—	21675.09
嘉靖十一年	581269	16.10	22569.72
嘉靖二十一年	495301	—	21821.85
万历六年	—	16.00	22848.00

资料来源:梁方仲《中国历代户口、田地、田赋统计》附编附表34。

(刘光临　香港科技大学人文学部助理教授)

多重视角看"沈荩之死"

张海荣

【内容提要】 1903 年,革命党人、新闻记者沈荩因揭露"中俄密约"被慈禧太后杖毙,这是百年来人们对于"沈荩之死"最为深刻的记忆。然而这一说法,与清宫档案所记,并不吻合。由于主人公沈荩的缺场,及清政府对这一问题的讳而不言,导致"沈荩之死"不仅在沈氏遇害当年就引起很大争议,更在此后百余年中,被以各式各样的形式不断解读。这些解读虽然与历史真相出入甚大,乃至根本相悖,却比真相本身留下更为醒目的印迹。通过展现"沈荩之死"这一历史层积的过程,本文试图反思中国近代史的建构模式,追味历史事件背后的另一重历史。

1903 年"沈荩之死"是一件轰动中外的重大事件。由于沈荩的特殊身份,及清政府在处死沈荩时采取的非常手段和事后的种种遮饰,使案件本身显得扑朔迷离。国内外舆论界出于各种动机也对"沈荩之死"高度关注,并赋予其不同的政治与文化内涵,直接影响到清朝的内政与外交;胶着已久的"苏报案",因之发生戏剧性转折。文人墨客基于猎奇或讽世的目的,也纷纷将"沈荩之死"作为笔下谈资,使其人其事变得更加光怪陆离。

1991年，孔祥吉发表《清末沈荩血案内幕》，披露了一些有关"沈荩之死"的新史料①。《清代人物传稿》之"沈荩"篇，简要介绍了沈荩短暂而曲折的一生，断定他是因揭露"中俄密约"致遭非刑②。严昌洪则撰文强调，沈荩案发的原因是他曾参与自立军起义③。彭平一也先后发表两文，证实沈荩并非因揭露"中俄密约"而遭杖毙④。本文谨据最近发现的清宫档案及中外报刊的相关报道，全面还原"沈荩之死"的幕后真相及其轰动效应，并对百年来后人对于"沈荩之死"的追忆作一简要梳理，揭开"沈荩之死"背后的另一重历史。

一 清宫档案所见"沈荩之死"

沈荩（1872—1903），原名沈克諴，号愚溪，又号禹希、渔溪、愚公、渔公，一名潇湘渔太郎，祖籍江苏，寄籍湖南善化（今长沙）⑤。七岁失怙，随长兄沈克刚就读于长沙岳麓书院。"迨成年，为文慷慨激昂，纵横磊落，尤雄于胆略，长于辩论，痛刺时政，初无顾忌。"⑥曾与湘中豪士舒闰祥等12人结为一社，"跳荡词坛，号称'十二神'"⑦。由监生报捐府经历，在湖北省候补。戊戌维新时期，支持变法，与唐才常、谭嗣同、梁启超、熊希龄、

---

① 孔祥吉：《清末沈荩血案内幕》，《历史月刊》（台湾）1991年5月第40期，第94—96页。

② 罗明、徐彻主编：《清代人物传稿》下编，第7卷，辽宁人民出版社，1993年，第296—302页。

③ 《1903年"沈荩案"及其影响》，《中南民族学院学报》（人文社科版）2001年第6期。

④ 《沈荩与"沈荩案"》，《求索》1988年第6期；《关于沈荩与"沈荩案"若干史实的补证》，《中南大学学报》（社会科学版）2005年第5期。

⑤ 不少著述将沈荩与光绪二十五年（1899）拟奏弹劾荣禄、李莲英、刚毅为"三凶"的翰林院编修沈鹏（字诵棠，号北山，江苏常熟人）混为一谈，需要提起注意。如夏仁虎：《旧京琐记》，北京古籍出版社，1986年，第85页；纪果庵：《风尘澒洞室日抄·沈愚溪》，《风雨谈》1944年第10期，第100页；湖南省革命烈士传编纂委员会编：《三湘英烈传》（旧民主主义革命时期）第1卷，国防科技大学出版社，2001年，第314页。

⑥ 赵必振：《沈荩略传》（摘录），杜迈之、刘泱泱、李龙如辑：《自立会史料集》，岳麓书社，1983年，第259页。

⑦ 青桐：《哭沈荩》，《国民日日报汇编》第1集，罗家伦主编：《中华民国史料丛编》，台北：中国国民党中央委员会党史史料编纂委员会，1983年再版，第297页。"青桐"，即章士钊。

张通典等交往甚密。“戊戌政变”后，逃往日本。1899 年，梁启超等策划联合各地会党起事，沈受托回国①。适逢“己亥建储”，上海电报局总办经元善领衔反对废立，沈也列名其中②。沈又与唐才常等共组“正气会”，后改名“自立会”，充干事。自立军起义期间，沈任右军统领，主持岳州、新堤、常德一带军务。起义失败后，走上海（官方悬赏二千元捉拿）。继而北上京津，改名“沈荩”，与八国联军有所往来，“而与日将尤惬”③。尝寄居刘鹗在京城的府第，协助其办理瘗埋局，敛葬无主尸骸（大刀王五即沈一手安葬）④。后任“日本大阪朝日新闻北京特派员之探访者”⑤，频繁往返京、津两地。交友圈中，有刘鹗、方若、英华、狄葆贤、连文澂（或作“连文澄”）、吴式钊、丁士源、钟广生、王照、程淯等。1903 年 7 月 18 日，沈荩被捕；7 月 31 日，被处死。

就“沈荩之死”本身而言，有两点值得注意：一、沈荩被捕并非清政府主动侦获，而是有人秘密告发；二、沈荩之死并非依法判决，而是由慈禧太后亲下懿旨杖毙。那么沈荩究竟缘何被人告发，告发者为谁，清政府虐杀沈荩的具体情况又如何呢？

1903 年 7 月 31 日，刑部所上奏折简要交代了沈荩案发的起因及其被捕经过。该折称：

查据庆宽呈称，奉旨访得富有票会匪沈姓，即沈荩，委系沈克諴

---

① 中国第一历史档案馆藏：《刑部谨奏为审明交拿会匪照章定拟折》，光绪二十九年六月八日，《刑部 · 重大专案类 · 戊戌变法项》，卷宗号 19414。又，以下档案凡未特别注明者，皆引自该馆。

② 上总署转奏电禀，1900 年 1 月 26 日，虞和平编：《经元善集》，华中师范大学出版社，1988 年，第 309 页。

③ 支那汉族黄中黄（按即章士钊）：《沈荩》，支那第一荡虏社，1903 年，第 19 页。

④ 狄保贤：《平等阁笔记》卷一，上海有正书局铅印本，出版时间不详，第 4 页。

⑤ 译件（《北清新报》），《大公报》1903 年 8 月 4 日。另据刑部转述沈荩的供词也称：“是年，洋兵进城后，伊由天津来京，恐彼被稽拿，改名沈荩，在报馆充当访事，得钱度日。”见《刑部谨奏为审明交拿会匪照章定拟折》，光绪二十九年六月八日，《刑部 · 重大专案类 · 戊戌变法项》，卷宗号 19414。此外，沈荩与《北清新报》似乎也有关联。英华于光绪二十八年七月二十七、二十八日记载：“早，闻沈愚溪来，起未见。遂至《北清新报》社告之，令其再来。”“虞溪催请，遂同守六，约元甫同至北清印字馆……”见方豪编录：《英敛之先生日记遗稿》，台北：文海出版社，1974 年，第 537—538 页（英华，字敛之）。另一说称，沈荩任天津《日日新闻报》记者。

改名，有已革检讨吴式钊可以证实，吴式钊令其戚倪世仪引导，伊亲率捕前往拿获。又传据已革检讨吴式钊呈递亲供内称，已获之沈愚溪，又号"虞希"，改名"沈荩"，委系沈克諴正身，沈克諴近日常到福公司闲谈，伊因此与之认识，伊认倪世仪作眼线，将沈克諴指获……①

另据《光绪朝朱批奏折》中收录一无名呈单，上面赫然写着：

此案（按即"沈荩案"）出力系吴式钊、邵夔、倪世仪。②

原来沈荩案发的直接原因就是他曾充当自立军党魁，而告发者不是旁人，正是其好友吴式钊。吴式钊（1855—？），字小谷、楚生，号矶其（一号完奇），云南保山人。1894 年进士，改庶吉士，授翰林院检讨。1897—1898 年间，受刘鹗怂恿，与刘鹗的亲家程恩培联手，以借福公司（Peking Syndicate）银 1000 万两、成立豫丰公司为名，投机河南矿务。此事曾经御史郑思赞、李盛铎等先后弹劾。然而清政府因受制于英国的外交压力，最终屈服，只是将开矿范围限定在黄河以北、怀庆左右。豫丰公司，名义上为借款开办，实际主导权却操诸福公司之手；吴式钊月得薪水银 400 两③。之后吴、程二人又以查勘黄河以南矿苗、兼办铁路为名，冒充钦差，扰民牟利，再遭御史李擢英奏参④。戊戌政变后，吴式钊与沈鹏、陈鼎三人同遭大学士徐桐弹劾，被革职、递解原籍监禁。吴竟也因缘际会，得了"新党"的美名。1901 年，因福公司的关系，英国、意大利两国公使亲自出面为吴式钊说情；吴由此获释⑤。翌年，吴重返北

① 《刑部谨奏为审明交拿会匪照章定拟折》，光绪二十九年六月八日，《刑部·重大专案类·戊戌变法项》，卷宗号 19414。

② 中国第一历史档案馆编：《光绪朝朱批奏折》第 32 辑，中华书局，1995 年，第 845 页。再，据军机处《随手档》，该单为军机大臣所开，时间为光绪二十九年六月初八日。又，庆宽履历，见秦国经主编：《清代官员履历档案全编》第 7 册，华东师范大学出版社，1997 年，第 542—545 页。

③ 河南巡抚裕长：《查复办矿检讨被参各款折》，光绪二十五年七月二十一日，《光绪朝朱批奏折》第 112 辑，第 524—527 页。

④ 李擢英：《奏为特参检讨吴式钊、候选道程恩培山西办矿假冒钦差骚扰地方请旨革职逐回原籍事》，《军机处录副·光绪朝·内政类·职官项》，3/100/5377/36。

⑤ 参见戴逸、顾廷龙主编：《李鸿章全集》第 28 册，安徽教育出版社，2008 年，第 253、260 页。

京，与沈荩同住刘鹗家西偏小院[1]。沈视吴为好友，对其毫不提防，曾当吴之面，夸说自己当年参与自立军起义之事，并扬言“前日遇张之洞于琉璃厂，我并不回避，且走近他车旁，看他把我怎样”等语[2]。由此埋下祸根。

获释之后的吴式钊一心想开复翰林原官，出首朝廷悬赏捉拿的要犯，无疑是一条捷径。不过要将消息密告给朝廷而不担负卖友的骂名，还是需要合适的媒介。内务府郎中庆宽恰好有通“天”之能。庆宽（1852—1927），字小山，一名筱姗，别号松月居士，又号“信叟”。内务府镶黄旗汉军贡生。出身老醇亲王奕譞府，善绘画，精于古董。后奉职内务府，捐员外郎，兼银库差使，与总管太监李莲英关系密切。1894 年，御史钟德祥奏参庆宽冒入旗籍、招摇纳贿。经徐桐等查实，被革职、抄没家产。戊戌政变后，庆宽自告奋勇，与广东闱商刘学洵等，以赴日考察商务为名，伺机暗杀康有为等人。虽然无功而返，庆宽却重获内廷欢心，获准赏还员外郎衔，入内务府正黄旗籍。庚子事变后，庆宽又夤缘庆亲王奕劻，派充议约随员；1901 年，经奕劻等保奏，开复原官[3]。

在庆宽上呈内廷的附片中，透露了吴式钊向其出首沈荩的经过：

> 式钊闻其（按指沈荩）向人夸说本领……愤其凶肆，适奴才所派之邵夔遇于客栈，偶尔谈及，式钊忠愤勃发，历述前情，以为此害不去，后患未已。奴才遂密招其来家计议……[4]

随后庆宽上呈说帖，出首沈荩，罪名即其曾充当自立军党魁：

> 谨探访富有票首逆沈克諴，去岁潜隐京师南城外，行趾无定。去年布散逆信，难保不非所作。而且时与外洋内地匪党及大学堂同乡办事人密通消息。查该逆曾经两湖督臣张之洞奏参通缉，并知照各

---

① 《附记余投狱事》，《雪泥一印草删存附页》，王照：《三草删存合编》，出版地不详，1925 年刻本，第 2 页。

② 无名氏附片，光绪二十九年，《光绪朝朱批奏折》第 32 辑，第 844 页。据附片内容及行文语气判断，作者当为庆宽。

③ 庆宽致盛宣怀函，光绪二十七年十一月十六日，上海图书馆藏“盛宣怀档案”，档号：023513；庆宽履历，《清代官员履历档案全编》第 7 册，第 82—83、542—545 页。

④ 无名氏附片，光绪二十九年，《光绪朝朱批奏折》第 32 辑，第 844 页。

国领事在案。湖北前将康逆所用首犯唐才常拿获正法，其余从党多未就获。刻下沈逆既已来京，必有密谋。若不设法歼除，诚恐异外生节……①

慈禧由此下旨秘捕沈荩。

为了能够顺利捉到沈荩，庆宽、吴式钊等颇费了一番心计。他们一面派吴式钊的妻侄倪世仪充任眼线，随时注意沈荩行踪；一面由庆宽面见肃亲王善耆，以奉旨缉拿要犯为名，调用巡捕（庆宽得知沈荩与工巡总局多有交结，故并罪犯之姓名也未曾透露）。7 月 18 日晨，庆宽亲自带人逮捕沈荩；倪世仪也被一并拿获，以泯痕迹②。

刑部因沈克諴系湖北"富有票"案内漏网之犯，且奉密旨交拿，案情重大，当即遴派司员严加审讯。起初，沈荩否认曾参与自立军，称自己是江苏人，并非湖南人沈克諴③。吴式钊为此不惜亲自出面作证。沈荩知道无法掩饰，乃将自己参与自立军的情况和盘托出。7 月 31 日，刑部上奏，对沈荩做出判决："该犯沈克諴，听从梁启超等私设自立会，散放富有票，乘机煽乱，虽未放票，惟既充当干事员，即属会匪头目，拟斩立决。现届六月，例应停刑，惟该犯情罪重大，应请旨即行正法，以昭炯戒而快人心。"④然而慈禧太后却于当日颁下交片谕旨："万寿（按：指光绪生日）月内例不行刑，著即日立毙杖下。"⑤这正是她当年发动"戊戌政变"，整肃光绪皇帝身边亲信太监时使用的手段。

沈荩被刑后不久，8 月 6 日，慈禧太后下旨奖赏该案出力人员：

候选道庆宽著仍以道员即选，已革翰林院检讨吴式钊著以六部

① 失名说帖，光绪二十九年，《中国近代史资料丛刊·辛亥革命》第 1 册，上海人民出版社，1957 年，第 278 页；庆宽履历，《清代官员履历档案全编》第 7 册，第 542—545 页。

② 无名氏附片，光绪二十九年，《光绪朝朱批奏折》第 32 辑，第 844 页。

③ 光绪二十九年六月初五日内阁大学士张之洞致兼湖广总督端方电，《中国近代史资料丛刊·辛亥革命》第 1 册，第 278 页。

④ 《刑部谨奏为审明交拿会匪照章定拟折》，光绪二十九年六月八日，《刑部·重大专案类·戊戌变法项》，卷宗号 19414。

⑤ 同上。

主事用，同知衔邵夔著以同知分省补用，把总倪世仪著赏给千总。[1]

借着沈荩流出的鲜血，庆宽很快染红了自己的顶子，此后在官场上一帆风顺，官至江西盐法道兼瑞袁临道，并一度署理江西按察使。卖友求荣的吴式钊虽然未能开复原官，也获准以六部主事用。不过一时的荣华，却换来万世唾骂。尤其吴式钊，始终不齿于士类，据传其临死时，竟以手批颊，大呼沈愚溪前来索命[2]。

"沈荩案"发生时，适值慈禧太后回銮不久。中外对于"庚子事变"记忆犹新。尽管清政府很快打出"新政"的旗号遮羞掩过，慈禧太后也不惜纡尊降贵示好外人。然而"沈荩案"的发生，再次曝露了其专制凶残的面目。时至此际，清朝各地已呈现普遍的扰攘不安——此起彼伏的民变、蔓延各地的学潮、拒法运动、拒俄义勇队运动、"苏报案"等等，都昭示着清政府的对内统治出现严峻危机。然而它不仅不设法挽回人心，反而报之以严刑酷法——"沈荩之死"正是这种黑暗统治的写影。革命之风潮，寰球之公论，缘此愈不可遏。章太炎评价沈荩之死"在革命为进一阶，价值远驾谭嗣同、唐才常而上之"[3]。章士钊褒扬沈荩之死"几致全国之舆论，为之一转，即著名顽固之徒，亦勃然而生仇满之念"[4]。西人至谓："沈荩之死，震动民心，较之俄、日开战尤甚。"[5]足见该案在当时造成的轰动效应。

二　中外报刊所传"沈荩之死"

透过清宫档案，我们获得了有关"沈荩之死"最为详尽可靠的描

① 《德宗实录》(七)，光绪二十九年六月十四日，《清实录》第58册，中华书局，1987年，第843页。

② 《卖友者终生负咎》，黄濬著，李吉奎整理：《花随人圣庵摭忆》上册，中华书局，2008年，第220—221页。

③ 章士钊：《疏黄帝魂》，中国人民政治协商会议全国委员会文史资料研究委员会编：《辛亥革命回忆录》第1集，文史资料出版社，1961年，第298页。

④ 支那汉族黄中黄：《沈荩》，第32页。

⑤ 外论：《函述北京昏暗之境》(文汇西报)，《国民日日报汇编》第1集，第105页。

述。不过由于对沈荩的裁决，是慈禧太后绕开正常的司法程序（根据清朝法制，凡死罪中应处死刑之案，应由刑部、都察院、大理寺，即“三法司”，共同会审会核，最后由皇帝勾决），擅自做出的断然处置；加诸沈荩的，又是久已废止的“非刑”，清政府不能不对此讳莫如深。而“沈荩案”的残酷，正因为清政府的粉饰，更加引人质疑。加之沈荩一度与谭嗣同、唐才常等爱国志士过从甚密，且曾担任自立军党魁，又使中外舆论界自然而然地将对谭、唐等人的同情，移嫁到他的身上。革命党和留学生早已不满清政府的对内高压、对外妥协，趁机大作反满宣传。“苏报案”也因“沈荩事出，变故丛生”[①]。这在当时的中外报刊上有着最为充分的反映。

与清宫档案相比，中外报刊对于“沈荩案”的报道，显然存在许多不实、不尽之处，然而档案中无法显示的世态人情，及该案背后种种鲜为人知的鬼魅行径，却恰好可以藉报刊补其不足。

其中，“沈荩之死”的惨烈和清政府的残酷，是中外报刊披露的重点。《大公报》载：“探闻刑部司官自杖毙沈荩后，托故告假者颇多，皆以杖毙之惨，不忍过其地。出而述其始末……当杖毙时，先派壮差二名，打以八十大板，骨已如粉，始终未出一声。及至打毕，堂司均以为毙矣。不意沈于阶下发声曰：‘何以还不死，速用绳绞我。’堂司无法，如其言，两绞而死。”[②]《浙江潮》评论：“满政府刑人之罪……或刑或流，数见不鲜，然未闻有今日廷杖之甚者也。”[③]《江苏》怒斥此举为“极惨礉不仁之暴政”[④]。《新民丛报》也慨叹：“野蛮惨酷，无复人理，盖至是而极矣。”[⑤]西方舆论界更是一片谴责之声。《字林西报》批判清政府之“狼心残忍，历来刑法正义中所稀有……按中国法律，非贱如宦官，必不处以如此之刑，而清太

---

① 光绪二十九年十月十七日上海道袁树勋致兼湖广总督端方电，《中国近代史资料丛刊·辛亥革命》第1册，上海人民出版社，1957年，第439页。

② 《时事要闻》，《大公报》1903年9月16日。

③ 所闻录：《沈荩之惨戮》，日本东京浙江同乡会杂志部：《浙江潮》1903年第7期，日本东京浙江同乡会杂志部发行，第162页。

④ 内国时评：《沈荩惨死问题》，江苏同乡会：《江苏》1903年第5期，日本江苏同乡会发行，第120页。

⑤ 杂评：《南狱》，《新民丛报》1903年8月第35号。

后竟行之,则其言可为法律矣。如此惨刑,实为昏暴”①。《泰晤士报》强调沈荩之死是1900年庚子大屠杀以来“最恐怖的事件”②。《万国公报》更是出语激烈:“凡国不自重其国,而虐待本国人民,以快其一朝之意,此乃野蛮种类之所为,文明之国必羞为之伍者,且其人既安心而行之,则亦无可劝诫,惟永远不与之平等而已。”③

此外,中外报刊还揪出了“沈荩案”背后的另外两个幕后黑手——李盛铎、蔡金台。李盛铎(1859—1935),号木斋,戊戌年间,曾与康有为共同发起保国会。不久,与康分道扬镳,夤缘荣禄等人,曾任江南道监察御史、驻日公使等。据《国民日日报》披露,李盛铎系庆宽“最密之友”,吴式钊系李氏门生;沈荩被捕,李也是幕后策划之人④。《北清新报》也证实,李盛铎曾亲赴日本公使馆,表明捕沈之意⑤。至于蔡金台与“沈荩案”的关系,同样引人质疑。蔡金台,字燕孙,翰林院编修,与李盛铎同乡;戊戌政变后,曾与刘学洵、庆宽一道赴日刺杀康有为。对于蔡氏在“沈荩案”中的表现,《国民日日报》曾作如下评论:“此次新考取之御史三十八名,其一即竭力运动杀沈荩之蔡金台也。蔡自沈荩杀后,即以御史自名〔命〕。内廷早已默许。故前次独不与庆宽等同时列保也。”⑥《大公报》也影射蔡氏与庆宽、李盛铎三人的行径称:“去年腊月间,曾有某某等三人在荣相国处攻讦沈荩,请即拿办。荣相但以一笑置之。此次沈之被拿,其三人又于暗中运动,不无微功。相传此次考试御史,三人中有一人可决其必得,但考得御史后,又不免兴大狱,识者多忧之。”⑦

① 外论:《北京政府之暴刑》(《字林西报》),《国民日日报汇编》第1集,第95—97页。

② “The Anti-Reform Campaign”, *The Times* 1903年8月2日,转引自王敏:《苏报案研究》,上海人民出版社,2010年,第128页。

③ 《沈荩案之后语》,《万国公报》第177卷,光绪二十九年九月。

④ 警闻:《党狱事件》,《国民日日报汇编》第1集,第157—159页。

⑤ 译件(《北清新报》),《大公报》1903年8月4日。

⑥ 警闻:《党狱事件》,《国民日日报汇编》第2集,第456页。

⑦ 《时事要闻》,《大公报》1903年8月23日。“荣相国”,即军机大臣荣禄。

不过，尽管中外报刊对于“沈荩之死”普遍表示同情①，但是关于沈荩获罪的缘由却众说纷纭。

一度占据主流的是“冤狱”说。沈荩被捕后不久，《大公报》登载消息称：“兹得北京来函云，沈荩系江苏太湖洞庭山人，此次被拿之故，因无赖倪某在樱桃斜街小马神庙一带及韩家潭蕖华堂等处赌博大败，向沈借银三百两，沈未允，倪遂衔恨，故诬告被拿云。”②《益闻西报》、《北清新报》也都刊文辩白，否认沈荩就是沈克諴③。《字林西报》称：“夫沈荩，一学生也，其所交纳者，类皆北京之上等社会……或因讯问者肆用虐刑，逼其供词，而沈遂不得不认。此清国究案者习用之手段。呜呼，可谓毒矣。”④《浙江潮》认为沈荩获罪的理由纯属“莫须有”⑤。《国闻日日报》更提出所谓“伪康有为”说，丑诋清政府：“庆（宽）谓沈荩实非沈姓，即为康有为云云，且持康之照片，至刑部作为证据。沈之面目虽不同于康，而其须之短，确有一二似康者。故奉旨行杖之时，先以三人轮流用力，效前明廷杖

① 在众口一致的谴责声中，只有张之洞的亲信幕僚辜鸿铭致函《字林西报》，为慈禧太后的行为作了辩护。他强调：“杖毙的敕令只在名义上执行了，实际上这个人是在挨了几棍子以后被用一条带子勒死的”；“皇上的裁决是最高的法律”；“根据中国人的观点，认为用棍子打死的严峻和残酷程度比砍头处死要轻”；“为了表现对这种罪行憎恨和恐惧的道德感，在中国有必要用残酷和野蛮的手段来惩处这种犯罪行为”云云。在他看来，中西对于“沈荩案”的不同看法，只是由于双方的文化立场不同，并无文明与野蛮之分。见“Political Offence and its Punishment in China”，*North China Daily News* 1903 年 9 月 11 日；翻译参见辜鸿铭来函，1903 年 8 月 25 日，〔澳〕骆惠敏编，刘桂梁译：《清末民初政情内幕——〈泰晤士报〉驻北京记者袁世凯政治顾问乔·莫理循书信集（1895—1912）》上卷，知识出版社，1986 年，第 271—276 页。然而辜氏的言论，不仅没有得到中外舆论的谅解，反而激起一片哗然。《大公报》表示，“有见之者，谓其持之则有故，而言之则不甚成理”（《时事要闻》，《大公报》1903 年 9 月 3 日）。《字林西报》也先后刊载两文，就辜氏的说法进行驳斥。《论辜鸿铭之无耻》一文披露，慈禧太后之所以唆鸿铭为此函者，实欲取媚于某公使夫人。“太后以其素有名，而又恐沈荩之被杀，不满于外人，故藉鸿铭之笔墨以掩其非。”《驳辜鸿铭论中国刑法函》一文的作者强调：“中西文明之程度，相去悬殊。故未开化之事，存于清国者尚多。但至今日，清国与文明之国交通将及百年矣，而尚妄用其野蛮之刑，满洲政府实不得辞其罪也。”见“外论”，《国民日日报汇编》第 2 集，第 379、410 页。

② 《时事要闻》，《大公报》1903 年 7 月 24 日。“倪某”，即倪世仪。

③ 译件（《益闻西报》），《大公报》，1903 年 7 月 28 日；译件（北清新报），《大公报》1903 年 8 月 4 日。

④ 外论：《论辜鸿铭之无耻》（《字林西报》），《国民日日报汇编》第 2 集，第 380 页。

⑤ 所闻录：《沈荩之惨戮》，《浙江潮》1903 年 9 月 11 日第 7 期，第 162 页。

之法。久而不死,复益以二人。仍不能死,乃勒毙之。死后刑曹皆互相告语曰:'康有为被我们打死矣!'莫不欣欣有喜色云。"①

另一说,称沈荩为"维新党"或"康党"。8月2日《泰晤士报》报道:"一名中国的新闻记者和改革者沈荩昨天在北京被以杖毙的方式处决。审讯的证据是如此的没有说服力,他完全可以不承认,但是事实上他选择了勇敢地承认指控,他承认说他参与组织1900年汉口起义,并吹嘘说他一直从事推翻满族人统治的暗杀活动。而且,他宣称他愿意为了这个事业去死。他从容就义,毅然面对他的命运。"②《申报》载:沈荩"当唐才常乱汉口时,曾封正龙头伪职。……前月获诸内城,在簏笥中搜出富有票,是以立刻送交刑部,再三推鞫,语极支离。因之奏奉谕旨,杖毙狱中"③。《益闻西报》称沈"临死之际,承认系康党不讳"④。《纽约时报》冠名为"改革者"。⑤《江苏》目之为"保皇党"⑥。

也有舆论认为,沈荩之死与"中俄密约"⑦的外泄相关。《中国日报》称:"君(按:沈荩)之所以有今日者,亦不过发清、俄之密约与发官场之隐恶而已。"⑧《江苏》谓:"或曰满政府与俄人订密切七条时,沈君适为天津某报馆之访事,闻之而首发表于某报纸。其事既表白于天下,于是内地各处电达政府、竭力抗拒者,踵相接。满政府因而怒沈君,遂杖杀之。"⑨辜鸿铭也曾交待沈荩被刑的原因,除任自立军党魁外,还因其"犯了写文章进行诽谤和煽动叛乱的罪行"⑩。与辜氏针锋相对的《驳辜鸿铭论中国刑法函》,则不仅就此作进一步确认,而且公然指明,为沈荩提供消息的是

① 警闻:《党狱事件》,《国民日日报汇编》第1集,1903年8月,第159页。
② "The Anti-Reform Campaign",*The Times* 1903年8月2日,转引自王敏:《苏报案研究》,第128页。
③ 《龙头杖毙》,《申报》1903年8月13日。
④ 译件(《益闻西报》),《大公报》1903年8月4日。
⑤ 《*The New York Times*》,1903年7月23日。
⑥ 内国时评:《革命制造厂》,《江苏》1903年第5期,第121—124页。
⑦ 指1903年4月18日俄国向清政府提出意在独占东北的"七条要求"。
⑧ 《吊沈克諴》(《中国日报》),《沈荩》附录,第8页。
⑨ 内国时评:《沈荩惨死问题》,《江苏》1903年第5期,第121页。
⑩ 辜鸿铭来函,1903年8月25日,《清末民初政情内幕——〈泰晤士报〉驻北京记者袁世凯政治顾问乔·莫理循书信集(1895—1912)》上卷,第271页。

王文韶之子:“夫沈君所招认者,仅为宣布国事之电报于外耳。……若以报馆之访事人,作此法律上所有之事为可罪,则今日之罪人将遍天下矣。且探访新闻乃访事之职,若以其所布告之事,为今日所不当布告者,则此非沈君之罪,而当归咎于通报此事之人也,使王文韶之子或其亲友,不将此事漏泄,则沈君何由而得罪乎?”①《字林西报》同样披露沈“袒护日本,深拒俄罗斯。尝寄密电,发觉中俄密约之事,揭载报端。此实彼为之也”②。如此看来,沈荩或许的确与“中俄密约”的外泄存在某种关联,尽管这不是他被杀的主要原因。

综观以上三种说法,只有第二种相对接近“沈荩案”的真相,然而在当时的情况下,却是第一种说法,首先占据社会舆论的主流;从长远来看,又是第三种说法,留下最为醒目的印迹。如此看来,有时重要的,或许并不是历史真相,而是宣传对象本身,能否承载宣传者的政治观念和文化主张,能否与时代潮流、大众心理产生共鸣,从而获得被宣传的价值。

“沈荩案”发生后,清朝国内的政治空气骤然紧张,颇有大兴党狱之势。《大公报》探闻:“有某抚面奏,所有戊戌党人如宋伯鲁等,既奉旨禁锢,终为后患,不如乘此办理等语。”③《国民日日报》载:“北京日有交单捕人之说。据官场言论,似有大兴党祸之意。”④清政府当年举行的经济特科考试,也因“沈荩案”受到牵连。“是时刑部方有杖毙富有票党人沈荩一案。其与权要素通声气,或夙列清班者,往往已经保荐,不愿考试。谏垣交章论列,皆为〔谓〕党人混入京僚,主张严格。”⑤遍捕留学生和株连“新党”的谣言,因“沈荩之死”,腾播更广⑥。即使在满族人中间,“沈荩

① 外论:《驳辜鸿铭论中国刑法函》(《字林西报》),《国民日日报汇编》第2集,第410页。
② 外论:《北京政府之暴刑》(《字林西报》1903年8月13日),《国民日日报汇编》第1集,第96页。
③ 《时事要闻》,《大公报》1903年8月2日。
④ 警闻:《党狱事件》,《国民日日报汇编》第1集,第159页。
⑤ 张一麐:《心太平室集》卷八,出版地不详,1947年铅印本,第34页。
⑥ “沈荩既死……留学生之还入内地者,皆被查检甚严,而魏光焘指捕扬州新党若干人、上海新党四十七人,其说腾播,弃家逃威、望门投止者,趾踵相错。”见内国时评:《革命制造厂》,《江苏》1903年8月23日第5期,第121页。

案”也引起“很大惊恐。他们知道他们是少数,害怕遭到报复”①。

然而革命党人却因着“沈荩之死”,将种族之义进一步揭明,反清排满的情绪得到更大力度的宣泄。《江苏》称:“夫所谓轻刑薄罚,远轶前朝,深仁厚泽,浃髓沦肌者,非汉族中婉娈事人、不识廉耻的奴隶,赞美本朝功德之口语耶?虽然,自庚子之变,许、徐、袁三公受腰斩惨祸后,此辈口舌为一噤。及近顷沈荩事件起,于是此辈虽有百喙置辩而终无以善其后矣。……沈荩者,非吾汉族中一分子乎?而竟为满政府所杀,而竟毙于满政府惨毒之杖下……此实吾国民生命死活之问题,非可以漠然而置诸不问者也。”②《汉声》评论:“犬羊贱族,敢将我汉人惨杀乃尔,我中国之稍有同胞观念者,能不摩拳擦掌,以报此仇哉!”③局外旁观的《文汇西报》也预言,“沈荩之死”适足为“推翻政府之导火线”,“盖中国民情之欲有事于其朝廷者,非特新党为然,即素以依赖政府为目的者,亦未尝无是心”④。1905 年同盟会的成立,正是这种潮流的必然走向。

维新党则因“沈荩之死”颇感忧心、寒心。《新民丛报》指出:“以小人之私怨,假内监之威权,而可擅行此野蛮惨酷之事,横恣于辇毂之下,且闻内旨嘉奖,开复吴某原官。呜呼!天地昏黑,狐魅昼行,尚复成何政体?窃恐宵人求官、仇家报怨,缇骑将遍天下,而人心愤激,天下汹汹,恐非复死所能惧也。”⑤《中外日报》也批评清政府行为失当:“今因庆宽之告发,即置诸死地,此风一开,告讦者将接踵而起,使人人有侧目而视、重足而立之概,足以动摇人心,其害一也;罪状不明,且处以残酷之刑,则外人咸以沈为冤死,而归咎朝廷之失刑,其害二也;朝廷于骇人听闻之事,既一见诸戊戌,又再见诸庚子,今则三见矣,当局者既习惯如自然,逖听者自怨咎之交作,将使人有离心,本实先拨,其害三也。是岂国家之福欤?”⑥“匏隐居

① 致瓦·姬乐尔函,1903 年 9 月 7 日,《清末民初政情内幕——〈泰晤士报〉驻北京记者袁世凯政治顾问乔·莫理循书信集(1895—1912)》上卷,第 280 页。

② 内国时评:《沈荩惨死问题》,《江苏》1903 年第 5 期,第 120—121 页。

③ 国闻:《沈荩被杀之大略》所附按语,湖北学生界社:《汉声》1903 年第 6 期,湖北同乡会杂志部,第 116 页。

④ 外论:《中国之改革》(《文汇西报》),《国民日日报汇编》第 1 集,第 110 页。

⑤ 杂评:《北党狱》,《新民丛报》1903 年 8 月第 35 号。

⑥ 《论沈荩被杀事》,《中外日报》1903 年 9 月 13 日。

士"借机呼吁慈禧太后早日归政①。某君干脆号召维新党人武装暴动："观近日清政府杀害维新主笔一事，而叹今日中国之维新党其生不辰也。夫彼等有所作为，政府不特不知感激，反从而杀害之。……清政府可杀维新党之头，维新党更可杀清政府之头。清政府之头杀，中国乃可切实举行新政，否则维新未可期也。夫维新党之头可杀，然维新之功业事迹将留存不朽，与世同生。"②

在外国人当中，"沈荩之死"也引发了"异常情绪和过激言词"③。庚子年间的旧创，再次隐隐作痛。《大公报》称："杖毙沈荩一案，驻京西人皆极着意。某国公使近向人云，视中政府近日所为，颇有将兴大狱之景象。又云，中政府既重提旧案，拿办新党，吾西人亦可再将庚子未办之祸首再行严办数名云云。"④该报又谓："传闻各国因中国政府拿办昔日党人为非礼，拟要求中国庚子年公使馆及各洋行华员所失之财产，有开单索价之说。又闻各国欲重惩庚子祸首，尚有一百余人，已开列名单，各有的实罪状。种种风说，人心颇为不靖云。"⑤《法国新闻报》透露："沈荩之死，西人闻之皆胆寒，盖恐因怒新党又复迁怒西人，生出庚子年不测之祸也。"⑥《泰晤士报》载："近日北京外部又接驻各国使臣警报，谓各国执政大臣观于此事（按：沈荩案），逆料中国居大位者，将有不得久安之势。且有某某等国，将重翻庚子旧案，拟要求当时罪魁之幸免者，于此时再行正罪。"⑦慈禧太后在庚子之后竭力塑造的开明形象也因之大打折扣。《字林西报》抨击"沈荩之死"表明"慈禧太后还是 1898 年未经审讯就处决六君子的慈禧太后，还是在庚子年参与根除在中国的外国人的阴谋并将忠于她的大臣处决时的慈禧太后"。《纽约时报》斥之为暴君、篡位者、恶女

① 《论归政之难》，《华字日报》1903 年 9 月 23 日，参见王敏：《苏报案研究》，第 108 页。

② 外论：《沈荩案》（屋仑埠《宴乖罅报》，按屋仑埠即美国旧金山东湾屋仑华埠），《国民日日报汇编》第 1 集，第 121 页。

③ 莘鸿铭来函，1903 年 8 月 25 日，《清末民初政情内幕——〈泰晤士报〉驻北京记者袁世凯政治顾问乔·莫理循书信集（1895—1912）》上卷，第 271 页。

④ 《时事要闻》，《大公报》1903 年 8 月 6 日。

⑤ 《时事要闻》，《大公报》1903 年 8 月 16 日。

⑥ 译件（天津《法国新闻报》），《大公报》1903 年 8 月 22 日。

⑦ 外论：《论沈荩》（《泰晤士报》），《国民日日报汇编》第 1 集，第 101 页。

人、鹰身女妖。[1]

胶着已久的"苏报案",因沈荩之死发生急遽逆转。"苏报案"发生后,应清政府的强烈要求,法、俄、德、美、比利时、意大利等国一度赞同引渡章太炎、邹容、龙泽厚等人。然而"沈荩案"发生后,"各国皆不以为然,决不肯交"[2]。《大公报》载:"上海《苏报》之案,驻京各国公使本允将人犯交出,由华官自行办理。今因沈荩杖毙,各公使谓中国处置新党,惨无人理,故仍依驻沪领事原议,在租界办理,决不交出,并会议日后保护新党之策云。"[3]《字林西报》披露,英国外交大臣蓝斯唐(The Marquess of Lansdowne),在上议院就"苏报案"问题回复某议员的质询时,曾提及沈荩之死,宣称:"英政府当竭力照护,慨然作保,使苏报诸人,有所辨〔辩〕护,断不致再受非刑云。"[4]《泰晤士报》也就各国对"苏报案"的态度发表评论称:"今者各领事观于沈荩之死,有动于中,知《苏报》诸人将为其续,故顿改其初念而不惜。虽然,使无此事,吾知各领事未必不为上海道所笼络,而能翻然变计也。然则沈荩之死,实能使各西官于处理苏报案转变方针,不可谓无益,是可知志士之血,诚足以亘古而使人受其赐也。"[5]最终,龙泽厚得以全身而退;章太炎、邹容只分别获得监禁三年和两年的刑罚。

不仅如此,王照等戊戌旧党也因"沈荩之死"侥幸获得赦免。王照(1859—1933),字小航,号水东,直隶宁河人。光绪二十年进士,入翰林院,散馆后为礼部候补主事,与康有为交好。1898年,因礼部尚书许应骙、怀塔布阻挠王照上书,光绪帝下旨尽褫礼部六堂官,超擢王照,是为激成"戊戌政变"的重要导因。政变后,王照逃往日本。庚子后,他又潜回北京,创办了官话字母义塾。王照与沈荩相交甚密,曾多次至刘鹗府上探

① 《字林西报》1903年8月11日、《纽约时报》1903年8月6日,转引自王敏:《苏报案研究》,第119页。

② 光绪二十九年六月三十日内阁大学士张之洞致兼湖广总督端方电,《中国近代史资料丛刊·辛亥革命》第1册,第432页。

③ 《时事要闻》,《大公报》1903年8月13日。

④ 警闻:《党狱事件》,《国民日日报汇编》第1集,1903年8月,第160页。

⑤ 外论:《苏报案之变更》(《泰晤士报》),《国民日日报汇编》第2集,第378—379页。

访,也因此与吴式钊多有照面[①]。沈荩被出卖后,王氏的处境十分危险。适逢高阳某人欺王照为逃犯,侵其版权,王一怒之下,自赴步军统领衙门投案。外务部会办大臣那桐有意袒护,托请庆亲王奕劻设法免其死罪。其时,朝廷正因"苏报案"、"沈荩案",大失中外舆论欢心。奕劻遂借机向慈禧太后痛陈利害。1904 年 6 月,慈禧以庆祝七十大寿为名,下旨除康有为、梁启超、孙文外,"其余戊戌案内各员,均著宽其既往,予以自新。曾经革职者,俱著开复原衔。其通饬缉拿,并现在监禁及交地方管束者,著即一体开释。事在此次恩旨以前者,概行免究"[②]。"戊戌党案"至此才基本告一段落。

清宫档案诉说的是"沈荩之死"的历史真相,报刊时论则反映了"沈荩之死"的现实影响与人心向背。尽管在时人口中、笔下,被议论得热热闹闹的沈荩,已经与历史上真正活动过的沈荩发生脱节,但"生平历史不传人口"[③]的沈荩,却正是借着报刊时论的宣传,不仅成就了身后之名,还泽及章太炎、邹容等革命翘楚与以王照为代表的戊戌旧党。此外,透过中外报刊对于"沈荩之死"的报道力度,又足以窥知各派政治势力的消长。1903 年,是清末知识界由改革迅速转向革命的一年,国内各报刊,尤其留日学生在日本创办的刊物,"由温和而激烈,由改良而革命",正是在这一年[④]。"沈荩之死"恰好适逢其会,此时距离清朝灭亡只剩 8 个年头。

三　后人对于"沈荩之死"的追念

"沈荩之死"不仅在沈氏遇害当年就引起轰动效应,即使经历了百余年的政治变迁、世事沧桑之后,还一直受到人们的追念。只是在不同时

① 《附记余投狱事》,《雪泥一印草删存附页》,王照:《三草删存合编》,出版地不详,1925 年刻本,第 2 页。

② 中国第一历史档案馆编:《光绪宣统两朝上谕档》第 30 册,光绪三十年五月初八日,广西师范大学出版社,第 76—77 页。

③ 所闻录:《沈荩之惨戮》,《浙江潮》1903 年 9 月 11 日第 7 期,第 162 页。

④ 李泽厚:《二十世纪初中国资产阶级革命派思想论纲》,《历史研究》1979 年第 6 期,第 9 页。

段，人们对于“沈荩之死”的说法和赋予他的意义都不同，沈荩的面目也因之“越纪念越模糊”①。

就沈荩个人的经历而言，当以其与谭嗣同、唐才常等维新派的交往和参加自立军起义一段最为重要；这也是清政府处死他的直接原因。而就其1902年向刘鹗等人所作“愿有钱报效十六万得三品京堂”②的戏言，和其绝命诗中“菜市故人流血地，五忠六士共翱翔”③二语，也可推知，沈氏纵有对清政府不满之心，尚无反满革命、改朝换代之志。刑部上奏称，沈自供“来京后，变易名字，惟恐人知，并无为匪不法之事”，“再三穷诘，矢口不易”④。程淯（沈被捕前一日，程正好寄寓其家）也证实，沈当时只是

---

① 王奇生：《革命与反革命——社会文化视野下的民国政治》，社会科学文献出版社，2010年，第38页。

② 刘德隆整理：《刘鹗集》上册，光绪二十八年七月二十五日，吉林文史出版社，2007年，第707页。

③ 《时事要闻》，《大公报》1903年8月2日。又，该报共披露沈荩绝命词四首，其文曰：“狱中铁锁出郎当，宣武门前感北堂。菜市故人流血地，五忠六士共翱翔。”“谁把辽东今断送？中朝从此失陪都。瓜分已是目前事，执政曾观图说无？”“五洲公道未全绝，为我伤心撰诔章，验疫管关新密约，祸端小庆与钟郎。”“今年三十有一岁，赢得浮名不值钱，从此兴亡都不管，灵魂归去乐诸天。”《大公报》主持人英华曾与沈荩有过相当交往，该报有关“沈荩案”的报道，一方面得自派驻北京的访事人，另一方面得自沈氏生前好友方若（字药雨）夫妇及与沈相识的日本人。英华日记1903年7月22日载：“晤小豹夫人（按：方妻）话沈事有时，别。”7月23日记：“午，药雨来，交新闻一条。午后，踏车至山根处，笔谈沈事。伊本日发肃邸一函，与方谈不合，遂发电止之。”7月28日又记：“日西，日本领事伊集院及高尾（按即日本驻津领事馆书记高尾亨）来。”8月1日记：“晡，至日本领事署晤高尾亨君，询沈荩被刑确否，告以大概为准死矣。”见《英敛之先生日记遗稿》，第683—689页。正因为如此，《大公报》的消息应该相对准确。需要指出的，曾与沈荩同为自立军战友但事后转向革命的秦立山，曾针对《国民日日报》评价沈荩绝命诗“犹睠睠于中朝陪都之失”出面辩诬，断言该诗“决非沈之所为。仆与沈为总角交，为患难友，知沈最深，逆料沈断不出此”。不过由于秦在庚子之后的立场已由保皇转向革命，又明言“沈之绝命词，仆未及见”，恐难据为推翻沈荩绝命诗真伪的实证。此后，章士钊作《沈荩》一书，也是沿用秦立山的说法，见南鸿北雁：《巩黄之来简》，《国民日日报汇编》第1集，第281—282页（“巩黄”，即秦立山）。再，李伯元也记录了沈荩的两首绝命诗：“半肩行李半床书，半世飘零感索居。多谢昆明吴检讨，无端相逼上清虚。”“子期心迹原明坦，射影含沙误作真。往事思量今了了，莫将疑似怨他人。”并注：“沈荩绝命诗，共有六章，失其四，待觅到补录之。”未知与《大公报》所刊四首绝命诗，是否合璧。见《沈荩绝命诗》，李伯元著，李乔编选：《南亭随笔》，中共中央党校出版社，1998年，第177页。

④ 《刑部谨奏为审明交拿会匪照章定拟折》，光绪二十九年六月八日，《刑部·重大专案类·戊戌变法项》，卷宗号19414。

担任某报驻京记者，每日以要闻电达，“本与政治无关，亦与戊戌党案无涉。然沈与南海不能谓为绝缘”①。不过在沈荩遇害当年，却鲜有维新党人出面纪念，倒是革命党人以各种形式郑重哀悼“沈荩之死”。

1903 年 8 月 23 日，上海各界在愚园集会，公祭沈荩，“与会者凡数百人”②。革命党人章士钊在会上宣读章太炎狱中所作《祭沈荩文》，目沈为“国士”、“圣沈荩”，称颂他有借洋灭清之志，境界高于谭嗣同、唐才常：

> 圣沈荩初度于沅湘。亮不读书而击剑兮，资三户以毙秦。块抱关于大别兮，龙蛇虎豹坌沓而鱼鳞。遭夏口之涂地兮，吾将驰乎析木之津。津方冥冥兮，欧满交捽。单于西跳兮，蜩螗群沸。假太阿于哲人兮，烹千胡而啖其胏。何大功之不卒成兮，纷从怨于群憝……呜呼哀哉！政变之狱，实陨谭、林，媚于天囚，厥死非禓。勤王之败，唐、傅是罹，为满干城，刬类则宜。……呜呼哀哉！不有死者，谁申民气？不有生者，谁复九世？哀我遗黎，不绝如系。大波相续，云谁亡继？重曰：中国有人兮，君千万岁……③

蔡元培也登台演说，“痛诋清廷的政治暴乱、蔑视人权，听者无不动容”④。

此外，革命党人还写了大量悼念沈荩的诗文，如西狩（章太炎）《狱中闻沈禹希见杀》；威丹（邹容）《和西狩》；青桐（章士钊）《哭沈荩》；光汉子（徐锡麟）《吊沈愚溪》；天梅（高旭）《沈荩绞死》、《题〈沈荩传〉用前韵》；杨毓麟《哭沈荩》（署名“蹈海生”）、《沈荩死》（署名“呶呶子”）等。其中，《狱中闻沈禹希见杀》一篇用语最为沉雄，流传最广：

> 不见沈生久，江湖知隐沦。萧萧悲壮士，今在易京门。魑魅羞争焰，文章总断魂。中阴应待我，南北几新坟。⑤

① 篁溪：《纪沈荩杖毙刑部狱》，《中华周报》（北京）1945 年 2 月 17 日。“南海”，即康有为。

② 《祭沈荩文》所附按语，黄帝子孙之多数人撰述：《黄帝魂》，出版地不详，1903 年，第 289 页。

③ 《祭沈荩文》并所附按语，《黄帝魂》，第 287—289 页。“谭”，即谭嗣同；“林”，即林旭；“唐”，即唐才常；“傅”，即傅慈祥。

④ 马鉴：《纪念蔡孑民先生》，陈平原、郑勇编：《追忆蔡元培》（增订本），三联书店，2009 年，第 89 页。

⑤ 《国民日日报汇编》第 1 集，第 296 页。

《沈荩死》一篇则被称为“代表当时一般呼声”。[1] 其词曰：

> 沈荩之肉飞如雪，邹章之颈硬变铁。沈荩之血流如潮，逐胡之声愈以嚣。沈荩血肉随风靡，孕出多少革命鬼。大狱方兴尚未已，北清政府可危矣。[2]

同年，还出现了两本有关沈荩的纪念册，即铁屑编《中国大运动家沈荩》和章太炎（署名“西狩”）序、章士钊（署名“支那汉族黄中黄”）编《沈荩》。前书销行不广，后者则被誉为此期革命党人的代表作，影响极大。在序文中，章太炎将沈荩在自立军失败后的行为高度英雄化、革命化，称：“唐氏败，荩则杖马箠，走天津，与联军诸将士往来，伪庄王、启秀等皆死其笔札间，其志将锄满人，使无遗育，以建设支那政府，功不卒就，其过勤王什佰，荩之进化速乎哉！”章士钊则交代其编撰主旨有二：一、强调沈荩之死是清政府“自恃其三百年窃国之权，对于四百兆为奴之种而后杀之者也”，“是故由沈荩之死，而欲以救吾同种之不死”；二、强调“沈荩非宪政党，乃革命党也，非著述家，乃实行家也”，“吾同胞当志此不忘，为吾新中国革命史上作一特笔，则沈荩之死为不虚”[3]。在该书中，章士钊刻意将沈荩与康有为、梁启超等保皇党划清界限，力言沈代表革命最上一层，并将他的死与谋刺署理两广总督德寿的革命党人史坚如等比齐观，标榜实行高于言论；沈荩因泄露中俄密约被害的说法，也被他进一步坐实，借以号召国人排满反清。不过，据章士钊事后交代，他仅在十余龄时与沈荩有过数面之缘，知道沈与舒闰祥相交甚密，“所知于荩者止此”[4]；《沈荩》一书的撰写，实际上是章士钊参考当时的报刊时论，加上一定的文学想象，加工而成。该书在革命史上的宣传价值远远高于其史学价值。

翌年，又有陈天华创作的小说《狮子吼》。其中的“审不磨”，就是以沈荩为原型。在其笔下，沈成了更加激进的流血党：

> 问案官道：“你既是读书人，为何要入革命党呢？”

---

① 章士钊：《疏黄帝魂》，《辛亥革命回忆录》第1集，第306页。

② 《国民日日报汇编》第1集，第306页。

③ 《沈荩》，第1—4页。

④ 章士钊：《疏黄帝魂》，《辛亥革命回忆录》第1集，第300页。

（审不磨）答道："我不是革命党，是一个流血党。"

问案官道："这'流血党'三字，从没听见讲过，怎么就叫做流血党呢？"

（审不磨）答道："现在国家到了这样，你们这一班奴才，只晓得卖国求荣，全不想替国民出半点力，所以我们打定主意，把你这一班狗奴才杀尽斩尽，为国民流血，这就叫做流血党咧。"①

经过革命党人的大力宣传和高度美化，沈荩开始以革命烈士的面目呈现，"沈荩之死"也随着革命正统性的确立，被赋予越来越光辉高大的形象。秋瑾杀身成仁，一定程度上就是受到以上宣传的感召。1905年冬，秋瑾从日本返国前夕，曾致函好友王时泽称："吾归国后，亦当尽力筹划，以期光复旧物，与君相见于中原。……男子之死于谋光复者，则自唐才常以后，若沈荩、史坚如、吴樾诸君子，不乏其人，而女子则无闻焉，亦吾女界之羞也。愿与诸君交勉之。"②

民国肇建，"沈荩之死"依然没有淡出人们的视野。1912年，陆士谔推出小说《孽海花续编》，其中的重要情节就是描述沈愚溪（以沈荩为原型）投身八国联军统帅瓦德西（Alfred Graf von Waldersee）幕府，左右庚子和局、玩弄清朝大佬的种种作为。书中，陆氏借沈之口，对其投身欧幕的动机曾作如下表白：

我们主张了好多年新法，一竟行不去，就为朝中那班顽固大老死命的掯住了。现在他们都扶助了义和拳，正是给我们一个好当势，我们如何肯轻易放他过去！……联军进来，可是要惩办义和拳的，谁是罪魁，谁是祸首，他们可都不很明白。我在里头，就好借他们的力除掉这一班顽固老朽，这就是借刀杀人的勾当。

不过陆氏显然对沈效命外人的做法不以为然，所以在其笔下的沈愚溪，多了几分阴险轻佻，少了几分光明磊落。此外，与其大量描写沈愚溪、赛金花之间的繁琐对白相比，结局对于"沈荩之死"的处理，却相当粗糙。

① 《狮子吼》，1904—1905年间，刘晴波、彭国兴编：《陈天华集》，湖南人民出版社，2008年，第155页。

② 中华书局上海编辑所编辑：《秋瑾集》，上海古籍出版社，1960年，第46—47页。

"……顷刻行起杖来。这沈愚溪身子实是结实,轮翻鞭打,直换到五枝生力军,打到血肉横飞,方才气绝。"[①]这部书在《孽海花》诸续书中,被认为是不太成功的一种。

此外,随着掌故学和笔记小说的流行,又有人披露了一些有关"沈荩之死"的新史料。继沈荩之后,被关入同一牢狱的王照回忆:"其明年,余入狱,所居即沈之屋,粉墙有黑紫晕迹,高至四五尺,沈血所溅也。狱卒言,夜半有官来,遵太后手谕,就狱中杖毙,令狱吏以病死报。沈体极壮,群杖交下,遍身伤折,久不死。连击至两三点钟,气始绝云。"在他看来,"沈荩之死"是慈禧太后实施专制统治、干扰司法审判的典型案例[②]。《花随人圣庵摭忆》也披露,汪精卫被囚刑部大牢时,曾从某狱卒处获闻沈荩事迹:"行刑官宣读时,彼面不变色,但曰:'请快些了事。'于是群杖交下,骨折肉溃,流血满地,气犹未绝,呼曰:'这样不得了的,把我堵住罢。'于是裂其衣幅,塞口鼻及谷道,再杖始绝。"[③]另据与沈荩同日被囚的赛金花(时有"三名狱"之说,即名士沈荩、名将苏元春、名妓赛金花;亦有"四美具"之称,即于名士、武将、美人之外,加上文官王之春)回忆,沈荩入狱后,曾受到严刑拷打[④]。除此之外,夏仁虎《旧京琐记》,王伯恭《蜷庐随笔》,徐珂《清稗类钞》,刘成禺《世载堂杂忆》,徐凌霄、徐一士《凌霄一士随笔》、李伯元《南亭笔记》中,也有一些与"沈荩之死"相关的片段,其中以对吴式钊的道德批评为主,并无明显的政治内涵。

到了国民党统治时期,新闻界、文化界曾再度掀起纪念沈荩的高潮,但重点不是放在他的"革命"一面,而是他的记者身份;"沈荩之死"又成为争取民族独立、对抗政治高压、追求舆论自由的标志性事件。高良佐将"沈荩案"、"苏报案"并称为"清末两大文字狱",感慨沈荩之死"为清代迭兴文狱以来之最惨者",批评清政府"以酷刑加诸文人,不特启国人悲

① 陆士谔:《新孽海花》,中国文联出版公司,1989年,第112、175页。

② 《附杂记数则》,《方家园杂咏记事》,王照:《水东集:上编4种》,戊辰(1929年)仲夏刻本,第1—3页。

③ 《西太后骩法滥刑》,黄濬著,李吉奎整理:《花随人圣庵摭忆》上册,中华书局,2008,第218页。

④ 刘复、商鸿逵:《赛金花本事》,萧关鸿编:《中国百年传记经典》第1卷,东方出版中心,2002年,第535页。

愤之情”,“实又为制造革命之另一面也”①。《报学季刊》所列“新闻界被难者”,将沈克諴(误作“沈克诚”)列入首位(其余五位是黄远生、林白水、王慰三、丘元武、史量才),称颂他是中国新闻记者中以身殉职的第一人②。张若英(“阿英”的笔名)誉之为“中国新闻记者最初的牺牲者”③。徐豪满怀感情地写道:“抗战军兴以还,新闻记者,以身殉职殉国者多矣……惟沈荩殉难于推翻满清的民族革命火线上;而今日的报人则死难于反抗暴敌的战场中,不过在争取民族的独立平等的意义而言,他们在中国新闻史上将都是不朽的。”④纪果庵(原名“纪国宣”)也撰文褒扬沈荩称:“新闻界有此壮烈人物,而后进不之知,似非敬贤之道”⑤。

新中国成立后,国人对于“沈荩之死”的追忆,同样没有终止:一方面沈荩的革命党身份仍旧受到广泛认可,尽管大体不出章太炎、章士钊在《沈荩》一书中传达的观点;另一方面沈荩也依然作为“中国历史上第一位因言被杀的新闻记者”、“中国第一位殉职的新闻记者”、“最早为新闻事业献身的人”,受到新闻界的追念;第三方面是学术研究的风气后来居上,不过由于掌握的史料和观察视角的不同,既有承袭前两种说法者,也有向前两种提出质疑者。就研究深度和说服力而言,当然首推第三种,但就社会影响面和接受度而言,仍以前两者流布最广。

近年来,沈荩的孙辈也写了一些纪念文章,然其观点,不是摭拾革命党人的宣传,就是来自道听途说;他们对于“沈荩之死”的了解,并没有因为血缘关系而更加贴近事实。沈其震《先叔祖沈荩事略》一文称:“沈荩不是‘宪政党’,而是要坚决推翻清廷统治的革命者”,“不是著述家,而是一位实行家”⑥。沈荩的另一侄孙沈其益称:“慈禧密令将沈荩杖死于北京紫禁城外午门。沈荩大义凛然不屈,声张正义,高呼反对丧权辱国的满

① 高良佐:《记清末两大文字狱:苏报案与沈荩案》,《建国月刊》(上海)1934年第10卷,第2—16页。

② 《新闻界被难者事略》,《报学季刊》1935年第1期,第161页。

③ 《中国新闻记者最初的牺牲者——沈荩:晚清文字狱之二》,《新认识》1936年第1卷第2期,第25—26页。

④ 徐豪:《沈荩之死》,《战时记者》第2卷第10期,1939年,第15页。

⑤ 《风尘澒洞室日抄》,《风雨谈》1944年第10期,第100页。

⑥ 《朔方》1989年第9期,第60页。

清政府，一时血肉横飞，最后终被绞死。”[1]沈荩之孙沈其丰、沈其邵表示，据其祖母和父母所述，沈是被其内兄害死的，他“曾去过日本，鼓吹革命，并曾化装潜入清宫廷从事活动，后来惨遭杖毙，血溅太和殿”。又称：“我祖父死后，是由伯祖父买通人偷出尸骨掩埋的。解放前，湖南长沙烈士馆曾有过我祖父的画像和衣冠冢，现在如何，则不太清楚了。”[2]

四　小结

1903年的“苏报案”与“沈荩案”，并称为南北二狱。不过由于沈荩生平“最不喜执笔为文”[3]，又长期从事秘密活动，我们很难觅得他的雪泥鸿爪。这也是“沈荩之死”为何在当时及后世引起这么多争议的重要原因。然而历史的奇妙之处在于，它甚至可以在主人公完全缺席的情况下，成功创造另一重历史，另一重与真相未必吻合，却更能打动人心、流传更加久远的历史。“沈荩之死”正是这样一个典型事例。

本文通过搜寻清宫档案，研读中外报刊，追索百年来国人对于“沈荩之死”的悼念，全面探查了这一事件的历史真相、现实影响，及其被革命党人、新闻界人士重新塑造的过程。简单来说，“沈荩之死”的真相就是他参与自立军起义的过往，被庆宽、吴式钊等人揭发。然而如果将眼光仅仅停留在这一层面，就很难理解为何“沈荩之死”在当时会造成如此之大的轰动效应，乃至时隔百年后仍有余响。

“沈荩之死”是当时清朝残暴统治的一个缩影，也是中外各界不满情绪的大爆发，同时还是改革、革命两派势力此消彼长的风向标：在革命党人看来，“沈荩之死”象征着满族对于汉族的大迫害，证实了排满反清的合理性；在改革派看来，“沈荩之死”意味着清政府对于改革潮流的逆反，必须及时警惕、力挽狂澜；在清朝内部的开明官吏看来，“沈荩之死”是党

---

① 《科教耕耘七十年——沈其益回忆录》，中国农业大学出版社，1999年，第5页。

② 《有关沈荩的一些情况》，《北京晚报》1981年10月13日。

③ 《为沈荩辨诬函》，1903年8月12日，彭国兴、刘晴波：《秦力山集》，中华书局，1987年，第86页。

狱激化的预兆，将把政府逼至更加孤立的境地；在西方人士看来，“沈荩之死”违背法理、人道，为其口诛笔伐乃至实施外交干预提供了最佳口实。正是迫于各界的重重压力，清政府不得不设法平息“沈荩案”，连带也对“苏报案”和“戊戌党案”做出重大让步。以章太炎、章士钊为代表的革命党人，出于与沈荩的乡情旧谊、感佩之心和政治宣传的需要，又将沈荩形象进一步抬升，乃至将其塑造成革命英烈的楷模，由此又影响到秋瑾等人的舍身成仁。继此之后的百余年中，沈荩的革命形象凭依革命话语的正当性，始终存留；同时新闻界出于对沈荩记者身份的同情，又将其标举为对抗政治专制、追求舆论自由的典范。文人墨客，或借古抒慨，或为实施道德告诫，也对“沈荩之死”津津乐道。“沈荩之死”的意义，就在这样一层一层的解说下被不断叠加，而记录事实真相的档案却在清宫的柜匣中被悄然遗忘。

历史研究的最高境界在于求真。不过正如美国历史学家柯文（Paul A. Cohen）所言：“在恢复历史本来面目的过程中，对历史事件的评价存在着从高到低的潜在的下降趋势。”①这也是本文在写作过程中始终怀有的一层隐忧，同时也是笔者将观察时段一直延伸到当下的理由。尽管“沈荩之死”早已被放大到面目全非，然而时代的印痕、国人的追求却伴着岁月的年轮而长久留存，谁能说，那些曾经激昂的情绪，曾经沸腾的热血，不是另一重真实的历史？

（张海荣　北京大学历史学系博士研究生）

① 〔美〕柯文著，杜继东译：《历史三调：作为事件、经历和神话的义和团》，江苏人民出版社，2000年，第179页。

民国大学的亚洲史教育

尚小明

【内容提要】 史学界长久以来流行的认为中国大学的亚洲史教育主要是1949年后才开展起来的看法,是不正确的。通过查阅1949年前各大学课程设置及师资等方面的资料,我们可以看到,当时的亚洲史教育,无论从科目设置种类之多、开设大学范围之广、师资阵容实力之强,还是从一些科目的内容特色与深度来看,都有许多值得总结和研究的地方。民国大学的亚洲史教育实际上已经为后来大学亚洲史教育的发展奠定了基础。

中国的史学研究者,头脑当中大都存有一种印象,甚至是一种笃定的认识,即中国大学的亚洲史教育,主要是20世纪50年代才逐步发展起来的,此前并没有什么可以称述的。因此,在世纪之交许多学者回顾20世纪中国史学发展历程的时候,目光皆紧盯中国史与西洋史,而对民国大学的亚洲史教育情况,几乎完全不予讨论。譬如,1999年出版的由刘新成主编的《历史学百年》,仅在"世界近代史"一章中,写了如下几句话:"受'欧洲中心论'影响,近代史知识,主要讲授欧洲近代史,国别史亦然。只有少数学校涉猎亚洲近代史。比如张孝年在北京大学开设过'日本近代史’，周一良在清华大学讲授过‘日本通史’，中央大学的沈刚伯讲授过‘印度史’。”[①]2005年出版的由姜义华等主编的《二十世纪中国社会科学（历史学卷）》，列有“民国时期高等学校的历史教育”一节，但对当时大学开设亚洲史的情况只字未提[②]。2006年出版的由陈高华等主编的《20世纪中国社会科学（历史学卷）》，在“世界史研究”一章中，专列“亚洲史研究”一节，但对民国时期的情况仅写了一句话：“新中国成立以前，我国涉及亚洲史研究的论著凤毛麟角，屈指可数。”[③]同年出版的“二十世纪中国人文学科学术研究丛书”之一——于沛著《世界史研究》，关于民国时期的亚洲史研究，也只简单介绍了王桐龄的《东洋史》[④]。后两种书的相关部分虽然从写作角度看仅限于叙述研究成绩方面，但须知亚洲史研究与亚洲史教育是不可分的，因为撰者不了解民国时期的大学亚洲史教育状况，因此关于亚洲史研究的叙述，也就只能一笔带过，或只能讲述一鳞半爪。

至于专门探讨民国时期大学亚洲史教育状况的文章，至今还没有一篇，只在少数相关文章中零星中涉及一点。其中齐世荣教授的《我国世界史学科的发展历史及前景》一文最具代表性。著者在该文中写道：“在萌芽时期，各大学历史系设课，在中国史之外，主要是西洋通史、西洋断代史和欧美国家的国别史或专题史，如英国史、美国史、法国革命史等。只有少数学校的设课，超出了西洋史的范围，如燕京大学的翁独健讲过亚洲史，清华大学的周一良讲过日本史，中央大学的沈刚伯讲过印度史。……在任何一个历史系中，外国史课程的门数都少于中国史，专教外国史的教授更是寥寥无几。”[⑤]齐教授是世界史专家，他的看法可以说代表了一直

① 刘新成主编：《历史学百年》，北京出版社，1999年，第307页。按张孝年20年代初在北大所开科目，准确的名称应是“日本近世史”，而非“日本近代史”。

② 姜义华、武克全主编：《二十世纪中国社会科学（历史学卷）》，上海人民出版社，2005年，第453—455页。

③ 陈高华、张彤主编：《20世纪中国社会科学（历史学卷）》，广东教育出版社，2006年，第386页。

④ 于沛：《世界史研究》（《二十世纪中国人文学科学术研究丛书》之一），福建人民出版社，2006年，第47—48页。

⑤ 齐世荣：《齐世荣史学文集》，人民出版社，2002年，第345—346页。

以来中国学术界对民国大学外国史教育状况的普遍认识。然而，由于对民国时期大学外国史教育的史实没有真正掌握，齐教授所讲多是一些想当然的话。譬如，当时是否真的“只有少数学校的设课，超出了西洋史的范围”呢？情况绝非如此。下面笔者就以大量原始资料为据，就民国大学的亚洲史教育情况以为鸟瞰式讨论。至于亚洲史研究状况，仅略一提及，暂不专论。①

一、亚洲史科目设置情况

早在1904年颁布的《奏定大学堂章程》中，就规定在京师大学堂“万国史学门”中设置“亚洲各国史”一科。1912年，北京大学文科历史学门将全部科目分为两大类，一类为“中国史及东洋史学类”，包括“东方各国史”等科目；另一类为“西洋史学类”，包括“西洋各国史”等科目。随着民国以后高等教育快速发展，大学史学科系的建立越来越多，各种史学科目设置也越来越丰富。与西洋史相比，亚洲史在各大学史学教育当中所占比重很小，即使是像北大、清华、燕京、中央等这样一些史学系办得很出色的大学，每个年度有关亚洲史的科目一般也不过两三种、三四种。然而，

① 齐教授的看法中，还有两点是不准确的。第一，他说“在任何一个历史系中，外国史课程的门数都少于中国史”，事实并非如此。比如，金陵大学历史系的外国史科目就长期多于中国史。以1932—1933年度为例，中国史有4门，外国史有13门，还有1门不分中外的“历史研究法”（《私立金陵大学一览》，私立金陵大学秘书处，1933年6月，第178—182页）。再比如，燕京大学历史学系的外国史科目也是经常多于中国史，如1935—1936年度，中国史有11门，外国史多达26门，另有4门不分中外的“史学方法”类科目（《私立北平燕京大学文学院历史学系课程一览》，燕京大学第20届布告第43号，1935年8月，第5—17页）。又比如，1936—1937年度的北京大学史学系，中国史有19门，外国史多至25门，另有不分中外的“历史研究法”等3门（《国立北京大学文学院史学系课程一览（民国二十五至二十六年度）》，北京大学档案馆，国立北京大学全宗BD1936015）。第二，齐教授说“专教外国史的教授更是寥寥无几”，此说亦不确。民国时期各大学共有史学教授600余名（包括外籍教授），其中专门讲授外国史的有130名左右，超过20%，并非“寥寥无几”。如果加上既开中国史，又开外国史的，如雷海宗、齐思和、蒋廷黻等，则开设外国史的教授就超过300人，接近教授总数的一半。这在当时并非小数。关于以上情况，可参阅笔者《近代中国大学史学教授群像》一文（《近代史研究》2011年第1期），文中列出了民国时期全部600余名史学教授的名单。

我们并不能因此就认为民国时期的大学亚洲史教育没有可以称述、值得总结的地方。特别是当这些科目能够在二三十年当中坚持开设的时候,其意义便不能视而不见了。而当我们将几十所大学在二三十年当中有关亚洲史科目开设的情况,综合加以考察的时候,其意义就更加不能忽视了。

民国时期各大学所开亚洲史科目,名目不少,但大体可以分为以下四大类:通史、地区史、国别史、专题史。下面是各类科目具体设置情况。

表一　民国时期大学亚洲史科目类别及设置情况①

类别	科目名称	曾设置此科的大学
通史	亚洲通史	大夏大学
	亚洲史	贵阳师范学院、中山大学、广东省立文理学院
	亚洲史概论	燕京大学
地区史	东洋通史	北京大学、厦门大学、大夏大学、成都大学、中央大学
	东亚史	厦门大学、中正大学、燕京大学、之江文理学院、清华大学、中央大学、华西协合大学、南京临时大学
	东洋史	北京大学、勷勤大学、广东大学、四川大学、东北大学、中山大学、成都大学、浙江大学
	东方史	辅仁大学
	东亚近世史	燕京大学
	远东史	齐鲁大学、北京大学
	近东远古史	大夏大学
	远东近世史	武汉大学、燕京大学
	远东及太平洋沿岸史	清华大学
	西亚史	燕京大学

① 资料来源:中国第二历史档案馆所藏北洋政府时期及南京国民政府时期教育部档,全国近60家省、市及大学档案馆所藏民国时期各大学档,以及各大学当时的各种出版物。关于笔者查阅档案的具体情况,可参阅《近代史研究》2011年第1期《近代中国大学史学教授群像》一文注解。

续　表

类别	科目名称	曾设置此科的大学
地区史	古代米索不达米亚及埃及史	燕京大学
	南亚史	辅仁大学
	南洋史	暨南大学
	南洋概况	暨南大学
	南洋史地	辅仁大学、燕京大学、清华大学、北京大学、暨南大学
	北亚史	中央大学
	中亚史	燕京大学、清华大学、复旦大学
国别史	亚洲诸国史	华西协合大学、西北大学、贵州大学、台湾大学、清华大学、中央大学、中山大学、复旦大学、福建协和大学、暨南大学、云南大学、南开大学、四川大学、河南大学
	亚洲各国史	北京大学、福建协和大学、政治大学
	东亚各国史	浙江大学、大夏大学、重庆大学、东南大学、湖南大学、四川大学、北平师范大学、中正大学
	东洋各国史	河北省立女子师范学院
	东洋诸国史	暨南大学、中山大学
	亚洲东部各国史	暨南大学
	近东诸国通史	中央大学
	西亚诸国史	云南大学
	亚洲西部诸国史	暨南大学
	西南亚州诸国史	大夏大学
	南洋各国史	福建协和大学
	南洋诸国史	中央大学、暨南大学
	日本通史	清华大学、西南联合大学
	日本国史	燕京大学
	日本史纲要	金陵大学、辅仁大学

续　表

类别	科目名称	曾设置此科的大学
国别史	日本史	燕京大学、北京大学、北平师范大学、清华大学、暨南大学、浙江大学、武汉大学、金陵大学、华西协合大学、复旦大学、厦门大学、福建协和大学、长春大学、辅仁大学、湖南大学、西北联合大学、安徽学院、金陵女子文理学院、北平大学、安徽大学、中央大学、齐鲁大学、南开大学、贵州大学
	日本近世史	岭南大学、中央大学、复旦大学、北平大学、北京大学、成都大学、四川大学
	日本近百年史	中山大学、辅仁大学
	日本近代史	沪江大学
	近代之日本	之江文理学院
	日本现代史	中山大学
	现代日本	长沙临时大学、西南联合大学
	日本朝鲜史	中央大学
	朝鲜史	中央大学、清华大学、北京大学、福建协和大学、中正大学
	朝鲜台湾史	暨南大学
	印度通史	西南联合大学、北京大学
	印度史	北京大学、暨南大学、复旦大学、成都大学、浙江大学、辅仁大学、中央大学、武汉大学、中山大学、华西协合大学、金陵大学、清华大学、福建协和大学、燕京大学、西南联合大学、云南大学、四川大学
	印度史纲要	金陵大学
	印度古代史	北京大学
	近代之印度	之江文理学院
	现代印度	北京大学
	印度及南方诸国	中央大学

续 表

类别	科目名称	曾设置此科的大学
国别史	安南、缅甸、暹罗史	暨南大学
	蒙古史	中央大学、清华大学、辅仁大学、燕京大学、华西协合大学
	近代蒙古史	中央大学
	蒙古初期史	中山大学
专题史	亚洲文化史	武汉大学
	亚洲考古学	辅仁大学
	亚洲东部考古学	辅仁大学
	亚洲民族迁入欧洲史	大夏大学
	亚洲东北史地	辅仁大学
	远东近世外交关系研究	燕京大学
	东洋建筑史	北京大学
	东方精神史	辅仁大学
	日本文明史	辅仁大学
	日本文化史	浙江大学
	日本文化及民族性	岭南大学
	日本研究	福建协和大学
	日本史研究	燕京大学
	日本政治经济状况	西北联合大学
	印度古代文化史	北京大学
	古印度宗教史	北京大学
	波斯文·西域史料选读	西南联合大学

续 表

类别	科目名称	曾设置此科的大学
专题史	回教史	北京大学、燕京大学
	回教文化史	中央大学、云南大学
	伊斯兰文化	云南大学
	阿拉伯民族史	北京大学
	中亚史研究	燕京大学
	中亚民族史	武汉大学、长春大学、北京大学、北平临时大学
	中央亚细亚民族史	辅仁大学
	中亚历史语言研究	燕京大学
	蒙古史研究	北京大学、西南联合大学
	蒙古史专题研究	辅仁大学
	蒙古历史语言研究	燕京大学
	匈奴与匈人	西南联合大学
	匈奴史的新研究	辅仁大学

表一共列出了各大学曾经设置的亚洲史科目86种，由于资料原因，遗漏在所难免，但即使这86种科目，也早已大大超出了我们以往所了解的范围。其中属于通史性质者3种，属于地区史性质者17种，属于国别史性质者36种，属于专题史性质者30种。有些科目，如“东洋通史”，名为“通史”，实则只是关于亚洲一部分地区的历史，故将其归入地区史。有些科目，如“亚洲诸国史”，往往各国分述，而未综合融会，形成系统，故将其归入国别史。有些科目，如“亚洲各国史”与“亚洲诸国史”，“南洋各国史”与“南洋诸国史”等，是可以合并的，但为了如实反映历史，表中严格依据各大学当时所使用的科目名称，将它们一一列出。

就科目所涉范围来看，除了综述的“亚洲史”外，从东亚到西亚，从南亚到北亚，还有中亚和东南亚，都设置过不少科目。就国别史来看，除了

“亚洲各国史”、“东亚各国史”、“亚洲西部诸国史”、“西南亚州诸国史”、“南洋各国史”等科目外，还专门开设了日本、印度、朝鲜、蒙古以及安南、缅甸、暹罗等国历史科目。就专题史来看，内容也很丰富，涉及政治、经济、文化、外交、民族、宗教、建筑、考古等多个方面。

为了更清楚地反映各大学开设亚洲史的情况，下面我们再看看各大学设置亚洲史科目的情况（见表二）。

表二　民国时期各大学曾经开设亚洲史科目表①

校名	科目名称
北京大学	亚洲各国史、东洋通史、东洋史、远东史、南洋史地、日本史、日本近世史、朝鲜史、印度通史、印度史、印度古代史、印度古代文化史、古印度宗教史、现代印度、东洋建筑史、中亚民族史、回教史、阿拉伯民族史、蒙古史研究
中央大学	东洋通史、东亚史、亚洲诸国史、近东诸国通史、南洋诸国史、中亚史、日本史、日本近世史、日本朝鲜史、朝鲜史、印度史、印度及南方诸国、蒙古史、近代蒙古史、回教文化史
清华大学	东亚史、南洋史地、亚洲诸国史、中亚史、日本通史、日本史、朝鲜史、印度史、蒙古史、远东及太平洋沿岸史
北平师范大学	东亚各国史、日本史
北平大学	日本史、日本近世史
南开大学	亚洲诸国史、日本史
河南大学	亚洲诸国史
齐鲁大学	远东史、日本史
湖南大学	东亚各国史、日本史
武汉大学	亚洲文化史、远东近世史、日本史、印度史、中亚民族史
中正大学	东亚史、朝鲜史、东亚诸国史
东南大学	东亚各国史

① 此表据表一制作，资料来源同表一。一些大学的前身，如中央大学的前身东南大学，中山大学的前身广东大学等，均单列。

续 表

校名	科目名称
暨南大学	亚洲诸国史,东洋诸国史,亚洲东部各国史,亚洲西部诸国史,南洋概况,南洋史,南洋史地,南洋诸国史,日本史,朝鲜台湾史,印度史,安南、缅甸、暹罗史
复旦大学	亚洲诸国史、日本史、日本近世史、中亚史、印度史
大夏大学	亚洲通史、亚洲民族迁入欧洲史、东洋通史、近东远古史、东亚各国史、西南亚州诸国史
政治大学	亚洲各国史
安徽大学	日本史
安徽学院	日本史
浙江大学	东亚各国史、日本史、日本文化史、印度史、东洋史、日本文化
厦门大学	东洋通史、东亚史、日本史
广东大学	东洋史
中山大学	亚洲史、东洋史、亚洲诸国史、东洋诸国史、日本近百年史、日本现代史、印度史、蒙古初期史
勷勤大学	日本史
云南大学	亚洲诸国史、西亚诸国史、印度史、回教文化史、伊斯兰文化
贵州大学	亚洲诸国史、日本史
重庆大学	东亚各国史
成都大学	东洋通史、东洋史、日本近世史、印度史
四川大学	东洋史、东亚各国史、日本近世史、亚洲诸国史、印度史
长沙临时大学	现代日本
西南联合大学	日本通史、现代日本、印度通史、印度史、波斯文·西域史料选读、蒙古史研究、日本政治经济状况、匈奴与匈人
西北联合大学	日本史、日本政治经济状况
西北大学	亚洲诸国史
东北大学	东洋史

续 表

校名	科目名称
长春大学	日本史、中亚民族史
燕京大学	亚洲史概论、东亚史、东亚近世史、远东近世史、西亚史、古代米索不达米亚及埃及史、南洋史地、中亚史、中亚史研究、日本国史、日本史、日本史研究、印度史、中亚历史语言研究、蒙古史、蒙古历史语言研究、回教史、远东近世外交关系研究
辅仁大学	东方史、亚洲东北史地、亚洲考古学、亚洲东部考古学、东方精神史、南洋史地、南亚史、中央亚细亚民族史、日本史纲要、日本史、日本近百年史、日本文明史、印度史、蒙古史、蒙古史专题研究、匈奴史的新研究
金陵大学	日本史纲要、日本史、印度史、印度史纲要
岭南大学	日本近世史、日本文化及民族性
华西协合大学	亚洲诸国史、日本史、印度史、东亚史、蒙古史
之江文理学院	东亚史、近代之日本、近代之印度
沪江大学	日本近代史
金陵女子文理学院	日本史
福建协和大学	亚洲诸国史、亚洲各国史、南洋各国史、日本史、朝鲜史、印度史、日本研究
广东省立文理学院	亚洲史
河北省立女子师院	东洋各国史
贵阳师范学院	亚洲史
南京临时大学	东亚史
北平临时大学	中亚民族史
台湾大学	亚洲诸国史

以上共列出了49所曾经设置过亚洲史科目的大学，包括了民国时期所有主要的国立、省立和私立大学，其中北大、中央、燕京、辅仁曾经设置的亚洲史科目均接近20种，清华、武汉、暨南、复旦、大夏、浙江、中山、云南、四川、西南联大、金陵、华西协合、福建协和等也都是经常开设亚洲史的大学，并且曾经设置的亚洲史科目种类也比较多。比如，暨南大学史地学系1936年秋曾召开系务会议，添加及修正史学科目8种，其中就有5种为亚洲史科目，即“日本史”、“朝鲜台湾史”、“印度史”、“安南、缅甸、暹罗史”、“亚洲西部诸国史”①。还有一些大学，虽然开设种类不多，但像“亚洲各国史”、“日本史”等科目，也都是长期设置，反复开设的。所谓民国时期“只有少数学校的设课，超出了西洋史的范围”的观点，显然不符合历史事实。

由表一和表二可以明显看出，各大学所设亚洲史科目名称比较杂乱。比如同一所大学，有时设“日本史”，有时设“日本通史”；有时设“印度史”，有时设“印度通史”；有时设“东洋通史”，有时又设“东洋史”。不同大学间科目名称差异更大一些。比如，有的设“日本近世史”，有的设“日本近百年史”，有的则设“近代之日本”，所讲内容其实都差不多。又比如，有的设“亚洲西部诸国史”，有的设“西亚诸国史”，有的则设“西亚史”，所讲内容也都差不多。这种情况说明，当时的教育部对各大学亚洲史科目设置并没有统一的规划。1939年秋，教育部曾颁布《大学各学院分系必修及选修科目表》，但其中的历史学系科目表主要是对中国史和西洋史两类科目设置进行规范。关于亚洲史，只是在必修科目表“国别史”类的说明中指出，至少须在“日本、俄国、英国、美国、德国、意国、法国、印度、西班牙及南洋或巴尔干半岛等国史，或诸国某一时代史”中选习一种。至于选修科目表所列，没有一种是与亚洲史有关的②。不过，由表一和表二来看，各大学实际设置的亚洲史科目，不论种类，还是范围，都远远超出规定。其中“日本史”和“印度史”在各大学得到较多开设，与教

① 《史地学系廿五年度第三次系务会议》，《暨南校刊》第190号，1936年11月30日。

② 《大学各学院分系必修及选修科目表》（教育部第18892号训令颁发，1939年8月12日），《高等教育法令汇编》，教育部高等教育司，1942年，第309—310页。

育部将它们列入必修的国别史范围内是有关系的。

二、亚洲史师资阵容

民国时期各大学不仅设置了不少种类的亚洲史科目，而且还有一支人数较多，实力较为雄厚的亚洲史师资队伍，这一点与我们以往头脑中所存留的印象，也是大不相同的。表三所列，就是曾在各大学开设过各种亚洲史科目的人员。虽然难免遗漏，但主要人员均已在此。其中“开设科目”一栏，严格依据原始资料记载，尽量避免人云亦云，或者以1949年以后的情形来判断1949年以前的情况。比如，本文开头所引刘新成主编之书及齐世荣教授的文章，均称民国时周一良曾在清华大学开过“日本通史”或“日本史”，然而，根据清华大学档案记载，周一良1940年代后期留美回国后，因当时清华“历史系已有王信忠先生担任日本历史等课程，历史系又因有名额之限止”[①]，他被清华聘为外语系教授，开设“日文”及“佛教汉译”等课，直到1949年秋改聘为历史系教授前，并未在清华开设过日本历史课程。在周一良的自传中，也只提到当时为生活所迫，曾在北大兼开“日本史”，而从未提及在清华开设“日本史”或“日本通史”之事[②]。因此，表三只列了他在北京大学开设“日本史”的史实，而没有采用所谓他民国时曾在清华开设“日本史”或“日本通史”的不实说法。再比如，开头两段引文中还提到沈刚伯曾在中央大学开设“印度史”，然而笔者在中央大学的原始档案中只看到他开设多种西洋史科目的记录，并未看到他曾开“印度史”，因此，谨慎起见，宁缺而不载。又比如，普通皆知吴廷璆为研究日本史的专家，但根据档案记载，他40年代在武汉大学任教时所开科目主要为“西洋通史”、“西洋近古史”、“中西交通史”、“印度史”、“中亚民族史”，并未见有开设“日本史”的记载，因此本文也不把他

---

① 《延聘文学院各系教师来往函件》，清华大学档案馆，国立清华大学全宗1—4:2—102。

② 周一良：《毕竟是书生》，北京十月文艺出版社，1998年，第45页。

视为日本史教授①。至于他40年代在四川大学任教时所开科目，因笔者在四川大学档案中没有看到相关记载，因此也缺而不列。

表三　民国时期各大学亚洲史师资一览表②

教授	出身	开设科目	开设大学
白寿彝	燕京大学国学研究所（研究）	伊斯兰文化	云南大学
卞宗孟	沈阳高等师范学校 日本东京高等师范学校	东洋史	东北大学
蔡仪	北京大学（预科） 日本九州帝国大学（学士）	西南亚州诸国史	大夏大学
曹谦	浙江高等学校	东亚通史	厦门大学
岑仲勉	北京税务专门学校	蒙古初期史	中山大学
陈乐素	日本明治大学（肄业）	东洋史、日本文化	浙江大学
陈仲益	中国大学（商学系） 北京大学研究所国学门（研究）	日本史概要	辅仁大学
陈国桦	中山大学（学士） 中山大学文研所（硕士）	亚洲诸国史	华西协合大学
陈恭禄	金陵大学（学士）	日本史、印度史	武汉大学
陈增辉	福建协和大学（学士）	亚洲诸国史	福建协和大学
邓嗣禹	燕京大学（学士、硕士） 美国哈佛大学研究院（博士）	远东史	北京大学
方豪	宁波圣宝禄神哲学院	南亚史	辅仁大学 复旦大学

① 《国立武汉大学文学院课程指导书（1944—1945年度）》，武汉大学档案馆，国立武汉大学全宗L7—1944—18；《国立武汉大学文学院课程指导书（1945—1946年度）》，武汉大学档案馆，国立武汉大学全宗L7—1945—41；《文学院概况》（国立武汉大学二十周年纪念特刊之一），武汉大学档案馆，国立武汉大学全宗L7—1947—68。

② 资料来源同表一。

续 表

教授	出身	开设科目	开设大学
方壮猷	北平师范大学(未毕业) 清华大学国学研究院(未毕业) 日本东京帝国大学大学院(研究) 法国巴黎大学研究院(研究)	日本史	辅仁大学
		日本国史	燕京大学
冯承钧	法国巴黎大学(学士) 法国法兰西学院研究院(研究)	中亚民族史	北平临时大学
冯家昇	燕京大学(学士、硕士) 美国哥伦比亚大学(研究)	日本史	燕京大学
		朝鲜史	北京大学
傅衣凌	厦门大学(学士) 日本法政大学研究院(研究)	日本史	福建协和大学
郭斌佳	光华大学(学士) 美国哈佛大学(硕士、博士)	远东近世史	武汉大学
韩儒林	北京大学(学士) 比利时鲁文大学(研究) 法国巴黎大学法兰西学院(研究) 德国柏林大学东方语文研究所(研究)	中央亚细亚民族史	辅仁大学
		西亚史、蒙古史	燕京大学
		蒙古史	华西协合大学
		近代蒙古史	中央大学
		印度史	东方语文专校
贺昌群	沪江大学(未卒业)	日本史	浙江大学
洪业	美国俄亥俄韦斯良大学(学士) 美国纽约协和神学院(学士) 美国哥伦比亚大学(硕士)	远东近世史	燕京大学
洪启翔	北京大学(未毕业) 留学日本	亚洲史	广东省立文理学院
季羡林	清华大学(学士) 德国哥廷根大学(博士)	印度史	北京大学

续表

教授	出身	开设科目	开设大学
姜季辛	日本东京帝国大学(学士)	亚洲各国史、亚洲近代史	政治大学
姜蕴刚	中国大学 日本早稻田大学(学士)	日本史	华西协合大学
蒋益明	北平师范大学(学士) 日本东京帝国大学(硕士)	东亚各国史	四川大学
金克木	未入大学	现代印度	北京大学
金毓黻	北京大学(学士)	东亚史	中央大学
李长傅	日本早稻田大学	南洋史、南洋概况	暨南大学
李宗武	日本东京高等师范学校 英国勃烈斯德大学(学士) 英国剑桥大学(硕士)	日本史、日本近世史	北京大学
		日本史	西北联合大学
李思纯	法国巴黎大学 德国柏林大学	亚洲诸国史	四川大学
李建芳	苏联莫斯科东方大学 苏联莫斯科中山大学	日本史、日本近世史	复旦大学
李祥麟	中国公学大学部(学士) 日本东京帝国大学(硕士)	日本史	暨南大学 厦门大学
梁思成	清华学校(高等科) 美国宾夕法尼亚大学(硕士) 美国哈佛大学(研究)	东洋建筑史	北京大学
刘华瑞		亚洲文化史	武汉大学
林希谦	日本早稻田大学(学士)	日本研究	福建协和大学
刘崇鋐	清华学校(高等科) 美国康斯康星大学(学士) 美国哈佛大学(硕士)①	日本史	清华大学

① 还曾在美国哥伦比亚大学、耶鲁大学从事研究工作。

续 表

教授	出身	开设科目	开设大学
刘继宣	金陵大学(高师科) 日本明治大学(学士) 日本东京帝国大学研究院(硕士)	日本史	中央大学 金陵大学
刘藜仙	华西协合大学(学士)	东亚史	华西协合大学
柳诒徵	三江师范学堂	东亚各国史、印度史、南亚各国史	东南大学
伦叙	北京大学(学士)	东洋史	中山大学
罗元贞	日本早稻田大学(学士)	日本史	长春大学
罗香林	清华大学(学士) 清华大学研究院(研究) 燕京大学国学研究所(研究)	南洋史地	暨南大学
马坚	埃及爱资哈尔大学(预科) 埃及达鲁米尔文学院	伊斯兰文化	云南大学
		回教史、阿拉伯民族史	北京大学
马君武	日本京都帝国大学(毕业) 德国柏林工业大学(博士) 德国柏林农科大学	亚洲民族迁入欧洲史	大夏大学
缪凤林	南京高等师范学校	日本史	东北大学
		日本史、日本朝鲜史、亚洲诸国史	中央大学
纳忠	埃及爱资哈尔大学(博士)	西亚诸国史、亚洲诸国史、回教文化史	云南大学
		回教文化史	中央大学
聂鑫	中法大学(学士) 法国巴黎大学(博士)	中亚民族史	北京大学 长春大学
欧阳祖经	日本东京高等师范学校	东亚史、朝鲜史、东亚诸国史	中正大学

续表

教授	出身	开设科目	开设大学
钱稻孙	日本成城学校	日本通史	清华大学
钱维骥	日本清华学校	东洋通史	北京大学
邵循正	清华大学(学士、硕士) 法国法兰西学院、东方语言学院(研究) 德国柏林大学(研究)	蒙古史	清华大学
		蒙古史研究、波斯文·西域史料选读	西南联合大学
释天慧	日本东京大正大学	印度史	复旦大学
苏乾英	暨南大学(学士)	亚洲诸国史、南洋概况	暨南大学
苏毓棻	南京高等师范学校 东南大学(学士)	东亚各国史	浙江大学
万斯年		日本史	北京大学
汪诒荪	北京大学(学士) 日本九州帝国大学(研究)	日本史	武汉大学
王名元	武汉大学(学士)	亚洲诸国史	中山大学
王信忠	清华大学(学士) 清华大学研究院(硕士) 日本东京帝国大学大学院(研究) 美国哈佛大学(研究)	日本通史	清华大学
			西南联合大学
		现代日本	长沙临时大学
			西南联合大学
王桐龄	日本东京帝国大学(学士)	东洋史	北京大学
		日本史	燕京大学
		东亚史	清华大学
王凌云	中央大学(学士) 日本东京帝国大学(研究)	日本史	贵州大学
王辑五	日本广岛高等师范学校 日本广岛文理科大学(学士)	日本史、日本近世史	北京大学
		日本近百年史	辅仁大学
		日本史、东亚各国史	北平师范大学

续　表

教授	出身	开设科目	开设大学
王新民		印度史、南洋史、南洋各国史	福建协和大学
温雄飞	美国加里福尼亚大学（学士）	南洋史	暨南大学
		中亚史、印度史	复旦大学
翁独健	燕京大学（学士） 燕京大学研究院（硕士） 美国哈佛大学（博士） 法国巴黎大学（研究）	亚洲史概论、东亚近代史、远东近代史、蒙古史、蒙古历史语言研究、中亚史、中亚历史语言研究、回教史、中亚史研究	燕京大学
吴士栋	清华学校（高等科） 美国芝加哥大学（学士） 美国哈佛大学（硕士） 美国哥伦比亚研究院（研究）	日本史	厦门大学
吴廷璆	北京大学（学士） 日本京都帝国大学（学士）	印度史、中亚民族史	武汉大学
吴季瑞	日本东京帝国大学（学士）	日本史	安徽学院
向达	南京高等师范学校 东南大学（学士）	印度通史	西南联合大学
			北京大学
		印度史	西南联合大学
			云南大学
			浙江大学
萧正谊	燕京大学（学士）	日本史、日本史研究	燕京大学
萧汉勋	日本法政大学（学士）	日本近世史	四川大学
谢六逸	日本早稻田大学（学士）	日本史、亚洲东部各国史	暨南大学

续 表

教授	出身	开设科目	开设大学
谢澄平	美国哥伦比亚大学(硕士) 日本东京帝大大学院(研究)	日本史	复旦大学
徐之圭	日本帝国大学(学士)	东洋诸国史、南洋概况	暨南大学
许兴凯	北平师范大学(教育研究科) 日本东京帝国大学	日本政治经济状况	西北联合大学
薛澄清	厦门大学(学士)	东亚史	厦门大学
姚鉴	清华大学(学士) 日本东京帝国大学大学院(硕士)	亚洲诸国史	贵州大学
		亚洲史	贵阳师范学院
姚从吾	北京大学(学士) 北京大学研究所国学门(研究) 德国柏林大学(研究)	匈奴史的新研究、蒙古史专题研究	辅仁大学
		蒙古史研究	北京大学
		匈奴与匈人	西南联合大学
姚宝猷	广东高等师范学校 日本东京文理科大学(学士)	日本近百年史、东洋史、现代日本研究	中山大学
袁文彰	日本早稻田大学(学士) 日本京都帝国大学(研究)	亚洲东部各国史、日本史	暨南大学
张一纯		朝鲜史	福建协和大学
张大龢	北京高等师范学校	东洋史	成都大学
			四川大学
张礼千	大同大学 英国多托利大学	南洋史	复旦大学
张圣奘	北京大学(学士) 美国欧海欧大学(博士) 德国莱比锡大学(博士)	东亚各国史	重庆大学
张孝年	日本东京庆应义塾大学(学士)	日本近世史	北京大学
张秀勤	日本京都帝国大学(学士)	日本史	湖南大学

续 表

教授	出身	开设科目	开设大学
张宗和	清华大学(学士)	亚洲诸国史	贵州大学
张秉仁	河南大学(学士) 河南历史研究所(研究)	亚洲诸国史	河南大学
张星烺	北洋大学 美国哈佛大学(学士) 德国柏林大学(硕士)	南洋史地	辅仁大学 北京大学 清华大学
张维华	齐鲁大学(学士) 燕京大学(硕士)	日本史	齐鲁大学
郑师许	南京高等师范学校	东亚诸国史 亚洲诸国史	中山大学
郑鹤声	南京高等师范学校 东南大学(学士)	东亚史	南京临时大学
钟道铭	清华大学(学士) 清华研究院(硕士) 英国伦敦大学研究院(研究)	印度史	中央大学 西南联合大学
周一良	燕京大学(学士) 燕京大学研究院 美国哈佛大学(博士)	日本史	燕京大学 北京大学
周培智	清华大学(学士) 英国爱丁堡大学(硕士) 英国爱丁堡大学(博士)	亚洲诸国史	南开大学
朱杰勤	中山大学研究院(硕士)	亚洲诸国史	云南大学
		印度史、缅甸史	东方语文专校
邹宗孟	日本京都帝国大学(学士)	日本近世史	
左舜生	震旦学院	日本史	

上列共97人,除刘华瑞、万斯年、王新民、张一纯4人出身不详外,其余92人中,按最终学历,有37人接受过大学教育,约占40.2%;43人接

受过研究院(所)教育,约占47.8%;合计共有80人接受过大学或研究院(所)教育,约占87%,应当说是一个很高的比例。在这80人中,有58人曾留过学,约占72.5%。其中留学日本者最多,有32人,约占55.2%;留学美国者次之,有15人,约占25.9%;留学德、法、英者又次之,分别有8人、7人、4人,约占13.8%、12.1%、6.9%。其他还有留学苏联、比利时各1人,留学埃及2人。接受过大学以上教育的人员中,国内则多出自北大、清华、燕京、中央、中山等重要大学,国外则多出自美国哈佛大学、德国柏林大学、法国巴黎大学、日本东京帝国大学及早稻田大学等著名大学。没有入过大学的人中,也有一些出自很著名的学校,如张大龢(北京高等师范学校),缪凤林、郑师许(均南京高等师范学校),卞宗孟、欧阳祖经(均东京高等师范学校)等。由此可见,亚洲史师资队伍的整体素质是比较高的。

各类亚洲史科目均有一些有专长的人员开设,如"亚洲史概论"有翁独健;"东洋史"有王桐龄;"日本史"有陈乐素、方壮猷、李宗武、李祥麟、刘继宣、缪凤林、汪诒荪、王信忠、王桐龄、王辑五、萧正谊、姚鉴、姚宝猷、周一良等;"朝鲜史"有冯家昇、欧阳祖经等;"印度史"有陈恭禄、温雄飞、吴廷璆、向达、钟道铭、朱杰勤等;"蒙古史"有韩儒林、邵循正、翁独健、姚从吾等;"南洋史"有李长傅、苏乾英、张礼千、张星烺等;"中亚民族史"有韩儒林、冯承钧、聂鑫等;"回教史"和"伊斯兰文化"有白寿彝、马坚、纳忠等。这些人绝大多数是当时在各大学具有一定影响的教授或副教授。一些人还编著出版了不少亚洲史方面的著作,如柳诒徵的《东亚各国史》,王桐龄的《东洋史》,欧阳祖经的《东亚诸国史》,张圣奘的《东亚各国通史》,张大龢的《东洋近世政治史》及《东洋现代政治史》,张立志与奚尔恩合著的《远东史》,郭斌佳的《远东近世史》,陈恭禄的《印度通史大纲》及《日本全史》,洪启祥的《日本历史概论》、《古代中日关系之研究》及《日本人口论》,蒋益明的《虾夷民族的过去与现在》、《日本研究》及《日本研究法》,李宗武的《日本史ABC》及《明治维新》,李祥麟的《日本历史》,李建芳的《日本明治维新运动》,缪凤林的《日本论丛》及《日本史鸟瞰》,王信忠的《日本历史概说》,王辑五的《中国日本交通史》,许兴凯的《日本政治经济研究》及《日帝国主义与东三省》,姚宝猷的《日本帝国主义的特性》,向达的《印度现代史》,李长傅的《南洋各国史》及《南洋史纲要》,张礼千的《中南半岛》(原名《倭寇侵略中之南洋》)、《槟榔屿志略》(与姚楠合著)、《马来亚历史概要》及《马六甲史》等。这些都是民国时期亚洲史研究方面比较重要的成果,其中有相当一部分是授课讲义,或根据讲义修订而成。虽然数量不算很多,但也不像某些研究者所讲的那样“凤毛麟角”。

此外,在一些大学,特别是几所主要的教会大学,还有一些外籍教授开设亚洲史科目。如钢和泰(俄)在北京大学讲授“印度古代史”、“古印度宗教史”①,今西龙(日)在北京大学讲授“朝鲜史”②,陈观胜(美)在燕京大学讲授“印度史”③,海思客(德)在辅仁大学讲授“蒙古史”④,叶德礼(德)在辅仁大学讲授“亚洲考古学”⑤,贝德士(美)在金陵大学讲授“日本史”⑥,奚尔恩(美)在齐鲁大学讲授“远东史”⑦等等。

三、亚洲史科目内容特点

民国时期的大学亚洲史教育,从总体来看,不仅科目种类较多,师资阵容较为可观,而且从不同种类科目的发展情况,以及一些科目的具体讲授内容来看,也都有一些非常突出的特点,值得特别注意。

一、与各大学普遍开设“西洋通史”不同,很少有大学开设“亚洲通

① 《国立北京大学学科课程一览(1920—1921 年度)》,北京大学档案馆,国立北京大学全宗 BD1919029。

② 《史学系特别讲演通告》,《北京大学日刊》,1922 年 12 月 9 日。

③ 《燕京大学课程(1948—1949 年度)》,北京大学档案馆,私立燕京大学全宗 YJ1948045。

④ 《私立辅仁大学日籍及其他外籍教职员一览表(1944—1945 年度)》,北京市档案馆,私立辅仁大学全宗 J4—1—1887。

⑤ 《私立辅仁大学日籍及其他外籍教员一览表(1943—1944 年度)》,北京市档案馆,私立辅仁大学全宗 J4—1—1887。

⑥ 《私立金陵大学文学院教员与课程(1937—1938 年度)》,中国第二历史档案馆,私立金陵大学全宗 649 377。

⑦ 《齐大 1924—1931 年秋各学期授课时间表》,山东省档案馆,私立齐鲁大学全宗 J109—02—8;《1933—1937 年齐大课程表》,山东省档案馆,私立齐鲁大学全宗 J109—02—79。

史”一类课程。从表一可以看出，只有大夏、中山、燕京和贵阳师院等少数学校设置过这种性质的课程。之所以如此，是因为亚洲在地理范围上远远大于欧洲，在语言、民族、宗教、历史发展进程等方面，也远较欧美复杂。亚洲各国的历史，并“非在一区域内先后相禅，乃在诸方后先并兴，其离合张弛，参差纷纭，较诸国史、西史尤难条贯”①，因此，很难编写出通史性质的亚洲史教本来，也就很难开设这种性质的课程。中山大学和贵阳师范学院开设“亚洲史”的情况，不得其详。大夏大学开设“亚洲通史”的情况，据其课程说明，主要是“讲述亚洲各民族之历史概况，如古代之波斯、印度，东方之鞑靼人，中亚之突厥族，以及日本、朝鲜及南洋群岛各民族之史迹，尤注意其与中国之关系”②。基本上可以说是亚洲各地区及各主要国家历史的凑合，很难说得上“通”。燕京大学的“亚洲史概论”，是由翁独健开设的，据课程说明，主要讨论以下七个问题：“一、亚洲历史之地理背景；二、亚洲各国盛衰兴亡之相互关系；三、民族之分布与转徙；四、宗教之发生与传播；五、文化之演变与交流；六、民族主义之勃兴；七、亚洲史研究之现状。”③不难看出，这是一个经过深入思考，力图将亚洲各国、各地区复杂的历史串联起来，从多个方面进行综合讨论的课程设计。即便是像“东洋史”、“南洋史”等一些内部各国关系非常紧密的地区史（也可以称之为地区性的通史），在课程内容设计上，也很少有像“亚洲史概论”这样，能够尽可能做到融会贯通的。因此，这门课在民国时期各大学开设的各种亚洲史科目中，可以说是最具特色的一个。

二、由于亚洲各国各地区历史发展极为复杂，因此不可能像西洋史那样，将亚洲史划分为若干断代史或分期史来讲授，而只能分地区、国别或专题来讲授，这也是亚洲史科目在大学史学系课程中所占比例无法与西洋史相比的一个重要原因。从表一和表二可以看出，亚洲各地区、各主要国家的历史，在大学课程当中均有涉及。但是，考虑到中国所处的地理位置，其在亚洲历史上所发生的影响，以及近代以来所面临的民族危亡的

---

① 缪凤林：《评王桐龄新著〈东洋史〉》，《史学杂志》1卷5期，1929年，第1页。

② 《学程概要》，《私立大夏大学一览（1932—1933年度）》，私立大夏大学，1933年，第45页。

③ 《历史学系及研究部课程说明》，燕京大学第二十六届布告第四十三号1941年，第6页。

严峻形势，东亚、南洋两个地区，日本、印度两个国家，以及蒙古和中亚历史，最受国人关注，各大学开设的亚洲史课程，大部分也是这方面的。其中，东亚、南洋两个地区都深受中华文化影响，在南洋还有大批华侨存在。日本是东亚受中华文化影响最深的国家之一，但又是使中国深受其害的国家，它的发展道路，以及政治、外交动向，自然成为国人关注的焦点。印度虽然属于南亚国家，但自古以来与中国在文化上的联系就非常密切；作为英国的殖民地，印度的命运也与中国类似，因此从清末以来，其历史与现实情况就一直很受国人关注。至于蒙古和中亚历史受到重视，则是因为其与元史和中外交通史的研究有着密切关系，开设此类课程的人员一般都是元史和中外交通史的专家。另外，西方学术界对蒙元史及中亚历史的重视，对中国学界所造成的影响，亦不可忽视。

三、从各种地区史、国别史开设情况来看，有不少科目都很重视与中国相关联的内容。比如，地区史方面，王桐龄在北大、清华等校开设的“东亚史”或“东洋史”，就主要“讲述历史上中国在东亚所占之地位，及其对四围民族相互之关系，并东亚民族与远洋民族之关系”①。中央大学开设的“东洋通史”“以国史为纲，贯通印度、西域、朝鲜、日本、北亚及南方诸国家、诸种族史实。……尤注重其与中国文化上、政治上之关系及其相互间之交涉与形势之今昔”②。大夏大学开设的“东洋史”，“以汉族为主，而以满蒙、西藏、朝鲜、日本、安南、暹罗、缅甸、印度、中央亚细亚各民族为辅”③。张星烺在燕京、辅仁、清华等校开设的“南洋史地”，“尤注意古代各地与中国之交通及近代华侨发展史”④。郭斌佳在武汉大学开设的“远东近世史”，“讲述过去百五十年间远东变迁之历史，其目的在阐明现代中国所处之地位，与世界各国在东亚竞争之因果，使读者认识吾人当

---

① 《国立清华大学本科学程一览(1929—1930 年度)》，国立清华大学，1929 年，第 34 页；《国立北京大学史学系课程指导书(民国二十至二十一年度)》，北京大学档案馆，国立北京大学全宗 BD1930014。

② 《国立中央大学一览(1927—1928 年度)》，国立中央大学，1928 年，第 9—10 页。

③ 《私立大夏大学一览(1930—1931 年度)》，私立大夏大学，1930 年，第 21 页；《私立大夏大学一览(1931—1932 年度)》，私立大夏大学，1931 年，第 20 页。

④ 《北平私立燕京大学一览(1936—1937 年度)》，私立燕京大学，1937 年，第 104 页。

前之问题,与近东演化之动向"①。中央大学开设"北亚史","以研究西伯利亚及其附近诸民族进退消长之史实及其与中国之关系为主旨",内容大体包括:"(一)北亚之地理与民族;(二)汉唐间据居北亚之民族;(三)蒙古诸部之兴衰;(四)俄人之侵入及其发展;(五)中俄交涉;(六)西伯利亚近况;(七)中国北境边防问题。"②国别史方面,冯家昇在燕京开设的"日本史","内容略分三大部分:第一,史前时期,讨论日本民族之由来,原始社会与民生状况及中日古代之关系;第二,佛教与中国文化之输入,讨论神道教与佛教之关系,及社会与政治之大变动;第三,西洋文化之输入,讨论内政之大改革,向外之发展及国势之膨胀"③。钱稻孙在清华开设的"日本通史","讲述日本历史之大要,注重其与中国之关系,及幕末维新之业绩"④。方壮猷在燕京开设的"日本国史","注重中国与日本之文化关系"⑤。冯家昇在北大开设"朝鲜史","主旨在研究朝鲜历史上诸民族活动之状况,及与中国在政治上、文化上之关系,并参证外国学人之研究,以为他山之助"⑥。中央大学开设"朝鲜史",主要"研究朝鲜政治文化之变迁,及其与中日之关系",内容包括:"(一)朝鲜建国及卫氏之兴亡;(二)三国对峙及新罗之统一;(三)高丽王氏之兴亡;(四)朝鲜李氏及其与明清之关系;(五)中日俄之角逐与日本之统治朝鲜;(六)朝鲜之民族运动。"⑦中央大学又开设"印度及南方诸国"学程,其中"印度史以研究印度文化政治之蜕变及与中国文化上、政治上之关系为主,分三编:(一)印度时期,(二)回教时期,(三)英领印度时期。至南方诸国,则除略述安南、暹罗、缅甸之沿革政治及其与中国之关系外,兼及马来半岛,荷属东印度群岛,及菲律宾群岛之历史"⑧。

① 《国立武汉大学一览(1935—1936年度)》,国立武汉大学,1935年,第38页。

② 《国立中央大学史学系课程规则说明书》,《史学》第1期,1930年12月,第314页。

③ 《北平私立燕京大学一览(1936—1937年度)》,私立燕京大学,1937年,第104页。

④ 《国立清华大学一览(1934—1935年度)》,国立清华大学,1935年,第3—4页;《国立清华大学一览(1935—1936年度)》,国立清华大学,1935年,第3页。

⑤ 《北平私立燕京大学一览(1930—1931年度)》,私立燕京大学,1931年,第67页。

⑥ 《国立北京大学文学院课程一览(1935—1936年度)》,北京大学档案馆,国立北京大学全宗BD1935008。

⑦ 《国立中央大学史学系课程规则说明书》,《史学》第1期,1930年12月,第313页。

⑧ 《国立中央大学一览(1927—1928年度)》,国立中央大学,1928年,第10页。

四、一些科目的讲授者因为是该方面的专家，或者有过较多思考与研究，因而课程内容比较丰富、深入。如下宗孟在东北大学开设“东洋史”，“研究国史以外东洋各民族各国家之历史，着眼于现代，而上溯其源流”，内容分四部分：“（一）为古代东洋各国兴亡史，（二）为近世欧人东侵史，（三）为现在亚洲独立各国史，（四）为现代亚洲民族复兴运动史。一二两部以国史为联系的中心，作系统的（纵的）研究。三四两部以各民族各国家为单元，作国别的（横的）研究。合之可称为综合的研究。”[①]讲授者称“东洋史作如是之研究者，前无先例”[②]，从各大学“东洋史”开设情况来看，该课的确是比较有特色的，特别是“现代亚洲民族复兴运动史”一部分内容，是其他各大学极少注意的。王辑五在北京大学开设“日本史”，研究内容包括：“1. 日本民族之起源，中国文化之东渐与原始日本，建国年代之新考证。2. 隋唐文化波及日本之影响及其转变之新姿态。3. 最近百年来日本史及最近日本国情之阐明与其新动向。”[③]其中如“日本民族之起源”、“建国年代之新考证”，都是很专门的问题，也是日本史研究中很受关注的问题。萧正谊在燕京大学开设的“日本史”为一年课程，“对日本史作统括之探讨，尤注重明治维新以后日本建立现代国家之经过”。内容分为五部分：“一、绪论：述日本国家之天然及人文环境，民族之由来。二、上古史：自先史原始时期至大化革新，叙述日本为开化时代之社会状况，及儒佛东传后之影响。三、中古史：自大化新政至平安朝末期，说明公家时代之特质。四、近世史：自镰仓幕府至德川幕府，说明武家政治之盛衰经过。五、现代史：即明治维新前后之历史，说明西化东来后日本内政兴革及国史伸张之经过。”[④]可以说相当丰富、完善。陈恭禄在武汉大学开设“印度史”，“先讲古代印人之生活状况，宗教改革，阿育王之事业，孔雀朝之兴亡，外患之迭起，迄于回人侵入印度。次讲列朝国

① 臧启芳编：《国立东北大学一览（1938—1939 年度）》，国立东北大学，1939 年，第 73 页。

② 同上。

③ 《国立北京大学文学院课程一览（1935—1936 年度）》，北京大学档案馆，国立北京大学全宗 BD1935008。

④ 《历史学系及研究部课程说明》，燕京大学第二十六届布告第四十三号，1941 年，第 6 页。

王创国之经过，蒙古儿帝国之盛衰，及欧人之争夺利益，止于一七六一年。末言英国东印度公司之兼并土地，长官之改革内政，英王之统治印度，近时之内政外交，及印人之自治运动。讲授时说明各时代之经济社会状况，及文化上之特点。"①内容也是很丰富的。洪业在燕京大学开设的"远东近世史"，则是具有一定研究性质的科目，"以乾隆癸丑英使马戛尔尼来聘案为始，选远东与西洋间政治、商业及文化之关系问题若干，由教师讲解，并指定各题参考史料，俾诸生阅览"②。邵循正在清华开设的"蒙古史"，也是比较专门的，该课"每周3小时，两小时讲蒙古在中国与西域发展之经过与影响，并讨论专门问题，期选读者能得治此学之基本知识与训练，渐能从事于独立之研究。一小时授波斯文，上学期讲文法，下学期讲授波斯史籍关于蒙古史之记载"③。韩儒林很注意吸收当时国际学术界的研究成果，他在燕京大学开设的"西亚史"，"自亚力山大帝国分崩讲起，历述希腊、波斯、亚拉伯、突厥、蒙古诸族之盛衰，并采用晚近东方学采求考证之成绩，以从事东西民族接触及文化灌输等问题之研究"④。姚从吾在北大开设的"蒙古史研究"，"为专题研究性质，仿照德国大学'历史初级研究班'(Historisches Proseminar)的办法，选读史源与讨论问题同时并重"。讨论的重点是"成吉思汗和他的时代"，以及"拔都汗的西征匈牙利"⑤。

五、各大学每个年度所开设的亚洲史课程虽然在分量上远不能和西洋史相比，但从整个民国时期来看，一些大学曾经开过的亚洲史科目，还是很可观的。特别是那些重要的大学，如北大、中央、清华、燕京、辅仁、中山、暨南、浙江、西南联大等，都曾开设过多种亚洲史课程。其中燕京大学最值得注意。该校历史学系，在30年代就将课程分为"中国与东亚细

① 《国立武汉大学一览(1935—1936年度)》，国立武汉大学，1935年，第38页。
② 《北平私立燕京大学一览(1936—1937年度)》，私立燕京大学，1937年，第104页。
③ 《清华大学一览(1936—1937年度)》，引自清华大学校史研究室编：《清华大学史料选编》第1卷，清华大学出版社，1991年，第348页。
④ 《北平私立燕京大学一览(1936—1937年度)》，私立燕京大学，1937年，第104页。
⑤ 《国立北京大学文学院课程一览(1936—1937年度)》，北京大学档案馆，国立北京大学全宗BD1936015。

亚”、“东亚以外诸国史”、“世界史”和“历史方法”四大类①。至迟在40年代初又分为“中国史与亚洲史”、“西洋史”、“史学方法与辅助科学”三大类②。40年代后期更分为“中国史”、“西洋史”、“亚洲史”、“史学方法及辅助科学”四大类③。可以说,燕京大学是各大学中最重视亚洲史,也是惟一有较明确的亚洲史学科意识的大学。其常开的亚洲史科目主要有“亚洲史概论”、“东亚近代史”、“日本史”、“印度史”、“蒙古史”、“蒙古历史语言研究”、“回教史”、“中亚史”、“中亚历史语言研究”等。其他许多大学也有一些常开的科目,并逐渐形成特色。比如,北大1917年的课程中,就有“东洋通史”,以后该课(有时称“东洋史”)及“日本史”就成为长期开设的科目。清华、中央、武汉、中山、西南联大等也经常开设“日本史”。齐鲁大学多次开设“远东史”。辅仁大学及暨南大学常设“南洋史地”、“南洋概况”或“南洋史”。云南大学侧重“回教文化史”或“伊斯兰文化”。此外如北大、武汉、金陵的“印度史”,北大的“蒙古史”、“蒙古史研究”、“中亚史”或“中亚民族史”等,也都是开设较多,并具有特色的课程。还有几种课程,如“亚洲诸国史”、“东亚各国史”等,虽然内容比较简略,但覆盖面广,对于了解亚洲各国基本的历史发展情形不无助益,因而在各大学得到了最广泛的设置。

综上可知,民国时期大学的亚洲史教育,完全不是学术界一直以来所以为的那样无足轻重、无可称述。不论从科目设置种类之多、开设大学范围之广、师资阵容实力之强来看,还是从一些科目的内容特色与深度来看,都有值得研究和总结的地方。至于像燕京大学那样有意识地确立亚洲史学科地位的做法,更值得重视。民国时期所设一些科目,如“亚洲史”、“亚洲各国史”、“日本史”、“印度史”等,在进入上世纪50年代后,仍然在各大学广泛开设;民国时期的一些亚洲史开设者,如翁独健、周一良、朱杰勤、王辑五等,也是1950年代中国亚洲史学科建设的重要人物。

---

① 《私立北平燕京大学文学院历史学系课程一览》,燕京大学布告第四十三号第二十届,1935年,第4页。

② 《历史学系及研究部课程说明》,燕京大学第二十六届布告第四十三号,1941年,第3—10页。

③ 《燕京大学历史学系近十年概况》,《燕京社会科学》第一卷抽印本,1948年,第2—3页。

因此，上世纪50年代起亚洲史学科的发展，固然与共和国建立后高等院校的课程改革有关，但不能否认，民国的大学亚洲史教育实际上已经积累了一定的经验，奠定了一定的基础。

（尚小明　北京大学历史学系教授）

从以经济生活为中心到以阶级斗争为纲
——减少职工和城镇人口动员中的宣传策略

刘一皋

【内容提要】 减少职工和城镇人口是国民经济调整时期的重要工作之一,既往研究偏向于肯定动员成绩,却与当时政治和思想文化情境相隔离。精减工作涉及基层群众的切身利益,与以往大规模社会动员经验相比,动员具有相当难度,也更有助于说明政治和思想文化发展趋向之动因。本文从分析精减工作的宣传策略入手,揭示了为要完成减人指标,宣传内容从以经济生活为中心渐次转为以阶级斗争为纲,形式上则基本放弃了公开宣传而改为内部传达,此种重大变化,造成了信息传达的严重模糊,只能更多地依赖于组织强制,以及群众运动的动员形式。

“大跃进”遭受严重挫折之后,是一个对国民经济实行“调整、巩固、充实、提高”的方针,同时“左”倾错误在政治和思想文化方面有所发展的过渡时期。从 1961 年 1 月到 1963 年 6 月,全国城镇人口共减少 2600 万人,职工人数共减少 1887 万人,吃商品粮人口数共约减少 2800 万人。在两年半里,如此众多的职工和城镇居民被精减回乡或下乡,堪称社会动员的奇迹,毛泽东曾有“呼之则来,挥之则去”的感慨。关于此次减人工作,既有研究或侧重过程之描述,或探讨原因及后果,多以为精减工作总体上“非常成功”,并将减人工作与前后时期的政治和思想文化发展分离或孤立出来,仅作为国民经济调整个案处理。

另一方面,关于阶级斗争扩大化理论形成的研究,学术界已经有了较为成熟的定论。多数学者赞同其形成有一个过程,“正确的发展趋向和错误的发展趋向并不是截然分开的,许多时候都是相互渗透和交织的,不但共存于全党的共同探索过程中,而且往往共存于同一个人的认识发展过程中”①。金春明以一系列党内会议描述这个过程,即以 1957 年 6 月开始的反右派斗争为起点,经过 1957 年 9 月中共八届三中全会、1958 年 5 月中共八大二次会议、1959 年夏庐山会议、1961 年 1 月中共八届九中全会、1962 年 1 月七千人大会,以 1962 年夏北戴河中央工作会议和 9 月中共八届十中全会为形成的标志。② 关注点集中于党内会议及少数最高领导人的个人认识、判断及观点阐述。然而,阶级斗争是一定生产力水平下生产关系激烈冲突的集体行动,无论人为制造的成分有多大,势必包含着复杂的利益冲突。

于是,产生出两点疑问:其一,为什么在国民经济恢复和发展比较顺利的情况下,党中央集体领导会使“左”倾错误在政治和思想文化方面有所发展呢?只是经济工作指导思想中的“左”倾错误未得到彻底纠正吗?或只是个人专断作风逐步损害了党的民主集中制吗?③ 其二,精减工作尽管较为分散,但涉及面巨大,任务时间紧迫,如何进行社会动员?尤其是如何体现动员中的利益关系?这还是一个较为模糊的问题。

减少职工和城镇人口的社会动员,与群众利益紧密相关,尤其涉及革命后翻身群体的切身利益,动员状况关乎国民经济调整工作的成效,又不

---

① 胡绳主编:《中国共产党的七十年》,中共党史出版社,1991 年,第 406 页。

② 金春明:《阶级斗争为纲理论的形成和发展》,郭德宏、王海光、韩钢主编:《中华人民共和国专题史稿(卷二)——曲折探索(1956—1966)》,四川人民出版社,2004 年,第 511—547 页。

③ 对此阶段历史的官方评价,参见 1981 年 6 月 27 日中共十一届六中全会通过的《关于建国以来党的若干历史问题的决议》,中共中央文献研究室编:《三中全会以来——重要文献选编》下,人民出版社,1982 年,第 806—808 页。

直接涉及政治和思想文化领域内的斗争。宣传则是进行社会动员的要素之一。因此,精减工作动员的宣传策略变动,更便于理解阶级斗争扩大化理论的形成过程及其在实际工作中的运用。本文拟就相关重要文件、领导人讲话和报刊报道,分析减人宣传内容的内在矛盾性,揭示内部文件传达和公开报道的差异及宣传策略变动的情况,以及对于组织建设和意识形态阐述所产生的重大影响。

一、克服暂时困难措施的解释困惑

城镇人口对于国家政治、经济生活构成较大压力,是中国近代以来长期存在的复杂问题。共和国建立之前,主要表现为中国特有的人地关系及工业化、城市化发展水平低下,在新民主主义革命理论中,则解释为农村土地租佃制度及帝国主义入侵造成工业发展的停滞;革命胜利后,进而强调工农业协调发展,以及正确处理工农、城乡之间的关系,最突出的是工业化道路和国家对于城镇人口生活必需品的供应能力问题。

第一个五年计划初期,1953 年 4 月 17 日,政务院就曾发布《关于劝止农民盲目流入城市的指示》,要求未经许可不得擅自到乡村招收工人,以免造成城市失业人口增加。实行统购统销政策后,限制农民进城成为一项经常性政策。在“大跃进”运动发起的同时,1957 年 12 月 18 日,中共中央、国务院特别发出《关于制止农村人口盲目外流的指示》,要求动员流入城市的农村人口返回原籍和农村中小学毕业生回乡参加农业生产劳动,提倡城市知识青年到农村去,并作为一项长期的艰巨的任务。[①] 户籍制度亦逐步建立起来。但是,在“跃进”热潮中,控制政策多针对粮油供应等特定困难,一旦以为农业问题基本解决,各地区、各部门、各企业便争先恐后地寻求快速发展,大量农村人口流入城市。

1958 年 11 月,中共中央先后召开第一次郑州会议和武昌会议(中共八届六中全会),开始认识到急于过渡思想的混乱,要求将定得过高的生

① 《人民日报》1955 年 5 月 20 日社论:《继续动员初中和高小毕业生从事生产劳动》。

产指标减下来，包括城镇工业用工指标。1959年1月5日，中共中央发出《关于立即停止招收新职工和固定临时工的通知》，内称：据国家统计局预计，1958年全国新增加职工（包括学徒和临时工）有近1000万人之多。工业方面增加了800万人左右，超过“一五”期间全部职工增加人数总和①。2月4日，中共中央发出《关于制止农村劳动力流动的指示》，认为：“农民盲目流动的现象如果继续下去，对于农业和工业生产很有妨碍，对于巩固人民公社也是不利的，并且容易给坏分子造成活动的空隙。”②3月11日，中共中央、国务院再发出《关于制止农村劳动力盲目外流的紧急通知》，要求取缔某些城市还存在着的劳动力自由市场。

冻结职工人数和制止农村劳动力外流，主因是工资总额增加过速和市场供应紧张，也有确保农业生产的问题。但是，限制措施与宣传中的“大跃进”情境严重不符，甚至形成鲜明反差。4月17日，毛泽东就数省春荒缺粮情况批示，要求立即下发《十五省二千五百一十七万人无饭吃大问题》的文件，各省委第一书记迅即处理③。次日，周恩来在二届全国人大一次会议上的《政府工作报告》中向全世界宣布：“让西方资产阶级的老爷们叫嚷吧，我们的工人和农民除了失去了失业和挨饿的自由以外，什么也没有失掉。”④前者是针对具体重大问题的内部文件；后者则是公开场合的政治宣示，并要在公开报刊上刊登。两者差异巨大。

随着城市粮油供应紧张加重，减人任务正式提出。5月27日，中共中央批转国家计委党组、劳动部党组《关于1958年劳动工资的基本情况和1959年劳动工资的安排意见的报告》，同意将1959年全国职工人数比1958年年末减少800万人的计划，要求“凡能多减的还应该多减一些”，“减人主要的应该减来自农村的临时工、合同工，使他们回乡参加农业生产。从城市中招来的新职工一般可以不减或少减，以免造成失业。”中央认为，减人有利于加强企业经营管理，提高劳动生产率；也有利于补充农业生产劳动力的不足，改变农民盲目流入城市的情况；又可以缓和城市消

① 《建国以来重要文献选编》第十二册，中央文献出版社，1996年，第9页。
② 同上书，第28页。
③ 《建国以来毛泽东文稿》第八册，中央文献出版社，1993年，第209页。
④ 《人民日报》1959年4月19日第2版。

费物资供应的紧张程度。方法是“各级党委书记亲自挂帅,加强领导,抓紧时机,采取由上而下和由下而上相结合的方法,深入发动群众,展开鸣放辩论,订出合理的减人指标,一面报告中央,一面贯彻执行”①。6月1日,中共中央发出《关于大力紧缩社会购买力和在群众中解释当前经济情况的紧急指示》,要求在年内把县以上企业职工减少800万至1000万人,要求各级主要负责干部向广大群众报告目前全国经济情况和党所采取的各项措施,但在解释上,“应当首先肯定成绩,同时作适当的自我批评,并且一定要注意把九个指头和一个指头的关系摆得正确,要鼓舞而不要打击群众和干部的积极性”。“着重说明目前市场的紧张并不是由于工农业生产没有跃进,而是由于城乡消费力和社会购买力的增长太快。”②

为什么在取得了伟大跃进成绩的情况下还需要减少职工人数呢?这是一个难以自圆其说的问题,仅用增长不平衡来解释的说服力有限。尽管文件强调必须开展以经济生活为中心的宣传运动,但如何宣传又有严格的解释限制,故缺乏实际可操作性。其实,此种认识矛盾,也是庐山会议遭受挫折的重要原因。由于肯定“三面红旗”的“方向”和强调“右派边缘”③的危险性,庐山会议记录轻描淡写地写道:“全国职工人数由一九五七年底的二千四百五十万人增加到一九五八年底的四千五百三十二万人。职工人数虽然增加过猛,但是就业增加,收入增加,人民群众是高兴的。”没有了先前的危机感。还是毛泽东在中间加了一句:“增加的职工中约有一半人需要返回农村去”④,才表明还存在着减人工作。

继续“大跃进”导致城市职工人数不断突破指标,即便采取了紧急调运粮食、压缩用粮指标和进口部分粮食等项措施,供应紧张仍未缓解,不得不重提减人问题。

1960年8月10日,中共中央发出《关于全党动手,大办农业,大办粮

---

① 《建国以来重要文献选编》第十二册,第357、358、363页。

② 同上书,第379页。

③ 《毛泽东传(1949—1976)》下,中央文献出版社,第986页。

④ 《对〈关于形势和任务〉修正草案的批语和修改》(1959年7月24日),《建国以来毛泽东文稿》第八册,第375页。

食的指示》，要求“坚决从各方面挤出一切可能挤出的劳动力，充实农业战线，首先是粮食生产战线”①。精简范围主要为县社工业、县社文工团和球队、基建队伍和城市合同工、临时工，办法仍是将大跃进中新增农村来源职工退回农村，并压缩水利基建和实行中小学生参加农业劳动等措施。8月20日，中共中央再发出《关于坚决地认真地清理劳动力加强农业生产第一线的紧急指示》，把清理劳动力与农村中正在进行的“三反”运动联系在一起，强调干部包庇亲友安置较好的位置，“是官僚主义的最主要的内容”②。9月23日，中共中央发出《关于压缩食油销量和加强油脂收购的指示》，以为此举“有利于缩小城乡差别、工农差别，有利于制止农村人口自由流入城市和动员城市人口下乡”③。9月26日，中共中央转发国家计委党组、劳动部党组《关于当前劳动力安排和职工工资问题的报告》，要求三五年内不从农村招收工人，职工工资标准不提高，并逐步降低党员领导干部的工资，以密切领导与群众的关系④。毛泽东估计更乐观，要求“五个月内，一定要把全部形势都转变过来”⑤。

上述文件内容，拼凑出一幅十分模糊的图像。粮油等基本农产品的供应依然紧张，原因却主要归之于农村劳动力的流失，其解释逻辑：城市企业职工增长过快导致供应紧张，农村人口大量流入城市又造成农业生产劳动力不足，限制农村人口流动和精减城镇人口便具有了更为积极、合理的意义。值得注意的是，减人工作开始与政治运动相联系，尤其强调农村干部的作风问题，已隐约有了“四清”的影子。减人工作的主要对象，有相当部分是农村干部及其子弟或亲属，更为准确地说，绝大部分来自土地改革后农村新精英基层，他们利用革命所赋予的政治权力，在国家工业化进程中优先成为国家职工，现在要让他们回去，动员难度可想而知，很容易引起权力上的磨擦。不过，当时对局势

① 《建国以来重要文献选编》第十三册，中央文献出版社，1996年，第517页。

② 同上书，第546页。

③ 同上书，第586页。

④ 同上书，第590—591页。

⑤ 《在中央机关抽调万名干部下放基层情况报告上的批语》(1960年11月15日)，《建国以来毛泽东文稿》第九册，中央文献出版社，1996年，第350页。

的估计总体上还比较乐观。

公开报刊宣传就更为乐观。1961 年《人民日报》的元旦社论，承认 1959、1960 年农业遭受了“百年未有”的特大自然灾害，1960 年的农业生产计划和依靠农业供给原料的轻工业生产计划都未能完成，但仍乐观地说：“现在，全国已经有几十万干部下放到农村。”“一个遍及全国各地区各部门的大办农业、大办粮食的群众运动正在蓬蓬勃勃地展开。”[①]1 月 14 日，《中国青年报》发表社论，要求青年“更大地发扬延安时代的革命作风”，到最艰苦的地方锻炼自己，实行知识青年劳动化[②]。减人工作转变成了一场革命行动。

高强度的社会动员需要一定压力和危机感。乐观的估计，无论是将减人工作视为克服暂时困难的措施，还是作为增加农业生产劳动力的办法，都无助于减人动员，更何况还会遭遇既得利益者可能的抵制。

二、减人指标提升中的利益冲突

当 1961 年初中共八届九中全会正式通过“八字方针”时，经济困难造成的社会影响已十分严重，减人迫在眉睫。陈云认为，“粮食问题，已经无路可退”，“如果城市能挤些人下乡，那是釜底抽薪的办法”[③]。城镇粮油供应能力决定必须减人，并制约国家经济计划的制订[④]，即减人指标取决于国家对于城镇粮油的供应能力。

4 月 9 日，中共中央转发《中央精简干部和安排劳动力五人小组关于

---

① 《人民日报》1961 年 1 月 1 日社论：《团结一致，依靠群众，争取世界和平和国内社会主义建设的新胜利》。

② 《中国青年报》1961 年 1 月 14 日社论：《延安作风万岁》。

③ 《工业要拿出一些力量支援农业》(1960 年 11 月 29 日)，《陈云文集》第三卷，中央文献出版社，2005 年，第 304 页。

④ 李富春在北戴河中共中央工作会议上发言说：“如果我们能在两年内减少城市人口两千万人，不但可以大大增加农业战线上的劳动力，而且每年可以减少城市商品供应额几十亿元，减少城市粮食供应八十亿斤，蔬菜供应三十亿斤左右。这就可以说明减人的重要性。”《目前经济形势与调整的任务》(1961 年 8 月 18 日)，《李富春选集》，中国计划出版社，1992 年，第 275 页。

调整农村劳动力和精简下放职工问题的报告》，拟定在1960年8月末职工实际总数约5100多万人的基数上，到1961年年底，精简下放职工800万人左右(1960年11月全国计划会议方案为502万人，各省、市、自治区计划汇总为528万人)，其中不带工资减回农村的400万人(已经减回约250万人，还须减150万人)；带工资下放农村的400万人(已经下放约150万人，还须下放250万人)①。另外，在各省、市、自治区汇总数字中，减回农村(不带工资)的228万人，比全国计划会议方案(185万人)多43万人，完成250万人，已经超额完成；下放农村(带工资)的300万人，比全国计划会议方案(317万人)少17万人，完成160.6万人，只完成的50%左右。报告还建议争取在两年内疏散2000万左右的城镇人口下乡，对象主要是无户口者、部分中专和技工学校及少数大专院校毕业生、复员军人、减回农村的职工家属。

5月21日至6月12日，中共中央在北京召开工作会议，陈云在讲话中说："面前摆着两条路要我们选择：一个是继续挖农民的口粮；一个是城市人口下乡。两条路必须选一条，没有什么别的路可走。我认为只能走压缩城市人口这条路。"又以为："全部回去可能会有困难，但大多数要回去。至于原来城市里的小商小贩以及资本家，就不必动员他们下乡了。"②语气与实行粮食统购统销政策时完全一样，政策选择均具有爆炸性。会议决定由李富春、杨尚昆、安子文组成三人小组，领导减人工作。6月16日，中共中央批准《中央工作会议关于减少城镇人口和压缩城镇粮食销量的九条办法》，要求在1960年年底1.29亿城镇人口的基数上，三年内减少城镇人口2000万以上，其中1961年争取至少减1000万人，1962年至少减800万人，1963年上半年扫尾。规定："全国城镇只许减人，不许加人，特殊需要加人的必须得到中央和中央局的批准。"③6月28日，中共中央又发出《关于精减职工工作若干问题的通知》，强调精减对象主要是1958年1月以来参加工作的来自农村的新职工(包括临时工、

① 《建国以来重要文献选编》第十四册，中央文献出版社，1997年，第281页。

② 《动员城市人口下乡》(1961年5月31日)，《陈云文选》(1956—1985年)，人民出版社，1986年，第152、160页。

③ 《建国以来重要文献选编》第十四册，第412—413页。

合同工、学徒和正式工)，“原先就是城市居民的职工，不论新老，一般的都不精减”[①]。以“人从哪里来，回到哪里去”作为“从城市压人口下乡”的最重要的方针。[②]

之所以产生此种政策规定，主要在于主管经济工作的领导虽都强调农业恢复和工业生产的困难，但对于保煤保钢的目标和措施在认识上尚存侥幸，加之乐观估计仍然是宣传的主流，增加了判断形势的难度。再就是怕减人工作会出乱子，尤其是动员城镇居民下乡。李先念以为：“城市人口，减得少，不大解决问题，减得多，恐于工业不利。一想到这些，就感到城市减人困难很多，问题很大，心情很矛盾。”[③]不过，随着减人指标的提升，动员面的扩大已经在所难免。

与之相适应，在同时期公开报刊宣传中，充斥着干部下乡和知识青年、城镇居民到农村中去的正面报道，并将此种现象解释成为响应以农业为基础，“大办农业、大办粮食”方针的结果[④]。企业减少职工的行为，也被描述成为改进管理、革新技术和提高劳动效率的积极措施，并成为工业持续发展的基础[⑤]。公开宣传通过新闻、通信等典型性报道，进一步发挥了“大跃进”期间中央文件中关于减人工作的积极性论述，为调整时期减人指标提升赋予了浓重的革命化意义。[⑥]

---

① 《建国以来重要文献选编》第十四册，第505页。

② 《周恩来传》(四)，中央文献出版社，1998年，第1597页。

③ 《就粮食问题给毛泽东的信》(1961年5月17日)，《李先念文选(1935—1988)》，人民出版社，1989年，第262页。

④ 靳丽：《站在新的起点上——祝1961年元旦并致农村工作同志》，《人民日报》1961年1月1日第8版。

⑤ 《衡阳化工厂革新技术改进管理减人又增产》，《人民日报》1961年3月16日第1版；《湖南陕西内蒙古一部分人参加春耕一部分人落户农村》，《人民日报》1961年3月28日第1版。

⑥ 以1961年《人民日报》为例，与减人工作相关的报道大致有六个方面：一、宣传三面红旗指引下的大好形势，既为人民群众鼓劲，又不能让内外敌人高兴。二、以下放农村为主要内容的干部革命化建设，强调“四同”为贯彻群众路线、改善工作作风的重要形式。三、提倡发扬共产主义协作精神，强调全国一盘棋，要求集中统一，反对分散主义。四、大力宣传下乡支援农业生产，重点是劳动力提供和知识青年回乡，以及到农村开门办学、大办国营农场等。五、学习延安时期自力更生大生产的革命精神，发扬艰苦奋斗、勤俭建国的革命传统。六、改进企业管理，整顿劳动组织，大搞技术革命和技术革新，主要通过挖潜改造提高工业生产。

到1961年年底，全国共精减职工870多万，压缩城镇人口1000多万，超额完成了中央提出的当年压缩城镇人口的任务。与此同时，粮食问题依然严重。陈云在中共中央局第一书记会议上的讲话，认为要缓解粮食和市场问题，就不惜“犯一点错误，把那些不应该放的也放下去，到第二年收回来就是了”①。1962年1月召开的七千人大会和2月21日至23日召开的中共中央政治局常委扩大会议（即西楼会议），对经济形势作了更为严峻的估计，并将继续减少城市人口作为克服困难的根本性措施。随后，成立了由杨尚昆任组长的中央精简小组，负责处理有关全国精减职工和城镇人口的日常事务。2月26日，陈云在国务院各部委党组成员会议上强调：“要精减的职工，不单是来自农村的人，还有一部分城市的人。”②减人决心虽有增强，但实际工作中的难度仍很大③。5月7日至11日，中共中央在北京召开政治局常委工作会议，再次提升减人指标：下乡职工超过一千万人，下乡城市人口相应地争取超过二千万人。周恩来在发言中强调：“现在下这个决心，目的就是要把我们的经济生活来一个大幅度的调整，使它在新的基础上来一个大改组。”④邓小平以为：“这次各方面的问题都摆出来了，要做的事情很多，恐怕中心任务是两个：一个是减少两千万城市人口，一个是加强生产队的工作。”⑤5月27日，中共中央、国务院发出《关于进一步精减职工和减少城镇人口的决定》，规定：为相应地减少吃商品粮人口，全国职工人数应当在1961年年末的4170万人的基础上，再减少1056万人至1072万人。全国城镇人口应在1961年年末12000多万人的基础上，再减少2000万人（包括从城镇减到农村去

---

① 《粮食问题与市场问题》（1961年11月10日），《陈云文集》第三卷，第383—384页。

② 《目前财政经济的情况和克服困难的若干办法》（1962年2月26日），《陈云文选》（1956—1985年），第192页。

③ 据杨尚昆日记，1962年3月27日，约精简办公室同志谈各地、各口精简情况，各地决心有，但劲头不大，进度慢。4月20日，召开精简小组会议，现在问题是决心不大，行动很慢，认识不足，存在幻想。《杨尚昆日记（下）》，中央文献出版社，2001年，第137、148页。

④ 《认清形势，掌握主动》（1962年5月11日），《周恩来选集》下卷，人民出版社，1984年，第408页。

⑤ 《克服当前困难的办法》（1962年5月11日），《邓小平文选》第一卷，人民出版社，1994年第2版，第318页。

的职工在内)。减少城镇人口任务应当在今、明两年内基本上完成,后年上半年扫尾。精减职工任务力争在今年内或者明年上半年大部完成,明年下半年全部完成①。

由此,减人成为全党、全国必须抓紧的两项主要工作之一,而且是更具指标性、时间更为急迫的工作。

在精减对象中,除去1958年以来参加工作来自农村的新职工的硬性规定外,谁被减掉谁能留下,事关每个人的切身利益,甚至关系到整个家庭利益及后代的前途②,并非简单的形势教育和参加农业生产光荣的号召能够解决。在当时环境下,处于城镇企业、机关中的边缘地位者或所谓政治上、人事关系上的弱势群体,就难免成为减人指标持续提升后的动员对象。其中,最脆弱者当属前工商资本家及公私合营企业中的资方人员和"包下来"的留用人员,以及部分党外民主人士,很容易被当作包袱推出去③。此种减人造成一定的社会震动,以致中央发文纠正:"一般不要精减资产阶级工商业者","对于县和县级以上的各界代表人物,不精减、不下放"④。知识分子干部在特定环境下也属弱势,甚至刚分配来的大学毕业生,也有被精简退职的现象⑤。由于调整被视为向再度快速发展的过渡,出于人才储备和政治影响等考虑,中央曾制定了一些限制性规定,以确保技术人员不至于流失。可是,当需要减去的职工人数越来越多时,在操作上,是照顾今后发展,还是更多考虑眼前任务并降低动员阻力,是

① 《建国以来重要文献选编》第十五册,中央文献出版社,1997年,第462—463页。

② 在六七十年代,对于全国多数农村地区而言,如有人在外工作,不但其个人家庭有可获得经济上的帮助及教育、招工等方面的好处,而且可能给予宗族、乡邻某些帮助,甚至还可能对村庄、乡镇提供一些帮助,是重要的农村与外界联系的社会关系。

③ 《中共中央批转中央统战部关于继续贯彻对资产阶级人们安排政策的意见》(1961年8月17日),《建国以来重要文献选编》第十四册,第571页。

④ 《关于全国统战工作会议向中央的报告》(1962年5月28日),《建国以来重要文献选编》第十五册,第489—490页。事实上,精简初期就有"资本家下放农村很紧张"的问题。《关于资本家下放问题的批语》(1960年11月29日),《建国以来毛泽东文稿》第九册,第374页。

⑤ 《中共中央、国务院关于在精简工作中处理高等学校毕业生问题的若干规定》(1962年8月10日),《建国以来重要文献选编》第十五册,第550—551页。

一个两难选择，而且越到后期，越强调精简新参加工作的后备力量[①]。

各类学校毕业生也是受减人指标提升影响较大的社会群体。七千人大会后，公开报刊上有关毕业生到农村中去的报道明显增加，其中，回乡知识青年是报道的主流，也强调吸引并动员城市青年上山下乡。例如，河北省24.8万多回乡知识青年在农村一面劳动，一面学习，系统地提高了政治、文化、技术水平[②]。1955年辽宁省义县由七十几名回乡知识青年组成的安业民青年山区建设队改造荒山秃岭建设山区的事迹，感动了前来参观的城市青年，吸引了锦州市400多名青年到义县西部山区安家落户[③]。1955年北京、天津、哈尔滨等城市的一些知识青年志愿去东北边疆萝北垦区参加建设的事迹，被再度拿出来报道，认为他们在劳动锻炼的大熔炉中，不但开垦了63000亩处女地，而且许多人已成长为有文化、有觉悟的农业建设者[④]。大学生也进入了下乡典型行列。据报道，1961年下放和分配到北京市中越人民公社工作的12名大学生，已有4人被评为公社先进生产者[⑤]。1962年5月下旬，共青团上海市委和上海市教育局联合召开应届中学毕业生代表会议，通过了给全市高初中毕业同学的一封信，希望毕业同学都要努力做到"一颗红心、几种准备"，学习革命前辈的革命精神，自觉地、愉快地服从祖国的需要，用自己的双手彻底改变祖国一穷二白的面貌[⑥]。紧接着，报纸上公布了教育部关于1962年高等学校招考新生的规定，进一步严格了全国统一招生中的资格审批和政治审查工作，政府部门和企业、机关、学校、部队各单位的权力明显扩大。[⑦]

至于干部、职工下放对于农业生产的推动作用，在公开报刊的报道

① 例如，1963年7月6日《中央精简小组关于精减任务完成情况和结束精减工作的意见的报告》规定，"凡是接收毕业学生或转业军官的单位，都应当完成相应地多减一些人的任务"。《建国以来重要文献选编》第十六册，中央文献出版社，1997年，第552页。

② 《人民日报》1962年2月12日第1版。

③ 《人民日报》1962年6月3日第1版。

④ 《人民日报》1962年5月19日第1版。

⑤ 《人民日报》1962年6月6日第2版。

⑥ 《人民日报》1962年6月12日第1版。

⑦ 《人民日报》1962年6月18日第1版。

中，主要表现在充实生产队干部队伍，特别是会计、农机员等技术性较强的工作。此种报道方法，旨在加强减人工作与整社中加强生产队的工作之间的相关性，既使得调整的整体工作成为合理的有机体，又极力满足相关报道的逻辑性。其实，自1958年以来参加工作的干部、职工，许多人原本就是生产队、生产大队干部和积极分子，或是干部家庭的农村知识青年①。如果把脱离农村行为解释为“大跃进”的需要，也未免简单化，似乎他们只是没有独立选择能力、没有利益要求的驯服工具。当然，真实情况并非如此，在差异较大的情况下，多数人会选择城市和工业，端上铁饭碗，回到农村重操旧业能发挥多大的积极性，还值得商榷。动员城镇人口下乡也面临同样问题。动员对象中相当部分是压缩停办企业的职工，这些企业又多是在“大跃进”中兴办起来的，对于减人工作情绪较大者，多是“大跃进”中工业化建设的积极分子②。此外，城镇人口下乡还可能造成一大批新的两地分居家庭，也是动员工作的棘手问题，当时最常用的办法，就是通过各相关组织间的合作，由被减人配偶单位施加压力而化解③。

无论如何，减少职工和城镇人口的社会动员，与既往的动员工作相比已经发生了根本性改变。与战时动员和共和国建立初期的群众运动不同，没有了斗争对象和受益群体的明确划分；与“大跃进”以生产运动为

---

① 例如，重庆市1961年二三月份抽调大批工人下乡参加农业生产，其中“有一部分是1958年大跃进中从农业生产转到工业生产战线的农村青壮年，许多人还是生产队长、党支部和团支部书记等骨干分子”。《调集人力物力驰援春耕夺丰收，重庆厂矿企业再次抽调一万三千多人加强农业战线》，《人民日报》1961年3月19日第1版。

② 例如，河南省许昌市化工厂于1958年创办，调整中压缩停办，部分工人认为建厂时的艰苦环境已经过来了，现在建好了就让走，不愿离厂。《中华全国总工会通报》[61]会通报字第7号，广东省档案馆，231—1—91。北京市宣武区街道塑料厂裁并时，一些工人不愿离厂，经过反复动员后勉强同意回家因而有意见的有5人，多数是建厂时参加过拆庙、搬佛爷的奠基人。城市公社工作小组：《关于椿树人民公社塑料厂处理老弱病残生产人员离厂情况的检查》（1961年8月9日），北京市档案馆，1—28—33。

③ 例如，北京市城市公社的生产服务人员80%左右是职工家属，80%左右来自农村，减人中除加强形势教育、讲明重要性外，主要利用职工在家庭中的主导作用，由公社和国营企业联系，减少职工对家属还乡的阻力。城市公社工作小组：《关于城市人民公社贯彻中央关于缩短工业战线、减少城市人口的指示的意见》（1962年6月12日），北京市档案馆，1—28—37。

中心的动员也有所区别，不再是短时期轰轰烈烈的大干快上，美好生活就能很快到来，宣传中理想幻景的实现，反随减人指标的不断提升向后推延。当然，减人动员与思想意识形态领域批判运动也完全不同，与革命后翻身阶层的切身利益直接紧密关联。可以说，减人是革命后所面临的全新的社会动员工作，刘少奇甚至认为："减少两千万人比大跃进的工作更困难，把调整工作、精简工作做好，要有更大的本事。"①为便于操作，李富春将减人方法概括为："依靠多数人减少数人；依靠老工人减新工人。"②这样的政策规定，并非政治标准，难以划分高度清晰的界限，又不符合企业管理竞争上岗的优化原则，自然会导致操作过程中的模糊，从而削弱动员宣传的说服力。

三、对于《宣传要点》的可行性分析

把减人作为党和国家两项中心任务之一，是否是当时环境最恰当的政策选择？是否能够适应经济发展规律或从根本上解决问题？尚有许多疑问值得研究。事实上，1962年5月中央工作会议对于减人指标的讨论与追加，主要出自国家政策和计划制定者对于各种数字的平衡，以及最高决策者对于国民经济困难程度的估计。而且，各省、市、自治区和各大区上报的压缩人口计划仅为970万人（其中职工900万人），与中央财经小组建议数有较大距离，与中央追加的新指标更是相去甚远。因此，当减人由应付突发危机的临时措施转为中心任务时，在操作层面便具有了双重意义：通过大量减人，尽快摆脱或缓解资金投放和粮食供应压力，改善工农业、轻重工业之间的关系，争取转入主动；短时间内大量减人，特别是将城市居民下放到农村，需要加大社会动员力度，必然与群众运动的动员方式联系在一起。

---

① 《目前的经济形势到底怎么样》（1962年5月11日），《刘少奇选集》下卷，人民出版社，1985年，第447页。

② 《就当前经济工作给中央的报告》（1962年7月10日），《李富春选集》，第295页。

群众运动要求进行大张旗鼓、家喻户晓、人人明白的宣传教育，必须打破关门主义和神秘主义①，否则无法实现统一认识基础上的一致行动。5月21日，中共中央发出《关于减少职工和城镇人口的宣传要点》，并且在通知中对于减人指标提升后如何进行宣传的方式、范围和内容作了严格规定，要求各地根据宣传要点，“普遍地向广大职工、干部和他们的家属进行宣传教育，向他们讲清楚当前经济生活的实际状况，使他们了解缩短工业战线、减少职工和城镇人口的重要意义，体谅国家的困难，发扬工人阶级艰苦奋斗的优良传统，自觉地服从国家的调动和分配”②。随后又制定下发了《关于热情接待下乡职工的宣传要点》。

《关于减少职工和城镇人口的宣传要点》是否能够“讲清楚”并得到被精简对象的“自觉”响应呢？需要对《宣传要点》进行文本分析，并进行可行性的评估③。

必须指出，在《宣传要点》出台之际，宣传环境已经发生了较大改变，最突出的是政策宣传的公开性和明确性均有所减弱④。以往历次重大群众运动，进行政策性宣传的工作主要由公开报刊承担，虽然报道内容和宣传尺度具有很强的选择性。当“大跃进”遭遇挫折后，公开报刊的宣传作用逐步减退，因为说了假话或过头话，“有些几乎完全是捏造的”，“有些事我们在里边起了推波助澜的作用”⑤。于是，“大跃进”中一些所谓新生事物的报道，采取了谨慎的办法，中央特别规定：“各地报纸可以登载组织街道生产、组织集体生活福利事业和服务事业的消息以外，关于组织城

---

① 毛泽东在镇压反革命运动中对群众运动的开展方式作了经典概括。《镇压反革命必须实行党的群众路线》，《毛泽东选集》第五卷，人民出版社，1977年，第39页。

② 《关于减少职工和城镇人口的宣传要点的通知》（1962年5月21日），国防大学党史党建政工教研室编：《中共党史教学参考资料》第二十四册，国防大学出版社内部印刷发行，1986年，第87—88页。

③ 以下有关《宣传要点》的内容引证，均出自《关于减少职工和城镇人口的宣传要点》（1962年5月21日），《中共党史教学参考资料》第二十四册，第89—95页。

④ 毛泽东在总结解放战争时期土地改革运动中的“左”倾错误时，认为主要原因“是由于领导机关所规定的政策缺乏明确性，未将许可做的事和不许可做的事公开明确地分清界限”。《致刘少奇》（1948年3月6日），《毛泽东书信选集》，人民出版社，1983年，第295页。

⑤ 《谈当前宣传问题》（1958年12月29日），《胡乔木谈新闻出版》，人民出版社，1999年，第287页。

市人民公社的消息都不要登报，也不要组织群众性的庆祝游行。”①诸如压低口粮标准、紧缩社会购买力、代食品运动、外贸收购和出口运动等与群众切身利益紧密相关的动员，讲困难情况很难与“大跃进”成就相联系，讲多了又担心助长怀疑情绪，并被“敌人利用来向我们作斗争”②，在宣传内容上十分矛盾③，只能笼统规定：“各地党委应当把目前的情况和中央的精神，在党员团员中，在干部和群众中，进行广泛的深入的口头宣传，做到家喻户晓，但是不要登报。”④

国民经济调整时期，刘少奇进一步认为，“大跃进”中“全国许多事情是中央领导一半，人民日报领导一半”⑤。不但对国家经济生活公开报道严格限制，就连农村社会主义教育也“只作口头宣传，进行的情况和教育的内容，都不要在报刊发表”⑥，强调“不能让报纸和电台自由发表消息和评论”⑦。公开报刊对国家重大事件报道的缺失，或者只能用十分委婉、隐晦的方式表达⑧，使得依靠高度集中组织进行口头传达成为社会动员

① 《中共中央关于城市人民公社问题的批示》(1960 年 3 月 9 日)，《建国以来重要文献选编》第十三册，第 60 页。

② 《上海市委关于当前副食品、日用工业品的生产、供应情况和今后安排意见的报告》(1959 年 6 月 6 日)，《建国以来重要文献选编》第十二册，第 408 页。

③ 胡乔木在中共八届六中全会后北京各新闻机关负责人电话会议上讲话，要求“宣传上要始终保持热”、“还是要鼓劲”，但又强调“尽量少说，避免前后矛盾”。特别规定，副食品供应“不要做很多宣传，基本上是口头解释”，“报纸上可以讲做了很多工作去改善人民生活”，“说得过多就不好”，以免“增加紧张”或“造成很快就能解决的空气”。又规定不报道整体的计划指标数字，可以报道一些局部数字和典型个案，对于批评和纠偏、干部作风的内容也不要多报道，以免造成问题很多的印象。《谈当前宣传问题》(1958 年 12 月 29 日)，《胡乔木谈新闻出版》，第 286—292 页。

④ 《中共中央关于全党大搞对外贸易收购和出口运动的紧急指示》(1960 年 8 月 10 日)，《建国以来重要文献选编》第十三册，第 513 页。

⑤ 《大跃进中理论宣传的几个问题》(1961 年 5 月 25 日)，《胡乔木谈新闻出版》，第 296 页。

⑥ 《中共中央关于在农村进行社会主义教育的指示》(1961 年 11 月 13 日)，《建国以来重要文献选编》第十四册，第 770 页。

⑦ 《在扩大的中央工作会议上的讲话》(1962 年 1 月 27 日)，《刘少奇选集》下卷，第 429 页。

⑧ 例如涉及数千万人大迁移的减人工作，差不多未在公开报刊上留下可寻的踪迹；影响更为广泛的“四清”运动也是如此，如同中国当时未曾发生过这些事一样。检索《人民日报》可以发现，“四清”或“四清运动”一词出现频率较高是在“文化大革命”初期，多是号召革命群众“保卫四清运动的伟大成果”，但所谓成果在运动期间并没有公开报道。

的最重要的传播方式。从理论上讲，口传也可以做到家喻户晓，但要人人明白则十分困难。口传无疑强化了信息传播在组织中的等级差异，同时，被列为国家机密的内容越来越多，范围越来越广①，神秘性自然会影响到政策的明确性。

因此，《宣传要点》的有效性，就突出地体现为是否能够充分弥补已经遭受一定损伤的公开性与明确性，以便符合群众运动式动员之需要②。

关于《宣传要点》，中央通知规定“供向职工进行口头宣传教育之用”，发至县级以上党委、大中工矿企业党委和大专学校党委，“是重要的党内秘密文件，不得遗失，不得登报和翻印，用后由省、市、自治区党委负责收回”。使用时，“必须补充一些本地区、本部门和本单位经济情况的具体材料。有关全国经济情况的一些重要数字，除这个宣传要点中所引用的以外，不要再多向群众宣布，以免泄密”。政策宣传方式没有新的变化，而且《宣传要点》本身就被列为“党内秘密文件”，需要严格依照先干部、先党内、后群众的工作程序，先行训练相关地区、单位的报告员，并根据各自减人任务向群众报告，使得对于要点的把握和联系实际的尺度，都成为高度敏感的政治问题。

国家经济情况重要数字的传播范围，均加以限制和保密③。那么，

---

① 调整时期，大量关于国家经济状况估计的消息被列为国家机密禁止宣传，其中，货币发行量、城乡人口持有货币量和价格策略或可算是国家机密，进口粮食数字、出卖黄金白银数字、其他全国性进出口数字也列为国家机密，对外保密意义不大，限制的主要是国内民众。参见《中共中央批转粮价小组关于提高粮食价格问题的报告》（1961 年 1 月 15 日）、《中共中央批准财贸办公室关于 1961 年对外贸易若干问题的请示报告》（1961 年 2 月 7 日）、《中共中央批转李先念关于市场、物价和货币流通问题的报告》（1961 年 9 月 16 日），《建国以来重要文献选编》第十四册，第 59—60、181、683 页。

② 罗平汉的研究已经注意到了当时报刊几乎见不到减人报道的现象，但以为通过党内文件仍很好地解决了问题。罗平汉：《国民经济调整时期的职工精简》，《史学月刊》2007 年第 7 期。该论文内容和论证与作者早先出版的专著《大迁徙——1961—1963 年的城镇人口精简》（广西人民出版社，2003 年，第 209 页）基本相同，均未考虑宣传方式改变对于动员的影响，仅据减人结果评价宣传的有效性。

③ 较《宣传要点》稍后的中央财经小组关于 1962 年调整计划的报告，中央规定在县委第一书记和相当于这一级以上的干部中口头传达，地委第一书记和相当于这一级以上的干部到省委和中央各部委去阅读书面报告。《对中央转发财经小组关于讨论一九六二年调整计划的报告的指示稿的批语》（1962 年 5 月 24 日）注释[2]，《建国以来毛泽东文稿》第十册，中央文献出版社，1996 年，第 95 页。

《宣传要点》能够提供什么经济情况数字呢？是否能够解决广大群众的思想疑惑呢？概括起来,《宣传要点》中的经济情况数字有四类：一是1957年与1961年生活必需品消费量的全国人均数字,以说明生活水平下降的情况；二是许多工厂陷于停工、半停工状态的粗略估计；三是1957年到1960年全国职工和城镇人口增加的整体数字,也就是减人指标的基本依据；四是近三年来全国受灾面积的粗略统计数字,对1962年夏季收成的悲观估计是决心减人的重要因素。这些数字,普通民众都有切身感受,尽管文件提供了一些整体状况的数字,但实际情况可能更为严重,至于群众普遍关心的有关粮油征购、市场供应、物价上涨等问题①,未能提供确实的数字,更未提供减人计划指标的数字。

造成国家经济状况严重困难的原因,《宣传要点》归纳为两个方面：一是连续三年严重的自然灾害；一是领导工作上的缺点和错误。后一原因的主要表现和经验总结并无新意,但要求各级党政领导机关在报告时都要向群众检讨,并强调首先由党中央负责,绝大多数干部都是好心办了错事。在承认错误的同时,又肯定成绩很大,已经为建立一个独立的、完整的、现代化的国民经济体系奠定了初步基础。此外,在中央通知中,成绩与错误的表述次序有了微妙的改变,即首先强调"成就是伟大的"、"前途是光明的",之后"承认领导工作中的缺点、错误",要求"领导干部应当进行必要的自我批评"。各级干部向群众检讨,并由党中央出面承担责任,并非具体问责,只是应付危机的惯常办法②。不过,此种办法通常只是在群众运动的收束阶段使用,通过纠偏进行政策调整,以便快速转向新的发展,是否能够充当新的社会动员的推动因素,尚缺乏成功的经验。

如果只是将减人工作视为对自然灾害和领导失误的被动反应,显然不利于动员,于是,《宣传要点》赋予减人工作多种好处,主要有四：一可

---

① 1962年3月4日,毛泽东对一个工人关于物价上涨的来信作出批示,上海工人金祥根在来信中表达了物价上涨对储蓄影响的关心。《建国以来毛泽东文稿》第十册,第61页。

② 例如对于解放战争时期土地改革中出现"左"倾偏差,中央认为完全抛开农村党支部的办法是错误的,作风不纯的主要原因是基层干部工作负担太重,又由于领导上指导不够和缺乏积极的思想教育。《中共中央对晋绥整党问题的指示》(1948年5月8日),中央档案馆编:《解放战争时期土地改革文件选编(1945—1949)》,中共中央党校出版社,1981年,第315页。

以增加农业战线所需要的劳动力,有利于农业的恢复和发展;二可以减少城市粮食的销售量,少挤农民的口粮,提高农民的生产积极性;三可以减少国家的工资开支,压缩购买力,逐步和缓市场供应的紧张情况;四可以把有限的物资集中使用于那些消耗低、质量好、品种多的企业,有利于提高产品的质量,扩大产品的品种,提高劳动生产率。

减人果真能够使坏事变成好事吗?疑问甚多。事实上,具体宣传也很难把握文件预设的好处。例如,减少城市粮食销售量和国家工资开支可能减轻国家负担,但却会影响相当数量城市人口的生计,并与制度优越性相悖,不适宜大力宣传。减人可能提高工业企业劳动生产率,相关公开报道较多,多数案例都说明促使生产率提高的因素有多种,并非只要减人就能奏效。减人增加农业劳动力从而有利于农业生产,同样值得推敲,至少对于许多地区农村并不适宜。而且,减人可以支援农业生产和提高工业企业劳动生产率,在宣传中自相矛盾①,即强调工业定员减人以提高效率之时,农村反成为消纳劳动力的主要场所,甚至要求接纳一些城镇居民,却极少讨论增加农业劳动力的效率问题。对于农村容纳城市人口的潜力和城镇居民在农村的前途,《宣传要点》都作了夸大的估计。其实,"大跃进"所造成的农村劳动力不足,主要原因在于"平调"和"瞎指挥",而非工业、城市人口增长过快所致。

《宣传要点》是中共中央制订的党内秘密文件,却将进一步大量减人任务的提出,归之于周恩来在全国人大二届三次会议上的政府工作报告,没有提及中央工作会议的决定及其文件。政府工作报告主要内容已通过新闻公报在报纸上公布,为公众所周知,也是报纸上提到减人工作的特例。在宣传上,努力将公开报道作为决策消息来源,显然是社会动员的需要。但是,新闻公报的形势估计远较中央工作会议乐观,以为"我国经济

---

① 以中共北京市委主办的《时事手册》为例,以谦的《"人多好办事"吗?》一文中,以为企业、事业单位人员,超过了需要,就会减低效率,变成"人多难办事"。《时事手册》1962年第9期。李顺达的《劳动力是宝中宝》一文中,强调没有必要担心"劳力多,农活少","去年一年和今春,西沟大队共增加农业劳动力69人,其中包括中小学毕业生54人,回乡职工13人,复员军人2人。现在全大队的劳动力比1960年增加了26%"。人均虽只有1亩2分多地,但即使再增加24%的劳动力,也不会发生无工可派的现象。《时事手册》1962年第11期。

情况已经开始好转"，"适当地减少城镇人口和职工，首先是动员从农村来的职工，回到农村参加生产"①，只列为调整国民经济当前任务的第四条，如同加强农业战线的辅助措施。

从文本内容上看，《宣传要点》只是将"大跃进"受挫以来关于减人工作宣传的方法、内容进一步概括，用中央正式文件下发，基本上没有新的东西。从群众运动的动员方式角度观察，《宣传要点》的最大缺陷是难以处理动员中的利益关系冲突，从而造成操作上的诸多困难。当工农群众、尤其是农村中翻身阶层骨干分子和在新中国成长起来的青年的利益受到一定影响时，作为宣传策略转变的重要实施文件，《宣传要点》的补救措施具有明显的局限性。想要获得群众"体谅"，首先应使他们"了解"情况，《宣传要点》要求的主要是"服从"，对于实际状况却很少能够"讲清楚"。

1962年下半年，河南省安阳县蒋村公社党委向宣传员传授了6次新宣传内容，包括国内外形势教育、爱国主义教育、集体主义教育、党的各项政策特别是按劳分配政策的教育、社会主义道德教育和社会主义总路线的教育，其中，爱国主义和集体主义是教育目的，内容和方法则主要依靠国内外形势教育②。此种宣传方式在公开报刊上的登载，既在于典型经验的介绍与推广，也反映了形势教育充当核心的一般宣传状况。

四、阶级斗争成为主要动员工具

国民经济调整时期，尤其是自1962年以后，形势判断充斥着阶级斗争话语。毛泽东在七千人大会上说："在国外，帝国主义者骂我们，反动的民族主义者骂我们，各国反动派骂我们，修正主义者骂我们；在国内，蒋

① 《人民日报》1962年4月17日第1版。相比而言，《宣传要点》只是在强调克服困难的有利条件时，才讲"许多地区的农村情况在开始好转"，主要作为减人下放农村的条件。

② 中共安阳县委宣传部申根喜、宋治顺：《发挥宣传网作用》，《人民日报》1962年12月27日第2版。

介石骂我们,地、富、反、坏、右骂我们。"[1]刘少奇也说:"以美国为首的帝国主义集团、尼赫鲁之类的反动派和现代修正主义者,正在演出一次新的反华大合唱。"[2]确定了形势发展的阶级斗争性质和斗争对象。

处在如此环境下的减人工作,自然会带上阶级斗争色彩。《宣传要点》中同样强调:"帝国主义者和反动派正在嘲笑我们。他们幸灾乐祸地说:中国的社会主义事业一定要失败,中国人民一定会在困难面前屈服。但是,他们的这种预言,正象过去许多次一样,终会被现实所粉碎。"[3]减人动员直接与国际阶级斗争和世界革命联系起来。

在贯彻《宣传要点》的过程中,国内外发生的一系列事件,助长了阶级斗争严重化的估计。四五月间,新疆塔城、伊犁地区发生边民外逃和暴乱事件。台湾蒋军对于东南沿海的侵扰活动有所加剧,6 月间中共中央作出了应对较大规模登陆作战的决策[4]。7 月 22 日,毛泽东就印发广西龙胜县关于如何巩固生产队集体经济问题座谈会记录批语,认为这个文件的分析和意见都是马克思主义的[5],基本否定了"包产到户"主张,并提供了一个两条道路斗争的分析架构[6]。此外,4 月以后一部分城市治安秩序一度比较混乱的现象,也被当作反革命分子的暴露[7]。面对严重情况,中共中央要求抓住"好机会",进行广泛的"多难兴邦"的战备宣传教育,"鼓励群众努力生产,厉行节约,认真贯彻精简工作,团结一致,克服困

---

① 《在扩大的中央工作会议上的讲话》(1962 年 1 月 30 日),《建国以来毛泽东文稿》第十册,第 38 页。

② 《对刘少奇〈在扩大的中央工作会议上的报告〉稿的批语和修改》(1962 年 1 月 10 日、24 日、2 月 23 日),《建国以来毛泽东文稿》第十册,第 6 页。

③ 《中共党史教学参考资料》第二十四册,第 95 页。

④ 《对新华社关于蒋军准备窜犯我沿海地区电讯稿的修改和批语》(1962 年 6 月 11 日、12 日、18 日),《建国以来毛泽东文稿》第十册,第 102 页。

⑤ 《建国以来毛泽东文稿》第十册,第 114 页。

⑥ 该座谈会由陶铸、王任重主持,记录中认为全县生产队中,大约有 60%—70% 基本上属于社会主义的集体经济性质;有 20%—30% 基本上属于单干,不过还保留着某些集体经济的因素;还有大约 10% 完全是单干。这种估计在"四清"和"文化大革命"中被广泛使用。《中共党史教学参考资料》第二十四册,第 115 页。

⑦ 《对公安部关于当前反革命活动情况和我们的对策报告草案的批语》(1962 年 8 月 15 日)注释[1],《建国以来毛泽东文稿》第十册,第 146 页。

难,更好地完成当前调整国民经济的各项任务”①。

在八九月间召开的北戴河中央工作会议和中共八届十中全会上,着重讨论了阶级斗争问题,批判了所谓“黑暗风”、“单干风”、“翻案风”,强调指出:“在无产阶级革命和无产阶级专政的整个历史时期,在由资本主义过渡到共产主义的整个历史时期(这个时期需要几十年,甚至更多的时间)存在着无产阶级和资产阶级之间的阶级斗争,存在着社会主义和资本主义这两条道路的斗争。”②阶级斗争扩大化理论正式形成。

出于谨慎起见,中共八届十中全会精神只传达到行政十七级以上干部③,对于国民经济调整工作冲击有限④。另一方面,也表明阶级斗争扩大化理论在实践中如何运用,尚存在不同认识或模糊之处。事实上,有关全会内容的报道自身就存在矛盾:在对形势进行了严重化估计并规定不向下传达的同时,又声称“我们的经济情况正在一天一天地好起来”。也就是说,当落实减人指标最为紧张之时,因经济困难而减人的理由却正在消失⑤。而且,因领导失误造成经济困难,也与阶级斗争严重化的估计存在距离。因此,减人动员的宣传教育只能更加依赖阶级斗争,并赋予各种革命化的意义。在进行战争和战争准备的背景下,减少职工和城镇人口以及压低民众生活水平等极为困难的动员工作,都变得更加容易操作。又由于阶级斗争的长期性、复杂性,动员城镇人口上山下乡也就逐步成为较长时期内的重要工作,与早先的短期应付设想相比发生了实质性的

① 《建国以来重要文献选编》第十五册,第481—484页。台湾蒋军将发动较大规模登陆侵扰的消息以题为《全国军民要提高警惕准备粉碎蒋匪帮军事冒险》的新华社电讯稿公开发表。《人民日报》1962年6月24日第1版。

② 《人民日报》1962年9月29日第1版。

③ 刘少奇在全会期间曾两次提出会议精神的传达应该有个范围,不向下面传达,免得把什么都联系到阶级斗争上来分析,也免得把全党的力量都用去对付阶级斗争。意见得到毛泽东的赞同。《刘少奇年谱(1898—1969)》下卷,中央文献出版社,1996年,第559、560页。

④ 薄一波:《重大决策与事件的回顾》下卷,中共中央党校出版社,1993年,第1103—1104页。这也是许多回忆和研究的基本观点,因此,减人作为国民经济调整工作的重要组成部分,一般不与阶级斗争扩大化理论影响的评价直接挂钩。

⑤ 报刊报道基本上都是乐观的消息,就连受灾严重的信阳农村也“到处呈现一片欣欣向荣的景象”。《信阳专区战胜三年灾害获得较好收成》,《人民日报》1962年12月11日第2版。

变化。

由于对国内形势描述的矛盾或模糊，中共八届十中全会后，阶级斗争的宣传教育侧重于国际形势，公开报刊上国际新闻和评论明显增加。[①]但是，阶级斗争的宣传教育还需要更丰富、更具针对性的内容以及高超的技巧，减人动员主要包括两个方面：

其一，进行艰苦奋斗的革命精神和革命传统教育。在宣传中，将减人工作与革命战争时期党派遣大批干部和动员知识分子到农村去的行动相类比，以为动员更多的干部、工人、知识分子到农村去，“这是过去革命历史上历次到农村去的伟大的光荣的任务的继续，同时又有新的重大意义：在二十年到二十五年的时间内，实现农业现代化，在这过程中更进一步提高农民群众的思想觉悟水平，建设社会主义的新农村”[②]。进入 1963 年，革命精神和传统教育大量增加了学习先进人物和先进典型的内容，尤其是学习雷锋活动的广泛开展[③]，并将雷锋塑造成具有高度阶级觉悟的伟大的阶级战士[④]。其他先进人物或先进典型的树立和学习也大致如此。另一个要素是劳动，特指具有鲜明阶级性的体力劳动，脱离劳动，就可能“脱离群众，不能抵抗剥削阶级思想的侵袭，生活特殊化，贪污多占群众的劳动果实，有的甚至逐步蜕化变质，堕落成为富裕农民和资产阶级分子利益的代言人，修正主义的社会基础”[⑤]。

其二，利用忆苦思甜、回忆对比进行阶级和阶级斗争教育。历史比较是宣传动员常用的方法，对于政治文化水平不高的普通群众十分有效，但是，调整时期进行日常生活感受的比较，对象选择存在问题。比较“大跃进”前后，可能有否定“三面红旗”之嫌；与合作化前相比，也会有相当家

---

① 中共八届十中全会公报对国际形势的阐述，比对国内形势的估计分量更大、内容更详细，这与当时中国的国际地位，以及正面临严重国内问题的实际情况，很不相称。检索同时期的《人民日报》可以发现，有关国际问题的社论、评论，远较国内问题为多。

② 社论：《到农村去》，《人民日报》1962 年 12 月 22 日第 1 版。

③ 社论：《提高干部和群众阶级觉悟的重要方法——论深入开展学习雷锋的活动》，《人民日报》1963 年 10 月 8 日第 1 版。

④ 社论：《论雷锋》，《中国青年报》1963 年 5 月 4 日第 1 版。

⑤ 《中共中央转发〈关于昔阳县干部参加劳动已形成社会风尚的考察报告〉》（1963 年 3 月 23 日），《建国以来重要文献选编》第十六册，第 238 页。

庭感受不到生活的改善;以土地改革前为比较对象,还是会有一些贫下中农家庭因现实生活水平剧烈下降而产生模糊认识。所以,回忆对比就尽量向解放前寻求,历史在阶级斗争的宣传中扮演了重要角色。一方面,通过重新解释历史,树立以阶级斗争为核心的历史观①。另一方面,在全社会普遍开展写家史、村史、社史、厂史的"四史"活动,以新旧社会的鲜明对比为宣传教材。报刊上登载的"四史"故事,往往选择一些最极端的事例,甚至不惜"制造"阶级压迫和阶级斗争的故事②,收取宣传的效果。

因此,在宣传动员的操作上,所谓家喻户晓,就是首先"要将阶级斗争的形势和发展变化告诉群众,对群众进行政治形势的教育,使群众对阶级斗争胸中有'数'"。③ 具体到精简职工的思想政治工作,全国总工会概括为三个方面:一是作好动员报告;二是大张旗鼓宣传精简重大意义,大造回乡光荣的气氛;三是进行工人阶级传统教育,端正下放态度④。在当时条件下,除去政治上的弱势群体,一般被动员对象对领导动员报告可以持保留意见,也可以不在乎争取所谓光荣,但是,如果其行为被归之为缺乏阶级感情、丧失阶级立场,问题性质就会发生改变。所以,阶级教育最有可能形成强大的社会政治压力。

阶级斗争成为减人动员的主要工具,还可以收取一个意想不到的效果,就是大大简化了减人工作中最复杂也是最困难的善后处理问题,政策上的模糊性或不确定性,都可以轻而易举地遮掩在阶级斗争表现及革命化追求之中。

---

① 如关于历史人物评价标准的争论,论述者和批判者都主张阶级和阶级斗争的支配作用,只是后者更为极端。参阅:吴晗:《论历史人物评价》,《人民日报》1962年3月23日第5版;汪原、袁定中、王思治:《关于历史人物评价的意见—— 同吴晗同志商榷一个问题》,《人民日报》1962年6月17日第5版。

② 著名的刘文彩地主庄园罪恶的宣传"制造",在中共八届十中全会后明显升级。笑蜀:《刘文彩真相》,陕西师范大学出版社,1999年,第25页。

③ 敢峰:《要让群众胸中有"数"》,《前线》半月刊1961年第3期。该文提出的要使群众胸中有"数"的第二点为"要把政策交给群众",第三点为"要将工作任务、计划以及完成任务的步骤和方法告诉群众",后两者均为减人工作中的宣传弱点。具有讽刺意味的是,该文将是否使群众胸中有"数",作为无产阶级革命家和资产阶级革命家对待群众的根本区别之一,但又强调告之群众的只是一些所谓大"数"。

④ 《中华全国总工会通报》[61]会通报字第7号,广东省档案馆,231—1—91。

减少职工和城镇人口原本具有临时性政策措施的含义。1960 年 11 月 10 日，中央精简干部和安排劳动力五人小组在报告中提出，下放干部一般下放三年，以便迅速掀起下乡上山支援农业生产的群众运动①。1962 年 5 月，中央北京工作会议原则决定，安置以两年为期，第一年发 70% 的工资，第二年发 40% 至 50% 的工资。先逐步地把粮食减下来，最后减到按照城市一般居民的水平发给口粮②。《宣传要点》中只笼统承诺："政府对于一切精减下来的职工，都要以负责到底的精神，采取各种补助和帮助办法，妥善安置，务使他们各得其所，逐步地习惯他们的新生活。"③所谓两年或三年为期，与国民经济调整的估计相一致，即预计在两到四年内完成调整任务，重新进入生产高潮，下线人员中的大多数也就可能重返城市及企业。必须指出，当国民经济快速发展趋势一再延期，工业化途径有所变换之时，具体时间、待遇上的政策性许诺就可能落空，只能用阶级斗争宣传教育来应对可能出现的质疑。

1963 年 7 月 6 日，中央精简小组提交《关于精减任务完成情况和结束精减工作的意见的报告》，从 1961 年 1 月到 1963 年 6 月，全国职工人数共减少 1887 万人，全国城镇人口共减少 2600 万人。其中，1962 年 1 月到 1963 年 6 月，共减少职工 1034 万人，减少城镇人口约 1600 万，基本上完成了中央 1962 年 5 月规定的两年减少职工 1056 万人到 1072 万人的任务，完成原定两年减少城镇人口 2000 万人任务的 80%，全国性的减人工作可以宣布基本结束，但仍然需要继续完成减少城镇人口和相应地减少吃商品粮人口的任务④。

与此同时，李先念在给毛泽东的报告中宣布："最近国内市场情况有较大的好转"，速度较预计要快些⑤。7 月 30 日，在中央安置工作领导小组提交《关于城市精简职工和青年学生安置工作领导小组长会议的报

---

① 《在中央机关抽调万名干部下放基层情况报告上的批语》(1960 年 11 月 15 日)注释[1]，《建国以来毛泽东文稿》第九册，第 351 页

② 房维中、金冲及主编：《李富春传》，中央文献出版社，2001 年，第 596 页。

③ 《中共党史教学参考资料》第二十四册，第 93 页。

④ 《建国以来重要文献选编》第十六册，第 551、554 页。

⑤ 《市场形势好转》(1963 年 7 月 6 日)，《李先念文选(1935—1988)》，第 280 页。

告》中，认为今后的安置对象精简职工的人数不会很多，主要是不能升学和就业的初高中毕业生。周恩来指出："今后15年内动员城市青年学生下乡参加农业生产，是城乡结合、移风易俗的一件大事。"①继续减人工作和动员城市青年学生下乡这一较长时期的任务，已经与城市"五反"、农村"四清"运动紧密结合在一起了。

五、策略变动特征及其影响

综上所述，在减少职工和城镇人口工作过程中，已经形成了一整套有别于"大跃进"前期的宣传策略，并一直沿用到"文化大革命"的全面发动，其变动特征大致有二：

其一，公开报刊已经不再充当社会动员宣传教育的主要工具，其报道内容的限制不断扩大，不但涉及对外斗争和战备工作，并逐步波及政治运动和经济情况，甚至与民众生活直接关联的计划生育工作，也严格规定"中央级的报纸不进行宣传"②。由于缺乏对形势、政策、任务和方法的明确、系统说明，公开报刊只能提供一些粗略的报道，诸如国内外阶级斗争严重化的表现，特别是思想文化领域内阶级斗争的表现，以及各种被概念化的先进模范集体与个人，或以赋予革命化概念的方式反映重大工作任务的进行情况，人们很难从中全面、准确地了解、把握国内外形势和当前的任务及问题。

公开报刊上的阶级斗争宣传教育，主要采取了向后看的历史解释方法，通过新旧比较，阐述当前政策的正确性、合理性。但是，在历史比较中，却往往抽去了具体环境、内容的可比性，只是在刻意突出强烈的反差。其次是鼓励向前看，强调为将来而奋斗，从无产阶级历史使命和新生事物

① 《建国以来重要文献选编》第十六册，第597、603页。

② 《中共中央、国务院关于认真提倡计划生育的指示》(1962年12月18日)，《建国以来重要文献选编》第十五册，第764页。

成长过程论证前途的光明[1]，目标的实现则被推到几十年、甚至上百年之后。在过去、现在、未来之间，现状报道反被淡化，也最模糊。

尽管如此，公开报刊仍然是民众了解国内外重大消息的主要来源，也是民众能够看到的白纸黑字的官方正式文本的主要来源。

其二，重大理论、政策和工作任务的宣传，尤其是对于国情判断和解决经济困难的措施，大多通过党内文件（因台头使用红色印刷，亦称“红头文件”），进行先党内、后党外的自上而下的传达。此种变动，既想吸取“大跃进”中浮夸宣传的教训，减少实际工作中的混乱，避免给敌人的攻击提供口实；也由于调整时期的理论认识、政策制定和任务指标多变，大多是应付困难的临时策略，有些工作甚至与以往的宣传相悖，缺乏系统的、具有充分说服力的内容，内部文件在调整宣传内容、范围和导向上更具可操作性。

对于内部文件传达范围的严格限定，明显带有信息传播的等级化特征。从减人工作中基本国情、任务指标到中共八届十中全会对于阶级斗争判断，都制定了严格的传达等级界限。一般而言，政治信息传播的等级化分布是一种普遍现象，主要是为了在确保总目标的情况下，区分各项任务在不同地方、不同阶段的轻重缓急，便于运用和调整工作方法或策略。但是，调整时期的危机根源主要来自内部，形势估计存在诸多自相矛盾之处，包括某种程度的认识分歧。因此，严格的等级化传播方式，主要目的是保持对各项工作的高强度控制，以免相互干扰、冲突甚至失控，却容易使不同等级的社会群体在认知上产生混乱。

基层组织中的传达多采用口头方式，一般不使用书面传达，即“红头文件”并不直接与群众见面。因此，普通群众对于中央文件内容的了解，除了取决于文件自身内容及其对传达方式、范围的限制，还可能受到传达干部对于文件精神领会的影响。又由于县及县以下领导干部自己也往往没有看到文件，就难免出现误传或理解的偏差，加之各级的文件传达又与

---

① 中共吉林省委书记处书记于毅夫在《继承和发扬党的优良传统》一文中称，为什么说我们的形势总是好的呢？要从根本上讲，从大局讲，一切新生事物都是从无到有，由小到大，由弱转强的，无论困难有多大，都将取得最后胜利。《人民日报》1962 年 1 月 20 日第 5 版。

各级在具体工作中贯彻落实文件精神紧密联系，为了自身工作便利，也就不能排除在传达中避重就轻或夹杂着自己的“土政策”。

随着“红头文件”的等级化传播和口头传达方式的广泛使用，各级党政组织及其领导干部的权力得到了极大提升。尤其是面对群众的基层干部，他们既是中央文件精神的传达者，也是具体政策的解释者，又是实际工作的执行者。对于信息的高度垄断，自然有利于推动诸如减人这类十分困难的工作。

必须说明，宣传策略的变动并非仅仅缘于减人工作，而是对当时宣传工作整体状况的归纳。之所以强调减人工作对于宣传策略变动的作用，主要在于减人既是“大跃进”后果的直接产物，又是国民经济调整工作的中心任务之一，不但与“大跃进”评价和国民经济调整成效等问题紧密相关，而且动员对象的切身利益有可能在运动过程中遭到直接的损害，这是以往群众运动未曾有过的情况，故宣传的内容和技巧十分重要。减人工作主要反映国家与社会之间日常生活中的复杂关系，主要动员对象是在革命翻身运动中获取利益较大的群体，因此，更适于考察调整时期宣传策略变动的特征、趋向及其有效性。

毫无疑问，减人工作在较短的时间内取得了巨大成效，基本上达到了预想的目标，且未引起大的社会震动。对此，当时文件和多数研究者都归因于党中央的正确领导，各级党委、政府的共同努力，以及广大人民群众的积极拥护，或者说是人民群众对党和政府的高度信任。仅从结果看，减人工作的宣传动员十分有效。但从过程看，以阶级斗争为核心的宣传教育，虽然可能缓解各种琐细的人民内部矛盾对动员造成的阻力，并使思想政治工作大为简化，却对长远发展产生了巨大的影响。

最为直接的影响自然是宣传工作本身。由于公开报刊报道内容与现实社会生活的脱节，党内文件又受到等级化传播和口头传达的局限，无法向动员对象和社会大众说明形势和情况，无法明确政策的界限。于是，在提倡调查研究和讲真话的背景下，国家秘密的范围却在扩大，国情宣传越来越意识形态化，革命化和阶级斗争的内容成为减人宣传中的主要内容。1963 年，毛泽东曾批示，有关全国水旱灾害情况“报告的内容及其同 1956、1960、1961、1962 年的比较数字，应在报上发表”。周恩来接到批语后，当面报告毛泽东，建议灾情比较情况暂缓在报上公布①。到1965年，国民经济计划和第三个五年计划主要指标不再对外公布。与普通民众利益密切相关的认知空间被压缩，当人们只能更多地凭借个人经验或私人关系进行判断和思考时，宣传的有效性就会遭到极大地损害。

被精减人员安置和重返工作岗位及城镇的政策许诺，也直接影响宣传的有效性，即对党和政府的高度信任中包含着今后返城的许诺。可是，当减人工作基本完成和经济好转速度加快之时，公开宣传却转而强调知识青年长期扎根农村，并继续执行严格限制城市发展和从农村招工的规定。政策层面基本未考虑被减人员的回流问题，两年为期变成了城市人口农村化的期限。随着国民经济的好转，城乡差距逐步扩大，被减人员参与上访申诉②和自行回流者相应增加，并成为较长时期内的社会问题。对于那些未参与上访申诉而留在农村的大多数被减人员，减人宣传也会在内心深处留下永久的刺痛③。

宣传策略的变动，必须伴随强有力的组织保障。事实上，要实现党内文件通过口头传达而家喻户晓，只能依赖于社会的高度组织化及组织的高度集中化，也会影响组织的凝聚力和战斗性。高度的社会组织化是中国革命的产物，根本改变了中国社会的面貌。但是，在快速过渡和跃进的发展中，出现了滥用组织化便利的现象。中共八大会议上，刘少奇在政治

---

① 《对谭震林关于全国水旱灾害情况报告的批语》(1963年8月9日)正文及注释[3]，《建国以来毛泽东文稿》第十册，第341页。

② 1963年上访要求解决工作安置、户口迁移、生活困难等具体问题者日渐增多。《中共中央、国务院关于加强人民来信来访工作的通知》(1963年9月20日)，《建国以来重要文献选编》第十七册，中央文献出版社，1997年，第77页。中共中央办公厅秘书室1963年12月12日编印的《群众反映》第84期登载《上海有很多人迫切要求给予生活出路》一文，提及要求解决工作、生活问题的来信上访显著增加，以被精减职工为最多。《关于解决部分群众就业和生活困难问题的批语和信》(1963年12月13日)注释[2]，《建国以来毛泽东文稿》第十册，第439页。

③ 笔者在甘肃省张家川回族自治县插队时，房东就是一位被减人员。他1947年参军，被减前为甘肃省交通厅股级干部，因文化程度低，不适合机关工作，妻子无工作，家庭人口多负担重，家乡可安置，成为动员对象。家乡人均土地量较大，且多种植小麦，又有集市调剂，解决吃饭较易，也是同意被减回乡的重要原因。然而，当经济恢复后，重返城市已经不可能。经十多年农村生活，日常行为已与当地农民无二，只是在回忆曾为城里人时仍很兴奋，其子女的懊悔情绪更重。

报告中指出,不可“滥用合作化所产生的‘便利’”,要重视农民的具体利益。[①] 邓小平在修改党章的报告中强调,要在制度和法律程序上贯彻群众路线。[②] 然而,随着宣传策略变动,为保持高效的社会动员,减人工作更加依赖对组织的“滥用”,并形成一种恶性循环:为提高组织效率而要求权力集中,最终又会损害组织机能的健全,浪费了社会动员的宝贵资源。

组织资源所遭受的损害,在干部与群众、中央与地方、集中与民主等诸领域均有所表现。在情况不清、界限不明的减人动员中,组织性强制远较宣传教育更为有效。因此,各级组织领导干部的党性和纪律成为减人工作最根本的保证,极为复杂的减人动员被简化为一次组织考查,“表现好的要表扬,表现坏的要批评,情节恶劣的要给以纪律处分”[③]。在动员过程中,基层组织必须完成上级交代的各项任务指标,首先对上负责;在精减指标面前,个人的组织地位和与单位领导的关系亲疏具有决定意义,使得干部与群众的关系出现紧张甚至冲突。

信息传播的严格等级化,有助于加强中央集中领导,却不利于地方干部和普通民众了解上级意图,需要多方打听和细心揣摩,由此容易产生各级组织间的距离感。毛泽东认为:“中央对国内很多情况不清楚。许多领导机关封锁消息,不作论证性的报告,事前不请示,事后不报告,实行独立王国。”[④]此种认识可能有些夸张,但信息闭塞的情况的确存在。再者,当中共中央召开七千人大会要求发扬民主时,负责经济调整工作的中央领导和职能部门、地方主管领导都要求集中更多一些。陈丕显在中共上海市委扩大会议上的总结发言中,承认发扬民主是对的、必要的,但更强调“马克思主义者任何时期都要集中”[⑤]。中组部在报告中称:“只要民主

---

① 《刘少奇选集》下卷,第244页。

② 《邓小平文选》第一卷,第233页。

③ 《中共中央批发中央财经小组〈关于讨论1962年调整计划的报告〉的指示》(1962年5月26日),《建国以来重要文献选编》第十五册,第408页。

④ 《关于领导机关应加强请示报告工作的批语》(1962年8月10日),《建国以来毛泽东文稿》第十册,第135页。

⑤ 《怎样总结经验教训》(1962年10月25日),《陈丕显文选》第二卷,中共党史出版社,2000年,第309—310页。

不要集中，只要自由不要纪律的极端民主化和无组织无纪律的倾向开始滋长。"①真实情况不可能是民主太多了，而是为了便于贯彻经济调整工作，需要更强有力的集中。

宣传策略变动影响最大者，当属群众运动的动员方式被沿用，并成为进行各项重大工作的唯一方式。在革命战争时期和共和国建立初期形成的群众运动的动员形式，以其高效的动员能力和便于操作，在各个领域和各项工作中被反复使用，形成了一种特殊的政治文化类型，基本特征就是阶级斗争必须位于动员工作的核心②。是故，当群众运动进入革命队伍内部后，尤其是进入思想意识形态和生产建设领域之后，利益关系模糊导致政策界限模糊，运动的负面影响日益严重。进入调整时期，邓小平指出："群众运动只是群众路线的一种形式，不是一年到头全运动，不是一律的这里运动什么那里也运动什么。不能照搬，只能实事求是。如果一年到头运动就没有劲了，就变成浮夸、形式主义了，实际上违反了群众意志，脱离了群众。"③刘少奇也说："把群众运动当作是群众路线的唯一方式，好象不搞群众运动就不是群众路线。这种看法，显然是不正确的。"④减人工作的目标、动员对象和可能产生的利益冲突，都表明不易采取群众运动式的动员形式。然而，由于缺乏具体的可替代方式，加之对"大跃进"的定性评价和经济调整措施的急速推行等因素，以及成功经验的惯性，都促使减人工作采取群众运动的方式开展。

既然减人工作是全能性群众运动的一部分，动员也就势必带有阶级斗争的内容，在政策宣传缺乏公开性和明确性的情况下，更需依靠最扭曲的阶级斗争宣传教育来推动。因此，当减人指标不断提升、工作压力逐渐加大的同时，阶级斗争扩大化理论也正式形成，其中固然有形势判断失误和党内民主生活不正常等原因，但与推动实际工作的方式方法选择也有

---

① 《在中组部关于各地贯彻执行民主集中制情况的报告上的批语》(1963 年 1 月 8 日)注释[2]，《建国以来毛泽东文稿》第十册，第 241 页。

② 刘一皋：《社会动员形式的历史反视》，《战略与管理》1999 年第 4 期。

③ 《重要的是做好经常工作》(1961 年 12 月 27 日)，《邓小平文选》第一卷，第 295 页。

④ 《在扩大的中央工作会议上的报告》(1962 年 1 月 27 日)，《刘少奇选集》下卷，第 404 页。

紧密关系。在群众运动的实践中，主要针对干部工作作风、健全管理制度和清理经济问题的农村“四清”与城市“五反”，很快就发展成清政治、清经济、清组织、清思想的严重的阶级斗争，最终发展为“文化大革命”的悲剧。

（刘一皋　北京大学历史学系教授）

清韩宗藩体制的礼仪体验与认识

——以三跪九叩头礼为中心

王元周

【内容提要】 礼仪在东亚传统宗藩体制中占有重要地位，甚至有人将宗藩体制本身视为一种礼仪关系。但是从清代中朝两国使节往来过程中朝鲜人对三跪九叩头礼的体验和认识来看，制度本身随着时间的推移日益松弛，然而给朝鲜人造成的心理冲击则难以磨灭，因此到了近代被视为应当废除的虚礼。事实证明，这种过于重视尊卑礼仪的宗藩体制，虽然也能为适应近代国际局势变化而做出种种调整，仍难以与近代条约体制并存。

序　论

礼仪是传统宗藩体制的重要内容，甚至有学者将朝贡、册封关系本身解释为一种礼仪关系。同时，礼仪是制度的反映，所规范的是一种国际交往方式，也具有其实际意义。但是，随着时间的推移，礼仪变成习以为常的惯例，其所包含的意义渐渐为人所忽视。1884年朝鲜激进开化派金玉均等人发动甲申政变，提出十四条政纲，其中第一条是“大院君不日陪还事（朝贡虚礼议行废止）”①。这种认识的产生，在很大程度上来自传统宗藩体制与近代外交制度的比较，但是不可忽视的是，传统宗藩体制本身也具有过于重视礼仪的局限性，而礼仪又在长期的沿袭过程中日益松懈，最终沦为“虚礼”。

在清代宗藩体制中，最重要的礼仪就是觐见皇帝时的三跪九叩头礼，英国使节马戛尔尼就是因为不愿行向清朝皇帝行此礼而宁愿放弃使行任务。对于朝鲜使节来说，向清朝皇帝的三跪九叩头礼也具有特别的意义，因为这同所谓的春秋大义和“南汉下城之耻”相联系，更含有“忍痛含冤，迫不得已”之意。但是随着时间的推移，人心也不能不发生变化，所以，礼仪虽然在延续，但是参与者对礼仪的认识也会发生变化。本文以19世纪中后期清代中朝使节所留下的相关记录为主要史料，以三跪九叩头礼为中心，考察这时期中朝使节的礼仪体验与认识，从而分析礼仪在宗藩体制中的意义。

燕行使的礼仪体验

朝鲜使节名目繁多，最多的是每年固定派遣的冬至使。朝鲜冬至使到了北京之后，当天或第二天，正使、副使和书状官即到礼部呈递表咨文。向礼部侍郎或尚书呈递表咨文之后，朝鲜三使要行三跪九叩头之礼。咸丰八年（1858）十二月二十六日随正使李根友、副使金永爵一起到礼部呈表咨文的书状官金直渊记载说，礼部堂上也不铺席，行三跪九叩头礼之后闹得他们尘土满衣，因此感叹道：

> 嗟乎！若使伯夷当之，则必不肯以朝衣朝冠坐于涂炭也，况可非其君而事之呼？况彼红帽不啻如不正之冠，则又岂不望望然去之乎？呜呼！我人之屈膝于夷虏，岂不曰忍痛含冤迫不得已，而一屈不

① 韩国学文献研究所编：《金玉均全集》，首尔：亚细亚文化社，1979年，第95页。

伸二百又余年，于今则目稔耳熟，不复知痛冤之为何事，看做当行之礼而伛偻拜跪于涂炭之中，顾不腼然有愧于百世之师乎！今行之归，吾不敢复拜于清节祠矣。①

因冬至使及其随行人员要参加正朝贺班，所以还要到鸿胪寺去演习三跪九叩头礼。康熙三十八年（1699）十二月二十九日冬至使到鸿胪寺演礼时，演习两遍之后鸿胪寺官员仍不满意，要到玉河馆中让朝鲜三使和其他人员继续练习。之所以这样严格，据说是由于此前临阳君李桓（1656—1715）②出使中国时有失礼之事发生，礼部郎官因此被革职，所以鸿胪寺官员不得不严格要求③。经中国通官们为朝鲜使臣说情，才让三使臣不再参加演礼，而其余人员则仍要跪拜于庭中。这种情况大概延续了很长一段时间。康熙五十一年（1712）到中国的金昌业在《老稼斋燕行日记》中仍记载说，朝鲜三使及其他人员三十人到鸿胪寺演礼，鸿胪寺官员觉得朝鲜使行人员行三跪九叩头之礼时不整齐，会让朝鲜使行人员演习三四回④。朝鲜使行人员对这种情况心存不满，以为朝鲜"曾谓礼义之邦，反被彼虏失礼之责乎？良可哂也"。⑤

但是这种情况也不会维持太久。咸丰八年（1858）十二月二十六日金直渊等人到鸿胪寺演礼，虽然鸿胪寺官员唱跪拜与叩头，朝鲜使行人员听不懂，不知作何声，只随通官指导而为拜叩之仪而已，临出门鸿胪寺少卿还追到门口"恭揖劳问而去"⑥。十二月三十日礼部又通知朝鲜使节，因皇帝要宴请蒙古王公和外国使节等，初三日要在中正殿演礼。朝鲜使节当即提出异议，认为每年使行演礼只有一次，就是在鸿胪寺的那次，既

① 金直渊：《燕槎日录》中，林基中、夫马进编：《燕行录全集日本所藏编》3，首尔：东国大学校韩国文学研究所，2001 年，第 57 页。

② 临阳君李桓（1656—1715），字武叔，朝鲜王朝宗室，清平君李淦之子，入继仁祖之子乐善君李潚。朝鲜肃宗十九年（1693）以谢恩正使，肃宗二十三年（1697）以陈奏谢恩兼冬至正使，肃宗二十八年（1702）以奏请兼冬至正使，肃宗二十九年（1703）以册封奏请正使，肃宗三十五年（1709）进贺兼谢恩正使出使清朝。

③ 佚名：《燕行录》，林基中主编：《燕行录全集》99，首尔：东国大学校出版部，2001 年，第 310 页。

④ 金昌业：《燕行日记》，《燕行录全集》31，第 282 页。

⑤ 佚名：《燕行录》，《燕行录全集》99，第 310 页。

⑥ 金直渊：《燕槎日录》中，《燕行录全集日本所藏编》3，第 57 页。

然已经举行了，不当再举行演礼，后来礼部也承认通知错误，中正殿演礼只有蒙古王公参加，朝鲜使臣不需要参加①。当然，有时在鸿胪寺演礼时仍要演习多次 。光绪五年(1879)十二月二十八日朝鲜使节到鸿胪寺演礼时就演习了三遍三跪九叩头礼，但是参加演礼的南一祐在他的《燕记》中并没有就此发表任何感慨，礼毕与鸿胪寺官员行相揖礼，然后退归玉河馆②。

对于朝鲜冬至使来说，最重要的仪式是正月初一日参加祝贺新年的仪式，即正朝贺班。金直渊记载说，为了参加咸丰九年正月初一日的正朝贺班，鸡叫二遍朝鲜三使就在通官们的催促下来到太和殿外，由于宫门尚未开启，只好坐在右翼门外直房等候。等了很久，天亮了，门才开，他们来到太和殿前庭院中。太阳初升时朝贺仪式开始举行，班次排定后鸿胪高唱，百官应声行三跪九叩头礼。

对清皇帝行这种大礼，直到19世纪中叶仍有朝鲜人会联想到春秋大义。道光二十九年(1849)正月初一日参加正朝贺班的李遇骏在参加朝贺仪式之后留下绝句一首，云："千官趋进太和门，黄帽居然御座尊；胪唱一声三拜起，春秋大义更谁言。"③

对于严于华夷之辨的朝鲜读书人来说，充使到中国本身就是一件有悖春秋大义的事情，甚至有人认为朝鲜人在丙子胡乱之后，无论时之治乱，义之可否，都不应该出仕。许格即在丙子胡乱之后，登小白山北望痛哭，没齿自靖，常读春秋以寓志，不观清朝颁布的皇历，有诗云："君臣忍屈崇祯膝，父老争含万历恩。"④在明朝灭亡百余年之后才出生的洪直弼，仍"哀时命之不遭而靡所舒愤懑，惟愿没齿山泽，矢心自靖"，并批评中国读书人"如徐乾学、李光地、熊赐履、陆陇其之徒，自谓诵法孔朱，而红兜马蹄翱翔于穹庐之中，赞颂功德则比隆唐虞，夸张遭逢则激昂风云，无复忍痛含冤底意思，真不识人间羞耻事者，余子又何足诛哉"⑤。但是洪直

① 金直渊：《燕槎日录》中，《燕行录全集日本所藏编》3，第62页。

② 南一祐：《燕记》，《燕行录全集日本所藏编》3，第397页。

③ 李遇骏：《梦游燕行录》下，《燕行录全集》77，第14页。

④ 《梅山文集》卷二九《题跋·题许沧海诗集后(癸巳)》。

⑤ 《梅山文集》卷二七《序·送姜文老游燕序(戊寅)》。

弼也不得不承认,像他这样仍存"忍痛含冤,迫不得已"的朝鲜人已经不多了,"珠币之役益恭",使他恨不得"每欲起公(许格)于九泉而相与叱咤也"①。成大中也曾说:"至于皮币之辱,汤文已然,今于彼何哉?惟尽在已者而已。"②

在19世纪60年代,申箕善曾与徐应淳还曾就是否能出使中国,是否当对清事大进行过辩论,申箕善将他们辩论的内容记载了下来。申箕善认为不当参加科举,以免出仕后可能要出使中国,"顿首称臣于虏,非人之所忍也"③。而徐应淳自己就曾参加过科举,所以他认为"不赴固善也,道理非一概也,赴者何足非也"④。即使出仕后不得已出使中国,徐应淳也认为无妨,因为大家都不愿意出使,无人出使也不行,朝鲜对清的事大关系也就无法维持。而这种结果正是申箕善所希望的,因为在他看来,如果"举世皆不忍也,同治之头可致于麾下,何使之有?特恨世人皆忍之耳",所以申箕善宣布,"夫使吾当世道者,皮币之绝不俟终日乎"⑤。

申箕善的观点过于极端,其实他自己后来也参加了科举考试,并成为韩国近代史上的重要官僚。在当时,申箕善的老师任宪晦也不同赞他的观点,反而支持徐应淳的看法,认为作为读书人在中国固然不应该出仕,"屈膝称臣于剃发之君","但生于我国(朝鲜)者,未必不仕,而若奉使彼国,则决不可行,虽以此轗轲亦不可顾也"⑥。即使清朝皇帝有志于行王道,用夏变夷,聘请朝鲜人来共谋天下大事,也不当轻易应聘,因为"彼虽革面,其中终是夷狄也。为人而屈于夷狄,则虽有周公之功,何能赎其罪哉"⑦。必须等到清真能变夷为夏,行王道,尚文教,而且实行很长时间之后,才能应聘去帮助它。

---

① 《梅山文集》卷二九《题跋·题许沧海诗集后(癸巳)》。
② 《青城集》卷五《序·送徐侍郎浩修以副价之燕序》,首尔:骊江出版社,1985年,第102页。
③ 韩国学文献研究所编:《申箕善全集》下《絅堂问答》,首尔:亚细亚文化社,1981年,第188—189页。
④ 同上书,第186页。
⑤ 同上书,第189页。
⑥ 《申箕善全集》下《明刚问答》,第95页。
⑦ 同上书,第107页。

持这种立场的主要是一些朝鲜的在野儒生，对于已经入仕的朝鲜官员来说，并不能人人都像任宪晦所说的那样拒绝出使中国，甚至还有很多读书人也希望跟随燕行使到中国一游，以增长自己的见识。道光二十九年（1849）黄惠翁以译官参加了请谥兼请封使行，崔日奎在看到他的《燕行日记》之后，联想到去中国一游乃其“平生愿一见不得之志，蹶然起坐，忙手披览”①。朴珪寿大概是受祖父朴趾源《热河日记》的影响，一直希望到中国游览。咸丰十年（1860）的问安使行，许多人视为畏途，但是朴珪寿欣然前往，因为他“半世方册里，梦想帝王州”②。

其实在参加朝贺仪式时，朝鲜使臣排在西班九品之后，距离太和殿甚远，而皇帝坐在殿内，所以朝鲜使行人员根本看不到皇帝的面目。金直渊记载说，“皇帝从殿后出入，而殿内雄深，可望不可见矣”③。虽然朝鲜人普遍将清视为夷狄，不承认清朝皇帝的天下宗主地位，但是还是希望见到皇帝真面目。

朝鲜使臣近距离见到清朝皇帝的机会也还是有的。皇帝去宗庙、天坛祭祀或去圆明园时朝鲜使行人员要到道旁参加迎驾和送驾，这时可能见到皇帝。咸丰八年（1857）十二月二十九日皇帝到太庙行礼，朝鲜使臣也到午门内迎驾。皇帝出宫时，由于天还没有亮，又不让点灯，虽然朝鲜人都从窗口往外看，结果出了看到满路的灯笼，听到人马走在石板路上的声音外，什么也看不见。皇帝返回皇宫时，朝鲜使臣又到太和门内迎接，礼部左侍郎奏告皇帝有朝鲜使臣迎驾，皇帝停下轿，问朝鲜国王安，三使臣对皇帝叩头。虽然迎驾时需要跪在路边，但是不像朝鲜那样要求俯伏低头，而是可以伸腰仰首观瞻，所以能够看到皇帝的面目。金直渊看得还不是很清楚，只觉得咸丰皇帝“容仪清雅”④。后来看得比较真切的副使

① 黄惠翁：《燕行日记》，《燕行录全集日本所藏编》2，第403页。

② 《瓛斋集》卷三，诗，“酉暮春二十有八日，与沈仲复秉成、董研秋文焕两翰林，王定甫拯农部，黄翔云云鹄、王霞举轩两库部，同谒亭林先生祠，会饮慈仁寺。时冯鲁川志沂将赴庐州知府之行，自热河未还。后数日追至，又饮仲复书楼，聊以一诗呈诸君求和，篇中有数三字叠韵，敢据亭林先生语，不以为拘云”。

③ 金直渊：《燕槎日录》中，《燕行录全集日本所藏编》3，第64页。

④ 同上书，第58页。

金永爵也觉得咸丰皇帝“长面白皙,清雅则胜而威武不足矣”①。同治十三年(1874)正月初六日皇帝到天坛祭祀,朝鲜三使到午门外送驾,姜玮为了一睹龙颜,也借了章服参班,因而有机会见到皇帝,觉得同治皇帝“气宇甚清肃,陪从诸臣不甚众,寂然不闻人声”②。

朝鲜使臣还会参加皇帝宴请蒙古王公、外国使臣等的宴会,这时也可以见到皇帝。咸丰九年(1859)正月初四日,为了参加这样的宴会,天明时通官来催促朝鲜三使入宫,日出后通官引上副使进去参加宴会,而书状官由于品阶低,按例不能参加。正副使出来后,书状官金直渊道一声辛苦,副使金永爵回答说:“今日始见皇帝之面,而周旋于咫尺之地,此行侭不虚矣,劳何可辞乎?”金直渊说:“以外国人昵陪皇帝于九重之内,皇帝与之坐而赐之酒,荣乎否乎?”金永爵接连摆手说:“否,否,是何言也?”金直渊说:“吾侪之行,君命也,纵使不得而已与宴,既不足为荣,则可已而已之,不其多乎?况对面而不辨谁某,听言儿不知何说,则是亦徒然而来,徒然而去耳,未敢知何所闻何所见而去耶。吾坐视某某人出入,吾见识多矣。”③同治十三年(1874)正月十九日上副使到宫中参加宴会,姜玮在他的燕行日记中也特意提到“是日使臣详瞻天表云”④。

金直渊虽然这样说,但是仍然愿意参加有皇帝出席的礼仪活动。咸丰九年(1859)正月十九日下午咸丰皇帝邀请朝鲜使臣参加在圆明园山高水长楼举行的宴会,并观看角抵、杂戏,本来作为书状官的金直渊也没有资格参加,通官何双志看到他怅然若失,于是私自将金直渊的名字加到名单里,金直渊就很高兴地跟随大家进去,坐在东庑观看表演。结束后因急着在城门关闭前赶回城里,马车一路疾奔,颠簸得很厉害,金直渊的头撞到轿顶,把头上的簪子都碰折了。回到玉河馆,又饿又困,吃了几勺饭就睡了。看一场热闹而付出如此周折和辛劳,金直渊愿意接受,说明春秋大义对他的影响其实并不大。

贡物运到北京,朝鲜上使马头要到太和殿前缴纳年贡。光绪元年

① 金直渊:《燕槎日录》中,《燕行录全集日本所藏编》3,第66页。
② 姜玮:《北游日记》,《燕行录全集日本所藏编》3,第192页。
③ 金直渊:《燕槎日录》中,《燕行录全集日本所藏编》3,第68页。
④ 姜玮:《北游日记》,《燕行录全集日本所藏编》3,第194页。

(1875)二月初六日交纳年贡时,当场丢失一包细簾,上使马头自己承担责任,花三十两银子买了一包补上①。启程回国之前,朝鲜三使还要和译官、马头们一起到午门外领赏。礼部郎中和四夷提督将白银、绸缎等领来后,交给三使,三使交给译官和马头,然后叩拜行礼。朝鲜使臣一般在玉河馆住四十来天,但是同治十三年(1874)的冬至使一行多住了十来天,原因是清廷照例给朝鲜使行人员的赏银没有着落,最后不得不从商人那里借钱来行赏,沈履泽因此感叹说:"中国之财竭何至此极,令人可慨。"②可见到了近代,由于财政困难,清朝甚至拿不出赏赐朝鲜使节的白银和物品,而朝鲜使行中虽然有像沈履泽那样对清朝衰落表示感慨的人,但是一般使行人员仍只忙着争夺这些赏赐的财物,而很少顾及皇帝恩赏的象征意义。光绪六年(1880)二月十三日朝鲜使臣率人到午门外领赏,虽然事前和事后都行三跪九叩头礼如仪,但是三使将礼物交给干粮官,二匹马交给马头之后,干粮官、马头和译官们在为财物打包时不断有人私拿财物,吵闹不休,让三使也感到难堪③。

朝鲜使臣离开北京之前还要举行下马宴和上马宴。咸丰九年(1859)二月初一日礼部设下马宴,朝鲜三使皆到礼部西庭,东向设帐幕,礼部侍郎西向站在前面,三使站在第二排,译员站在第三排,随侍郎行三拜九叩礼。然后进入中堂举行宴会,酒过三巡即散席,三使臣仍随礼部侍郎行叩头礼,然后作别。上马宴常在玉河馆举行,礼仪也大致相同。其实宴会本身早已沦为形式,虽然宴会很丰盛,一桌有五六十道菜肴,但是往往宴会一结束,甚至刚摆好,即有人闯进来抢夺食物。金直渊参加下马宴时,尚未来得及出门,一帮人已经闯入殿中抢夺食物,弄得杯盘狼藉,金直渊只得到墙角暂避。面对下马宴上发生的这种情况,朝鲜人也不得不感叹:"上国宴宾之节若是骇恶,甚可叹也!"④

对三跪九叩头礼的习以为常意味着对清入主中原的承认。朴趾源曾反复论说上国与大国的区别,说明明朝为朝鲜初受命之上国,而清朝只能

---

① 沈履泽:《燕行录》,《燕行录全集日本所藏编》3,第242页。
② 同上书,第244页。
③ 南一祐:《燕记》,《燕行录全集日本所藏编》3,第447页。
④ 朴齐仁:《燕行录·地》,《燕行录全集》92,第296页。

是不得不臣事的大国而已,"上国曰中华也,吾先王列朝之所受命也,故其所都曰京师,其巡幸之所曰行在,我效土物之仪曰职贡,其语当宁曰天子,其朝廷曰天朝,陪臣之在庭曰朝天,行人之出我疆场曰天使,属邦之妇人孺子语上国莫不称天而尊之者,四百年犹一日,盖吾明室之恩不可不忘也"①。即使承认清朝也对朝鲜不薄,"然而我以惠而不以恩,以忧而不以荣者何也? 非上国也。我今称皇帝所在之处曰行在而录其事,然而不谓之上国者也,非中华也,我力屈而服彼,则大国也。大国能以力而屈之,非吾所初受命之天子也"②。不过同治十三年(1874)作为副使出使中国的沈履泽则在他的《燕行录》中,直接将清统治下的中国称为上国。

虽然到近代都有在野儒生希望清王朝尽快灭亡,希望中国有义主代兴,改变夷狄猾夏的现实,但是也有很多人认识到清王朝与朝鲜也是一个命运共同体。早在道光十一年(1831)俞莘焕就为清朝的衰亡而感到担忧,③担心清朝一旦覆灭则会殃及朝鲜,所以表现出一种非常复杂的心态,"使清人而亡亦我忧也,不亡亦我忧也"④。在经历了两次鸦片战争和太平天国起义之后,俞莘焕更加担忧清王朝的前途,不由得感叹:"嗟乎,使中国而安也,东方亦安也,使中国而不安也,东方亦不安也。清人之治乱兴废,吾邦之所不可不知也。"因此,当有使节到中国时,俞莘焕希望他了解咸丰皇帝是否"武足以詟四裔,而文足以化国中乎,吾将帖席而眠也"⑤。

其实,朝鲜燕行使一直有搜集中国情报的任务,而且到了近代外交意义也越来越强。光绪五年(1879)朝鲜派遣韩敬源为谢恩兼冬至正使,临行向朝鲜国王高宗辞行时,高宗提到日本吞并琉球,琉球国王向李鸿章和礼部求援,中国也不能施救的事情,感到"大国之柔弱亦可知矣",要使臣详细打探此事原委⑥。不过朝鲜使节要准确了解中国情况也不很容易。

① 《燕岩集》卷一三《别集·热河日记·行在杂录》,首尔:庆熙出版社,1966年,第237页。
② 同上书,第237页。
③ 韩国学文献研究所:《俞莘焕全集·凤栖集》卷三《序·送渊泉洪公如燕序(辛卯)》,首尔:亚细亚文化社,1983年,第135页。
④ 《俞莘焕全集凤栖集》卷三《序·送渊泉洪公如燕序(辛卯)》,第136页。
⑤ 《俞莘焕全集凤栖集》卷三《序·送尹侍读穉沃堉如燕序》,第148页。
⑥ 南一祐:《燕记》,《燕行录全集日本所藏编》3,第327页。

据说明太祖朱元璋派徐达等北定中原,入皇极殿,登天子位,元顺帝乘夜北遁,当时高丽使节在馆,独漠然而不知天下之易主,甚于聋瞽[①]。朝鲜时期的朝鲜使节不至如此,但是由于语言不通,也仍有其局限性。朝鲜使臣到了四译馆之后,每天都能看到《京报》,但是《京报》也多报喜不报忧,所反映的中国情况也不准确。从译官那里听来的消息也多属于道听途说,很多消息不可靠。

咸丰十一年(1861)和同治十一年(1872)两次出使中国的朴珪寿结识了很多中国朋友,并与礼部尚书万青黎等人讨论"辛未洋扰"和对日议和等外交问题。[②] 光绪元年(1875)李裕元出使中国,路过永平府时结识知府游智开,回程途中再次经过永平府时,主动向游智开表示愿意结交李鸿章,以便商议日本问题,于是游智开答应去保定时为李裕元传递信函。[③] 此后李裕元一直与李鸿章有书信往来,成为两国之间除礼部之外的又一联系渠道,但是这一渠道在相当长的时期内没有得到政府的承认。光绪五年(1879)九月间李鸿章在给李裕元的信中劝说朝鲜和洋御倭,这年谢恩兼冬至使到义州时收到李裕元的回信,仍需要通过永平府知府游智开转交给李鸿章。但是使行经过永平府时正赶上游智开不在,所以就将信带到了北京。十二月二十六日到达北京后,听说游智开到了北京城外,于是首译卞元圭连夜潜往城外送信,与游智开商议事情,并因此没有赶上参加二十日早上送皇帝到天坛的班次,还感到惶恐不安。[④] 光绪六年(1880)正月十七日卞元圭正式呈文礼部,提出正月十八日要到保定拜见李鸿章,面议军务,但是礼部主客司以朝鲜使臣向无谒见督抚先例,此次国王给礼部的咨文亦无使臣前往保定府之语,而且卞元圭给礼部的呈文中也没有说明去保定要与李鸿章商议何事,所以礼部主客司没有允准,卞元圭只好取消去保定的打算。

---

① 金直渊:《燕槎日录》中,《燕行录全集日本所藏编》3,第109页。

② 参见拙著:《朴珪寿的燕行经历与开化思想的起源》,陈辉主编《韩国研究》第十辑,国际文化出版公司,2010年。

③ 李裕元:《蓟槎日录》,《燕行录全集日本所藏编》3,第295页。

④ 南一祐:《燕记》,《燕行录全集日本所藏编》3,第393页。

清朝敕使的礼仪体验

清朝派遣敕使到朝鲜远远不像朝鲜燕行使那么经常，只当有册封、吊祭等重大礼仪活动时才会派遣。对于清朝敕使的接待，沿用的是接待明朝敕使的礼仪，这是丙子胡乱时清与朝鲜所议定的。

清代出使朝鲜的敕使一般都是满人。敕使刚到凤凰城，朝鲜差备官已经在此等候，呈报朝鲜国内的路程单子。到了义州，远接使和地方官员在鸭绿江岸边迎接。下榻义州龙安馆，国王又差官前来问安，敕使坐受朝鲜官员参拜，进仪注单，由敕使确认朝鲜所行礼仪。同治五年（1866）七月魁龄为朝鲜王妃册封事出使朝鲜，九月初十日到达义州，已经感到"星轺到处旌旗指，鼓吹休明答圣君"①。

从义州到汉城，沿途有兵卒站道，驱逐闲人，每隔十几、二十里有替马所，可以换马，并稍事休息，有人用铜盘进食物。晚上住在驿馆，官员设鼓乐接旨，行迎敕礼，拜见敕使，国王遣中使和官员持帖请安。阿克敦曾四次出使朝鲜，其《东游集》盛赞朝鲜接待清朝使节礼仪之隆重，有诗云："羽毛插帽步相从，按队前驱有几重；蹊转双旌无仰视，路人伏地意尤恭。"阿克敦还注释道，"护兵居前，从者皆戴羽毛，路人见使者过，则皆伏地为敬"。而且"沿途白叟黄童莫不感戴皇恩，望尘环拜"，所以让阿克敦感叹道，"遮道欢呼听未真，倩人传译更情深；祝言天子多仁寿，今日承恩到海滨"②。

敕使来到距离朝鲜首都汉城比较近的杨州宏济院，国王仍遣使问安，并请示举行册封、吊祭等仪式的日期，第二天遣使请敕使入京。柏葰走到宏济院时，朝鲜议政府左议政权敦仁前来参见，对柏葰行叩首礼，而柏葰只是站起来还一躬，权敦仁告辞时又叩首，柏葰仍还一躬。叩首与鞠躬之

① 魁龄：《东使纪事诗略》，殷梦霞、于浩选编：《使朝鲜录》下册，北京图书馆出版社，2003年，第710页。

② 阿克敦：《德荫堂集》卷六《东游集·途中即事》，《使朝鲜录》下册，第459页。

间，反映了敕使与朝鲜宰相之间的等威之别。

敕使到达汉城西大门外慕华馆，朝鲜国王在馆外迎恩门举行迎敕礼。阿克敦形容迎敕礼说："鸳班排立虔瞻拜，五色天书下降霄。"①敕使入城走汉城南大门，即崇礼门。阿克敦形容进城时情形说："结彩高悬崇礼门，肩舆云拥一城喧；避人清道迎天使，引入藩宫礼更尊。"②柏葰于道光二十四年（1844）出使朝鲜，也说明"展礼之余，见其敬恭感激出于至诚"③。同治五年（1866）出使朝鲜的魁龄也形容入城时的情形说："王京翘首入云端，节钺遥临万众欢。"④

柏葰是为吊祭王妃金氏而出使朝鲜的。二月二十一日进城后直接到王宫举行吊祭礼。到明政门下马，进入明政殿，将敕旨供于明政殿东案，等国王在阶下行礼之后，出殿换衣服，国王也改穿孝服，一同到魂殿吊祭。正副使依次吊祭，国王率宗亲穿孝服俯伏听宣敕。礼仪结束之后，敕使与国王来到殿后，拱手而别。敕使和国王再次换衣服，来到殿内，举行叙茶礼。国王请行再拜礼，柏葰等再三推辞，于是彼此一躬。朝鲜国王问皇上和皇太后万安，然后就坐，又问合朝王、贝勒好，问二使一路好。这样寒暄数语之后进茶果，国王请敕使及通官等吃茶。国王和赞礼官手中都拿着一个小折子，交谈时皆看着这个折子，严格按照礼仪程序进行。礼毕敕使辞行时，敕使与国王仍行一躬礼，到明政门外又一躬，国王在门口拱手送行。从宏济院出来到各种礼仪结束，用了整整一天的时间，到南别宫时已经是申时初刻了。

魁龄是为王妃册封事出使朝鲜，同治五年（1866）九月二十三日到宏济院后即确定于次日巳刻举行册封仪式。于是二十四日巳刻初国王遣使来请入京，国王到迎恩门行迎旨礼，然后先行回宫，魁龄等从崇礼门入城，直接来到景福宫仁政殿。殿旁设有更衣幄次，敕使在这里改穿蟒袍补服，国王衮衣出迎，拜旨读诏时朝鲜国王均行三跪九叩礼，鸿胪官唱引三次，作乐三章，山呼三次。礼毕，改穿常服，同入仁政殿，宾东主西，相向而坐，

① 《德荫堂集》卷六《东游集·即事》，《使朝鲜录》下册，第464页。

② 同上。

③ 柏葰：《奉使朝鲜驿程日记》，《使朝鲜录》下册，第567页。

④ 魁龄：《东使纪事诗略·奉使礼成恭纪七律二首》，《使朝鲜录》下册，第737页。

国王遣通官三人问皇上圣安、两宫皇太后圣安，魁龄旁立左向回答说皇上圣躬万安，两宫皇太后圣躬均安。朝鲜国王又问天朝王贝勒均好，魁龄回答说均好。于是酬酢数次，互有问答，国王欲行拜见礼，魁龄推辞再三，于是国王作谢，彼此一揖。入坐，坐中列筵席，奏乐，行九献礼，然后礼仪结束。

敕使到了汉城后，一般住在南别宫。这期间朝鲜派遣大臣作为馆伴负责敕使在馆期间的一应事宜，国王还不断派遣官员或宦官前来问安，送来食品和礼物，甚至国王自己也来拜见敕使。道光二十四年（1844）柏葰出使朝鲜时，第二天，即二月二十二日朝鲜宪宗国王即到南别宫拜见敕使，敕使到东阶下迎接，与国王拱手平行到厅上，一同相揖，国王问昨日回馆安否，然后升座行茶宴礼。结束后，出座拱揖，敕使到东阶下欲目送国王离开，国王推辞，于是敕使站在甬道上，等国王离去，国王遣使持帖谢步，又遣使问安，又遣使送来食物①。同治五年（1866）魁龄出使朝鲜时，下榻南别宫的当天晚上，兴宣大院君率家人前来拜见，李载冕也带人来笔谈。国王屡次遣使问安，文武官员多来见，魁龄等人忙于应酬，到亥刻来访者才散去。第二天国王来拜会敕使，设筵席，照样礼数繁多②。

到这时，敕使的使行任务已完成，可以启程回国了。道光二十四年（1844）柏葰等人因二月二十三日忌出行，朝鲜国王再三挽留，于是改在二十四启程。同治五年（1866）魁龄出使时，九月二十五日夜下大雨，差点耽误了第二天的行程，但是第二天还是按原计划启程回国。柏葰等人启程时，国王因出痘未痊愈而不让其送行，只到南别宫来饯行。国王回宫后，敕使即离开南别宫上路了。魁龄等启程时，国王备仪仗鼓吹在西郊迎恩门外等候，为敕使饯行。魁龄形容说，国王与敕使东西相向而坐，席上礼数繁多，王以下各官挨次送行。虽然当天风雨疾来，仍恋恋酬酢，不忍言别，款洽一时之久。沿途有伴送官随行，朝鲜国王仍不断派人来问安。

清朝敕使一般在汉城只停留三四天，与朝鲜冬至使一般在北京停留四十来天相比短了很多。敕使向无外出闲行之例，即使敕使欲请见某人，

---

① 柏葰：《奉使朝鲜驿程日记》，《使朝鲜录》下册，第612—613页。

② 魁龄：《东使纪事诗略》，《使朝鲜录》下册，第739页。

通官也必多方防塞,并不像朝鲜使节在中国会见中国人那么容易。即使有机会相见,严于华夷之辨的朝鲜人也多不愿意见清朝敕使。乾隆三十年(1765)洪大容跟随冬至使行到了北京,与从杭州到北京参加科举考试的三位举人结为天涯知己。即使这样,洪大容仍然表示,如果他们科举得中,将来以清朝大臣的身份出使朝鲜,他也不愿意与他们相见①。道光八年(1828)跟随燕行使到北京的朴思浩在他的燕行日记《燕纪程》中提到,军机大臣英和曾出使朝鲜,求见朝鲜文士,朝鲜没有答应,从此疏远朝鲜人,认为朝鲜人薄情②。

但是我们从柏葰、魁龄的记载中可以看到,清朝敕使可以接触到的朝鲜人似乎也在增多,但仍多为官员,几乎没有在野儒生与敕使接触。柏葰住在南别宫时,求书者纷至沓来,应接不暇,甚至国王也送来二卷纸求书。同治五年(1866)九月二十四日魁龄下榻南别宫后的第二天,"是日自朝至暮酬应甚繁,王之父石坡(兴宣大院君)、王之兄又石(李载冕)文科各大员均来笔谈,索诗索字者不一而足,并送墨刻诗章,终夜未得休息,惫极矣,困极矣"③。柏葰与朝鲜差备官金相淳(静轩)、远接使赵秉铉(羽堂)、译官李尚迪(藕船)等人也有诗相唱和。魁龄也与朝鲜人有诗词酬唱之事,如魁龄去程路过平壤时作有《大同咏古》律诗一首,回程时十月初三日再到平壤,以原韵又作诗一首,留别申郡守。十月初十日从平壤出发时,伴送官李承辅以送别诗三首相赠,魁龄也以原韵相和。十月初九日到达义州时,国王又遣汉城府右尹白乐渊前来请安,带来李载冕赠送的礼物,并赠诗三首,魁龄也以原韵相和。大院君画兰花二幅相赠,魁龄作短歌作为题赠④。对于此次出使所得的印象,魁龄总结说:"该国俗尚质朴,除宫殿外均不事雕凿涂饰,衣尚白,食尚俭,其器质而洁。坐必席地,用矮脚桌。将上堂,户外游二屦。一切度用多沿古制。其文同,其语异,非笔谈不能得其仿佛。"⑤

---

① 《湛轩书》外集卷三《干净同笔谈续》,首尔:景仁文化社,1970年,第629—630页。
② 朴思浩:《燕纪程·地》,《燕行录全集》98,第425页。
③ 魁龄:《东使纪事诗略》,《使朝鲜录》下册,第739—740页。
④ 同上书,第753页。
⑤ 同上书,第757—758页。

这种情况在19世纪80年代也没有什么明显的变化。光绪八年(1882)春三月马建忠到朝鲜协助朝鲜与美国签订通商条约,虽然马建忠是受李鸿章的派遣,并不属于正式的敕使,但是朝鲜的接待也类似敕使,派遣二品参判赵准永为伴接官,在仁川准备了行馆。但是马建忠对这处行馆的印象并不好,形容它“栋宇剥落,俨若古刹,厅事侧小室三四间”,“室簇比如蜂房,地荐蒲席,壁障纸屏,无几案床榻”,“其俗略似日本而简陋过之”。对于朝鲜供给的食物,马建忠也觉得“殊粗恶,秽气触鼻欲呕者再”,马建忠没有吃,晚上让随从煮粥以食,即使这样,睡觉时仍觉得“秽气袭屋犹存”①。

虽然朝鲜接待马建忠的礼节甚高,但是仍存防范心理,伴接官赵准永不愿意跟马建忠说朝鲜政府的事情,金景遂在与马建忠笔谈过程中甚至“词气桀黠,隐然有轻量中国之意”,以致马建忠指责金景遂失礼,向伴接官赵准永提出抗议,从行馆撤回军舰。经历此事之后,“彼(朝鲜人)乃知中朝士大夫不可狎玩”,以后“罔敢稍有亵越”,就连负责订约谈判的申櫶和金宏集也是“伛偻益恭”。尽管如此,三月二十七日申櫶和金宏集登上中国军舰时,马建忠、丁汝昌故意郑重礼仪,让翻译传陪臣申櫶和金宏集入舱,马建忠、丁汝昌故意屏息旁立,等他们行完三跪九叩头礼,代国王恭请皇太后、皇上圣安之后,才与他们行宾主相见礼,送茶后马建忠等问朝鲜国王安,申櫶、金宏集也马上问傅相李鸿章安。马建忠之所以对礼仪郑重其事,是因为他觉得“惟朝鲜自受日人蛊惑以来,虽未敢箕踞向汉,而亦不无狡展之心”,所以要借三跪九叩头礼来折朝鲜官员的傲气,使朝鲜在条约签订后愿意主动照会美国,声明朝鲜为中国属国②。三跪九叩头礼到这时似乎又有了新的意义。虽然很难判断是否真的起到这种作用,朝鲜确实在条约签订后照会美国,声明朝鲜为中国属邦。

光绪八年(1882)四月初八日马建忠等到汉城,也住在敕使到朝鲜时常下榻的南别宫。四月十日谒见朝鲜国王,马建忠以已通过陪臣代请圣安为由,此次相见只行宾主长揖之礼,不愿再向国王请安。谒见朝鲜国王

① 马建忠:《东行三录·东行初录》,神州国光社,1951年,第10页。
② 同上书,第13页。

之后，金宏集、赵准永，以及大院君和李载冕都来问候，然后又同样到王世子处行礼。回到南别宫，高宗和世子已遣使送来筵席，又馈赠方物，推辞不掉，于是接受了几种。等到所有的事情结束，已经半夜十二点了。刚就寝，国王又派中使来请多住几日，接待完使者，刚躺下，国王又派中使送来千金相赠。这时马建忠疲困已极，听说丁汝昌已经醒了，就让人去请丁汝昌来接待使者，拒收所赠金银。等使者把金银带回去，已五更天了，墙外已传来鸡叫声。

敕使在朝鲜不能随意外出拜访朝鲜大官，但马建忠主动要求去拜见申櫶、金宏集，作为回礼。申櫶、金宏集固辞，但是马建忠、丁汝昌坚持，于是他们出敦义门，到清河馆拜访了日本公使花房义质，然后到申櫶家拜访，金宏集、徐相雨已聚集在申櫶家等候。他们之所以来到申櫶家，是因为不想让马建忠等人继续到他们家拜访。四月初十日，丁汝昌还偕友人策马到南山游览。回到军舰后，四月十三日马建忠、丁汝昌还乘坐小艇去舞雌岛和永宗岛游览，永宗岛佥使还向他们介绍了七年前日本军舰轰塌永宗镇城垒，永宗镇现已迁到山巅等情况。四月十五日丁汝昌乘小火船到汉江测量航道，称赞汉江两岸风景绝佳，江华岛人口稠密，不亚于汉城，第二天马建忠也趁涨潮时偕友人乘小火船游览江华岛。

中国向朝鲜派遣敕使发生问题是在光绪十六年(1890)。这年四月十七日赵大妃薨，朝鲜按照惯例向清朝派遣了告讣使，但是希望清朝不要派遣使节到朝鲜赐奠，所有颁敕由朝鲜告讣使带回。朝鲜提出的理由是近几年遭遇壬午军乱和甲申政变，加上遇到荒歉，财政困难，缺乏接待敕使的经费。清朝坚持派使，但为节省朝鲜接待费用而改走水路，从天津乘军舰直接到仁川，然后从仁川到汉城，并规定免除一切馈赠。其实在八月二十八日赵大妃发引时，袁世凯于这天丑刻已去东门外设路祭，因灵车经过时未停，只行三揖礼①。这也是近代以后新产生的现象。事实上当八月十七日美国公使约袁世凯届时一起到东门外候赵大妃发引，并谒国王

① 《寄李中堂》，光绪十六年八月二十九日，沈祖宪辑录：《养寿园电稿》(三)，电稿，光绪十六年五月廿七日起至二十四年九月十七日止，台北：文海出版社1967年，第9页。

行礼时，袁世凯尚以中国与朝鲜向有旧章为由谢绝了[1]。

使行派遣和敕使接待确实构成朝鲜政府财政的巨大负担，关西钱粮税课历来不用解送京司，主要用来负担支敕之需和使行供给之费，其余充作边饷、边储。但是敕使并不是每年都来朝鲜，即使有敕使到朝鲜，所费也不一定很多，“所谓宴犒有名无实，守令凭托支敕，偷取滥用之状，人孰不知？”[2]清政府对于这种情况也是了解的，认为朝鲜地方官托词敕需，中饱私囊，苦累其民，导致民众抱怨中国[3]。所以，朝鲜国内也早已有人建议改变这种制度，关西钱粮税课像三南一样解送京司，礼单例给及各站所需经费统一支给[4]。其实这次清政府坚持派使之后，朝鲜已经通知关西平安和黄海两道摊派迎敕所需财物。敕使改走水路后，国王严饬两道将已备财物解送京师，所以迎接敕使的费用是充裕的。

据驻在汉城的袁世凯观察，朝鲜国王之所以不愿意清朝遣使朝鲜，是不愿意再参加迎敕时需要举行的各种礼仪活动。虽然中韩两国都有不少人希望在宗藩体制与近代条约体制并存的“两截体制”下宗藩体制与近代条约体制能够长期并存，但是传统礼仪明显已不适应新环境，国王碍于颜面而不愿遵行。袁世凯向李鸿章报告说：“惟典礼中凡须王亲行者，碍于洋人瞻视，多有难意，而诸臣咸以旧章须遵持谏，王复多顾忌。”[5]当时驻在朝鲜的各国公使没有公开提出异议，只是美国和俄国公使稍有不平，而两个在朝鲜的美国人德尼和黎仙得积极活动，劝高宗在王宫候见敕使，不应到城外迎谒。

同样，因顾忌洋人观瞻，朝鲜希望敕使不要在仁川登陆，改在马山登陆，被清政府所拒绝。据袁世凯的观察，朝鲜希望改在马山登陆，是因为从马山到汉城路途远，沿途只有水原有宿舍，朝鲜方面想借口不便迎宿，

---

① 《寄李中堂》，光绪十六年八月十气日，《养寿园电稿》（三），电稿，光绪十六年五月廿七日起至二十四年九月十七日止，第8—9页。

② 《迂书》卷七《论两西财货》，第130页。

③ 郭廷以主编：《清季中日韩关系史料》卷五，台北：近代史研究所，1972年，第2842页。

④ 《清季中日韩关系史料》卷五，第2842页。

⑤ 《寄李中堂》，光绪十六年九月十二日，《养寿园电稿》（三），电稿，光绪十六年五月廿七日起至二十四年九月十七日止，第13页。

请敕使即日入京,免行郭迎礼。[1] 袁世凯希望朝鲜仍按旧章举行各种礼仪,也是想以此向外人表明朝鲜与中国的特殊关系。当九月初十日朝鲜国王遣郑秉夏来征求袁世凯的意见时,袁世凯虽托说不敢议论应行典礼,但是也托郑秉夏转达国王,"惟中韩间近年谣疑甚多,此次应格外恭顺,以释群惑,切不可听信外人挑唆,致遗后悔。中韩旧章,他人断无窃议"[2]。

清朝不仅坚持敕使要从仁川上岸,而且坚持要国王出来行郭迎礼,否则敕使不入城致祭。在清政府和李鸿章、袁世凯的坚持下,敕使续昌、崇实顺利完成了这次吊祭使行。对于逼迫朝鲜国王遵行各种传统礼仪的效果,袁世凯向李鸿章汇报说,"近闻自钦使去后,各国人均谓韩为华属,王甚病之"。在宣示朝鲜为中国属邦的同时,也增加了高宗脱离中国的欲望。黎仙得建议高宗争取修改以前清政府规定的朝鲜遣使需遵三端之第一条[3],即修改朝鲜遣使他国须先拜谒中国公使的规定。

这次使行在中国内部也引起了制度性的变化。礼部通官向无升阶可叙,而以出使为优差,但是从此规定出使朝鲜不得收受银物,还让袁世凯帮助稽查,这样就断了礼部通官的财路,所以回国后续昌请求给予奖赏和津贴,于是决定每人赏银四百两,由总理衙门出使经费项下拨付。敕使制备行装,以及在朝鲜赏赐所需经费繁多,概由敕使自行筹备,此后到了朝鲜又不能收受财物,所以续昌担心以后会有人负担不起,因此也建议以后敕使出使朝鲜所需费用也由总理衙门出使经费项下拨付,总理衙门答应以后每员津贴银二千两[4]。至少在经费来源的层次上,派往朝鲜敕使经费与派驻各国使节的经费统一了。

① 《寄李中堂》,光绪十六年九月初六日,《养寿园电稿》(三),电稿,光绪十六年五月廿七日起至二十四年九月十七日止,第11页。

② 《寄李中堂》,光绪十六年九月十一日,《养寿园电稿》(三),电稿,光绪十六年五月廿七日起至二十四年九月十七日止,第12页。

③ 《寄李中堂》,光绪十六年九月十六日,《养寿园电稿》(三),电稿,光绪十六年五月廿七日起至二十四年九月十七日止,第16页。

④ 郭廷以主编:《清季中日韩关系史料》卷五,台北:近代史研究所,1972年,第2842页。

结论及余论

传统宗藩体制礼仪繁多,而所具有的外交职能相对较少。到了近代虽然有所变化,开始逐渐融入近代外交活动,但是终不能突破传统制度格局。宗藩关系上的礼仪制度是宗藩体制的象征。到了近代,礼仪制度对中国来说是彰显朝鲜乃中国属邦的标志,而对于朝鲜来说,则成为在西方各国面前树立独立自主国家形象的障碍,作为一国之君而对清朝皇帝之敕旨行三跪九叩头礼,被认为有损体面。

金玉均将宗藩体制视为虚礼,自有其道理。但是既视为虚礼,则其存废无关轻重。对于近代朝鲜的处境来说,问题的关键是贫弱的朝鲜如何能在俄日的侵略野心下维持国家的生存。近代之前,李种徽已经指出朝鲜"当今之患,无财与无兵"①。1905 年,申箕善也痛切指出,朝鲜当时所面临的国际局势是既不可能闭关绝约,也不可能像一些文人所说的那样举国誓死抗争,要想抵抗日本侵略,只有依靠军队,虽然"交际自有公法,通商自有定章",但是一切要以国力为基础,否则名为自主,实际上仍不免沦为奴隶②。

生财与练兵都不是容易办到的,于是有人主张永久中立,有人主张以夷制夷,甚至有人主张韩日合邦,但是在甲午战争之前,更多的人还是希望继续维持与中国的特殊关系。闵泳焕曾作《千一策》,批判了联俄制清和韩日合邦的主张,指出维持同中国的特殊关系,依赖中国是朝鲜的唯一出路。即使是主张中立论的俞吉濬、金玉均,也都希望中国出面充当盟主。因为有宗藩体制的存在,使中国不但不会成为朝鲜的威胁,而且成为卫护朝鲜的力量,因为在宗藩体制之下,"中国待远人之道,自古迄今,概从宽柔,只收其贡,册其封,而使自为治,余不复问也"③。

---

① 《修山集》卷六《策·矫弱势》,首尔:景文社,1976 年,第 130 页。

② 《申箕善全集》下《阳园遗集》卷十七《杂著·策问(乙巳)》,第 252 页。

③ 俞吉濬全书编纂委员会:《俞吉濬全书》四,政治经济编 2,《中立论》,首尔:一潮阁,1971 年,第 322—323 页。

但是闵泳焕忽视了一个事实，那就是中国也同样衰弱，有不足恃的一面。而清政府自身也在没有足够信心的情况下固守传统礼仪制度，遭到民族意识日益强烈的朝鲜人的反对，也是一种失策。最终清政府因在甲午战争中的失败而与日本签订《马关条约》，承认朝鲜为独立自主国家。但是十年之后朝鲜沦为日本的保护国，再过五年又沦为日本的殖民地。直到 1917 年，李相龙仍认为是中国断送了朝鲜，因为中国与日本签订《马关条约》，“而确认朝鲜之独立，然后中东之关系遂绝，而日本之跳踉无忌”①。虽然还有像李相龙这样的认识，但是事大主义在韩国启蒙运动中已成为批判的对象，朝贡的历史已被视为耻辱史，对宗藩体制的认识已经彻底改变了，三跪九叩头礼又成为这种耻辱史的标志。1919 年农历八月二十七日孔子诞辰，金昌淑与朴炳疆到广州文庙参加祭孔典礼，大家行三跪九叩头礼，金昌淑同朴炳疆商量说，“彼是满清之俗，吾等不必遵之”。于是金昌淑等只行四拜礼，中国人见到了皆相顾而笑，金昌淑与朴炳疆也相顾而笑，“彼之笑我，我之笑彼，均之以非其俗而怪之，良可笑也”。②

（王元周　北京大学历史学系副教授）

① 《石洲遗稿》卷五《说·与吉林总督笔话(丁巳)》，首尔：高丽大学校出版部，1973 年，第 217 页。

② 金昌淑：《躄翁七十三年回想记上编》，《心山遗稿》卷五，首尔：国史编纂委员会，1973 年，第 323—324 页。

认识西罗马帝国灭亡

——公元476—800年*

李隆国

【内容提要】 随着西罗马帝国于476年灭亡，在意大利和拜占庭的历史文献以及其他文献中，就开始出现关于西罗马帝国灭亡的论述。774年查理曼称意大利王之后，这一观念直接传入到查理曼的宫廷之中。在意大利以外的西部帝国，历史作品普遍地忽略了这一历史现象，而是认为罗马帝国一直存在，以东部皇帝为嫡传。直到8世纪初，诺森伯利亚王国的修士比德率先引入了西部帝国灭亡的历史认识，并通过阿尔昆影响到查理曼。西罗马帝国灭亡的观念与罗马帝国一直存在的观念，互相斗争，对公元800年查理曼加冕称帝造成了直接的影响。

476年，意大利的最后一位皇帝罗慕路斯·奥古斯都路斯（Romulus Augustulus）也就是小奥古斯都，被第一位意大利王奥多瓦克（Odoacer）流放到康帕尼亚（Campania），一般认为，这标志着西部罗马帝国的灭亡。但

* 本文写作得到“教育部人文社会科学研究项目青年项目（项目编号10YJC770049）”项目资助。

是近年来随着古代晚期研究的兴起，学者们纷纷挑战爱德华·吉本的"罗马帝国衰亡"模式，更强调自下而上地看历史，考察更为广阔的社会变迁，从而超越政治与军事的视角，将宗教、文化考虑在内，认为"从古代晚期到中世纪的变化是个缓慢的变化，很难被描述为衰落"①。有些学者不仅挑战罗马帝国衰亡模式，而且还质疑西部罗马帝国衰亡的历史意义，甚至认为西部罗马帝国灭亡算不得什么重要事情。哈佛大学教授鲍埃索克宣称，学术界流行的"不是探索和确定罗马灭亡原因的热情，而是彻底否定这一命题的热情……在本世纪最后三分之一纪，思考这一问题的人们似乎已经做好准备，宣布罗马灭亡是个幻觉"②。

本文拟针对这一新的研究动态做出回应，先简要叙述西部罗马帝国灭亡的过程，然后依据现存史料，梳理相关文献对于西部皇帝和帝国消失的看法，试图说明在西罗马帝国境内各地，人们对西罗马帝国灭亡的认识不尽相同。大体说来，意大利地区为一类，那里的史家们明确地认为西部罗马帝国已经灭亡，并形成为历史常识，流传有序。意大利以外地区，尤其是在高卢，那里的学者们普遍对西罗马帝国灭亡没有记录，也就很难说对此有明确认识。在他们的笔下，罗马皇帝一直会随时出现，罗马帝国延续有序。最终，当800年查理曼加冕称帝的时候，这些观念汇聚于查理曼宫廷之中，对历史进程发生影响。

一、作为历史事件的西罗马帝国灭亡

公元395年，提奥多西一世（Theodosius I）临终前，依据惯例将帝国正式一分为二，开始了提奥多西王朝在东西部的分别传承，从此，东西部帝

① R. Gerberding, "The Late Roman Empire", in Paul Fouracre, ed., *The New Cambridge Medieval History*, Vol. 1, Cambridge: Cambridge University Press, 2005, p. 26.

② G. W. Bowersock, "The Vanishing Paradigm of the Fall of Rome", in *Bulletin of the American Academy of the Arts and Sciences*, Vol. 49. No. 8 (May 1996), pp. 29-43，尤其是第35—36页。中国学者否定"西罗马帝国灭亡"的成果参见余逦康："《罗马帝国分裂说与西罗马帝国灭亡说辨》，载《史学月刊》1985年第四期，第87—92页。

国快速地走上越来越不同的发展轨道。440年左右,罗马帝国北部边境的匈奴帝国在阿提拉的领导下臻于鼎盛,分别向君士坦丁堡、意大利和高卢全面出击。东部皇帝用金钱赎买和平;西部皇帝则重用曾在阿提拉宫中长期为质的埃提乌(Aetius)担任军事负责人。451年埃提乌在高卢成功阻击匈奴大军,452年又将欲问鼎罗马的阿提拉阻止在波河河边。453年,阿提拉突然离奇死亡,匈奴帝国分裂,危险解除。454年,专权的埃提乌被皇帝瓦伦提尼(Valentian III)派人暗杀,次年,埃提乌的朋友们也成功暗杀皇帝,为他报仇,西部罗马帝国的提奥多西王朝灭亡。

瓦伦提尼死后,马克西姆(Maximus)篡权,两个月后被军队所杀,"尸体被扔到台伯河中"①。在高卢军队特别是西哥特军队的支持下,455年,阿维图斯(Avitus)登基,一年后被废。3个月后马约里安(Maiorianus)被军队推举为帝。461年,又被四年前推举他的高级将领利库马(Ricimer)废黜。新皇帝为塞维鲁(Severus),四年后,同样被利库马杀害。

次年,东部皇帝利奥(Leo)派遣安提米乌(Anthemius)到罗马出任皇帝。469年阿拉班德(Arabundus)试图篡位未果;次年罗马努(Romanus)篡位被杀;471年,利库马在临死之前再次"冒犯帝王尊严",杀死安提米乌,大索罗马,立奥利布里(Olybrius)为帝。新皇帝在七个月后去世。473年,利库马的女婿或外甥贡多巴德拥立里克利乌(Glycerius)为帝。与此同时,利奥皇帝派遣自己的外甥奈波斯(Nepos)到罗马为帝。474年,奈波斯成功"接替里克利乌"。

次年,将军欧列斯特斯(Orestes)将东罗马皇帝派遣来的西部皇帝奈波斯赶走,迫使他退出意大利,前往达尔马提亚行省避难。随后这位权贵(Patricius)②立自己的儿子,当时还是小孩的奥古斯都路斯为皇帝。当士兵们要求分得土地的时候,他加以拒绝。476年军队推举另一位将军奥多瓦克为王,起兵叛乱。在杀死欧列斯特斯和他的兄弟保罗之后,将奥古斯都路斯和他的母亲流放到康帕尼亚,厚待之。然后请元老院派遣使节,

---

① 以下至476年的叙事,主要依据T. Mommsen, ed., *Consularia Italica*, in MGH, *Chronica Minora Saec, IV. V. VI. VII(I)*, Berlin, 1892, pp. 302-313。

② 权贵是帝国晚期的一种官员中品位最高的封号。

出使君士坦丁堡。史载“他迫使元老院派遣使节去见芝诺皇帝(Zeno),提出,不需要分而治之,共尊的帝王足以统治这两个地区。而且他们说,他们已经选择了奥多瓦克,一位具有军事和政治经验的人来保护他们,芝诺应该授予他权贵称号,让他治理意大利”①。

对此,芝诺皇帝答覆说:“他们曾从东部接纳了两位皇帝,但一位被驱逐(奈波斯),一位被杀(即安提米乌)。现在应该知道怎么去做,因为他们的皇帝还活着,理当被迎回。奥多瓦克应该从奈波斯那里接受权贵称号,当然,要不是奈波斯已经事先这么做了的话,他也可以做。他赞扬奥多瓦克保持适宜于罗马人的治理秩序,如果奥多瓦克想正义地行动,就马上迎回如此礼遇他的皇帝。”②但是,这位富有“政治经验”的将军并没有迎回奈波斯,而是“取王之名,但是既没有身披紫袍也没有携带王权标志”③。因为奥多瓦克并没有遵照芝诺的吩咐,“正义”地统治,所以,他的统治没有得到东部皇帝的承认。习惯上将他的统治开始之时,当作西罗马帝国的灭亡之期。

随后,芝诺也与东哥特王提奥德里克(Theoderic)谈判,后者愿意在条件合适的前提下帮助奈波斯复位。但是,他们之间长期未能达成协议。480年,奥多里克攻占达尔马提亚行省。奈波斯皇帝也被人暗杀。487年,东哥特王提奥德里克与芝诺皇帝最终达成协议,决定远征意大利,条件是,如果他能攻取意大利,将代表皇帝统治,直到皇帝亲自去接收为止。经过6年征战,493年,提奥德里克与奥多瓦克达成协议,在拉文纳共治,不久便将“密谋叛乱”的奥多瓦克杀死。就在前一年,芝诺皇帝去世,阿纳斯塔修(Anastasius)继位。提奥德里克随即与阿纳斯塔修谈判,欲重续与芝诺皇帝达成的协议。直到497年,最终“与阿纳斯塔修皇帝缔结和平

---

① R. C. Blockley, ed. & trans., *The Fragmentary Classicising Historians of the Later Roman Empire: Eunapius, Olympiodorus, Priscus and Malchus*, Cambridge: Francis Cairns, 2007, pp. 418-421; C. D. Gordon, ed. & trans., *The Age of Attila: Fifth-Century Byzantium and the Barbarians*, Ann Arbor: The University of Michigan Press, pp. 127-128.

② Blockley, ibid., pp. 418-421.

③ T. Mommsen, ed., *Chronica Senatoris Cassiodori*, in MGH, *Chronica Minora Saec. IV. V. VI. VII (I)*, p. 159.

协议,获得王国,将奥多瓦克曾送到君士坦丁堡的所有宫廷仪仗取了回来"①。东部皇帝正式承认东哥特王国对意大利的独立统治,标志着西部帝国正式灭亡。

527年,查士丁尼登基为东罗马帝国皇帝。他在东方以战促和,4年之后与波斯帝国缔结和平。此后移师北非,顺利攻灭汪达尔王国。就在这时,提奥德里克的女儿阿马拉宗塔(Amalthunta)寻求帝国的保护,许诺要将意大利的统治权交给查士丁尼,随后被东哥特人所杀。查士丁尼以此为借口开战,"既然他们(东哥特人)干出了这一卑鄙的罪行,那么在皇帝和他们之间将会是一场毫不留情的战争"②。536年,帝国军队分别从西西里和达尔马提亚两路推进,揭开了长达30余年的哥特战争。568年,平定意大利的帝国将军纳尔苏斯发动叛乱,邀请伦巴第人前来,从此帝国军队与伦巴第诸位公爵混战长达百余年。直到751年,伦巴第王艾斯图尔夫(Aistulf)攻占帝国特区首府拉文纳,帝国对意大利的大面积控制告一段落。

西部罗马帝国衰亡的故事,至此本应该告一段落。这是因为传统上认为,提奥德里克开创的东哥特王国忠于罗马帝国的制度,基本上保留着罗马制度,因此被认为属于"文明世界"之内。而伦巴第人则杀死罗马人,强调他们自己的种族认同,压迫罗马人,鼓励蛮族化,带来了历史的断裂。近年来的研究新进展与这一观点争锋相对,但是其内在假定如出一辙,只是对伦巴第人的评价态度由消极变为积极:即伦巴第人是通过建设一种新文化来克服罗马制度的缺陷,从而融合固有文化,创造新的伦巴第文化,而非过去认为的那样仅仅带来了破坏③。虽然如此,由于西部罗马帝国还没有恢复。我们的故事还得接着讲下去。

632年之后,新的军事力量加入到地中海世界的争夺中,阿拉伯人在迅速征服叙利亚之后,进军埃及,沿地中海南岸推进,至711年越过直布

---

① T. Mommsen, ed., *Anon. Valesiani Pars Post.* in MGH, *Chronica Minora Saec. IV. V. VI. VII.* (*I*), p. 322.

② 普罗科皮乌斯:《战争史》(上卷),王以铸、崔妙因译,商务印书馆2010年,第422页。

③ C. La Rocca, ed., *Italy in the Early Middle Ages*, 476-1000, Oxford University Press, 2002, p. 5.

罗陀海峡征服西班牙。此后长期向北出击,骚扰地中海北部沿海地区,不仅占领了大片滨海地区,兵锋还直指卢瓦河地区。732 年,法兰克王国宫相①查理·马特(Charles Martel)联合各部力量,成功迫使阿拉伯人撤退。"尤德(阿奎丹公爵)召请奥斯特拉西亚宫相查理前来帮助。查理从小作战,军务娴熟。双方对阵七天然后猛烈交战。北方人像长城般巍然屹立不动,阵势坚固得如同寒带的冰川,一眨眼间,用剑消灭了阿拉伯人。"②

751 年,奥斯特拉西亚军功贵族集团推举马特之子、宫相丕平(Pippin III)为王,废黜墨洛温王朝末代国王希尔德里克(Childric III),创建加洛林王朝:"丕平依据法兰克人的方式被选举为王,由圣仆尼法斯大主教膏油,在苏瓦松城被法兰克人推举登基。"③这时,丕平的教父、伦巴第王柳特普兰德(Liutprand)已死(744 年),751 年伦巴第王艾斯图尔夫攻取拜占庭帝国的罗马特区首府拉文纳,随后威胁到罗马,迫其居民纳贡。755 年,由于"圣使徒彼得的利益受到伦巴第王的侵犯"④,受教皇邀请,丕平挥师南下,进入意大利,迫使伦巴第王艾斯图尔夫交纳人质,许诺归还土地给教皇。但是,随后接替艾斯图尔夫为王的德西德里乌(Desiderius)拒绝交还土地。

768 年,丕平去世,两位儿子分别继承王国,是为卡洛曼(Carloman)和查理(Charles)。770 年查理先娶了德西德里乌的女儿为妻,随后休掉;同年卡洛曼去世,他的遗孀与许多贵族逃往意大利。773 年,应教皇邀请,查理挥师南下,兵分两路,征服意大利,称"意大利王"。"774 年,查理从罗马返回,再次来到帕维亚,攻取之,俘获德西德里乌王、其妻女和所有宫廷财宝。所有伦巴第人从意大利各地赶来,臣服于光荣的主人查理王和法兰克人的统治。"⑤

25 年之后,罗马教皇利奥受到罗马城贵族的迫害,前往帕德伯恩

① 宫相(maior domi)是墨洛温王朝国王宫廷的总管。

② "The Chronicle of 754", in K. B. Wolf, trans., *Conquerors and Chroniclers of Early Medieval Spain*, Liverpool University Press, 1999, p. 145.

③ G. Waitz, ed., *Annales Regni Francorum*, A. 750, in MGH, SRG, Hannover, 1895, pp. 9-10.

④ Ibid., A. 755, p. 12-13.

⑤ Ibid., A. 774, pp. 39-40.

(Pardebon)面见查理,请求他主持正义。800 年 8 月,查理南下,11 月 23 日抵达罗马。12 月 25 日,加冕称帝。“当查理在圣彼得教堂祈祷后站起来的时候,教皇将皇冠戴在他的头上,全体罗马人民高呼:‘查理皇帝,上帝所加冕者,和平而伟大的罗马皇帝,万寿无疆,战无不胜!’”西部帝国正式复兴。12 年后,拜占庭皇帝米歇尔正式承认查理的帝国。“在阿亨,(米歇尔的)使节们带着希腊文和平条约文本来见帝,赞扬他,称他为皇帝和帝王。”①至此,西部罗马帝国在灭亡三百余年之后再次开始。

二、文献中的西罗马帝国灭亡:意大利地区

据澳大利亚学者克罗克考订,现存最早的关于西罗马帝国灭亡的记载出现于马瑟利努斯的《编年史》中②。在记叙奥多瓦克废黜奥古斯都路斯之后,这位马瑟利努斯伯爵评论说:“自建城第 709 年由第一位皇帝屋大维开创的西罗马帝国,随着这位奥古斯都路斯灭亡了。时为帝制第 522 年,从此哥特王控制了罗马。”③据作者前言可知,该书成书于 518 年。“吾乃名人马瑟利努斯伯爵,按照东部皇帝的顺序,以小纪④和执政官名年,续写了(尤西比乌和哲罗姆的《编年史》)140 年,从第七小纪,奥索尼乌和奥利布里担任执政官之年,即提奥多西大帝被立为皇帝之年,直到曼努斯任执政官,即第十一小纪之年(518 年——蒙森注)。”

克罗克的文章主要批驳以恩斯林(W. Ensslin)为代表的一派德国学者们的观点,他们认为这部编年史可能抄自罗马元老西马库(Symma-

---

① G. Waitz, ed., *Annales Regni Francorum*, A. 812, p. 136.

② B. Croke, “A. D. 476: The Manufacture of a Turning Point”, in idem, *Christian Chronicles and Byzantine History*, 5th-6th *Centuries*, Variorum, 1992, pp. 81-119. 文章最初发表于 1983 年的 *Chiron* 13, Munich。

③ Brian Croke, trans., *The Chronicle of Marcellinus*, pp. 26-27. “Hesperium Romanae gentis imperium, quod septingentesimo nono Urbis conditae anno primus Augustorum Octavianus Augustus tenere coepit, cum hoc Augustulo periit, anno decessorum regni imperatorum quingentesimo vigesimo secundo, Gothorum dehinc regibus Romam tenentibus.”他采用的底本即为蒙森所编订的“德意志文献集成”本,译文由笔者翻译。

④ 小纪(indictio)是晚期罗马帝国征税的周期,为 15 年,因此成为官方文书的签署日期。

chus)已失传的《罗马史》。经过考证,他认为这部编年史反映的是拜占庭地方编年史的历史认识,即拜占庭方面的看法,而不是罗马元老院的观点。因此,关于西部罗马帝国灭亡的观念,也是源自于拜占庭。后来,阿莫利在此基础上进一步认为,东部皇帝查士丁(Justin I)和查士丁尼(Justinian)的帝国神授观念使得他们追求帝国统一梦,因此,利用这一观念为其再征服运动辩护①。这是西罗马帝国灭亡观念出现的现实政治背景。

姑且不论阿莫利的推论是否有史料依据,马瑟利努斯对西部帝国灭亡的记叙都要更加复杂一些。在记录454年埃提乌被处死的时候,又对西部帝国衰亡提出了非常不同的表述。"埃提乌,西部帝国的大救星,令阿提拉王恐惧的人,与朋友波埃提乌(Boethius)一道在宫中被瓦伦提尼皇帝杀害,西部帝国与他一道灭亡,至今不能复兴。"②因此,马瑟利努斯对西罗马帝国灭亡的看法并不统一,甚至有些自相矛盾。一方面,他认为476年罗马皇帝奥古斯都路斯被废标志着西罗马帝国的终结;另一方面,尽管正宗的提奥多西王朝皇帝瓦伦提尼还在位,此后还有十来位皇帝先后继位,他却以一位罗马将军之死,来评述西部帝国的灭亡。如果从内外因的角度来考虑,这个矛盾就似乎可以得到调和。埃提乌代表了西罗马帝国内部力量的丧失,是导致帝国灭亡的内部因素;而奥多瓦克称王,废黜奥古斯都路斯,则是代表了外部力量,即蛮族力量控制了罗马和意大利,终结了帝国。

考虑到这两处所指的西部帝国分别使用一个希腊语和拉丁语的习惯表达:Hespesium 和 Occidentale,而恩斯林和克罗克分别列举了许多证据来支持其说,各有其道理,因此马瑟利努斯很有可能同时利用了分别来自东西部的史料。他用拉丁文在君士坦丁堡写作这部作品,或许就是一个最好的注脚。因此,作者可能综合了意大利和拜占庭双方的观点,采取了内外因的解释框架。

查士丁尼的再征服运动旨在统一帝国,而不是恢复西部帝国。为查

---

① P. Amory, *People and the Identity in Ostrogothic Italy*, 489-554, Cambridge University Press, 1997, pp. 138-140.

② T. Mommsen, ed., *Marcellini v. c. Comitis Chronicon*, in MGH, *Chronica Minora Saec. IV. V. VI. VII (II)*, Berlin, 1894. p. 86.

士丁尼再征服运动大唱赞歌的作家普洛科皮乌斯在其《战争史》前七卷，对查士丁尼发动哥特战争的前因后果进行了全面的记录。在他看来，奥多瓦克和提奥德里克都是窃位者，不合法。而在提奥德里克死后，其女阿玛拉宗塔摄政，“想把对哥特人和意大利人的统治权交给皇帝尤斯提尼安（即查士丁尼——引者按）”。在阿玛拉宗塔被杀之后，查士丁尼并不满足于哥特王提奥达图斯的建议：年贡300镑黄金，提供三千名哥特战士，无权对主教和元老判处重罪，也不能授予贵族头衔，任命元老，以及同意采纳特定仪式和礼节。查士丁尼需要的是“把意大利和王国的事务交给他”。这一点在邀请法兰克人前来夹击的信中，说得最为直白：“哥特人用武力强占了属于我们的意大利之后，他们不仅绝对没有把它归还给我们的意思，反而进一步对我们干出了令人难以容忍的、和超越一切限度的不公正的行动。”①

因此，对查士丁尼来说，他是要收复失地，而不是复国。换言之，夺回失地，夺回对那些土地的统治权，才是他的真正目标。在普洛科皮乌斯的叙事中，这些土地的丢失，罗马人自身几乎不承担什么责任。因此，马瑟利努斯所提供的关于西部帝国灭亡的双重解释，与查士丁尼的意图并不那么吻合。因此马瑟利努斯作品与再征服运动的关系并不像阿莫利想象的那样明朗。而且在叙述西部帝国衰亡的时候，马瑟利努斯根本就没有提到奥多瓦克派遣使节到君士坦丁堡，也就没有提到那句有名的话语，“不需要分而治之，共尊的帝王足以统治这两个地区”。

不仅是他，也在518年前后写作《编年史》的卡西奥多鲁对这件事的处理，也颇耐人寻味。卡西奥多路出身元老，曾先后分别受到奥多瓦克和提奥多里克的重用。他应该对西部帝国灭亡知根知底。他的这部编年史也表明他知道奥多瓦克派遣使节这件事情。但他并没有在叙述奥多瓦克登基的时候提及此事，而是在综述提奥德里克的丰功伟绩的时候，提到“在派遣费斯图斯就取得统治一事与阿纳斯塔修皇帝缔结和约之后，他

---

① 普洛科皮乌斯是哥特战争罗马军队前期总指挥贝利撒留的幕僚，他的《战争史》类似于哥特战争的官方宣传册子。引文参见普罗科皮乌斯：《战争史》，第424—426页。

将奥多瓦克送到君士坦丁堡的所有宫廷仪仗取了回来"①。

他们两人的写作,奠定了一种历史认识传统,即后来的西部史家都没有直接提到奥多瓦克派遣使节到君士坦丁堡,宣称罗马不再需要自立皇帝。因此,尽管当时意大利和君士坦丁堡都意识到西罗马帝国的灭亡,但是,部分希腊语史书记载了西部不再需要自立皇帝的插曲,而意大利的史家们则对此作了隐讳。这是否说明他们多少还寄希望于复兴西部帝国呢?

但不论马瑟利努斯等人是否希望西部帝国复兴,关于西部帝国灭亡的这一历史认识在当时应该比较流行。马库斯曾经指出,约510年左右在意大利写成的《圣塞维努传》明确提及此事。"在这个时候,当罗马帝国还在之时,许多城市为驻防军提供公共津贴。"②其实,学者们也都注意到就在阿纳斯塔修皇帝后期,著名语言学家普里斯库在献给他的颂诗中就隐晦提到了西部帝国的灭亡,并吁请他一统帝国。"那些失去故土(旧罗马)的人们能够不觉得悲伤,在你这里得到眷顾和安全,为你日夜祈祷……我希望,两个罗马独服从你一人。"③这一表述,与阿纳斯塔修皇帝无奈之下认可提奥德里克独立地统治意大利的政治现实相一致。

如果抛开提及西部帝国灭亡的明确说法不论,从5世纪下半叶开始,许多文献都流露出西部罗马帝国危殆的意味。最为著名的例子是大文人西多尼乌斯,被都尔主教格雷戈里称誉为"如此地擅长词令,因此往往就任何选定的题目,不加准备,而能讲得极其透彻"④。他曾先后给阿维图斯皇帝、马约里安皇帝和安提米乌皇帝写作登基颂诗。表示"帝国就像

---

① T. Momssen, ed., *Consularia Italica* (1892), p. 322.

② T. Momssen, ed., *Eugippii Vita Severini*, Hermannus sauppe, in MGH, *Auctorum Antiquissimorum Tomi I pars posterior*, Berlin, 1898. XX. p. 31. "Per id tempus, quo romanum constabat imperium, multorum milites oppidorum pro custodia limitis publicis stipendiis alebantur." R. A. Markus, 'The End of the Roman Empire: A Note on Eugippius, *Vita Sancti Severini*, 20', in *Nottingham Medieval Studies*, Vol. XXVI, 1982, pp. 1-7.

③ P. Coyne, *Priscian's De laude Anastasii imperatoris*, 1988, Open Access Dissertations and Theses, Paper 3495. pp. 54-55.

④ 都尔主教格雷戈里:《法兰克人史》,戚国淦、寿纪瑜译,商务印书馆1981年,第76页。

被暴风雨倾覆的船只,没有舵手,肢体破碎"①。一部叙事至490年的编年史,虽然没有直接提到帝国灭亡,但是在讲述奥多瓦克被推举为王的时候说"在毁灭帝国的厄运和意外事件中,罗马内部的力量消失,曾经表示友好、服从于罗马法的外部诸族起兵反抗它"②。类似的提法还可以举出《452年高卢编年史》,里面提到:"在这场猛烈的风暴中帝国可怜的状况出现了。"③不过他主要是从信奉阿里乌斯派的蛮族混淆纯洁的天主教信仰的角度来立论的。

与这些基督教作家不同,同一时期在君士坦丁堡写作《新史》的异教徒左齐姆虽然也表达了帝国衰亡的理念,但是他的帝国衰亡是针对整个帝国而论,而且将责任推给君士坦丁大帝,认为他皈依基督教,招徕蛮族定居者,对罗马帝国衰亡负有主要责任。"直白地说,他是导致帝国今日可悲状态的罪魁祸首。"④可惜的是,左齐姆的现存作品仅叙事至410年罗马城被西哥特人攻陷,所以我们并不能知道他对西罗马帝国灭亡的具体论述。

因此,在6世纪初确实在意大利和拜占庭同时存在关于西部帝国灭亡的看法。这种看法也影响深远流传有序。公元530年左右,卡西奥多鲁写作《哥特史》,没有流传下来。三十多年后,乔丹在抄录其书的基础上,也在君士坦丁堡撰写了《哥特史》。在提到奥古斯都路斯被废时,其表述与马瑟利努斯有着惊人的相似。"如此这般,由奥古斯都·渥大维首创于建城第709年的西部罗马帝国,在经历了522年先帝统治之后,随

---

① W. B. Anderson trans., *Sidonius: Poems and Letters*, Massachussetts: Harvard University Press, 1936, pp. 6-7. 现代学者的最新总结可以参见:G. R. W. Halshall, *Barbarian Migrations and the Roman Europe*, 376-568, Cambridge University Press, 2007, p. 281。

② T. Mommsen, ed., *Auct. Haun. Ordinis post. Margo*, in MGH, *Chronica Minora Saec. IV. V. VI. VII.* (*II*), p. 309.

③ T. Mommsen, ed., *Chronica Gallica A. CCCCLII*, in MGH, *Chronica Minora Saec. IV. V. VI. VII.* (*I*), p. 662.

④ F. Paschoud, trans., *Zosime: Histoire Nouvelle*, Livre II, xxxiv, 2, Paris: Société D'édition Les Belles Lettres, 1971, p. 107. 也可参见 W. Goffart, "The First Historian of the Fall of Rome", in idem, *Rome's fall and After*, London: Hambledon, 1989, pp. 81-110. 左齐姆的看法渊源有自,更早的时候,4世纪的史家尤托皮乌(Eutropius)认为君士坦丁的统治,前后有变化,由好变坏。C. Santini, ed., *Eutropii Breviarium Ab Urbe Condita*, Book X, 7, Leipzig: Teubner, 1979, p. 67.

着这位奥古斯都路斯而灭亡，从此哥特王控制了罗马和意大利。与此同时，诸族之王奥多瓦克统治了整个意大利，给罗马人带来恐惧。”①与马瑟利努斯不同之处在于，作者出于为提奥德里克的统治辩护的考虑，诋毁了奥多瓦克的统治。

因此，西部帝国灭亡的提法，在5、6世纪之交的意大利和君士坦丁堡都非常流行。他们认为由于外族兴起叛乱，罗马内部力量瓦解，至476年罗马皇帝奥古斯都路斯被废，西部帝国标志性地灭亡。至497年，阿纳斯塔修皇帝最终同意授予提奥多里克国王称号，归还当年奥多瓦克派遣使节送交的罗马皇帝仪仗。从此罗马皇帝承认：罗马不再有皇帝，由蛮族王国取而代之。但是，应该看到，在面向未来的时候，存在两种不同的愿望：一种是希望西部帝国复兴，这是从帝国内部力量的角度来考虑的；另一种则是希望东罗马皇帝一统天下。从历史进程来看，查士丁尼的再征服运动是后者的集中体现；而查理曼加冕则是前者的最终实现。

在意大利以外的西部地区，从文献来看，似乎没有出现过西部帝国灭亡的明确提法。对他们而言，皇帝总是存在着的，如果西方没有了皇帝，他们就会以东部的皇帝代之。罗马帝国是个“永恒的”存在。

三、永恒的罗马帝国：意大利以外西部地区的历史文献

当西罗马帝国濒临灭亡的时候，除意大利之外的西部帝国其他地区已经先后由一些蛮族王国——不列颠的盎格鲁—撒克逊诸王国，高卢的法兰克王国、勃艮第王国和西哥特王国，西班牙的西哥特王国和苏维汇王国，以及北非的汪达尔王国——所控制。对于这些蛮族王国而言，在罗马帝国境内，他们需要得到罗马帝国的认可，获得各种封号，取得统治的合法性以及在帝国境内迁徙（战争）的许可。因此，他们需要皇帝，也需要

① Jordanes, *De origine actibusque Getarum*, ed. by Mommsen, T., in MGH, Berlin, 1882, p. 120.

向皇帝派遣使节。作为交换,他们也应该为皇帝提供若干兵源和贡纳。随着他们自身站稳脚跟,势力日强,而帝国宫廷实力越来越虚弱,他们也越来越关注自己的事务,很少与皇帝来往。在西部帝国灭亡前夕,这些地区的史书中往往透露了这种趋势。

叙事至468年,由西班牙主教利米卡的伊达理乌(Hydatius)所编定的《编年史》,明显流露出末世感,但是,他没有可能记录西部帝国的灭亡。与马瑟利努斯类似,在叙述瓦伦提尼皇帝死亡的时候,他明显预感到帝国的衰亡,不过,他是针对皇帝而言的,不像马瑟利努斯那样针对罗马将军埃提乌,而且是通过引用《圣经》话语:"(马克西姆斯)试图放弃帝位,而且'很快地第四个王国的日子会满,在那座城市(罗马)民众暴动,帮派争斗'。"①基督教会认为世界历史一共四个王国,罗马帝国是第四个。

此后半个多世纪,在意大利以外地区都没有像样的编年史留存,只是到6世纪下半叶,北非地区图努娜主教维克托编写了一部《编年史》,叙事至568年。由于此时北非已经重新归于拜占庭统治之下,作者自然是从君士坦丁堡的立场看问题。他没有提及西罗马帝国灭亡。"一些天之后,获得帝位的欧列斯特斯之子荷克拉努斯(Herculanus),与他的父亲一道被杀,奈波斯登基。"②通过颠倒事件的先后顺序,隐晦了西部帝国灭亡这一史实,而且他在后文也没有交代奈波斯的下落。西部帝国历史就这样被不了了之。

在高卢地区,公元6世纪晚期,都尔主教格雷戈里的《历史》(中译名为《法兰克人史》)最为有名。他采取的处理方式,与维克托基本类似。不过他的信息量就更有缺陷了。在该书第二卷追溯罗马帝国历史的时候,他按照罗马帝国皇帝的谱系展开叙事,其末位西部皇帝竟然是456年被废的高卢人阿维图斯。他接着说:阿维图斯死后,"马尔提安继位。但

---

① T. Mommsen, ed., *Hydatii Lemici*, *Continuatio Chronicorum Hieronymiarnorum*, in MGH, *Chronica Minora Saec. IV. V. VI. VII* (*II*), p. 27.

② T. Mommsen, ed., *Victoris Tonnennensis Episcopi Chronica*, in MGH, *Chronica Minora Saec. IV. V. VI. VII* (*II*), p. 188.

是在高卢罗马人埃吉迪乌斯被授任为军事长官”①。版本 A1 的皇帝名字为马尔提安(Marcianus),即东罗马帝国皇帝。“德意志文献集成”本编校者出注曰:“东部的马尔提安皇帝为惟一的皇帝,不过为时甚短,他逝于 457 年 1 月 26 日。至 4 月 1 日马约里安(Maiorian)被立为帝。”1927 年,此书完整英译本的译者、牛津大学教授道尔顿认为此名为马约里安之误。后来学者多沿用之。由于此皇帝名位于罗马皇帝谱系之末,法兰克诸王谱系之前,因此关系到格雷戈里对西部罗马帝国灭亡之认识。

从字面分析,“Martianus”与“Maiorianus”这两种拼法差异太大,而在拉丁语书写中,“Marcianus”与“Martianus”可以互相替代。因此,英语作者不是基于文本依据将马尔提安改为马约里安的,而是基于西部皇帝的谱系。如果严格依据文本来理解这则史料,它所表达的意思如下:西部皇帝阿维图斯去世,东部皇帝马尔提安继任,在高卢,埃吉迪乌斯授任为军事长官。埃吉迪乌斯是被马尔提安任命的,因为马尔提安在阿维图斯之后 3 个月即去世,可以推断,埃吉迪乌斯本来向阿维图斯皇帝请求封号,不料皇帝去世。他的使节于是继续东行,向马尔提安申请封号,也得到了这一封号。因此,这则宝贵的史料应该是对 466 年与 467 年之交高卢北部地区这一重大历史事件的忠实记录。说明对于高卢地区的高级将领而言,西部皇帝的缺失,并不对他们的政治诉求造成实质性的影响。这一现实政治形势恰好反映在格雷戈里忽视最后十来位西部皇帝的态度中。

此后格雷戈里转而叙述法兰克王的谱系,罗马皇帝的谱系中断。此后的罗马皇帝都是东方皇帝,而且只有当他们与西部发生关系的时候才会出现。后一位被提及的皇帝是阿纳斯塔修,“因此(克洛维)从阿纳斯塔修皇帝接受荣誉执政官头衔”②。这时已经是 507 年左右,离上一次皇帝出现约 40 年。而正是在这 40 年间,西部罗马帝国灭亡了。总的来说,格雷戈里的皇帝谱系终止于 456 年,通过叙述一项涉及高卢的官位任命,转入到东罗马皇帝名下,并终断之。随后果断地转入到法兰克诸王的谱

① B. Krusch & W. Levison, *Liber Historiae X*, II. 11. in MGH,1951. p. 61. 关于此书书名的变化,参见李隆国:《说公元(前)》,载《首都师范大学学报》(哲学社会科学版),2011 年第 2 期,第 1—14 页。

② Ibid., II. 38. p. 88.

系。一方面将西部帝国的终结加以模糊处理,不了了之;另一方面,将法兰克王国续接西部帝国。这有可能是因为格雷戈里确实不清楚接替阿维图斯的西部皇帝是谁,也有可能是他刻意为之。但是无论如何,皇帝的历史变成了国王的历史。

在同一时期阿旺什主教马略的《编年史》中,对455—520年间意大利史事的记录虽较格雷戈里为多,但也是所知有限。作者只是非常简略提及了阿维图斯称帝,被马约里安取代,马约里安远征西班牙,塞维鲁称帝,安提米乌称帝,里克利乌称帝及被废,奈波斯称帝,奥多瓦克称王,提奥德里克进入意大利,奥多瓦克被杀,奥多文德(Odoind)被杀,凡十一事。平均每七年提及一次。其中九次的叙事不足一行,其余两次不超过两行①。他按照惯例使用执政官系年,对几位末代皇帝,都只提及了登基,这样一来,也就不存在帝国灭亡的问题了。

7世纪中期,叙事至650年的伪《弗里德加编年史》在抄录格雷戈里的同时,略有增删。在讲述克洛维的父亲希尔德里克的事迹的时候,他做了重要的补充。格雷戈里只提到,他被驱逐出王国,被埃吉迪乌斯取而代之,八年后回来。而伪弗里德加则说,希尔德里克为了与埃吉迪乌斯争斗,就上诉到皇帝的面前,而这个皇帝竟然是6世纪晚期的著名皇帝莫里斯(Maurice)。埃吉迪乌斯与希尔德里克生活的年代,正是西部罗马帝国灭亡之际。他们的争斗应该发生于西部罗马帝国灭亡之前后时间。弗里德加竟然将这件事系于晚100年的东部皇帝莫里斯名下。说明他理所当然地以为这件政治事件发生在东罗马皇帝的治理之下。他根本就没有意识到有西部帝国灭亡这么一回事情。

此后的《法兰克人史书》(*Liber Francorum Historia*)(叙事至728年)也没有提到西罗马帝国的灭亡。

在西班牙,7世纪初期的著名圣徒塞维利亚的伊西多礼,著述甚丰。在其著名的《编年史》中,不仅没有提到多少世俗事务,而且还完全以东罗马皇帝为主,对西部帝国晚期的皇帝们都闭口不提,只是简要地提及了

---

① T. Mommsen, ed., *Marii Episcopi Aventicensis*, in MGH, *Chronica Minora Saec. IV. V. VI. VII. (II)*, pp. 231-234.

进入西班牙的蛮族，如西哥特人和汪达尔人的行踪①。在他的《哥特、汪达尔和苏维汇人史》中，468 年之前的内容抄录自伊达理乌主教的编年史，但是，他却删除了其中绝大多数与西罗马帝国相关的史事，因此，自西哥特人扶持的阿维图斯皇帝之后，再也没有提及任何其他的西部皇帝，反而记载了哥特王向东部皇帝请求封号，要求皇帝承认他对新占领土地的统治②。因此，在对待西部帝国灭亡的态度方面，与格雷戈里有些类似：不分东西部的皇帝之别，没有关于西部罗马帝国灭亡的明确认识。

但是，在 8 世纪初的不列颠，情况发生了变化。在贾罗修道院隐修的比德竟然在其编年史中，原封不动地抄录了马瑟利努斯关于西部帝国随埃提乌被杀而灭亡的语句③。在此之前，不列颠史书非常少，自 5 世纪初罗马军队撤出之后，他们基本上就失去了关于皇帝的消息。转机来自于 6 世纪末，教皇大格雷戈里派遣奥古斯丁前去传教，到 664 年惠特比宗教会议，决定接受罗马式天主教，此后双方人员往来明显频繁。贾罗修道院的创始人比斯科普五次拜访罗马，带回大量的"神学各门书籍"，又引导由罗马教皇选派、来自东部帝国城市塔尔苏斯的西奥多到不列颠出任坎特伯雷大主教。正是这个背景之下，西罗马帝国灭亡的知识重新出现在比德的笔下。

与此同时，高卢与意大利再次开始走向统一，到 774 年查理称意大利王，最终实现统一。不少意大利学者出现在查理宫中。783 年，来自卡西诺山修道院的主祭保罗觐见查理，在宫廷滞留一段时间。他著有《罗马史》，在书中抄录了关于西部帝国随着奥古斯都路斯被废而灭亡的著名论断，而略有添加。"他在位 11 个月，失去了帝位，就这样由奥古斯都·

---

① T. Mommsen, ed., *Isidori iunioris episcopi Hispalensis Chronica Maiora*, in MGH, *Chronica Minora Saec. IV. V. VI. VII.* (*II*). pp. 424-481.

② T. Mommsen, ed., *Historia Gothorum*, in MGH, *Chronica Minora Saec. IV. V. VI. VII.* (*II*). p. 281.

③ Bedae Venerabilis, "De Temporum Ratione", in Gales, J. A., ed., *The Complete Works of Venerable Bede*, Vol. VI, London, 1843, pp. 270-331. 蒙森将其中的编年史两种抽出单独印行，T. Mommsen, ed., *Bedae Chronica Maiora ad a.* 725, in MGH, *Chronica Minora Saec. IV. V. VI. VII*, (*III*), pp. 304-305. 蒙森认为这段话抄自马瑟利努斯。另有英译本可参考 Venerable Bede, 'The World Chronicle', in Faith Wallis trans., *The Reckoning on Computation of Time*, Liverpool University Press, 1999. Chapter 66, pp. 157-238。

渥大维开创的、控制整个世界的、可敬而神圣的、在罗马的罗马帝国随着这位奥古斯都路斯一起灭亡,这是建城第1209年,第一位个人统治者盖乌斯·恺撒以来第517年,即公元475年。就这样,在废黜奥古斯都路斯帝位后,奥多瓦克进入罗马,获得了对整个意大利的统治。"①

此外,他也原文抄录了马瑟利努斯对埃提乌的评论,只是增加了若干小品词。"如此极为骁勇的和一度令极为能干的阿提拉王恐惧的埃提乌安息了,与他一道,西部帝国和共和国的安全消失,此后再也没有能够复兴。"②

当查理曼的宫廷侍从艾因哈德写作《查理大帝传》的时候,谈到查理曼的文化修养和教育时,提到了两位人物,一位是彼得,另一位是阿尔昆。"他从比萨的副主祭彼得那里学习文法科目;其余的科目则由阿尔比努斯,即阿尔昆讲授……查理花费很多的时间和精力从阿尔昆那里学习修辞学、辩论术,特别是天文学。他也学习计算术,并且极其勤勉地细心观察星辰的运转。"③阿尔昆是比德的再传弟子,十分景仰比德。比德是天文学与计算术大家,有《论计时》专著两种,其中就包括前面引用过的"编年史"。长篇《论计时》中所收的"编年史"篇幅较长,被编校者蒙森定名为"编年史长篇",短篇《论计时》中所收的"编年史"篇幅较短,被称为"编年史短篇"。比德用这两篇《论计时》作为教材教授其他修士,它们也被阿尔昆等人大量介绍到欧洲大陆,导致那里传世的版本极多。而查理特别地师从阿尔昆学习天文学和计算术,应该也了解到作为教材的《论计时》中的编年史两种。两种编年史里面都提到了西部帝国与埃提乌一道灭亡。

在公元800年的5、6月间,在南下罗马之前,查理曾经在都尔逗留较长时间,当面与在那里担任圣马丁修道院院长的阿尔昆商议。"由于向圣马丁祈祷的原因,来到都尔,由于等待妻子柳特加尔德,滞留了更多时

① H. Droysen, ed., *Pauli Hisotria Romana*, XV, in MGH, usum scholarum, Berlin, 1879, p. 122.

② Ibid., p. 116.

③ 艾因哈德:《查理大帝传》第25节,戚国淦译,商务印书馆,1979年,第28页。

日。皇后在那里去世并下葬。”①

至此,关于西部帝国灭亡的观念传入到高卢,并影响到查理曼;另一方面,高卢地区关于罗马帝国自然而然地传承,并由拜占庭的皇帝代表着的传统观念,也会影响到查理曼。毫无疑问,这两种观念之间存在着一定的冲突,前者引导查理曼称帝,复兴西部帝国;后者多少阻碍他采取类似的行为,而是满足于国王称号。而查理曼加冕时颇为踌躇,加冕之后,关于他是否愿意加冕,也存在异说。由此可见,关于西部帝国灭亡的历史认识不仅仅是个理论问题,而且会影响到行动,从而改变历史的进程。

四、历史认识与查理曼加冕

史学界长期争议查理曼加冕是有意而为之还是无意为之②。有意派的主要根据是《洛尔西修道院编年史》,这部编年史成书时间要早于艾因哈德的《查理大帝传》,因此,被认为更具有权威性③。它记载,11 月,查理曼抵达罗马之后,召开了为期三周的大会议,“皇帝之名来自希腊方面,那里有一位女皇(伊丽娜)。但对出席大会的教皇利奥、全体教会和其他基督徒而言,他们应该提名法兰克王查理为皇帝。他控制了皇帝们通常的驻跸之所——罗马,也控制了意大利、高卢以及日耳曼尼亚的其他驻跸之所。因为全能的上帝让他控制了所有这些地方,因此,在上帝的帮助下、在全体基督徒的公正请求下,他本人应该得到这个称号。查理王不愿意拒绝这一请求,而是谦卑地服从上帝、教士们和全体基督徒的请求,

① G. Waitz, ed., *Annales Regni Francorum*, A. 800, in MGH, Hannover, 1895, p. 110.

② R. Collins, *Early Medieval Europe*: 300-1000, Macmillan Press, 1999, pp. 291-298. 中文方面对这一问题的最新介绍,可参见孙宝国:《查理曼加冕历史真相之再思考》,载《长春师范学院学报》,第 23 卷第 5 期(2004 年 9 月),第 58—61 页。

③ R. Collins, “Charlemagne's Coronation and the Lorsch Annals”, in Joanna Story, ed., *Charlemange*: *Empire and Society*, Manchester: Manchester University Press, 2005, pp. 53-70.

在圣诞节由利奥教皇祝圣称帝”[1]。

在这部编年史作者看来，查理曼称帝的理由如下：希腊皇帝为女皇；皇帝不仅控制了原西部罗马帝国的所有帝都，而且统治了这些帝都的相应辖区；上帝的帮助和全体基督徒的请求。希腊女皇是前提条件。曾经因为阿提拉与瓦伦提尼三世的妹妹荷诺丽阿之间的婚约问题，女性不能担任皇帝的原则，在西部帝国末年变得更加明确。当阿提拉提出要娶荷诺丽阿，获得帝权时，“西部罗马人回答说，荷诺丽阿无权统治，因为依据原则罗马帝国不属于女性而是属于男性”[2]。因此，796 年伊丽娜将自己的皇帝儿子废黜，自立为帝，就为查理曼称帝提供了机遇。

而控制了所有原西部帝国首都及其辖区，才是称帝的政治条件和现实基础。帝国复兴了，所以要复兴皇帝。这时候所需要的就是人民，即全体基督徒的拥戴和上帝的帮助。上述编年史作者所要强调的，正是人民的拥戴和掌控帝国疆域。即在控制了原西部帝国诸帝都及其辖区之后，在上帝的帮助下，全体基督徒需要查理称帝。

从史学史的角度来看，《洛尔西修道院编年史》起初就是对比德所著、收在《论计时》中的《编年史》的续写[3]，因此，他们必然知道有关西部帝国灭亡的历史认识。可以说，他们的历史书写，承载着早期意大利史家所提出，经比德而复兴的有关西部帝国灭亡的历史认识传统，代表了以罗马教皇、阿尔昆为首的利益集团。他们主张在新形势下重建基督教帝国，鼓励并策划查理曼加冕称帝。确实，在西部的历史文献中，也找不到当年奥多瓦克关于罗马不需要独立帝王的言论，保留着复兴西部帝国的一丝期望。

无意派的主要证据来自于艾因哈德为查理曼所作之传记。“他最初非常不喜欢这种称号，他肯定地说，假如他当初能够预见到教皇的意图，他那天是不会进教堂的，尽管那天是教堂的重要节日。但是在他接受了尊号以后，却能平心静气地容忍着由此引起的敌视和罗马皇帝的愤怒。

① G. H. Pertz, ed., *Annales Laureshamenses*, 33, in MGH, *Annales et Chronica aevi Carolini*, Hannover, 1828, p. 38.

② R. C. Blockley (2007), p. 305.

③ R. Collins (2005), p. 69, no. 10.

他以他的豁达大度克服了他们的敌意。"[①]艾因哈德的作品显然承袭了高卢地区无视西罗马帝国灭亡,认为罗马帝国在拜占庭自然传承的历史认识,重视东部帝国的态度,从而不希望查理曼称帝。他将"始作俑者"推给罗马教皇,让他承担责任[②]。

而这一观点与拜占庭方面的意见互相吻合。由瑟奥法尼(逝于818年)写作至813年的《编年史》是非常权威的拜占庭史书。关于查理曼加冕,他分别有两处论及。一处说:"这一年(世界第6293年),12月25日,第9小纪,法兰克王查理,被教皇利奥加冕。"而在世界第6289年,即三年前罗马教皇利奥开始担任教皇的时候,瑟奥法尼说得更加明白:"(法兰克王查理为利奥残酷复仇,恢复其教皇宝座,罗马从此落入法兰克人手中。为了报答查理,于12月25日,第9小纪,利奥在圣彼得教堂将他加冕为罗马皇帝。从头膏到脚,穿上帝袍,戴上皇冠。"[③]

从思想史的角度来看,艾因哈德和瑟奥法尼似乎都与这一时期的另外一件作品所表达的理念息息相通。即于8世纪下半叶9世纪初伪造的《君士坦丁赠与》[④]。里面提出,君士坦丁皇帝曾经将西部帝国赠给罗马教皇西尔维斯特及其接班人,自己避居君士坦丁堡。因此,教皇有权为查理加冕,立他为帝。

而被称为"加洛林官方编年史"的《法兰克王国编年史》则提供了另外一种关于查理大帝加冕的版本。在叙述查理进入罗马便开始处理公务,日夜忙碌,接着说:"在圣诞节,进入圣彼得教堂庆祝弥撒之后,他本人站在祭台前,鞠躬祈祷,利奥教皇将皇冠置于他的头上,与此同时,全体罗马人高呼:'查理皇帝,上帝所加冕者,和平而伟大的罗马皇帝,万寿无疆,战无不胜!'此后,按照对古代皇帝的方式被教皇加以称颂,从此,在

---

① 艾因哈德:《查理大帝传·28》,第30页。

② Janet Nelson, "Why Are There So Many Different Accounts of Charlemagne's Imperial Coronation?", in Idem, *Courts, Elites, and Gendered Power in the Early Middle Ages: Charlemagne and Others*, Ashgate Variorum, 2007, XII, pp. 1-22.

③ Cyril Mango and Roger Scott trans., *The Chronicle of Theophanes Confessor: Byzantine and Near East History AD 284-813*, Oxford: Clarendon Press, 1997, pp. 653, 647.

④ Horst Fuhrmann, *Constitutum Constantini*, In MGH, Fontes Iuris Germanici Antiqui, Hannover, 1968.

去掉‘权贵’称号之后，他被称为皇帝和奥古斯都。”[①]这里，编年史作者强调的是仪式，其中既包括对古代皇帝的继承，也包括肯定罗马教皇所起的作用。似乎可以被视为对上述两种偏向的折中与调和。

查理曼本人倾向于上述三种说法中的哪一种，业已不可考，从而引发了史学界的争议。但是，查理曼肯定生活于这些作者之中，也受到他们的影响。本文旨在从史学史的角度指出，查理曼虽然赞同阿尔昆一派的主张而称帝，继承古罗马帝王，复兴西部帝国；但是，也同时受到罗马帝国永恒存在，并由君士坦丁堡皇帝代表这一历史认识的影响。因此，在他称帝的同时，还需要针对现实，进行若干理论创新，尤其是通过教皇来为称帝制造新的合法性。关于他称帝的众多版本流传下来，说明他身边的幕僚在面对现实，通过创造文本，折中各种历史传统，为新兴的帝国提供各种合法性建设。透过这些文本，则可以清晰地发现有关西部罗马帝国灭亡的两种历史认识传统所投下的巨大思维阴影。

（李隆国　北京大学历史学系副教授）

① G. Waitz (1895), A. 801, p. 113. 魏茨收录了两个版本，译文分别见此处和第一部分关于查理曼加冕的引文。

19、20世纪之交美国社会隐私权争议初探

曹　鸿

【内容提要】　19、20世纪之交，美国进入工业社会，科技发明、城市化和新闻业的发展影响了传统的隐私状况，催生了新的隐私诉求。新闻报刊无度地侵犯私人生活，引起美国中产阶级精英人士的不满，在他们之中形成了一种"私人生活不受打扰"的个人权利观念。然而在具体司法实践之中，这种权利观念并未被普遍接受。纽约州上诉法院在1902年"罗伯森诉罗切斯特折叠纸盒公司案"中，明确拒绝了隐私权的存在，引起了社会的不满，促使纽约州通过了保护隐私的州法令。此后，在其他州也相继出现了支持隐私权的判例和立法。不过，最终形成的隐私权利偏离了原先的构想，仅仅禁止盗用姓名、肖像和照片的行为。这一结果，根植于世纪之交美国社会对言论出版自由的重视、大众社会与阶级分化的形成、财产权利和个人权利的冲突之中。

1965年，美国联邦最高法院在"格里斯沃尔德诉康涅狄格州案"

(Griswold v. Connecticut)[1]中确立了宪法隐私权(constitutional right to privacy),塑造了一块"隐私区域"(zone of privacy)。隐私权保护的内容扩及个人选择、身体自主等方面,在现代美国人的公民权利与自由中扮演着不可或缺的角色[2]。但是有关隐私权的争议,并未因其获得宪法地位而尘埃落定。恰恰相反,这块"隐私区域"成为权利扩散的"沃土",引发了个人信息安全、堕胎权、安乐死和同性恋权利等更为激烈的争论,出现了两种截然相反的态度:一种认为隐私权应继续扩展,以满足现代社会的需要,保护个人利益和边缘群体;另一种来自"文化战争"中的保守派,认为隐私权过于激进,有违传统观念,亟需限制。这类争议,并非20世纪末的独有现象,美国社会中有关隐私权的争议由来已久。

美国历史上,隐私观念自诞生伊始便驳杂含混,有着多样的利益诉求;而科技进步、社会发展又造成了不同时期争议主题的差别。与隐私权相关的法律和社会争议一直延绵不绝,最早可以追溯至19世纪末。在镀金时代和进步主义时期,美国向现代社会转型。商业和城市的发展,使得耸人听闻的新闻报道(sensationalism)日渐泛滥,在中产阶级精英中催生出一种反对新闻报刊侵犯个人生活的隐私权观念。但是,在地方法院和立法机构的参与下,在具体的司法争议和立法实践中,最终形成了一种迥异于此观念,仅禁止广告、商业擅用姓名、肖像的隐私权。

20世纪60年代以后,美国学术界中隐私权及相关法律、政策的研究逐渐增加。这些研究出于对隐私权争议的现实关怀,主要围绕信息隐私和宪法隐私展开[3]。正因如此,在法律史和权利史领域,探讨19、20世纪之交隐私权的研究屈指可数,仅散见于部分文章与专著中。这些研究或追随"格里斯沃尔德案"的判决,力图构筑一种"无所不包"的隐私权利发展史;或按后世人的理解,将隐私诉求归类划分、追溯源头,形成各自的

---

① Griswold v. Connecticut, 381 U.S. 479 (1965).

② 参见 Norman Dorsen, *The Rights of Americans: What They are-What They should Be*, New York: Pantheon Books, 1971.

③ 信息隐私的代表性研究有艾伦·韦斯廷的《隐私与自由》(Alan F. Westin, *Privacy and Freedom*. New York: Atheneum, 1967)。宪法隐私的权威研究以戴维·奥布赖恩的《隐私、法律与公共政策》(David M. O'Brien, *Privacy, Law and Public Policy*, New York: Praeger Publishers, 1979)为代表。

"隐私权谱系"①。它们往往重于谱系与分类,强调与后世联系紧密的部分,没有从具体的时代语境中考察隐私权从一种观念到法律权利的曲折过程;在展现隐私权多样类型的同时,忽略了权利观念与实际形成的权利之间的联系与差别,也没有对此问题做一回答②。近年来国内学界也对美国的隐私及隐私权问题有过一些关注和探讨,但尚未关注这一时期③。本文拟在前人研究基础之上,将 19、20 世纪之交美国社会中的隐私权争议置于时代背景之下考察,以梳理其自身的发展逻辑,探讨隐私诉求如何从一种权利观念转化为具体的法律权利,为研究后世的隐私权及争议提供历史参照。

① 相关论著有:Ken Gormley, "One Hundred Years of Privacy", *Wisconsin Law Review*, No. 5, 1992, pp. 1336-1338;Thomas O' Connor, "The Right to Privacy in Historical Perspective", *Massachusetts Law Quarterly*, Vol. 53, 1968, pp. 101-111; David J. Seipp, *The Right to Privacy in American History*, Cambridge, Mass.: Harvard University, Program on Information Resources Policy, 1981; David J. Seipp, "The Right to Privacy in Nineteenth Century America", *Harvard Law Review*, Vol. 94, No. 8, June, 1981, pp. 1829-1910;Rochelle Gurstein, *The Repeal of Reticence: A History of America' s Cultural and Legal Struggles over Free Speech, Obscenity, Sexual Liberation and Modern Art*, New York: Hill and Wang, 1996; Frederick S. Lane, *American Privacy: The 400-year History of Our most Contested Right*, Boston: Beacon Press, 2009; Robert Ellis Smith, *Ben Franklin' s Website: Privacy and Curiosity from Plymouth Rock to the Internet*, Providence, RI: Privacy Journal, 2000.

② 例如戈姆利、塞普等人的研究沿袭法学家威廉·普罗瑟在《隐私》(William L. Prosser, "Privacy", *California Law Review*, Vol. 48, No. 3, 1960, pp. 383-423)一文中奠定的传统,将 19 世纪末出现的隐私权皆归为侵权法领域,没有区分同一时期观念中的隐私权和法律实践中的隐私权。历史学家古恩斯坦已经注意到隐私权观念对法律实践的影响,但是她的关注点在于 1910 年后新闻审查和言论出版自由之间的冲突,也没有从世纪之交的历史语境中系统回答隐私权的法律实践为何会偏离隐私权的观念。

③ 国内学界(美国史、美国研究和法学界)涉及美国隐私和隐私权利问题的研究主要集中于宪政史和司法史领域,多为分析"格里斯沃尔德诉康涅狄格州"等司法判例的影响和"正当程序"、"自然法"等宪法原则。主要有王希:《原则与妥协:美国宪法的精神与实践(修订本)》,北京大学出版社,2000 年;任东来、胡晓进:《在宪政舞台上:美国最高法院的历史轨迹》,中国法制出版社,2007 年;任东来:《美国宪政历程:影响美国的 25 个司法大案》,中国法制出版社,2004 年;屠振宇:《从 Griswold 案看宪法隐私权的确立》,《法制现代化研究》2007 年,第 11 卷,第 397—408 页;张卓明:《法官能否推定未列举权利?——格里斯沃尔德诉康涅狄格州案述评》,《云南大学学报》(法学版),第 21 卷第 2 期,2008 年 3 月,第 1—6 页;江振春:《美国联邦最高法院裁决中的自然法解释》,《美国研究》2011 年第 2 期,第 115—134 页。

一、19 世纪末以前美国社会的隐私状况[①]

虽然迟至19、20世纪之交,隐私才获得了法律权利的地位,但是隐私观念和诉求在美国历史上却是早已有之。在早期历史中,美国人因各种条件的限制没有隐私可言,却又保存了一些隐私传统。

殖民地初创时,苛刻的环境与条件的确让隐私“遥不可及”。背井离乡的移民在踏上新英格兰的土地后,面对严酷的环境、恶劣的气候、持续不断的印第安人的威胁和生存的压力,形成了一种集体化的生活方式,亦如牧师罗伯特·布朗所言:“我们人人都得互相照看。”[②]这种“照看”(watch)规定:所有住宅必须距离礼拜堂半英里之内;若有任何留宿访客,户主必须汇报登记等[③]。甚至还有法律明文禁止独居生活:寡妇鳏夫、未婚男女都要记录在案,或安置于其他家庭之中,或要求尽快结婚[④]。

除了社会生活,殖民地的家庭生活也不存在隐私。很多住宅没有单独的房间,只用布帘将夫妻的床与子女和其他家庭成员隔开[⑤]。早期美国人也没有独自就寝的习惯,陌生访客往往与主人同床而卧,并不避讳男女之嫌。例如在1728年马萨诸塞州的一起道德罪判例中,一位女子替一对未婚男女作证,她澄清道:“三人狭床同寝,若二人犯下不洁之罪,我绝无可能毫不知情。”[⑥]旅店亦不例外:一位英国女游客在信中曾提到在一

---

① 关于早期美国社会中隐私观念和相关习俗、法律的研究,除前文提及的部分论著有所涉及之余,最重要的是历史学者戴维·弗莱厄蒂的《新英格兰殖民地时期的隐私》(David H. Flaherty, *Privacy in Colonial New England*, Charlottesville: University Press of Virginia, 1972.)。亦可参考中国学者美国早期史研究中涉及社会、家庭生活的内容,详见李剑鸣:《美国的奠基时代(1585—1775)》,中国人民大学出版社,2011年,第六章 社会生活的场景。

② David H. Flaherty, *Privacy in Colonial New England*, p. 151.

③ Ibid., p. 26, p. 195.

④ Robert Ellis Smith, *Ben Franklin's Website: Privacy and Curiosity from Plymouth Rock to the Internet*, p. 10.

⑤ Ibid., p. 19.

⑥ Rex v. Stone and Willard, 1728. 转引自 David H. Flaherty, *Privacy in Colonial New England*, p. 77。

间客栈投宿，醒来后却发现两个陌生男子紧挨着她就寝①。

尽管在社会与家庭生活中缺乏隐私，早期的美国社会仍然存在着某些隐私观念与传统。在16、17世纪的英语中，"隐私"(privacy)往往指一种远离社会和公共舞台的独居状态和生活(solitude)。②这种离群索居、远离世俗叨扰的愿望，在18世纪美国的精英人物中非常普遍。约翰·达文波特曾在信中提及，"这是上帝的意志，尽管有违我渴望隐私与离群索居(retiredness)的本意"；威廉·佩恩也在《隐居硕果》(*Some Fruits of Solitude*)一文中，称赞了"隐私"所带来的愉悦③；建国之父的信件与文章中，也能常常见到"乐于独处隐居"、"扔掉公私事务的重担"等言辞④。

而在寻常百姓中，另一种体现隐私观念的传统却更为古老——"家即城堡"(A Man's House is His castle)。"住宅神圣而不可侵犯"这种观念甚至可以追溯到《圣经》与罗马法。早在1605年，法官爱德华·柯克就将这则箴言写进共同法判例中⑤。在布莱克斯通的法律评论里，侵入私宅法(law of trespass)也以此原则为基础⑥。房屋住宅是重要的私人财产，也是主人享有安静生活的私人领域，因此"住宅免于侵犯的自由"(the freedom of one's house，詹姆斯·奥蒂斯语)体现出一种重要的隐私利益⑦。在反对母国的革命中，这一原则甚至扮演了重要角色，上升到宪法修正案的地位⑧。

正如弗莱厄蒂和其他学者所指出的那样，殖民地最初那种"集体生

---

① Janna Malamud Smith, *Private Matters*, Reading, MA: Wesley Publishing Company, 1997, p. 60. 转引自 Robert Ellis Smith, *Ben Franklin's Website: Privacy and Curiosity from Plymouth Rock to the Internet*, p. 20。

② 详见 J. A. Simpson and E. S. C. Weiner ed., *Oxford English Dictionary*, 2nd ed., New York: Oxford University Press, 1989, Privacy 词条。

③ 参见 David H. Flaherty, *Privacy in Colonial New England*, pp. 10—13。

④ 参见 Robert Ellis Smith, *Ben Franklin's Website: Privacy and Curiosity from Plymouth Rock to the Internet*, pp. 28-34。

⑤ David H. Flaherty, *Privacy in Colonial New England*, p. 85.

⑥ David J. Seipp, "The Right to Privacy in Nineteenth Century America", Harvard *Law Review*, Vol. 94, No. 8, June, 1981, pp. 1894-1895.

⑦ David H. Flaherty, *Privacy in Colonial New England*, p. 86.

⑧ 宪法第三修正案禁止占用民居和第四修正案禁止无理搜查和查封。参见 Ibid., p. 87-88。

活”只延续了几代人。随着定居条件的改善，清教影响的式微，印第安人威胁的减少，社会的发展与律法的健全，19 世纪末以前美国人在很多方面都享有隐私。1851 年的《北美评论》称赞道：“每一个新成立的社区，每一处家庭寓所，在其土地上都享有隐私权利，决定谁是朋友，并驱逐所有入侵者。”①历史学家奥康纳指出，19 世纪上半叶美国边疆领土的扩张，是美国人享有隐私的关键因素，得天独厚的距离形成了美国早期的私人“小世界”②。幅员辽阔的土地为空间距离的隐私创造了条件，而其他隐私诉求也在社会发展中不断实现。

在邮政系统和人口普查中，侵犯公民隐私的现象较为普遍。美国公共邮政系统建立之后，有关信件被当地邮政人员（postmaster）打开的投诉数不胜数，而各种公共人物的信件被拆开、浏览的事件也是屡见不鲜③。19 世纪初，邮政系统运用了新手段，例如给邮袋上锁、使用邮戳和预付邮费，加之邮件数量的急剧增长，使得私人信件的隐私得以保障④。1825 年的邮政法案，更是对“意图阻碍通信，窥探他人事务和秘密”的行为予以重罚⑤。1855 年一位邮局官员也表示，法律要保护公民的物质财产，也“要保护其思想的隐私”⑥。人口普查员（census taker）也是隐私侵犯者。民众对于普查员的反感，既因为不满当权者、痛恨税收，又因为不愿让他人知晓自己的家庭、收入等私人事务。约翰·昆西·亚当斯在提及 1820 年人口普查时曾表示，人们提供财产状况、私人信息时应出于自愿，也有自由拒绝回答这些问题⑦。1850 年人口调查主管约瑟夫·肯尼迪（Joseph C. G. Kennedy），针对地方普查出现的隐私泄漏现象，命令工作人员

---

① “Hildreth's *History of the United States*”, *The North American Review*, No. 153, Oct. 1851, p. 418.

② Thomas O'Connor, “The Right to Privacy in Historical Perspective”, *Massachusetts Law Quarterly*, p. 104.

③ David J. Seipp, *The Right to Privacy in American History*, pp. 10-11.

④ Alan F. Westin, *Privacy and Freedom*, pp. 333-338.

⑤ 4 Stat. 102, 109 (1825) Section 22, *Congressional Record*, p. 444, 转引自 David J. Seipp, *The Right to Privacy in American History*, p. 12。

⑥ James Holbrook, *Ten Years among the Mail Bags*, Philadelphia: H. Cowperthwait & Company, 1856, p. xviii.

⑦ 参见 David J. Seipp, *The Right to Privacy in American History*, p. 22。

不得“为满足好奇心,披露任何人的工作职务信息或个人收入”①。随着政府机构的成熟和保密性的提高,这类隐私泄漏现象变少。民众也可用“拒之门外”或“弄虚作假”应对普查员,以至于杜威在1890年的演讲中仍呼吁民众与当局合作,提供完整而精确的普查数据②。

民间的侵犯隐私现象历史悠久。美国学者戴维·塞普指出:“窃听者(eavesdropper)和搬弄是非者(gossip-monger)在新社会扎下根后,仍由传统方式惩处。”③因“好打听保尔”(Paul Pry)、“窥视者汤姆”(Peeping Tom)以及上述两类侵犯者引起的纠纷很常见。这些行为,多由地方习俗、公共批评和各类律法处理。例如,布莱克斯通就认为站在窗外、墙根和屋檐下偷听对话继而散播谣言的窃听举动,是常见的滋扰行为(common nuisance)④,并不严重。学者指出针对这些冒犯的起诉很少见,因为在19世纪的地方社会中,受害人的责骂、街坊邻里的斥责与孤立似乎比诉诸法律更为有效⑤。约翰·普尔(John Poole)创作的同名滑稽剧里,人们或对“好打听保尔”一番训斥指责,或索性痛打一顿⑥。搬弄是非也是19世纪美国人茶余饭后的常见消遣。因为容易辩解或更正,闲话流言局限于相互依存的邻里社区中,往往不至于诉诸法律,人们甚至对此还有一定的容忍⑦。即便到了19世纪末,人们依然认为“马鞭与决斗”,而不是“警察与法院”,是捍卫声誉与隐私的最佳手段⑧。

总而言之,早期美国社会已经出现了不同的隐私观念。在19世纪末以前,这些隐私诉求或因为自然条件,或通过具体律法,或依据社会传统

① “Instructions to Marshals, Etc. -Census of 1840”, *Wright and Hunt*, U. S. Census, p. 145, 转引自 David J. Seipp, *The Right to Privacy in American History*, p. 21。

② “Editor's Table”, *The New England Magazine*, Vol. 10, No. 3, May 1891, p. 406.

③ David J. Seipp, *The Right to Privacy in American History*, p. 2.

④ William Blackstone, *Commentaries on the Laws of England*, Vol. 4, London: A. Strahan, 1800, p. 168.

⑤ 参见 David J. Seipp, *The Right to Privacy in American History*, p. 25。

⑥ E. L. Godkin, “The Rights of the Citizen. IV – To His Own Reputation”, *Scribner's Magazine*, Vol. 8, No. 1, July 1890, p. 66.

⑦ David J. Seipp, *The Right to Privacy in American History*, pp. 5-7.

⑧ 参见 E. L. Godkin, “The Rights of the Citizen. IV – To His Own Reputation”, *Scribner's Magazine*, pp. 58-68。

习俗得以实现，并未形成一种隐私权利观念。在1880年之前，法院的确受理过一些隐私诉讼，但隐私保护在此时的美国司法领域之中仍是“大门紧闭”①；美国社会尚未将隐私视为一种独立存在的法律权利。然而，世纪之交美国社会的剧变，彻底改变了这种情况。“流言蜚语”成为了一种畅销的商品，人们的形象可以留存于照片之上传播。在迈向现代社会的过程中，一些因素改变了美国社会的隐私状况，催生出一种新的隐私诉求和权利观念。

二、世纪之交的社会发展和隐私权观念的诞生

（一）19、20世纪之交影响隐私状况的一些因素

内战和重建之后，美国社会步入了镀金时代和进步主义时期。不论是罗伯特·威比（Robert Wiebe）所勾勒的旧秩序的瓦解、新秩序的建立，还是阿兰·道利（Alan Dawley）所描述的自由国家的成型与寻求正义的斗争，抑或是迈克尔·迈格尔（Michael McGerr）强调的乌托邦式的期待与各阶层的激烈不满，19、20世纪之交的美国经历了社会剧变②。隐私权利的诞生与之息息相关。美国学者玛丽安·哈藤斯坦（Marian Huttenstine）对一百年间美国的隐私权判例和立法进行了定量分析。她指出，隐私并非轻而易举地发展为法律概念，而是在“大众社会个人隐私遭到侵犯的不断顾虑中，呈现出法律的状态”③。那么在世纪之交，有哪些因素影响

---

① Arthur R. Miller, *The Assault on Privacy: Computers, Data banks, and Dossiers*, Ann Arbor, Mich.: University of Michigan Press, 1971, p. 131.

② Robert Wiebe, *The Search for Order*: 1877-1920, New York: Hill and Wang, 1967; Alan Dawley, *Struggles for Justice: Social Responsibility and the Liberal State*, Cambridge, Mass.: The Belknap Press of Harvard University Press, 1991; Michael E. McGerr, *A Fierce Discontent: The Rise and Fall of the Progressive Movement in America*, 1870-1920, New York: Free Press, 2003.

③ Marian Louise Huttenstine, *The Right to Be Let Alone: A Descriptive Analysis of the Right of Privacy in Cases from* 1880 *through* 1983, Ph. D. Dissertation, University of North Carolina at Chapel Hill, 1985, p. 64.

了美国社会的隐私状况，导致了这些顾虑呢？科技发明是其中之一。

科技发明一直以来影响着社会的隐私状况。在19世纪后半页诞生的一系列通信技术革新（电报、电话等），不但彻底改变通信交流方式，更在20世纪初普及后催生出新的隐私诉求。在世纪之交，对隐私状况影响最大的还是摄影与印刷技术的发展。原先只有上流社会才有保存形象的“特权”，而相片与冲印技术，让任何人的形象都可以通过照片留存并广为传播。摄影师拍照也不再需要长时间准备，并要求拍摄对象静止不动。柯达公司推出的快照相机，可以让人随身携带，隐秘、迅速地抓拍运动物体①。19世纪末网线凸版技术的成熟，实现了在印刷品中大规模地刊印图片、相片。排版技术也获得突破，例如《纽约论坛报》（*New York Tribune*）在1886年引进了一种可以整行排版的机器，一改以往按字母单词排版的方式，大大提高了效率②。这些科技发明与进步，为隐私侵犯提供了基础。

19、20世纪之交美国社会城市化与新闻报刊业的发展，使得耸人听闻的报道（sensationalism）侵犯私人生活，成为最为突出的隐私侵害现象。传媒法专家唐·彭伯在评价这一时期时指出：“新闻报刊的无度行为是隐私权利构建的主要支柱之一。”③这些“无度行为”究竟是迎合了民众的口味，还是激发了民众猎奇心态，似乎是一个“鸡与蛋”的悖论。不过这种好奇心态是19世纪美国的普遍现象。一位英国作家在19世纪初的游记中写道：“在英国，人人都忙于自己的事；在这里，人们不知道别人的事就不得安宁……美国人的确有一种国民性，这就是侵扰的好奇心（intrusive curiosity）。”④偏安一隅、地广人稀的地理条件，相对隔绝、自给自足的

① John Gilmer Speed, "The Right of Privacy", *The North American Review*, No. 163, July 1896, p. 73.

② Robert Ellis Smith, *Ben Franklin's Website: Privacy and Curiosity from Plymouth Rock to the Internet*, p. 123.

③ Don R. Pember, *Privacy and the Press: The Law, the Mass Media, and the First Amendment*, Seattle: University of Washington Press, 1972, p. 17.

④ Charles William Janson, *The Stranger in America*, 1793-1806, New York: The Press of the Pioneers, 1935, p. 20.

"孤岛社会"(island communities)[1],或造就了美国人"刨根问底的习惯和鲁莽无理的好奇心"[2]。催生这种好奇心的条件,在19世纪末已不复存在。随着边疆开拓的结束,美国的人口也因本土增长和移民涌入达到了新的高峰。工业社会催生了人口密集的城市、拥挤不堪的公寓住宅和贫民窟[3]。在历史学家奥康纳看来,世纪之交的城市生活让人们"从独立转变为相互依存",社区成员的咫尺之遥使得农业社会的空间距离荡然无存;这非但没有消除人们的好奇心,反而"变本加厉":因为城市人口来自不同种族、不同信仰、不同背景、不同阶层,一种想要"了解别人生活、行为、习惯、习俗、思想和活动的私密细节"的心态普遍流行[4]。老阿瑟·施莱辛格也对这时的城市生活如此评价:"毋庸置疑,窥探性耸人听闻的报道(prying sensationalism),夺去了美国人生活中的大量隐私,却迎合了病态好奇心的需要。"[5]这种耸人听闻的报道,便是新闻报刊业发展的产物。

19世纪早期,美国的新闻报刊仅仅是复制一些英国报纸上的"过期内容",发行量很小,仅有富裕阶层才能接触到。30年代出现的"大众报"(Penny Press)改变了这一情况。这种小报价格低廉,内容多描写上流社会的堕落与低俗,随着城市人口的增长,销量剧增。大众平民成为主要的阅读者。新闻史学者弗兰克·莫特描绘了这一时期新闻业的特征:"小道消息和流言蜚语的报道盛行,无辜的人频繁出现在报刊专栏中。'窥私新闻风格'(keyhole journalism)诞生,而且不再被视为下流。发行量巨大的报刊常用此手段。"[6]《纽约画报》(*New York Graphic*)主编戴维·克

---

① 罗伯特·威比在《寻求秩序:1877—1920》(Robert Wiebe, *The Search for Order*: 1877-1920, New York: Hill and Wang, 1967)一书中提出一种观点,认为转型之前的美国社会是一座座相对"独立的孤岛",有着自身的等级与秩序。

② Henry Adams, *The United States in 1800*, Ithaca, N. Y.: Cornell University Press, 1967, pp. 39-40.

③ Thomas O' Connor, "The Right to Privacy in Historical Perspective", *Massachusetts Law Quarterly*, pp. 108-109.

④ Ibid.

⑤ Arthur Schlesinger, *The Rise of the City*, 1878-1898, New York: The Macmillan Company, 1933, p. 194.

⑥ Frank Luther Mott, *American Journalism: a History*, 1690-1960, 3rd ed., New York: The Macmillan Company, 1962, p. 444.

罗利(David Croly)直言不讳:“能满足人们好奇欲望的报刊就会取得巨大成功。”[①]没有法律的监管审查,在公众好奇心和商业利益的推动下,报纸杂志中耸人听闻的报道已是19世纪末美国人城市生活中的一部分。

(二)隐私权利观念的产生

“病态的好奇心”与“耸人听闻的报道”对私人生活的恣意妄为,引起了美国社会精英阶层的不满,他们对这一现象展开批判[②]。其中,有的是新闻人的自省,有的是法律界的倡议,还有的是文艺界的呼吁。在不约而同的“口诛笔伐”下,他们或将侵犯隐私视为诽谤,或指责新闻报刊已成为买卖流言蜚语的市场。

当时知名的报业人和自由主义改革家E. L. 戈德金(E. L. Godkin)早在1880年就敏锐地观察到这类现象。在《诽谤及其法律制裁》一文中,他把新闻报刊大肆报道私人生活、将流言蜚语诉诸报端的行为视为诽谤,称其为英美社会共同的难题。他批评新闻报刊这些“让公民‘高枕无忧’,担负社会责任的舆论‘督察员’”,如今却干起“滥用职权,探听隐私的越轨行径”[③]。这种批判得到了律师和政治家赫伯特·哈德利(Herbert Hadley)的回应。哈德利在1895年堪萨斯城律师协会的会议上,指出这样一种“怪现状”:“新闻报刊不向读者呈现尊重人的描写刻画,协会团体不能在美术馆和公园中树立知名人物的半身像,但是如果出现扭曲事实

① Charles Frederick Wingate ed., *Views and Interviews on Journalism*, New York: Ayer Publishing, 1970, p.91.

② 代表性的批判有E. L. Godkin, “Libel and Its Legal Remedy”, *Journal of Social Science*, Vol. 8, No.1, July, 1880, pp. 69-83; E. L. Godkin, “The Rights of the Citizen. IV-To His Own Reputation”, *Scribner's Magazine*, Vol.8, No.1, July, 1890, pp.58-68; Samuel D. Warren and Louis D. Brandeis, “The Right to Privacy”, *Harvard Law Review*, Vol.4, No.5, Dec. 1890, pp.193-220; Herbert S. Hadley, “Can the Publication of a Libel be Enjoined?”, *Northwestern Law Review*, Vol. IV, No. 4, January, 1896, pp. 137-146; John Gilmer Speed, “The Right of Privacy”, *The North American Review*, No.163, July 1896, pp.64-74; Finley Peter Dunne, *Observations by Mr. Dooley*, New York: Harper and Brothers Publishers, 1902, pp.237-244.

③ E. L. Godkin, “Libel and Its Legal Remedy”, *Journal of Social Science*, pp.69-70.

的诽谤报道和讽刺夸张的塑像，作恶之人却自由自在、不受法律约束。”[①]但是批判诽谤现象效果不大，因为民间对于传播流言蜚语的态度多为私下惩处；只要报道内容属实，法院也不愿接手新闻机构侵扰私人生活的诽谤案例[②]。

正因如此，戈德金在《公民的权利（五）：论其名誉》中，直截了当地批评新闻报刊侵犯隐私。他认为“隐私是现代社会的产物”，而隐私的主要“敌人”是人们的好奇心。但是这好奇心也无伤大雅，因为真正引起破坏的是那些揭露隐私的新闻报刊。在他看来，新闻报刊“将好奇心转化为经济学家口中的‘有效需求’（effectual demand），将蜚语流言转化为市场中的商品……在买卖消息的市场上发现了畅销货，常常狠赚一笔”[③]。戈德金的批评与讽刺，乃是源自对社会现象的观察；而同年发表在《哈佛法律评论》的一篇论文中，作者对此类现象的愤慨，则是来自亲身经历[④]。在《隐私权利》中，律师塞缪尔·沃伦（Samuel D. Warren）和路易斯·布兰代斯（Louis D. Brandeis）更为尖锐地批判了新闻报刊为追求发行量侵害个人隐私的现象：

> 新闻报刊超出了礼义廉耻可以容忍的限度。传播蜚语流言不再是闲散无聊人士的消遣，而成为一种行业，被人们孜孜不倦又厚颜无耻地从事着。为迎合低俗品味，日常小报的专栏里遍布床笫之私，好逸恶劳的人对各个专栏里的流言蜚语乐此不疲。这些内容，只能

---

① Herbert S. Hadley, “Can the Publication of a Libel be Enjoined?”, *Northwestern Law Review*, p. 143.

② Robert Ellis Smith, *Ben Franklin's Website: Privacy and Curiosity from Plymouth Rock to the Internet*, p. 110.

③ E. L. Godkin, “The Rights of the Citizen. IV – To His Own Reputation”, *Scribner's Magazine*, pp. 65-66.

④ 文章作者塞缪尔·沃伦生于马萨诸塞州的富贵之家，与特拉华州的政治望族联姻，迎娶了参议员的女儿。沃伦的婚礼以及妻子的社交活动，常常见诸于报端，引起了他的不满，促使他邀请法学院的好友布兰代斯共同撰写了这篇《隐私权利》。有关《隐私权利》文章的成因，可参考艾米·盖达：《如果塞缪尔·沃伦没有和参议员的女儿结婚——试析导致“隐私权”一文的新闻报道》（Amy Gajda, “What if Samuel D. Warren hadn't Married a Senator's Daughter?: Uncovering the Press Coverage that Led to ‘the Right to Privacy’”, *Michigan State Law Review*, 2008, pp. 35-60）。

以侵犯私人生活的方式获取①。

无独有偶,1896 年美国最古老的文学杂志《北美评论》也刊登了同名文章②,作者约翰·斯皮德(John Speed)表达了同样不满。他质问这种"投入资金甚多,从事人数甚广"的新型产业,"对人们私人生活的侵犯,究竟能到何种程度?"③尽管这些批判之声不约而同,作者们却从各种角度阐述了隐私于现代人的重要性,在呼吁立法或司法保护隐私的同时,也阐明了一种具体的隐私权利观念。

呼吁立法保护隐私以戈德金和斯皮德为代表。戈德金谈到了新闻报刊侵犯隐私的危害性:早先"对人影响微乎其微,仅在小范围内口口相传的流言蜚语",如今"都变为刊印出的文字……轻而易举地家喻户晓、人尽皆知,传到千百里之外……造成受害人巨大的痛苦"④。他称赞法国的法律与文化,因为他们严处侵害隐私的行为。他呼吁美国社会应该尊重"私人生活",建议立法机关制定公共政策,促进那些有益公共福祉的习俗,因为"人人都应享有一种权利:不让他人知晓自己的事情,决定自己在何种程度上成为公众观察与讨论的对象"⑤。在讨论公民名誉的文章中,他更是将这种权利"升华":"人的思想与情感,品味与习惯,私下的所作所为以及屋檐下的家庭生活,能让公众了解多少由自己决定。亦如一个人决定如何饮食、穿着、休憩,皆是天赋人权(natural rights)。"⑥

斯皮德则强调隐私关乎美国文明,他说:"确立隐私权利,乃是时之需、势之趋。只有认可并保护隐私权,文明才不至堕落崩溃,得体优雅才不至被野蛮粗俗摧毁殆尽。"⑦他运用多方资源论证,隐私的保护广泛存

① Samuel D. Warren and Louis D. Brandeis, "The Right to Privacy", *Harvard Law Review*, pp. 195-196.

② The right to privacy 和 the right of privacy 在语义上没有区别,人们常常混用。

③ John Gilmer Speed, "The Right of Privacy", *The North American Review*, p. 64.

④ E. L. Godkin, "The Rights of the Citizen. IV – To His Own Reputation", *Scribner's Magazine*, p. 66.

⑤ E. L. Godkin, "Libel and Its Legal Remedy", *Journal of Social Science*, p. 78, p. 80.

⑥ E. L. Godkin, "The Rights of the Citizen. IV – To His Own Reputation", *Scribner's Magazine*, p. 65.

⑦ John Gilmer Speed, "The Right of Privacy", *The North American Review*, p. 64.

在于欧美文明与传统之中,上至日耳曼人禁止骚扰邻人的法则,下至现代社会的第十一条戒律——“别管闲事”(mind your own business)①。法律保护商业秘密;牧师、律师和医生等职业禁止泄露他人信息;立法机关也常常召开秘密行政会议。这些例子,在他而言“反映了一种趋势:不仅是我们也包括其他国家,都开始维护一种权利,这种权利与财产权和人身安全无关”②。斯皮德觉察到司法系统处理隐私权的难处:“非常遗憾,在处理这种重要权利时,法院束缚于受理的案例,判决虽然涉及隐私权利,却仍‘就事论事’。”于是他向转而向立法机构求助:

> 如果我们无法在判例和一般法律之中,找到一种明确的声明:基于一个公民的隐私权利,其个人生活、习惯、行为与人际关系,这些与公职或其他职业事务(教师、牧师、科学家、艺术家等)无关的内容,未经本人许可不得公开、出版和刊印,当下就是最佳时机,立法机构必须有所反应,制定基本法律,认可并保护人的(这一)权利③。

哈德利指出了司法领域的另一难处。他认为新闻报刊侵犯个人隐私的现象,很难在判例中得以解决,是因为“英美法系,先例重于原则”。共同法中的先例,因时代局限总带有“历史的偏见”,当文明发展、社会变化后产生新的权利诉求时,便无法实现④。针对新闻界侵犯个人隐私的行为,他指出“宪法保护每一个人‘自由讨论、写作和出版任何话题’的权利,但不能不加区别地发展成诽谤他人的权利”⑤。因此他呼吁法院在忙于各类商业财产案诉讼的同时,应对“家庭的神圣和个人名誉的保护”予以关注⑥。同为律师的沃伦和布兰代斯则打破先例的传统框架,从英美共同法中总结出一种重要原则,为隐私权的存在提供

---

① John Gilmer Speed, “The Right of Privacy”, *The North American Review*, p. 65.

② Ibid., pp. 67-72.

③ Ibid., p. 73-74.

④ Herbert S. Hadley, “Can the Publication of a Libel be Enjoined?”, *Northwestern Law Review*, pp. 145-146.

⑤ Herbert S. Hadley, “Can the Publication of a Libel be Enjoined?”, *Northwestern Law Review*, pp. 143-145.

⑥ Ibid., p. 145.

司法依据。

相较戈德金所言的“流言蜚语家喻户晓”给人带来痛苦和斯皮德高呼的“时代文明的需要”，沃伦与布兰代斯更为理性地指出隐私对现代人的重要性：

> 文明发展，人们的生活日渐紧张而复杂，适时地远离世事纷扰，极有必要。随着文化修养的提高，人们也对公共场合更为敏感，独处与隐私之于人更是必不可少。但如今的新闻报刊和各类发明，侵害人隐私，招致人精神上的痛苦与困扰，较纯粹的身体伤害，有过之而无不及①。

他们借用了法官托马斯·库利（Thomas Cooley）提出的概念——“不受打扰的权利”（the right to be let alone）②，并赋予之新的意义。他们认为共同法应在经济、政治不断的发展中适应社会需要。所以，过去的生存权利（right to life）仅意味着不受暴力伤害，而“今日的生存权意味着享受生命（enjoy life）——不受打扰的权利”③。戈德金、斯皮德等人认为，立法机关制定法律是保护隐私权利的“不二法门”，而沃伦与布兰代斯却相信美国的司法系统可以解决这个问题：“法律的发展不可避免，立法机构无须介入，共同法引以为豪的完美‘容纳性’，便可让法官们提供（对隐私的）必要保护。”④不论是照片的出现，还是“窥私新闻”的泛滥，都是全新的社会现象，那么如何摆脱“历史的偏见”呢？两人通过类比英美共同法中的判例，例如：保护文学与艺术作品，保护人们思想与感情的表达，禁止公开私人藏品和目录，禁止出版私人信件与日记等，总结出一种传统原则。他们认为这种原则“并非基于私有财产，而更可称之为‘不可侵犯的人格’

① Samuel D. Warren and Louis D. Brandeis, “The Right to Privacy”, *Harvard Law Review*, p. 195.

② 原文是：完全免于外界干扰的权利（a right of complete immunity: to be let alone）。库利的原意是：没有付诸实践的暴力威胁，也会侵害他人权利。例如，声称要殴打别人，即使并未去做，也会让人受惊。参见 Thomas Cooley, *A Treatise on the Law of Torts*, 2ed. Chicago: Callaghan, 1888, p. 29。

③ Samuel D. Warren and Louis D. Brandeis, “The Right to Privacy”, *Harvard Law Review*, p. 193.

④ Ibid., p. 195.

(inviolate personality)”,“保护个人隐私不受他人侵犯”①。于此,沃伦与布兰代斯从历史判例中,“提炼”出一种适用于当下的权利。隐私权在他们而言,就是一种“保持私下自我”不被“公开描写”(public portraiture),不许“报刊新闻讨论个人私事”的权利②。

殊途同归,不论是恳请立法机构还是诉诸司法原则,不论是“决定自己何种程度上公之于众”还是“不受打扰”的权利,19 世纪末的美国社会产生出一种隐私权利观念。这种权利观念反应了具体的隐私诉求,针对的是新闻报刊侵犯私人生活。社会精英们将隐私视为一种重要的个人权利,希望借由立法和司法领域,确立一种不依附于其他原则和法规,而是与财产、生命权利同等重要的隐私权。但是隐私权的司法与立法实践,又是否将这种权利观念付诸现实呢?法官们在判例中或“拿来主义”或“全盘否定”,并未就隐私权达成一致看法;立法者也没有制定法律禁止新闻报刊的行为。世纪之交的隐私权没有按照呼吁者们的思路发展,而是在有关个人姓名、肖像被商业盗用的判例和立法中得以确定。

三、从观念到权利
——隐私权的司法争议与立法实践

(一) 19 世纪末司法判例中的隐私权利

在 19 世纪 80 至 90 年代,司法系统的“大门”终于被各种涉及隐私权的诉讼敲开。在 1903 年纽约州隐私法令颁布之前,隐私权利的主张已经出现各州的判例之中。最初,这些判例反应了不同的隐私诉求,并不都涉及新闻报刊侵犯私人生活;而法官们也“就事论事”,对隐私权利或语焉不详、或避之不谈,不愿承担创造先例的风险。这其中以“罗伯茨诉德梅案”和“斯凯勒诉柯蒂斯案”为代表。

---

① Samuel D. Warren and Louis D. Brandeis, “The Right to Privacy”, *Harvard Law Review*, pp. 206-207.

② Ibid., p. 214.

1881 年密歇根州的"罗伯茨诉德梅案"[1](De May v. Roberts),是美国司法领域中首次把隐私与权利相结合的判例[2]。该案源自一起民事纠纷:医生约翰·德梅(John H. De May)去罗伯茨家中替她接生,并授意一同前往的友人在场协助生产。事后罗伯茨发现此人并非医护人员,认为她的隐私遭到侵犯、要求赔偿,获得了法院的支持[3]。州最高法院法官在判决中写道:

> 医生授意此人协助生产,却没有告知原告夫妇该人的真实身份。虽然法律会加以惩处,但任何明了是非、崇尚正义、知书达礼之人仍会震惊。对原告而言,那是最为神圣的场合,任何人都无权打扰,除非被邀请或情势所需,而本案并无上述情况。在她的公寓,在她生产的时刻,原告拥有法定的隐私权利(a legal right to privacy),法律要求他人尊重这种权利,不得侵犯[4]。

法官根据情理得出一种模糊的"法定隐私权利",既无先例支持,也未具体说明。根据诉讼内容和判决语境,此处的隐私权或反映了空间与身体隐私,也包含了不受打扰的意味,但与新闻报刊侵犯私人生活的隐私权观念无关。

1891 年纽约州"斯凯勒诉柯蒂斯案"[5](Schuyler v. Curtis)则是因为替人树立塑像而引起的纠纷。一家妇女基金会决定在万国博览会上展出两座雕像,以纪念杰出女性,其中一座以过世的乔治·斯凯勒(Mrs. George Schuyler)为原型。斯凯勒的亲属不满这一举动,向法院要求禁止

---

① De May v. Roberts, 46 Mich. 160 (1881). 注:本文沿用英美学界引用判例的惯例。例如罗伯茨诉德梅,收录于密歇根法院判例汇编(Michigan Reports)第 46 卷,始于该卷第 160 页。当转述或引用判决意见原文时,则标出具体页码。被不同判例汇编同时收录时,一般以官方判例汇编为准。例如 1895 年的斯凯勒诉柯蒂斯,既收录于官方纽约州判例汇编(New York Reports)第 147 卷,又收录于 Westlaw 美国东北地区判例汇编(North Eastern Reporter)第 42 卷,则以纽约州判例汇编为准。

② 之前已经出现一些涉及隐私利益(privacy interests)的判例,但其中并未提出一种法律权利主张。本文所举判例,均明确与隐私权利观念和实践有关。

③ De May v. Roberts, 46 Mich. 160 (1881), pp. 161-165.

④ Ibid., p. 165.

⑤ Schuyler v. Curtis, 15 N. Y. S. 787 (1891).

这一行为,理由之一便是认为此举侵犯了斯凯勒的隐私权利[①]。这一主张获得了初审法院(Supreme Court of New York)[②]的支持。虽然诉讼与窥私报道无关,但初审法官却是沃伦与布兰代斯隐私权观念的支持者,称赞他们的文章“才华横溢”、“值得每一个律师仔细研读”,并说:“共同法中显然存在着一种原则保护隐私权利,就像《哈佛法律评论》的那篇文章所分析的那样。”[③]仅依据法学论文提出的权利观念作为判决基础,难免要遭受质疑。纽约州上诉法院(Court of Appeals of New York)在上诉中推翻了初审判决。

上诉法院的法官们则支持基金会,对斯凯勒亲属的主张加以苛责,认为他们“沉溺于隐私权的神圣性之中”,是“纯粹的心血来潮、完全的异想天开”[④]。但是法官们没有彻底否定隐私权利,只是态度模棱两可,刻意回避创造先例的责任。主笔法官表示:“没有必要完全否定原告要求的隐私权……本案的实质为:被告是否侵犯了此类权利,哪怕根据极端自由派[⑤]对这类权利的理解。”[⑥]这种论断让人费解,不界定一种权利的内涵,又如何裁定这种权利是否遭到侵犯呢?判决意见却认为“关键在于”:“此案无关斯凯勒生前享有何种隐私权利……死亡夺走了法律意义上的一切权利,当斯凯勒女士死亡之时,她所拥有的个人隐私权利(her own individual right of privacy),不论为何,都在那一刻终止。”[⑦]于此,法官们规避了隐私权是否存在以及隐私权是什么的问题。上诉法院仅有一位法官支持原判,认为隐私权基于财产权利。在他看来,塑像让斯凯勒的声誉与

---

① Schuyler v. Curtis, 15 N. Y. S. 787 (1891). p. 788.

② 纽约州司法系统的命名较为特殊:州内的 Supreme Court 只具有初审法院和中级上诉法院的职能。更高一级的是最高法院上诉部(Appellate Divisions of the Supreme Court),共分四区,统辖各类初审法院上诉。州司法系统内的终极法院是州上诉法院(Court of Appeals of New York),承担着类似其他州最高法院的职能,是纽约州实质意义上的“最高法院”。为避免翻译与理解的混淆,涉及纽约州 Supreme Court 时,笔者一般译为初审法院并予以标注。

③ Schuyler v. Curtis, 15 N. Y. S. 787 (1891), p. 789.

④ Schuyler v. Curtis, 147 N. Y. 434 (1895), p. 448, p. 452.

⑤ 意指沃伦与布兰代斯《隐私权利》一文中提出的隐私权概念。

⑥ Schuyler v. Curtis, 147 N. Y. 434 (1895), p. 443.

⑦ Ibid., p. 447.

形象变为公共财产，其亲属有权通过法律让其隐私仍处于私人领域[1]。该案反映了法官们对隐私权的态度两极分化，也首次将隐私权和使用他人肖像的行为相联系。随着隐私权案例的增多，隐私权与姓名、肖像的使用联系愈加紧密，例如 1893 年的“马克斯诉贾法案”和“科利斯诉 E. W. 沃克公司案”。

在纽约州“马克斯诉贾法案”[2]（Marks v. Jaffa）中，新闻报刊未经许可刊登个人照片，被裁定为侵犯隐私。一名法学院学生，被当地一家报纸选中，参加了知名度比赛（popularity contest）。报社未经他许可，便将他与另一位演员的照片一同刊登。他向纽约市高级法庭（Superior Court of New York）提起诉讼，获得支持。法庭禁止报社使用他人照片举行这类比赛。主审法官也是沃伦等人隐私权观念的支持者，在判决中表示：“本案中将保护一种个人权利，这权利被恰如其分地表述为‘不受打扰的权利’……必须尊重一个人的权利，意愿和情感。”[3]而这一案例并非关于新闻报道披露私事，所以法官在表达愤慨之余，具体解释道：“这种竞赛极为可憎。不论出于何种目的，任何新闻报刊或其他机构，未经许可都不能使用一个人的姓名和肖像。”[4]将隐私权利观念与诉讼的具体实情相结合，这种“就事论事”使得支持隐私权的法官也不免“削足适履”，将隐私保护具体落实为新闻报刊和其他机构不得未经许可使用他人姓名与肖像。

而在“科利斯诉 E. W. 沃克公司案”[5]（Corliss v. E. W. Walker Company）中，侵犯隐私的主角并非新闻报刊，而是一本传记：乔治·科利斯（George H. Corliss）的遗孀向法院提起诉讼，请求法院禁止 E. W. 沃克公司出版亡夫的传记。但她并未提起诽谤和财产权的要求，而是认为传记侵犯了科利斯的隐私权利[6]。法官并未否认隐私权利的存在，只是更注

① Schuyler v. Curtis, 147 N. Y. 434 (1895), pp. 453-455.
② Marks v. Jaffa, 6 Misc. 290 (1893).
③ Ibid., p. 293.
④ Ibid., pp. 291-292.
⑤ Corliss v. E. W. Walker Company, 57 F. 434 (1893).
⑥ Ibid., p. 434

重出版自由,认为"联邦宪法和各州宪法保护言论及出版自由",因此"只要保证不违背公共道德的和他人声誉","人们可以畅所欲言、自由出版"①。传记既无这类行为,便没有理由禁止出版。这种出版自由重于隐私权利的观念,在世纪之交的隐私权判例中具主宰地位,成为隐私权观念被法律认可的主要障碍。1894 年,E. W. 沃克公司因传记中两张照片的所属权有争议,再次上诉②。这一次,法官也不得不"就事论事",将隐私权利和照片与肖像挂钩,在判决意见中指出:"照片与肖像是否应予公开,取决于本人是公众人物还是普通人。法律保护普通人,私人肖像不得公开。但是政客、作家、艺术家和发明家,则向公众放弃了这一权利。"③斯皮德呼吁立法机构制定法律保护隐私权利,正是对此案裁定公众人物不享有隐私权利的有感而发。

19 世纪末的众多涉及隐私权的判例之中,既囿于"历史的偏见"和法官的两级化立场,没有形成重要的先例,认可一种普遍意义的隐私权利;又因为"就事论事"的司法痼疾,使得判例中提出的隐私权渐渐落实于具体的侵害行为,偏离了社会精英所呼吁的隐私权观念。

(二) 隐私权利的诞生

进入 20 世纪后,主张隐私权利的诉讼逐渐增多,大致可分为两类:一类是报纸杂志侵犯私人生活;另一类则关于姓名、肖像和照片未经许可被商业和广告使用。哈藤斯坦的定量分析表明,1920 年以前的隐私权案例中,以上两类占据了大多数④。后一类诉讼也提出隐私权利主张,或可从三方面解释:其一,在侵害隐私方面两类诉讼具有共性,都涉及将私人形象或事务公之于众;其二,在世纪之交,现代意义的肖像权和名誉权、照片的财产归属等问题尚在形成之中⑤,难以用作诉由;其三,19 世纪末的商

① Corliss v. E. W. Walker Company, 57 F. 434 (1893), p. 435.

② Ibid., p. 280.

③ Ibid., p. 282.

④ Marian Louise Huttenstine, *The Right to Be Let Alone: A Descriptive Analysis of the Right of Privacy in Cases from* 1880 *through* 1983, p. 75.

⑤ Robert Ellis Smith, *Ben Franklin's Website: Privacy and Curiosity from Plymouth Rock to the Internet*, p. 124.

业发展带动了现代广告业的兴起①。广告不仅在报刊上占据了大幅版面，宣传形式也更加丰富，出现了带有相片的海报与广告：不论是“罗伯森诉罗切斯特纸盒公司案”中的面粉广告传单，还是“佩夫里奇诉新英格兰联合人寿保险公司案”中的报刊广告，皆属于此类。而1902年纽约州的“罗伯森诉罗切斯特折叠纸盒公司案”②（Roberson v. Rochester Folding Box Company，以下简称罗伯森案），便是世纪之交隐私权争议中举足轻重的关键判例：纽约州州最高法院在此案中明确否认了隐私权利的存在，最终促使州议会通过了隐私法令。

1900年，富兰克林磨坊公司（Franklin Mills Company）将阿比盖尔·罗伯森（Abigail M. Roberson）的肖像配上广告词，制作了两万五千份平面印刷品（海报、传单等），并在各处散发③。罗伯森毫不知情，遭到了别人的讥笑和奚落，身心备受折磨，不得不卧床就医④。她因此向法院起诉，恳请阻止广告继续发放，并要求经济赔偿。原告律师认为，这种未经许可便将他人肖像用于广告的行为，侵犯了隐私权利（invasion of her right of privacy）⑤。而被告律师则反驳说，隐私权利不是一种“合法的起诉权利”（legal actionable right），在现行律法中并不存在⑥。

在上诉法院的终审中，首席法官阿尔顿·帕克⑦（Alton Brooks Parker）等人推翻了下级法院的判决，彻底否定了隐私权利的存在。尽管此案并不涉及窥私报道，但是罗伯森以隐私权为基础要求法院禁止未经许利用肖像，使得这一权利成为案例的核心。帕克和当时很多保守法官一样，并不认可这种隐私权利观念。他批评下级法院，在鲜有先例的情况下

---

① 商业史学者丹尼尔·波普在《现代广告业的兴起》（Daniel Pope, *The Making of Modern Advertising*, New York: Basic Books, 1983）一书中指出：19世纪80年代的新技术和标准化生产，创造了前所未闻、数量惊人的产品，使得制造商与销售商主动寻求消费者，全国性的商品广告因此出现。

② Roberson v. Rochester Folding Box Company, 171 N. Y. 538 (1902).

③ 承印方是罗切斯特折叠纸盒公司。

④ Roberson v. Rochester Folding Box Company, 171 N. Y. 538 (1902), pp. 540-541.

⑤ Ibid., p. 543.

⑥ Ibid., p. 544.

⑦ 阿尔顿·帕克亦是当时的知名政治家，1904年获民主党提名参加总统选举，后败于西奥多·罗斯福。

"却认为原告诉因合理,因为被告侵犯了所谓的'隐私权利'——也就是不受打扰的权利。"[①]在他看来,这个权利从未出现在共同法评论家的观点之中,"在1890年《隐私权利》用一种引人注目的口吻提出之前,似乎也难觅踪迹"[②]。帕克拒绝认可隐私权,是因为他遵循一种保守的法律观念:制定先例必须谨慎行事。他说:

> 立法机构完全可以介入此事,制订法律禁止用他人肖像牟利,或未经允许不得将他人姓名用于广告。这样就不会出现难堪局面,因为法院可在相关案例中运用这一原则。法院无权立法,若对此案做出裁决,必然会因没有先例陷入尴尬境地……不能低估先例原则的重要性:判决会对未来诉讼与法律发展产生影响,法院应时刻铭记于心。[③]

比起沃伦、布兰代斯"法律与时俱进"的态度,帕克更为谨慎,并把难题推给立法机关,与戈德金和斯皮德的观点相似。在立法建议中,他也局限于"禁止用他人肖像牟利,或未经允许不得将他人姓名用于广告",因为担心这种权利"一旦被认可为法律原则",便会扩及至"口头描述"和"评价他人相貌、行为、家庭关系或习惯",那么"大量的诉讼将纷至沓来"[④]。

上诉法院中并非所有法官同意这种观点。约翰·格雷(John Clinton Gray)就表示强烈反对。对于帕克的谨小慎微,他批判道:"在文明发展、新的社会和商业条件下",如果"无力扩充共同法和自然正义的原则",这将是法律的莫大耻辱(reproach)[⑤]。格雷表示:"共同法认为人与财产不可侵犯,一个人拥有不受打扰的绝对权利(absolute right to be let alone)……人们行使自身权利、使用个人财产时,应当尊重他人的权利和财产。"[⑥]而这种"不受打扰的绝对权利"被他落实于:"公开刊印肖像用

① Roberson v. Rochester Folding Box Company, 171 N. Y. 538 (1902), p. 544.
② Ibid., p. 546.
③ Ibid., p. 546.
④ Ibid., p. 557.
⑤ Ibid., p. 561.
⑥ Ibid., p. 562.

于商业目的或牟利,就是一种侵犯个人隐私的行为。"①格雷的意见反应出与沃伦等人一致的法律观念:法律应当与时俱进,不能因"历史的偏见"和保守的思想而停滞不前;但他在支持隐私权利的同时也将侵害隐私的行为具体化为肖像盗用。这种思路,在后来的"佩夫里奇诉新英格兰联合人寿保险公司案"中再次出现。

格雷的反对,无法改变"罗伯森案"的判决结果。州终审法院在一起盗用他人肖像的判例中否定隐私权利的存在,引起了社会舆论和法律界的广泛关注。人们无意区分两类诉讼涉及问题的不同,而是关注于被否认的隐私权利观念,担心新闻报刊更将肆无忌惮地侵犯私人生活。

1902年6月判决宣布后,有人去信《纽约时报》讽刺州法院只保护财产权利,无视个人隐私,戏称若面粉海报盗用的肖像是罗伯森的宠物狗,这场官司或许会赢②。判决宣布后一周内,《纽约时报》发表评论:或称该判决"是骇人听闻的声明";或评价帕克的意见是"明智而保守地阐释了衡平法",但是"人们渴求的适度隐私与公众中泛滥的病态喜好,这两者间的所有壁垒将被打破"③。8月23日,《纽约时报》以《隐私权利》为名发表社评批判法院的立场:

> 在本州上诉法院法官帕克"令人瞠目"的判决意见中,提到一种惹人注目的观点:纽约州人民无须遵守隐私权利。我们碰巧获知,这个判决不仅让律师和法学家,也让世俗公众惊讶……纽波特(Newport)一位年轻女士的隐私也被恶意侵犯:只因为未婚夫自尽,她便登上各类画报。帕克法官的女儿若受此待遇,或许会唤起他的责任感重新考虑这一判决——散播信息者无须尊重个人权利。若如帕克所言,没有法律惩处这种野蛮骇人的行径……那么正直之人会说,如今正是立法之时④。

判决通过电报、信件传到各地。例如《科罗拉多斯普林斯公报》(*Colorado*

① Roberson v. Rochester Folding Box Company, 171 N. Y. 538 (1902), p. 563.

② "Letters to the Editor of The Times: Publishing a Woman's Picture", *New York Times*, July 13, 1902, p. 8.

③ "Right to Privacy ", "Topics of the Times", *New York Times*, July 3, 1902, p. 6.

④ "The Right of Privacy", *New York Times*, August 23, 1902, p. 8.

Springs Gazette)、《亚特兰大宪政报》(*Atlanta Constitution*)等地方报纸,都报道了"罗伯森案"。《斯普林斯公报》的态度最能反映美国人用武力捍卫隐私的传统。报道认为从此以后,新闻报刊便可随心所欲地擅自刊印他人照片,建议人们"感到自己的权利被践踏时,感到自己被新闻报刊伤害时,仍可把编辑痛打一顿以获得慰藉"①。

法学界也判对决结果提出质疑。《美国法律评论》批评道:"这一结果与寻常百姓的正义感背道而驰,对他们更是一种伤害。"②《耶鲁法律评论》的编辑指出,这个判决"无疑保护了傲慢自大的新闻报刊,他们可以随意窥探,不雅地向公众展示那些最为私密和个人的事情","将让业已堕落的新闻界标准愈加低下"③。针对这些批评,上诉法院法官丹尼斯·奥布莱恩(Denis O' Brien),异乎寻常地撰文替判决结果辩护:"我们的生活中商业与获利精神无处不在,某些手段或许会冒犯敏感之人、有违得体之念。但是若法官和立法者介入这些纠纷,只会来带来更大的弊端。"④他对隐私权利的认可不抱有信心,因为"法院无权立法,仅能执行与阐释业已存在的法律……所谓的隐私权利,对于道德家和改革者而言极具魅力,但对于立法者而言,想要创造这一权利亦是困难重重"⑤。

然而纽约州立法机关并未遇到重重困难:1903 年 1 月参议员纳撒尼尔·艾斯伯格(Nathaniel A. Elsberg)提出一则议案,在各方求隐私权利的呼声中被迅速通过,于同年 9 月生效成为纽约州法令。在 1909 年合并入纽约州公民权利法,于 1911 年和 1921 年被再次修订,并一直沿用至今。最初的法案原文如下:

---

① 详见 Frederick S. Lane, *American Privacy*: *The 400-year History of Our most Contested Right*, Boston: Beacon Press, 2009, pp. 67-68。

② 参见 Morris L. Ernst and Alan U. Schwartz, *Privacy*: *The Right to be Let Alone*, New York: The Macmillan Company, 1962, p. 143。

③ "An Actionable Right of Privacy? Roberson v. Rochester Folding Box Co.", *The Yale Law Journal*, Vol. 12 No. 1, Nov. 1902, pp. 37-38.

④ Denis O' Brien, "The Right to Privacy", *Columbia Law Review*, Vol. 2, No. 7, Nov. 1902, p. 446-447.

⑤ Ibid., p. 445.

第一部分 隐私权

未经本人或未成年人的家长或监护人预先书面同意,把在世之人的姓名、肖像和照片用于广告或商贸用途的个人、企业和法人团体,将以轻罪论处。

第二部分 禁止令与伤害起诉

本州内,任何人的姓名、肖像和照片,若未预先书面同意,就被用于广告和商贸用途。受害人都可以在本州初审法院提起衡平法诉讼,起诉盗用的个人、公司与法人团体,禁止并限制继续盗用行为。也可就上述盗用而导致的伤害,提出赔偿要求。如果被告在知晓使用他人姓名、肖像和照片的行为被禁止或被上述法律宣布为非法情况下违法,陪审团可以酌情判处惩罚性赔偿①。

尽管法令只是禁止商业盗用姓名、肖像,而非禁止新闻报刊侵犯私人生活,但仍是针对隐私侵犯的重要立法。法令颁布以后得到了人们的称赞:有人认为,如今"作为社会一员,获得了平静享受生活的权利";有人表示,"原先社会正义用暴力反抗隐私侵犯,而今法律就能对侵犯隐私的行为予以制裁"②。不过,纽约州法令无法对其他州造成影响,共同法中依然缺乏明确认可隐私权的先例,"罗伯森案"甚至是否认隐私权的先例。这一难题,在乔治亚州"佩夫里奇诉新英格兰联合人寿保险公司案"③(Pavesich v. New England Mutual Life Insurance Company,以下简称"佩夫里奇案")中得以解决。

这起诉讼和"罗伯森案"类似:《亚特兰大宪政报》上的一则广告,未经许可便使用了帕奥罗·佩夫里奇(Paolo Pavesich)的照片,并捏造了一段推荐产品的自白。佩夫里奇认为这则广告侵犯了他的隐私权,要求赔偿。最初在地方法院未获支持,直至1904年上诉至州最高法院。法官们一致同意,推翻下级法院的判决,支持隐私权利。主笔判决意见的法官安德鲁·科布(Andrew Cobb)回应了"罗伯森案"中的观点,并系统地发展

① New York Laws, 1903, Chapter 132, Section 1, Section 2.

② Samuel H. Hofstadter, *The Development of the Right of Privacy in New York*, New York: The Grosby Press, 1954, p. 12.

③ Pavesich v. New England Mutual Life Insurance Company, 122 Ga. 190 (1905).

出一套解释。他也批判了帕克的谨小慎微和“缺乏先例论”，认为缺乏先例并不能成为没有这种权利的证据，即便没有先例，也可根据自然法和公共利益来裁决。[①]科布认为，隐私权源自自然法，也被纽约州地方法令所认可。综合了沃伦、布兰代斯和斯皮德等人的观点，他指出在传统法律中有着各种原则保护隐私权利。例如：夫妻之间不得相互指证，律师与当事人的保密特权，“家即城堡”的传统观念，反对偷听的社会习俗等。他甚至援引宪法正当程序条款：“本州内，隐私权利受美国宪法和乔治亚州宪法中未经正当程序不得剥夺他人自由的条款保护。”[②]在正当程序多被用于支持企业和经济利益的时代而不是个人权利的时代，实为罕见。他进而运用个人自由话语，阐释了隐私权利：

> 隐私权利存于个人安全与自由的绝对权利（absolute rights）之中……个人自由，不但指人身不受限制，也包含“不受打扰”的权利，包含一个人按其意愿生活的权利，只要不妨碍他人和公共利益。有人想要离群索居、孑然一身；有人乐于被人关注，成为焦点；还有人希望既有私密空间，也有公共生活[③]。

这种个人自由话语，虽然无法获得世纪之交司法思想的共鸣，却在某种程度上预示着后世隐私权利争论的核心。科布回到诉讼中，明确指出：“未经同意公开他人的肖像与照片，并用于商业和广告，就是侵犯隐私权利的行为。”[④]至此，隐私权利以禁止商业利用肖像和照片的具体形式，也被司法判例所认可。虽然诉讼本身并不涉及新闻报刊与出版自由，他也表示言论与出版自由不能被滥用，隐私权与言论自由相互牵制，但不能偏废一方[⑤]。科布描绘了一种“理想状态”，尽管这在现实社会中难以实现。其判例中的确立的隐私权，仍没有禁止新闻报刊侵犯私人生活，最终也落脚于广告和商业盗用照片和肖像的具体侵害行为上。

---

① Pavesich v. New England Mutual Life Insurance Company, 122 Ga. 190 (1905), pp. 193-198.

② Ibid., pp. 195-197.

③ Ibid., p. 195.

④ Ibid., p. 219.

⑤ Ibid., pp. 202-206.

"佩夫里奇案"反映了一种社会趋势：在20世纪初，各州确认隐私权利的判例和立法，如雨后春笋般纷纷涌现。甚至早在1899年，加利福尼亚州议会就通过一项修正案禁止未经允许公开个人肖像。宾夕法尼亚州、弗吉尼亚州、犹他州也分别在1903年、1904年和1909年通过保护隐私的法令①。在20世纪20年代以前，已经有十三个州或通过立法或司法判例，认可了这一类型的隐私权利②。到了1950年，共有二十余州通过判例或立法认可了禁止姓名、肖像被商业利用的隐私权利，仅有两起判例明确否认隐私权，其中之一便是"罗伯森案"③。那么，为什么针对新闻报刊侵犯私人生活的隐私权观念，在司法和立法实践中没有实现，而是转变为一种禁止商业盗用姓名、肖像的权利呢？

四、19、20世纪之交美国隐私权争议的意义

在19世纪末、20世纪初的隐私权争议中，戈德金、斯皮德、沃伦和布兰代斯等人所呼吁的那种保护个人生活不受新闻报刊侵犯的个人权利观念，在司法和立法实践中没有得以确立，反而催生了一种禁止广告和商业盗用姓名、肖像和照片的财产性权利。从表面上看是因为司法领域"历史的偏见"和"就事论事"作祟。同时，认可隐私权利的重要判例和立法均与商业侵害行为相关，这并非"历史的偶然"。这一时期支持与反对隐私权的判例和立法并存，体现了美国社会隐私保护的新需求与言论出版自由传统之间的矛盾。

实现戈德金等人所构想的隐私权利的最大障碍，便是美国社会由来

① Virginia Code. 1930 Section 5782, enacted in 1904; Act of May 1, 1903, 1903 Pennsylvania Laws 265; Utah Code Ann. Section 76-4-8, 9. 参见 Ken Gormley, "One Hundred Years of Privacy", *Wisconsin Law Review*, p. 1354; James A. Washington, *The Right of Privacy in the U. S. after Fifty Years*, Harvard Law School Special Collections, 1941, Appendix。

② Marian Louise Huttenstine, *The Right to Be Let Alone: A Descriptive Analysis of the Right of Privacy in Cases from* 1880 *through* 1983, p. 75.

③ Lawrence Goldberg, *Right of privacy in New York – Need for Statutory Reform*, Harvard Law School Legislation Seminar, 1950, pp. 5-6.

已久的言论出版自由传统。正如科布在“佩夫里奇案”判决中的形象比喻:“隐私权认可道路上遇到最大的‘绊脚石’,无疑是一种担忧,认为隐私权必定会限制言论与出版自由。”①第一修正案权威戴维·拉布班恩曾指出,世纪之交的司法领域普遍存在着对言论自由的敌意,但这种判断主要根据最高法院判例和个人的政治言论②。就地方司法系统和出版自由而言,却是另一番景象:历史学家古恩斯坦称之为“侵犯性报道的胜利”(the triumph of invasive journalism)③。社会精英所批判的“蜚语流言”产业,在20世纪头十年依然大行其道。很多州试图立法管制新闻报刊行业,仍不凑效,不少改革者也反对报刊新闻的审查,支持出版自由④。地方的司法系统也是言论出版自由的捍卫者。“马克斯诉贾法案”中法官支持隐私权而无视言论出版自由的立场较为少见。

除前文所述的“科利斯诉E. W. 沃克公司案”之外,例如1899年的“阿特金森诉多尔蒂案”(Atkinson v. Doherty)中,州法院也认为言论自由的权利要重于个人形象的利益。法官指出:“宪法保护言论与出版自由,对其唯一限制就是言辞和文字诽谤……这是板上钉钉的原则……法律并不能纠正所有错误。”⑤进入20世纪后,涉及新闻报刊的案例越来越多。例如1908年纽约州的“莫泽诉普雷斯出版公司案”(Moser v. Press Publishing Company),法官既不同情约瑟夫·莫泽(Joseph Moser)的隐私权请求,也不愿依据纽约州隐私法令。他表示,若刊登姓名、肖像、照片都必须经过事先同意,“那么本州的日常报刊,将无法准确报道文明世界。被每期报刊上出现的人名和肖像所属人起诉,恐怕没有哪家出版商愿意承担这样的风险。(原告的)观点,侵犯了宪法保护的言论出版自由”⑥。在1910年“杰弗里斯诉纽约晚报出版公司案”(Jeffries v. The New York Eve-

① Pavesich v. New England Mutual Life Insurance Company, 122 Ga. 190 (1905), p. 202.

② David M. Rabban, *Free Speech in Its Forgotten Years*: 1870-1920, New York: Cambridge University Press, 1997, p. 2.

③ Rochelle Gurstein, *The Repeal of Reticence: A History of America's Cultural and Legal Struggles over Free Speech, Obscenity, Sexual Liberation and Modern Art*, p. 171.

④ Ibid., pp. 171-172, p. 177.

⑤ Atkinson v. John E. Doherty & Company, 121 Mich. 372 (1899), p. 383.

⑥ Moser v. The Press Publishing Company, 59 Misc. 78 (1908), p. 82.

ning Journal Publishing Company)中，纽约州法官进一步修正：州法令保护的隐私权只关乎广告和商业用途。若依据杰弗里斯的上诉理由①，那么"(刊登)一张拳击手或总统的照片，都将违反州法令"。法官特别指出，新闻报刊"传播信息"并非为商业目的，不违背州法令②。

保护言论与出版自由，不仅是很多司法判例遵循的原则，也是一些保护隐私的立法难以推行的原因。例如前文提及的加利福尼亚州和宾夕法尼亚州的立法。加州1899年通过的修正案比纽约州的法令还要宽泛：法令规定未经允许，新闻报刊、书籍、广告和海报不得公开个人肖像。自颁布以来，从未出现一起据此法令的诉讼，后于1915年被废除。宾夕法尼亚州1903年通过的隐私法令，允许公民向不涉及诽谤的新闻报道提起赔偿诉讼，亦在四年后被废除③。而不涉及新闻报刊，只关乎商业和广告用途的隐私法令(纽约州、弗吉尼亚州等)就得以延续，这绝非巧合。在隐私权的争议中，司法与立法界不得不在言论出版自由和隐私权利之间做出选择，往往偏重前者；而在有关肖像、照片的商业利用中，无须面对平衡两者的难题，也可将隐私权利限制于一种具体的商业侵害行为中，不会对出版自由造成直接影响。隐私权更容易在"罗伯森案"、"佩夫里奇案"等判例和禁止商业盗用姓名、肖像的州隐私法令中获得认可。

除此之外，美国社会传统也赋予新闻报刊舆论监督的重要功能④，在镀金时代和进步主义时期尤为重要。揭发丑闻、曝光黑幕，本就和新闻报刊的兴起有着千丝万缕的联系。政治公众人物不享有隐私权，是当时普遍的共识。例如沃伦与布兰代斯虽然呼吁隐私权，却也指出"谋求公职或准公职之人，大众应予关注"，此类人"在某种程度上，放弃这种不被关注、不受打扰的权利"⑤。"马克斯诉贾法案"中，法官支持隐私权利却仍表态，"当公共人物僭越法律，受公众批判是咎由自取，无可厚非"⑥。在

① 杰弗里斯认为《纽约晚报》刊登他的照片，有助于提高发行量，就是一种商业用途。

② Jeffries v. New York Evening Journal Publishing Company, 67 Misc. 570 (1910), p. 571.

③ Ken Gormley, "One Hundred Years of Privacy", *Wisconsin Law Review*, p. 1354.

④ E. L. Godkin, "Libel and Its legal remedy", *Journal of Social Science*, p. 69.

⑤ Samuel D. Warren and Louis D. Brandeis, "The Right to Privacy", *Harvard Law Review*, p. 215.

⑥ Marks v. Jaffa, 6 Misc. 290 (1893), p. 292.

世纪之交兴起的大企业和托拉斯,也一度借用隐私之名掩盖黑幕和政治贿赂丑闻。因此有人批判:“准公共性的企业轻易便可依靠‘宪法保护隐私’为自己辩护……但这种保护只是针对公民个人……决不能成为任何可疑机构免于调查的保护伞。”①

公众人物不享有隐私权,也反映了世纪之交美国社会的阶级分化。政治家、企业家、作家和艺术家,这些频频提出隐私诉求的人物多为上流人士或中产精英。世纪之交的隐私权观念,被艾伦·韦斯廷称之为“贵族化”的权利,由“文化、知识和科学精英群体”所主张;而被他们痛斥的“病态好奇心”,却是反应平等主义的“拉平好奇心”(leveling curiosity)②。世纪之交的公民自由人士,或重视对抗政府的言论自由,或批评无视人性的财产与契约自由理念,但对于其他权利的主张并不关心③。社会改革者关注工人阶层的生存状况,呼吁保护妇女儿童,也难以对“贵族化”的隐私权利有所重视。

例如在1890年戈德金呼吁隐私权时就指出,富人为保护隐私,住宅越建越宽敞。同一期杂志中就有两篇文章分别介绍乡间、城郊的豪华住宅,都提到要规划空间以保护隐私④。而改革家玛格丽特·桑格在一篇呼吁节育的檄文中,则描绘了20世纪初移民和工人在城市贫民窟中生活的窘况,她说:“房主、租客拥挤在破烂不堪的公寓里,子女和父母同床而卧,年纪稍长的女孩甚至和租客们睡在一张床上。”⑤在这种环境中,基本的私人空间都难以保障,如果说“不受打扰的权利”是上流社会的特权,也并不为过。

中产阶级精英呼吁隐私权,往往关注的是自身的利益。斯皮德提到报社派驻记者蹲守街头,抓拍的是“看似体面之人”⑥,而非平民大众。沃伦邀请布兰代斯合写《隐私权利》,也是因其“政治贵族”的身份不堪受扰。在世纪之交的隐私权判例中,大多关于政客、企业家、社会名流的肖

---

① John M. Bonham, *Railway Secrecy and Trusts*, New York: G. P. Putnam's Sons, 1890, p.38.

② Alan F. Westin, *Privacy and Freedom*, p. 20, p.348.

③ David M. Rabban, *Free Speech in Its Forgotten Years*: *1870-1920*, p.3.

④ 详见 *Scribner's Magazine*, Vol.8, No.1, July 1890。

⑤ Margaret Sanger, *Woman*, *Morality and Birth Control*, New York: The American Birth Control League, 1922, pp.6-7.

⑥ John Gilmer Speed, “The Right of Privacy”, *The North American Review*, p.73.

像被盗用或私人生活被报刊披露。忙碌的工人阶层和贫困的城市大众，能有闲暇向法院提起诉讼并承担不菲的律师费用，并不多见。1904年，“罗伯森案”中拒绝隐私权利的法官帕克获得了民主党提名，参加总统竞选，他也向媒体表示不堪新闻记者的骚扰。针对帕克所说的“我拥有手插衣兜、自在轻松，而不用一直担忧被某些家伙用相机抓拍的权利”，罗伯森向《纽约时报》写信讽刺道：“要说您和您的家庭有什么权利，而我却没有，这是在没道理。我是个普通女孩，每日干活谋生。您却竞选政府最高职位，自然成为了公众的焦点。要说是您自个招来这种‘好奇心’，我看也不为过，只是我俩都会觉得不快而已。”①

当然，“上流社会”也并非人人渴求隐私权利，戈德金坦言：“隐私的重要性因人而异。”②历史学家麦吉尔记叙了1897年纽约名流柯妮拉·布拉德利—马丁(Cornelia Bradley-Martin)举办的一场奢华盛大的化妆舞会。她毫不顾及隐私，还主动向新闻报纸提供所有细节③。就普通民众而言，纽约州隐私法令和“佩夫里奇案”所保护的隐私权也很重要。“罗伯森案”所引起的社会不满，也不都来自上流社会。但是在世纪之交的隐私权争议中，社会精英呼吁的隐私权观念，与社会大众支持新闻报刊揭露隐私的好奇心，的确是一个突出的矛盾。

世纪之交的隐私权争议，也反映了这一时期财产权利与个人权利的冲突。隐私权的呼吁者和支持者，将其提升到一种个人权利的高度。沃伦和布兰代斯总结出一种“不可侵犯的人格”以保护“不受打扰的权利”；斯皮德也表示，美国人拥有各类权利，有的保护财产，有的保护生命和人身安全，却独独没有可以保护人“不受粗鲁好奇心和恶意监视侵扰”的权利④。安德鲁·科布更是将隐私权视作“个人安全与自由的绝对权利”之一。历史学家占恩斯坦认为，这预示了20世纪美国将成为“以个性与自

① “If I Can be Photographed, Why not You? Asks Miss Roberson”, *New York Times*, July 27, 1904, front page.

② E. L. Godkin, “The Rights of the Citizen. IV - To His Own Reputation”, *Scribner's Magazine*, p. 65.

③ Michael E. McGerr, *A Fierce Discontent: The Rise and Fall of the Progressive Movement in America, 1870-1920*, p. 4.

④ John Gilmer Speed, “The Right of Privacy”, *The North American Review*, p. 67.

由而不是以财产定义人的社会"①。但是个人权利和财产权利在19世纪的美国是相互冲突的，世纪之交处于财产权利、商业利益至上的时期②。个人隐私受到侵犯的现象，难以获得社会重视，所以戈德金批判道："人们会对财产受损之人深表同情，但却视而不见其他人的精神痛苦。除非，这种痛苦是身无分文所致。"③而那些靠侵犯私人生活、传播流言蜚语获得成功的人，却"成了成功的商人有了社会地位"④。在这样的社会环境中，隐私权只有依附财产和商业利益，才能获得支持和认可。"斯凯勒诉柯蒂斯案"中的异议法官明确表示："我不认为隐私权作为一种财产的形式有什么不妥。"⑤"罗伯森案"中的异议法官格雷，也认为隐私权根植于社会对权利与财产的保护。支持隐私权利的判例与立法，往往关于姓名、肖像被盗用等商业侵害行为。再如1911年的"曼登诉哈里斯案"(Munden v. Harris)。主审法官尽管赞成这种新型权利，在裁定时仍以"个人对照片和肖像拥有专属的财产权"为基础。⑥而后世的隐私权争议中，强调的是个人权利和政府权力的冲突。

最后，世纪之交的隐私权观念也反应了当时的自由主义思想。有学者认为"不受打扰的权利"、"决定个人的事务是否公开的权利"或受到约翰·密尔"消极自由"观念的影响⑦。例如：反对社会干涉，在社会权力和个人权利之间划界，个人有追求志趣和选择自己生活道路的自由等⑧。如果说这种"消极自由"与隐私权的概念，仅仅是内容上类似的话，和密尔同时期的哲学家詹姆斯·斯蒂芬，则明确提出要尊重个人隐私。1873

---

① Rochelle Gurstein, *The Repeal of Reticence: A History of America's Cultural and Legal Struggles over Free Speech, Obscenity, Sexual Liberation and Modern Art*, , p. 152.

② 参见 John Sproat, "*The Best Men*": *Liberal Reformers in the Gilded Age*, New York: Oxford University Press, 1971, pp. 235-242。

③ E. L. Godkin, "Libel and Its legal remedy", *Journal of Social Science*, p. 75.

④ E. L. Godkin, "The Rights of the Citizen. IV – To His Own Reputation", *Scribner's Magazine*, p. 67.

⑤ Schuyler v. Curtis, 147 N. Y. 434 (1895), p. 453.

⑥ Munden v. Harris, 153 Mo. App. 652 (1911), pp. 655-660.

⑦ Rochelle Gurstein, *The Repeal of Reticence: A History of America's Cultural and Legal Struggles over Free Speech, Obscenity, Sexual Liberation and Modern Art*, p. 151, p. 161.

⑧ 参见约翰·密尔：《论自由》，商务印书馆，1982年，第10—13页。

年，他在《自由、平等、博爱》中说：

在任何情况下，法律和公众舆论都应小心谨慎地尊重隐私。明确界定隐私的范围固然不大可能，但可以做出大概的描述。生活中有一些亲密、微妙的关系，都具有这种性质，若它屈从于冷冰冰的观察，或以错误方式表达同情，都会造成巨大的痛苦，甚至造成持久的精神伤害①。

斯蒂芬对隐私侵害的描述，正是世纪之交美国社会新闻报刊侵害私人生活的写照。

隐私是一种重要的观念，随着社会发展而变动不居。19、20 世纪之交，美国进入工业社会，科技发明、城市化和新闻业的发展影响了传统的隐私状况，催生了新的隐私诉求。新闻报刊无度地侵犯私人生活，引起美国中产阶级精英人士的不满，在他们中间形成了一种“私人生活不受打扰”的个人权利观念。这种隐私权观念，在言论出版自由和保护隐私的平衡中，在阶级分化与平等主义的摩擦中，在财产权利和个人权利的冲突中，借由曲折的司法争议与立法实践，偏离了原先的设想，以一种具体的权利形式出现：未经许可，不得将他人的姓名、肖像和照片用于广告和商业。

然而这种实际形成的隐私权利，既难以解决世纪之交新闻报刊侵犯个人隐私的问题，也无法保护日渐增多的其他隐私利益。世纪之交诞生的隐私权并未给美国社会的隐私权争议画上句号。20 世纪 20 年代以后，美国社会隐私权争议的主题，不再是新闻报刊侵犯个人隐私、盗用他人姓名肖像等这类社会个体之间的冲突，而转向政府权力和个人自由之间的矛盾。但是，世纪之交隐私权利相关的讨论、判例和立法，成为日后隐私权争议中法律制定和司法阐释的重要来源；而相应的权利观念在司法与立法实践中的偏离与转变，也不断重演。在隐私权和其他权利与权力的冲突中找到平衡点，是 20 世纪美国社会面临的重要难题之一。

（曹鸿　北京大学历史学系博士研究生）

① James Stephens, *Liberty, Equality, and Fraternity*, New York: Holt and Williams, 1878, p. 160. 参考中译本有所修订：〔英〕詹姆斯·斯蒂芬：《自由·平等·博爱——一位法学家对约翰·密尔的批评》，冯克利、杨日鹏译，广西师范大学出版社，2007 年，第 133 页。

美国对中苏结盟的反应与亚洲冷战格局的形成

沈志华　姚　昱

【内容提要】　冷战在欧洲开始后,美国对华政策的倾向是支持亲美的国民党政权,希望后者能在中国内战中获胜,从而使中国成为美国在亚太地区的重要盟友。但国民党军队的迅速失败令美国政府不得不从1949年初开始调整其对华政策,其着重点在于尽力离间中苏,阻止中国加入社会主义阵营。而在这一努力失败后,美国立即调整其亚太战略布局,一方面遏制中苏、限制共产主义在亚洲的进一步扩张,一方面扶植日本、保护韩国和中国台湾,以在远东建立新的同盟关系。在远东地区中、美、苏三角关系的互动中,中苏结盟这一问题不仅左右了中美关系的走向,也成为美国开始其亚洲冷战战略时的基本战略考量。

对华政策在战后美国历届政府的对外政策中一直占据非常重要的地位。特别是在1949年国民党政权崩溃至1950年朝鲜战争爆发这段时期,面对异常复杂的中国局势,杜鲁门(Harry S. Trumen)政府不得不十分谨慎地考虑采取何种对华政策。对于是否干涉中国内战、阻止中共解放台湾,美国的政策摇摆不定,政府内部纷争不断,迟迟没有明确的决策出台。这种不稳定的特性与后来中美间的长期敌对有着直接的关系，引起国内外许多学者的研究兴趣和热情，对这一时期美国对华(包括对台)政策的研究自然成为国内外学术界讨论的热点问题，其间不乏诸多的辩论和争议①。不过，此前参与讨论的美国和中国学者，虽然对新中国成立前后中美关系的表象及其实质进行了深入研究，但多是从美国对华政策的单一角度出发的，而对于中共的立场和态度，特别是中苏关系的变化及其对美国决策的影响，似乎关注不够。

从1949年初到1950年初，对于中共领导人来说其首要任务之一就是要与苏联建立稳固的联盟，其目的不仅要为中国革命的胜利赢得坚实的外交、政治和军事保障，更要为革命胜利后中共政权的稳固和发展获取充分的外部支持。由此，与苏联结盟便成为中共领导人指导其对外活动——尤其是处理对美关系——的基本方针。同样，对于美国决策者来说，其对华政策也只是服务于其冷战大战略中重要一环——防止中苏结盟——中的一个具体部分，美国的对华政策乃至亚太政策，也是围绕这一

① 最早对此问题进行系统研究的是美籍华人学者邹谠，见 Tsou Tang, *America's Failure in China, 1941-1950*, Chicago: University of Chicago Press, 1963(中译本《美国在中国的失败》，王宁、周先进译，上海人民出版社，1997年出)。后来美国学者孔华润和唐耐心提出了一种解释模式(Cohen-Tucker thesis)——为了分裂中苏，国务卿艾奇逊(Dean Acheson)曾积极追求与中共的和解，以便将中国变成铁托式的中国。见 Warren Cohen, "Acheson, His Advisers, and China, 1949-1950", in Dorothy Borg and Waldo Heinrichs (eds.), *Uncertain Years: Chinese-American Relations, 1947-1950*, New York: Columbia University Press, 1980, pp. 13-52。但孔华润—唐耐心解释模式后来遭到了许多学者的批评，目前美国学术界主流意见认为美国军方以及政府内部的意识形态实际上令中美关系不可能缓解，而中共领导人也对美国持敌对态度。见 Warren Cohen, Chen Jian, John Carver, Michael Sheng, and Odd Arne Westad, "Rethinking the Lost Chance in China", *Diplomatic History*, Vol. 21, No. 1, Winter 1997, pp. 71-115。中国学者对战后中美关系的发展趋势也存在着两种对立的看法：一种意见认为中美两国曾经存在着和解的机会，但是美国对中国革命的敌视使这种机会消失了；另一种意见认为在美国对中国新政权敌视的情况下，从来就不存在中美和解的机会。前者见资中筠：《追根溯源：美国对华政策的缘起和发展(1945—1950)》，上海人民出版社，2000年，第358页；高明振、林利民：《试评新中国成立前后艾奇逊的对华政策》，《中美关系史论文集》第二辑，南京大学出版社，1991年，第191—208页。后者见袁明：《新中国成立前后的美国对华政策观》，袁明、哈里·哈丁主编：《中美关系史上沉重的一页》，北京大学出版社，1989年，第213—226页；时殷弘：《敌对与冲突的由来——美国对新中国的政策与中美关系》，南京大学出版社，1995年；陶文钊：《中美关系史(1949—1972)》，上海人民出版社，1999年。

思路展开的。中苏结盟问题不仅成为影响中美关系发展趋势的主要因素，也是导致亚洲卷入冷战、世界政治格局发生重大变化的关键性因素。本文将系统考察1949—1950年美国制定对华政策时中苏同盟这一因素的作用，从中、美、苏三者互动这一多维角度展示中美关系演变的机制及其诸多面相，并揭示这种互动与亚洲乃至全球冷战形成之间的内在联系。

一、新中国成立前：制约中共、阻挠双方接近

战后初期美国对东亚格局的最初设想是，通过扶植服从美国领导的中国来牵制其他大国、同时消除日本作为可能的战争策源地，以此安排来维持亚洲的稳定。根据这一设想，在东亚诸国中美国给予了中国以最重要的地位。由于1947年夏冷战开始在欧洲形成，中国在美国亚洲冷战政策中扮演的角色显得更加重要。但美国的这一设想却有着致命的弱点，即这一设想是以对美友好的国民党政权在中国继续维持其统治为前提的。随着国民党政府在中国内战中逐渐陷于被动，美国在亚洲的这一战略设想便面临着崩溃的命运①。至1949年初人民解放军取得三大战役的胜利，美国亟须根据中国内战的新形势全面调整其亚太政策、对华政策及对中共的政策，以应付极有可能出现的中苏结盟这一严重挑战。

随着中国内战的结局日渐明朗，如何防止中共以及不久将建立起来的中共新政权倒向苏联这一问题，逐步成为美国对华政策的核心内容。在1949年的大部分时间里，如同张曙光教授所言，美国政府自信能够阻止中国倒向苏联，其原因一是它认为中国领导人强烈的民族主义情绪会阻碍中国与有着各种帝国主义行为的苏联建立紧密关系，二是美国政府更相信由于历史上中美之间存在着密切的经济联系，而中国在经济上依

---

① 美国学者梁思文对此曾有专门研究，见 Steven Levine，“A New Look at American Mediation in the Chinese Civil War: Marshall Mission in Manchuria”，*Diplomatic History*，Vol. 3，No. 2，Fall 1979，pp. 349-375。

附于美国,中共会由于巨大的国内经济压力而屈服于美国①。但是,美国人过于乐观了。

早在1948年下半年,美国决策圈就有人已经感到国民党很有可能在国共内战中失败。但很明显,中国局势转变之快超出了其想象,美国政府尚未认真考虑应对这一转变的具体措施。1948年9月7日,乔治·凯南(George Kennan)主持的国务院政策设计室完成了后来成为40年代末、50年代初美国对华政策基调的《审查与定义美国对华政策的问题》PPS39备忘录,系统阐发了该部门对中共与苏联之间的关系以及美国对策的看法。该文件承认中共有可能在未来彻底打败国民党政权,要求美国政府必须就未来中共与苏联关系的演变问题有所准备。该文件认为,苏联领导人对独立性与民族主义思想较强的毛泽东一直心存疑虑,这种猜忌为美国分化中共与苏联提供了可能,因此美国应通过经济、文化与政治等手段与苏联争夺中国人的思想。虽然强调美国在挑拨中苏关系方面尚有可运作的空间,但凯南同时感到,美国政府只能对未来的中苏关系发生间接作用,而无法直接影响中苏关系的演变②。可以这样说,PPS39备忘录和完全以此为蓝本形成的NSC34、NSC34/1文件,确定的是一种相对比较消极的对华政策——即美国政府应当通过各种否定性政策而非肯定性政策来影响中国未来的走向③。

随着三大战役的结束,中共取得全面胜利的前景日趋明朗。1949年2月28日,美国国务院向美国国家安全委员会提交了NSC34/2文件,针对中苏结盟这一越来越大的可能性而提出了一些切实的应对措施。文件指出,国民党政府的垮台与中共控制整个中国的趋势已不可逆转,问题的棘手之处在于美国所期望的那种中苏矛盾一直没有进一步发展。为此,国务院反思了政府此前的政策,认为美国对国民党的援助既刺激了中国人对共产党的支持,还推动了中国人关于中苏之间利益一致的看法,甚至

① 张曙光:《美国遏制战略与冷战起源再探》,上海外语教育出版社,2007年,第79—80页。

② *Foreign Relations of United States*(以下简称*FRUS*),1948,Vol. 8,Washington D. C.:GPO,1973,pp. 146-155.

③ *FRUS*,1949,Vol. 9,Washington D. C.:GPO,1974,pp. 474-475.

质疑美国是否应当继续支持任何反共的公众人物。但该文件并未提出任何改善美国与中共关系的积极建议,反而提出了要在中国培育另一场革命以挑战中共。在这种基调上,国务院建议美国政府采取两手政策来防止中苏接近,一是避免自己的政策呈现出干涉中国内部事务的外表,二是利用各种政治和经济手段挑拨中共与苏联、中共内外斯大林主义者与其他主义者之间的矛盾。该文件于3月3日被总统杜鲁门批准后成为指导美国政府对华政策的基本文件①。

就在2月28日提交NSC34/2文件的同时,国务院还向国家安全委员会提交了题为《美国对华贸易政策》的NSC41文件,详细阐述了美国应当如何利用各种贸易手段防止"苏联控制中国"的问题。该文件提出美国有两种基本政策可以选择,其中最为可行的是通过恢复与中国的正常经济联系而培养各种能够使苏联与中共政权之间产生严重摩擦的力量②。国务院认为,苏联肯定会利用一切机会来从共产党控制下的中国捞取经济和政治上的好处,而中共政权却希望发展中国经济。此外,中国人对外国统治都十分痛恨,两者之间极易产生矛盾。该文件指出,美国在中苏之间产生矛盾这一问题上是无能为力的,这只能决定于克里姆林宫的政策和行动。不过一旦中苏之间出现分歧,美国就可以通过积极的政治、经济和宣传手段对之加以利用。为此,美国应当恢复与中国的正常贸易联系。但是为了不让中共误认为这是美国软弱的表现,国务院提出美国政府应当同时准备硬的一手——如果中共政权采取了违背美国战略利益的政策,为了让中国"了解到美国的潜在实力",该文件建议美国应当连同其他国家对中国进行严厉的贸易管制③。3月3日杜鲁门总统批准了这一文件,使之成为政府处理对中共解放区贸易的指导原则。至此,美国政府确定了对华政策的基本政策,那就是美国所有有关中国的政策都必须服从挑拨中苏关系的需要,而宣传和贸易则是挑拨中苏关系的主要手段④。

---

① *FRUS*,1949,Vol.9,pp. 492-495.

② 另一个政策是动员西方世界的政治和经济力量,通过胁迫或施加直接压力来公开打击共产党政权。*FRUS*,1949,Vol.9,pp. 826-834.

③ *FRUS*,1949,Vol.9,pp. 826-834.

④ *FRUS*,1949,Vol.9,pp. 294-296.

美国利用宣传手段防止中苏接近的主要内容是利用苏联在中国东北、新疆和内蒙古享有的特权大做文章。在1949年4月4日提交给国家安全委员会有关NSC34/2执行情况的备忘录中，国务卿迪安·艾奇逊提到，为了挑拨中苏之间的矛盾，美国利用了美国新闻处各种计划和美国之音的广播来强调苏联对中国所怀有的帝国主义野心，以及苏联在东北、新疆与内蒙地区所进行的各种对中国有威胁的活动。此外，美国还准备根据NSC41文件中对华贸易政策的相关规定来增加中共与苏联之间的摩擦①。

尽管如此，美国政府的认识和反应已经落后于中苏两党领导人在结盟道路上所取得的进展。从1949年初开始，中国问题开始进入苏联领导人的议事日程，不仅联共(布)中央政治局会议讨论中国问题的次数陡然增多②，斯大林自己也开始亲自主持对华事务③。这时斯大林迫切需要了解的是中共政权的性质、政治倾向及其对苏联的立场，从而重新确定苏联的对华政策。同样，毛泽东也急需知道苏联对中共的态度和立场。从年初苏共中央政治局委员米高扬(A. I. Mikoyan)秘密访问西柏坡，到年中刘少奇、高岗秘密访问莫斯科，这种高层互动大大促进了双方的了解和理解，推进了苏联与中共政权关系的发展。毛泽东更加明确了中共必须向苏联靠拢的方针，而苏联也明显加快了向中共提供援助的步伐和力度④。

然而，此时美国试图阻止中苏接近的方针却继续沿着限制和敌视中共的消极方面发展。一方面，面对中苏之间经济联系加强这一事实，美国

① *FRUS*, 1949, Vol. 9, pp. 507-509.

② 据笔者粗略统计，在1945—1948年联共(布)中央政治局每年数百个讨论的问题及做出的决议中，直接涉及中国或中共的议题仅有4 5个，最多时也没超过7个，而1949年便陡然增加到70个，1950年更多达132个(不算朝鲜战争)。*Адибеков Г. М.*, *Андерсон К. М.*, *Роговая Л. А.* Политбюро ЦК РКП(б)-ВКП(б) Повестки дня заседаний 1919-1952, Каталог, Том III, 1940-1952, Москва: РОССПЭН, 2001。

③ 1949年初莫洛托夫和维辛斯基在给苏共中央驻中共中央代表科瓦廖夫的电报中指出，“从现在起，任何有关中国的事务都要直接与菲利波夫同志联系”。见Sergei N. Goncharov, John W. Lewis, and Xue Litai, *Uncertain Partner: Stalin, Mao, and the Korean War*, Stanford: Stanford University Press, 1993, p. 20。菲利波夫是斯大林的化名。

④ 详见沈志华:《从西柏坡到莫斯科:毛泽东宣布向苏联“一边倒”》,《中共党史研究》2009年第5期，第15—29页。

领导人不仅没有做出反应,反而否决了经济合作署署长保罗·霍夫曼(Paul G. Hoffman)关于继续对中国大陆提供经济援助的建议①。另一方面,美国又在承认新中国的问题上采取了对中共施压的政策。在得知中共准备废除国民党政权签订的对外条约后,1949 年 2 月 3 日艾奇逊授权美国驻北平前总领事埃德蒙·柯乐布(O. Edmund Clubb)寻机向中共提出美国承认中国新政府的前提条件:中国新政府必须继承现存的中外条约义务。为了与中共接触,4 月 12 日和 22 日,国务院决定听取美国驻华大使司徒雷登(John Leighton Stuart)的建议,美国使馆不跟随国民党政府迁往广州,而是留下来收集情报、保护侨民,并与中共当局建立联系②。中央情报局则更明确地表示了倾向性意见:观察几个月或一年后便应承认中国新政府③。不过,美国政府本质上还是想利用承认中国新政府问题作为一张牌,来压服中共领导人。从 4 月底到 5 月初司徒雷登数次建议国务院不应主动承认中国新政府,以便借此挫败中共因内战迅速取胜而产生的傲慢情绪。在这种考虑之下,根据司徒雷登的建议,艾奇逊于 5 月 6 日指示驻英、法、意、比、荷、葡、澳、加等西方八国驻美使馆立即向各国政府施加影响,要他们与美国一起组成对华"联合战线",不要采取导致承认新中国的任何主动行动。不久国务院又向驻印、缅、泰、菲等国的使馆发出了类似的指示④。5 月 13 日艾奇逊在给司徒雷登的电报中更提出了咄咄逼人的美国承认中共政府的三个先决条件:(1)必须在事实上控制中国领土和行政组织;(2)愿意并能够履行国际义务;(3)得到了中国人民的普遍接受⑤。

面对美国人伸出的触角,毛泽东并不感兴趣。毛泽东曾在党内和对苏共的多次讲话中,表示对美国是否承认中共政权既不报希望,也不感兴

① Paper of Mathew Connelly, Box 1, Harry S. Truman Library,转引自陶文钊:《中美关系史(1911—1949)》上卷,上海人民出版社,2004 年,第 345 页。

② *FRUS*, 1949, Vol. 8, Washington D. C.: GPO, 1978, pp. 677-678, 682-683.

③ ORE 45-49, Probable Developments in China, 16 June 1949, *CIA Research Reports, China, 1946-1976*, Washington, D. C.: University Publications of America, 1982, Reel-1-0277, pp. 27-48.

④ *FRUS*, 1949, Vol. 9, pp. 13-17, 34, 40.

⑤ *FRUS*, 1949, Vol. 9, pp. 11-17, 22, 41-42.

趣。不过,从策略上讲,毛泽东并没有采取一种僵硬的立场。从处理华德事件的过程就可以看出,中共在对美关系上始终是灵活的和留有余地的①。在攻占上海前夕,毛泽东提出,如果美英能断绝与国民党的关系,可以考虑同他们建立外交关系的问题②。在人民解放军占领上海的第二天,5月28日,毛泽东以中央军委的名义下发的一封电报指出,“近日各帝国主义国家有联合干涉革命的某些迹象”,故应“预筹对策”③。为了稳住美国人,不使其对中国革命进行武装干涉,毛泽东允许中美之间进行接触,以迷惑美国人,为革命的成功尽可能争取时间。正是出于这种考虑,才有了随后黄华与司徒雷登频繁接触的情节。不过,为了避免引起斯大林的疑心,中共在与司徒雷登交往的过程中,不时地向苏联方面汇报进展情况,而在得知刘少奇访苏的结果,即斯大林决心全面援助中共之后,毛泽东断然公开宣布了“一边倒”的方针④。同时毛泽东下令禁止美国新闻处在中国活动,并对从事间谍活动的美国驻沈阳总领事华德(Angus Ward)等人进行了公开审判⑤。毛泽东对此做出的解释是:没有国际力量的援助,任何人民革命都无法取得胜利,即使取得胜利也不可能巩固⑥。到8月14日刘少奇回国时,中苏之间的联系大大加强,双方实质上已经在政治、经济、军事方面建立了十分紧密的合作关系。由此可以断言,到1949年夏天,中苏战略合作的构架已经形成,美国的消极对华政策不仅没有达到阻止中共与莫斯科接近的目的,反而在很大程度上加重了毛泽东倒向苏联的决心。

① 参见杨奎松:《华德事件与新中国对美政策的确定》,《历史研究》1994年第5期,第104—118页。

② 中华人民共和国外交部、中共中央文献研究室编:《毛泽东外交文选》,中央文献出版社,1994年,第83页。

③ 中共中央文献研究室编:《毛泽东年谱》下卷,中央文献出版社,2002年,第510—511页。

④ 参见沈志华:《从西柏坡到莫斯科:毛泽东宣布向苏联“一边倒”》,《中共党史研究》2009年第5期,第29—33页。

⑤ 杨奎松:《华德事件与新中国对美政策的确立》,第104—118页。

⑥ 《毛泽东选集》(一卷本),人民出版社,1964年,第1478页。

二、中苏条约签订前:挑拨离间,阻止中苏结盟

中华人民共和国成立后,面对新中国彻底倒向社会主义阵营这一可能性,如何防止中苏结成同盟就成为美国对华政策和远东政策的唯一内容。不过此时美国政府的分歧仍未解决:美国军方的看法主要是从应对未来有可能爆发的世界大战角度出发,认为美国应当保卫台湾这一重要的军事战略基地,不能让共产党政权占为己有;国务院则提出核心的问题是“防止中国成为苏联的附庸”,如果能以台湾换取中国新政权脱离莫斯科的控制,美国在亚洲岂非取得了比直接控制台湾更为明显的战略优势?在《中苏友好同盟互助条约》签订之前,国务院的主张略占上风。但由于此时苏联的东方阵线必须依靠中国来加固,中共政权的稳定也亟须得到苏联的支持和援助,而美国则未能从根本上放弃对中共政权的打压政策,以致阻止中苏结盟的政策最终归于失败。

中国新政府宣布成立时,美国领导人的态度仍然十分消极。美国国务院的高层坚持认为,虽然中华人民共和国表示愿与外国建交,但美国承认新中国这一问题并不具紧迫性,目前美国政府的重点仍然是迅速让美国前驻沈阳领事华德及其下属离境①。10 月 12 日,艾奇逊通知各有关驻外使领馆,美国目前无意讨论承认新中国的问题,同时他公布了承认新中国的三项先决条件②。10 月 24 日华德被拘捕后,美国政府反应强硬,曾一度提出使用武力劫回华德等人和军事封锁华北煤炭进入上海,但未得到广泛支持③。美国政府最后采取的政策是对中国施加外交压力:11 月 18 日艾奇逊致函 30 个国家的外长,要求一致对中国提出抗议④。随着 12 月初华德等人被遣送出中国,双方在这个问题上的斗争结束,此时承认新中国问题和中苏结盟问题成为美国政府急需解决的两个难题。

---

① *FRUS*,1949,Vol. 9,pp. 96-159;*FRUS*,1949,Vol. 8,pp. 536-537,980.

② *FRUS*,1949,Vol. 9,pp. 122-123.

③ *FRUS*,1949,Vol. 8,pp. 1008,1011-1013,1015-1016.

④ *FRUS*,1949,Vol. 8,pp. 1009-1010.

到1949年11月,英国、印度等国先后承认中国,在此影响下,要求美国承认中国的国内外压力陡然增大。不久,毛泽东开始出访苏联,中苏两国结盟的前景已迫在眉睫。但此时美国政府仍然将这两个问题联系在一起,希望利用承认新中国问题对中国又拉又打,以便挑拨中苏关系,阻止中苏结盟。随着华德问题的解决,美国政府伸出了试探的触角。12月,美国驻上海副领事蔡斯(Augustus Sabin Chase)通过民主人士史良的丈夫陆殿栋(时任中国外交部专门委员)传话,表示美国国务院远东政策研究室主任耶塞普(Philip C. Jessup)"愿与新中国政府作非正式接触,地点在香港,如新中国政府有非正式代表在港,愿与见面"。蔡斯还介绍陆"至北京往见美领事",又说美国"在华已经失败,迟早总要承认新中国。中美关系望不超过,但不次于中苏关系。首先望新华社不要天天骂美帝,可以送走美领,但不要拘留美领,以影响美国人民"①。

12月30日美国国家安全委员会完成了题为《美国在亚洲的立场》的NSC48/2文件,提出美国应当采取合适的政治、经济和心理手段扩大中苏矛盾,但要谨慎从事②。此后,美国政府拉拢中共、挑拨中苏关系的宣传活动达到了高潮。就在英国承认新中国的前一天,1950年1月5日,杜鲁门发表声明表示,美国政府不会用军事手段阻止人民解放军解放台湾。1月12日,艾奇逊又在发表演说,提出亚洲目前最强大的力量是民族主义,它与美国的利益和传统政策一致,而与共产主义根本抵触。艾奇逊还故意指出,苏联正在夺取中国的北方四区③。为了破坏中苏关系,1月25日美国国务卿艾奇逊甚至亲自出马,安排驻法国大使散布各种谣言和传言,诸如苏联要求控制秦皇岛、烟台、青岛等战略港口;毛泽东被排斥在条约谈判之外,甚至遭到软禁;毛泽东、周恩来、聂荣臻同时出现在莫斯科,国

① 中共中央文献研究室编:《建国以来周恩来文稿》第二册,中央文献出版社,2008年,第38—40页。

② *FRUS*,1949,Vol. 9,pp. 1215-1220.

③ 世界知识出版社编:《中美关系资料汇编》第二辑,世界知识出版社,1960年,第10—14、19—34页。关于美国在对台政策方面争论的详细分析,见沈志华:《中共进攻台湾战役的决策变化及其制约因素(1949—1950)》,《社会科学研究》2009年第3期,第34—53页。

内一定发生了什么问题；中苏条约的不平等条款将出现在秘密协定中等等①。

美国领导人的言行无疑刺激了斯大林。1月17日苏联驻华使馆报告说，根据可靠情报，“现在美帝国主义在对华政策中非常重视中苏关系问题。美国把希望寄托在当它承认人民政府之后，就可以借助贸易使中国在经济上依附于它，然后再对中国施加政治影响。美国害怕中国参加以苏联为首的社会主义体系”。现在美国将通过英国承认中国的机会，试探与中国发展贸易关系的前景，并通过英国人获得所需情报，“作为将来同人民政府建立关系的桥梁”②。几天后，苏联使馆又传来了美国人在关岛建立美中间谍学校的秘密情报③。正如有些学者指出的，美国是“斯大林与毛泽东交往中无形的第三者”④。在中苏条约谈判中，毛泽东坚持要苏联归还中长铁路、旅顺港和大连的行政权，而答应这个要求，苏联就将失去在太平洋的出海口和不冻港——这恰恰是战后苏联远东政策的基石。但是，如果斯大林拒绝毛泽东的要求，中苏不仅无法结盟，而且将会给苏联的东线安全造成巨大隐患。无论如何，斯大林都不会让美国的阴谋得逞。为了将中国拉入社会主义阵营，斯大林只好让步，惟其如此《中苏友好同盟互助条约》才得以缔结⑤。

中苏同盟对于毛泽东同样重要，为了防止美国的挑拨活动引起苏联的猜忌，中国政府也采取了一系列表明立场的行动。如1949年12月6日陈纳德（Claire Lee Chennault）建立的中国民用航空公司一架从香港飞往越南海防的飞机因故障迫降广西博白县，中共中央即电令广西军政负责人在好好款待飞行员和乘客并宣传“美帝援蒋干涉中国内政的错误”之外，迅速安排这些人出境⑥。又如1950年1月6日人民解放军北京市

① *FRUS*, 1950, Vol. 6, Washington D. C.: GPO, 1976, pp. 294-296, 308-311.

② АВПРФ（俄罗斯联邦对外政策档案馆），ф. 0100, оп. 43, п. 315, д. 142, л. 53-54.

③ АВПРФ, ф. 0100, оп. 43, п. 315, д. 142, л. 59.

④ Goncharov, Lewis and Xue, *Uncertain Patterns*, p. 104.

⑤ 关于中苏条约谈判详细过程的论述，详见沈志华：《中苏条约谈判中的利益冲突及其解决》，《历史研究》2001年第2期，第39—55页；《关于中苏条约谈判研究中的几个争议问题》，《史学月刊》2004年第8期，第57—68页。

⑥ 《建国以来周恩来文稿》第一册，第644—645页。

军事管制委员会颁布了《关于收回外国兵营地产》的文告，并在7天后征用其地面建筑[①]。此外，前述蔡斯通过陆殿栋向中共领导人提出的建议也遭到了拒绝。1月14日中共中央最后确定的方针是“在目前的时期对于美国伸出的触角应当置之不理”[②]。北京军管会公布了征用命令后，美国国务院宣布准备从中国大陆撤回所有官方人员，但实际的撤离行动却迟缓得多[③]。以柯乐布为首的一些官员认为，中美缓和还有希望，他们建议向中国外交部进行试探[④]。但2月5日中国外交部发言人公开声明，中国“不独不会阻止任何美国官方人员和他们的家属离开中国，相反，根据沈阳和迪化美国前领事从事间谍活动的经验，我们宁愿听到所有美国官方人员能够更快地离开中国”[⑤]。

三、朝鲜战争爆发前：“全面遏制”战略的出台

1950年2月14日，中苏正式签订了《中苏友好互助同盟条约》并公诸于世。显然，美国政府希望能够在短期之内分裂中苏的政策已经失败，那么下一步政策是继续以挑拨中苏关系为中心，还是彻底地改弦更张。此期，在美国政府的内部争论中，以军方为代表的对华强硬派逐步占了上风，美国的对华政策及远东政策开始定型。

就在中苏条约公布的当天，国防部长约翰逊（Louis Johnson）便向国务卿艾奇逊提出，应当向国民党政府提供大规模军事援助。但艾奇逊仍然对分离中苏的策略情有独钟，毫不犹豫地拒绝了军方的意见[⑥]。国务院内部一直都有放弃国民党、交好共产党政权的呼声。在国民党对上海进行“二·六”大轰炸后，2月16日国务院中国事务处处长斯普劳斯

① 《建国以来刘少奇文稿》第一册，第323页。

② 《建国以来周恩来文稿》第二册，第38—40页。

③ *FRUS*, 1950, Vol. 6, pp. 270-277；邹谠：《美国在中国的失败》，第419页。

④ *FRUS*, 1950, Vol. 6, pp. 287-289.

⑤ 《中美关系资料汇编》第二辑，第45页。

⑥ *FRUS*, 1950, Vol. 6, p. 339.

(Philip D. Sprouse)向远东司司长麦钱特(Livingston Merchant)提交了一份备忘录,指出美国目前的不干涉政策已难以为继,因为该政策不断受到台湾的干扰。麦钱特十分赞同斯普劳斯的看法,他随后将这一备忘录转交给副国务卿帮办腊斯克(Dean Rusk),并提出美国应当放弃不干涉政策,从而在两个极端政策中做出选择:要么不承认国民党而尽早承认北京政权并放弃台湾,要么对台湾提供全面军事支持而不考虑直接介入的风险。麦钱特更倾向于前者,他提出美国应该重新掌握行动的自由而不受制于国民党,同时尽早让中国人认识到美国与国民党人毫无关系①。

艾奇逊的态度虽然不如麦钱特坚定,但仍对挑拨中苏关系抱有一定的希望。3 月 22 日,艾奇逊指令美国驻北京总领事柯乐布,要其在撤离之前想办法与周恩来或中共高层其他官员进行非正式的会面,以便就中美之间一些重要的摩擦点进行磋商。艾奇逊指示柯乐布,要强调美国公众对中共不准美侨回国、不释放美国海军飞行员以及征收美国驻北平领事馆地产等事难以理解,而这不利于美国公众和政府对中国的看法。艾奇逊强调,柯乐布既要尽力传达美国的看法,也要搞清楚中共的态度,特别是在有机会时弄清楚中共对美国民主制的一般看法②。

然而,中方的态度却令艾奇逊大失所望。柯乐布虽然通过英国领事馆渠道于4 月 11 日与中方官员进行了非正式会谈,但毫无收获。中方官员提出,只要美国继续支持蒋介石,中美双方就不可能改善彼此关系。以至柯乐布认为,已无可能再与中共进行会谈③。其实,中苏同盟条约缔结后,中共便加快了切割与美国关系的步伐。中国政府不仅一再督促美方撤离在华美侨,而且于4 月 30 日安排美国使领馆人员及侨眷经铁路至天津撤离中国④。此外,还于5 月 10 日将一年半前在山东解放区被俘的两名美国飞行员遣送出境⑤。这些举动,无疑令艾奇逊一派在白宫的处境

① *FRUS*,1950,Vol. 6,pp. 312-314.
② *FRUS*,1950,Vol. 6,pp. 321-322.
③ *FRUS*,1950,Vol. 6,pp. 327-329.
④ 《建国以来周恩来文稿》第二册,第 213—215 页;《人民日报》,1950 年 4 月 20 日第 1 版;5 月 4 日第 1 版。
⑤ 《建国以来周恩来文稿》第二册,第 343—345 页。

雪上加霜。

中苏结盟已是既成事实,国务院内部也开始出现分歧。1950 年 2 月 22 日到 26 日,美国驻东亚各使馆宣传事务负责人在新加坡开会,一致建议美国政府应对中国采取"更加有力的、积极的和直截了当的反攻",其理由之一就是中国已经确定无疑地成为苏联的忠实盟友,成为苏联向其他"脆弱地点"推进的基地①。在美国决策圈对华政策强硬派的主张渐趋上风的情况下,面对中苏同盟,美国的整个冷战战略开始了大调整的过程,这就是 NSC68 号文件的出台。

尽管由于美国政府内部对 4 月 7 日完成的 NSC68 号文件最初文本存在分歧——主要在国防开支方面,直到朝鲜战争爆发半年后国家安全委员会才通过 NSC68/4 文件,但 NSC68 号文件提出的基本原则和理念在其提出之初就已得到了总统、军方和国务院多数人的赞同,并且对美国改变对华政策(突出地表现为台湾问题)及远东政策(突出地表现为日本问题)产生了重要的、决定性的影响②。与战后初期凯南提出的有选择、有重点地保卫美国利益的遏制理论不同,NSC68 号文件提出了"全面、无差别遏制"的概念,即在全世界范围内对任何威胁到美国安全利益的地区进行包括政治、经济和军事的综合遏制,并以此作为美国长期的战略选择③。NSC68 号文件提出的"全面遏制"这一基本原则和理念,构成了美国重新确定对台政策和对日政策的理论和思维基础④。随着美国的战略

---

① *FRUS*,1950,Vol. 6,pp. 22-24.

② *FRUS*,1950,Vol. 1,Washington D. C.:GPO,1977,pp. 234-313;NSC68/1:United States Objectives and Programs for National Security,September 21,1950,*DNSA*,Presidential Directives,PD00178、00179;NSC68/4:United States Objectives and Programs for National Security,December 14,1950,*DNSA*,Presidential Directives,PD00167.

③ *FRUS*,1950,Vol. 1,pp. 237-292. 有关 NSC 68 文件的全面分析,见周桂银:《美国全球遏制战略:NSC68 决策分析》,沈宗美主编:《理解与沟通:中美文化研究论文集》,南京大学出版社,1992 年,第 74—102 页;Ernest R. May(ed.),*American Cold War Strategy:Interpreting NSC 68*,Boston,New York:Bedford Books of St. Martin's Press,1993;张曙光:《美国遏制战略与冷战起源再探》,第 83—247 页。

④ 应当指出,以往对于 NSC 68 号文件的研究,也注意到美国的全球战略改变及其对美国对华政策的影响,只是并未深入探讨美国对台、对日政策变化与 NSC68 号文件之间的逻辑关系。见 Gordon H. Chang,*Friends and Enemies:The United States,China,and the Soviet Union,1948-1972*,Stanford,CA:Stanford University Press,1990,pp. 69-70。

思维开始向“全面遏制”转变，共产党统治的中国大陆必然成为华盛顿关注的对象，特别是新中国统治势力从大陆向海上的扩展，更是美国无法容忍的。新中国与苏联结成同盟，使共产主义的势力已经在欧亚大陆联成一片，其结果无疑令美国进一步感受到苏联的威胁，从而大大加强了NSC68所主张的“全面遏制”战略的政治基础；反过来，美国新的冷战战略的形成，也必然要求美国政府改变对中国的立场，并重新审定台湾和日本在其亚太军事部署及政治架构中的地位，从而令美国对台、对日政策发生了微妙而又重要的变化。

中苏正式结盟之后，美国政府内部普遍认为，以阻止中苏结盟为目的的对台政策已彻底失败。在1950年4月人民解放军占领海南岛、5月占领舟山群岛后，美国国务院依旧按照原来的方针部署在台湾的工作，准备将美国外交人员及侨民撤离台湾[①]。尽管如此，美国政府内部要求改变原定对台政策的呼声已经越来越高，尤其是在军方[②]。

4月间，参谋长联席会议在审定东南亚战略形势时强调了中国在美国亚洲战略中的地位，鼓吹美国应采取“果断的”、“持续的”措施以“减少来自共产党中国的压力”，并且认为“有证据说明中国国民党的军队有所振兴并增强了效能”[③]。美国远东战区总司令麦克阿瑟(Douglas MacArthur)也于5月20日告诉参谋长联席会议，如果台湾被中国共产党控制，就等于落入苏联之手，那么美国在整个太平洋周边的防线将面临崩溃[④]。正是在这种背景下，5月25日约翰逊向杜鲁门提交了一份备忘录，要求美国政府重新审定对台政策，为此应当命令麦克阿瑟向台湾派出一个调查组，以掌握关于如何防止台湾落入“敌对国家”手中的第一手材料[⑤]。6

① *FRUS*, 1950, Vol. 6, pp. 340-345.

② 见 Gordon H. Chang, *Friends and Enemies*, p. 74；资中筠、何迪编：《美台关系四十年》，人民出版社出版，1991年，第50—51页。

③ 美国国家档案馆档案，RG 59,793.00/5-350，转引自《美台关系四十年》，第45页。

④ MacArthur to Department of the Army, C 56410, May 20, 1950, Formosa folder, box 2, RG 6, MacArthur Papers; Bradley to Johnson, May 31, 1950, CCS 381, Formosa(11-8-48), JCS Records, RG 218, National Archives.

⑤ 克莱·布莱尔整理：《将军百战归——布雷德利自传》，廉怡之译，军事译文出版社，1985年，第690页。

月9日，约翰逊甚至要求参谋长联席会议考虑出动美国军队阻止对台湾的进攻这样一个十分敏感的问题①。6月14日麦克阿瑟向参谋长联席会议提交了所谓的“保台意见书”，认为美国能否守住从阿留申群岛至菲律宾这条远东防线，在很大程度上取决于台湾是否在友好或中立政权手中。为此他要求美国政府应重新考虑台湾的归属问题。这份“保台意见书”引起了国防部长约翰逊和参谋长联席会议主席布雷德利（Omar N. Bradley）的重视，认为这一文件应呈交总统，并以参谋长联席会议的名义建议美国应改变不插手台湾的政策，向国民党提供援助②。

军方的这些要求在国务院内部也找到了响应者。负责远东事务的副国务卿帮办腊斯克就是极力主张支持台湾免遭共产党进攻的鼓吹者。4月17日和4月26日，腊斯克先后向艾奇逊递交了两份备忘录，不仅指出国民党情况有所改善、有可能守住台湾，还指出美国援助国民党政府守住台湾对于减轻中共对东南亚的军事压力意义重大③。5月25日腊斯克与助理国防部长伯恩斯（James Burns）、国防部军事援助局局长莱姆尼策（Lyman L. Lemnitzer）共同举行了一次国务院—国防部联席会议，三人一致认为，美国应当在现有政策范围内采取一切措施向台湾的国民党政府提供军事援助④。5月31日，腊斯克根据前一天他与国务院一些高级官员开会商讨的结果，拟定了一份关于东亚新政策的详细报告，认为中苏条约签订后美国应当采取新的对台政策，即先让蒋介石“退休”，然后美国对台湾实行托管，继而派第七舰队进驻台湾海峡。腊斯克甚至拟写了一篇演讲稿以备总统发表，其内容与朝鲜战争爆发后杜鲁门6月27日的声明十分接近⑤。

刚出任国务院特别顾问的杜勒斯（John Foster Dulles）也提出要改变对台政策。5月18日，杜勒斯向腊斯克和国务院政策设计司司长尼采

① Dorothy Borg and Waldo Heinriches, eds., *Uncertain Year*, p. 89.

② *FRUS*, 1950, Vol. 7, Washington D. C.: GPO, 1976, pp. 161-165；《将军百战归》，第687页。

③ *FRUS*, 1950, Vol. 6, pp. 330, 333-335; Intelligence Memorandum No. 292, May 11, 1950, *DDRS*, Document Number: CK3100429683。

④ *FRUS*, 1950, Vol. 6, pp. 346-347.

⑤ *FRUS*, 1950, Vol. 6, pp. 347-351; Rusk's report of May 31, 1950, Department of State Records, RG 59, National Archives.

(Paul Nitze)提交了一份备忘录,提出了使台湾和台湾海峡"中立化"的预案。杜勒斯认为,中苏结盟已令世界力量的天平倒向苏联,因此如果美国的行为看似允许那些未与美国结盟的国家落入苏联之手,那么美国将在诸多重要地区遭遇到一系列重大灾难,甚至中东石油地区也将处于危机之中。为了防止这种灾难发生,美国应该在台湾问题上迅速采取一种能够显示美国信心和决心的强硬立场。但与军方一再坚持的"武力保台"建议不同,杜勒斯主张台湾的地位应在对日和约中确定,此前美国"有义务"、"有必要"派遣海军舰队在台湾海峡巡弋,"如果美国宣布要使台湾保持中立,既不容许它被共产党占领,也不容许它被用作对抗中国大陆的军事基地,那么,我们就一定能够使这一决策坚持下去,除非苏联发动公开的战争"①。

总之,到6月初美国已经在考虑改变对台政策。在各方压力下,艾奇逊也转变了立场。他于6月1日致函约翰逊,表示同意军方继续向台湾的国民党军队提供援助。约翰逊随后命令国防部有关部门,除喷气式飞机及中型和重型坦克外,在可使用的资金范围内满足台湾方面"以后可能提出的任何要求"②。美国态度的松动很快被传达给国民党政府。6月12日杜勒斯告诉"驻美大使"顾维钧,美国政府有可能重新考虑对台军援问题。③ 而国防部长约翰逊甚至向蒋介石私人代表表示了向台湾提供军援的"恳切"态度和决心④。美国新闻媒体也觉察到这一点,传言"对台政策正在转变"⑤。6月25日《纽约先驱论坛报》的一则消息透露:据盟军最高统帅部的意见,如果美国对台湾问题采取坚决立场,"将有90%的把握阻止共产党对该岛的侵略,因为中国人自己并没有准备与美国的军事力量发生冲突"。如果美国发表一个措辞强硬的公开声明,指出台湾的归属必须等待对日和约签订后才能确定,并向台湾派遣军事代表团,提供

---

① *FRUS*,1950,Vol. 1,pp. 314-316;*FRUS*,Vol. 6,pp. 349-351.

② *FRUS*,1950,Vol. 6,pp. 351-352.

③ 顾维钧:《顾维钧回忆录》(7),中华书局,1988年,第764—765页。

④ 蒋介石日记,1950年6月24日,Hoover Institution Archives,University of Stanford。

⑤ 瞿韶华主编:《中华民国史事纪要(1950年)》,台北:"国史馆",1994年,第876—877页。

军事援助，“共产党人可能甚至不敢发动对台湾的攻击”。报道还说：有官员认为，只要出现一艘航空母舰，“就必然会使共产党人在未来很长时间内不敢发动对台湾的攻击”①。至此，一项新的对台政策和方针已然呼之欲出，等待的只是机会和条件。

需要补充的是，美国政府此时未能注意到，中苏同盟条约签订后苏联的远东政策也发生了非常微妙但却十分重大的变化。在斯大林不得不接受中方的主张而放弃在中国东北的一切特权后，为了在太平洋寻找另一个出海口和不冻港，以保证苏联战后的亚洲战略得以继续实施，斯大林把目光转向了朝鲜半岛②。就在1月28日苏方表示接受中方关于中长铁路、大连和旅顺港的协定方案之后两天，斯大林决定邀请金日成秘密访问莫斯科，商谈金日成统一朝鲜半岛的军事计划。经过4月10—25日的秘密会谈，斯大林与金日成确定了在朝鲜半岛采取军事行动的基本原则，并决定将苏联原定援助中国解放台湾的各种军事物资转给北朝鲜以进行备战。而被蒙在鼓里的毛泽东直到5月中旬才得知斯大林的这一决定。斯大林1月30日突然做出的这个重大决定，不仅改变了朝鲜半岛的命运，也对中共进攻台湾的计划产生了重要影响③。无论如何，由于美国和苏联政策的改变，中共解放台湾的作战计划在朝鲜战争爆发之前已成泡影。

随着中苏结盟、中国正式加入社会主义阵营，美国在战后初期设想的以扶持服从美国领导的中国来牵制其他大国、稳定地区和平的亚洲战略也彻底失败，美国急需在亚洲找到新的战略盟国。正是在这种背景下，美国将目光转向了身为战败国的日本，其对日政策也开始发生巨大转变。

早在1947年夏，即冷战格局在欧洲出现后，美国因为调停国共内战

---

① 引自伍修权1950年11月28日在联大安理会的演说，见《中美关系：文件和资料选编》，北京人民出版社，1971年，第46—47页。

② 早在1945年9月苏联外交部就建议，朝鲜半岛南方的几个港口具有战略价值，应该置于苏军的掌握之中。АВПРФ，ф. 0431I，оп. 1，п. 52，д. 8，л. 40-43、44-45，转引自Kathryn Weathersby，“Soviet Aims in Korea and the Outbreak of the Korean War，1945-1950：New Evidence from the Russian Archives”，*Cold War International History Project Working Paper*，No. 8，1993，pp. 9-11。

③ 详见沈志华：《毛泽东、斯大林与朝鲜战争》（修订版），广东人民出版社，2004年，第129—158页；《中共进攻台湾战役的决策变化及其制约因素（1949—1950）》，《社会科学研究》2009年第3期，第34—53页。

失败且对国民党失去信心，就开始考虑以美国占领之下且具备较强经济、军事潜力的日本取代分裂而动乱的中国，来扮演美国在远东对付苏联的帮手①。经过激烈争论，到 1947 年下半年，军方与国务院两大系统已经在对日政策的基本目标上达成了一致意见，即重新调整对日政策，把日本的身份从战败国转变为同盟国，使其成为遏制苏联在东亚扩张的重要据点。随着中共在军事上取得主动并于 1948 年 9 月发动辽沈战役，美国政府的对日政策进一步转变。1948 年 10 月 9 日杜鲁门总统批准的国家安全委员会第 13/2 号文件，确定了推动日本经济复兴、单独对日媾和、扶植日本对抗亚洲共产主义的新方针②。

新中国成立后，美国进一步加快了对日媾和活动，希望能尽早结束日本战败国地位、将其扶植成服从美国领导的亚洲强国，以此作为美国在东亚遏制社会主义国家的桥头堡。虽然在与日本媾和的具体方式和阶段上国务院与军方有不同意见——军方认为应当在进行全面媾和的逐项条件成熟之前推迟媾和进程，以免“减弱美国在日本的势力”，而国务院则希望早日媾和，以平息“日本人与日俱增的不满和反抗”，但双方在将日本转变成为美国东亚冷战战略中最为重要的一个盟友这个总目标上却是一致的③。而中苏同盟条约的签订，则推动了美国政府内部在对日媾和问题上走向一致。

1950 年 2 月 14 日签订的中苏同盟条约特别提到要将尚未形成的美日同盟看做中苏两国在远东的未来对手，而且中苏也同意在对日和约问题上采取一致行动④。这一点无疑刺激了美国政府，就在中苏条约公布的第二天，麦克阿瑟司令部的外交发言人宣布，“必须采取果断行动与日

---

① Steven Levine, “A New Look at American Mediation in the Chinese Civil War: Marshall Mission in Manchuria”, *Diplomatic History*, Vol. 3, No. 2, Fall 1979, pp. 349-375.

② 崔丕：《美国国家安全委员会第 13/2 文件形成探微》，《历史研究》1992 年第 3 期，第 183—192 页。

③ Michael Schaller, *The American Occupation of Japan: The Origins of The Cold War in Asia*, New York: Oxford University Press, 1985, pp. 165-213；崔丕：《美国在东亚的遏制政策与千岛群岛归属问题》，《社会科学战线》1993 年第 4 期，第 197 页；冯昭奎等：《战后日本外交》，中国社会科学出版社，1996 年，第 106—107 页。

④ 条约全文见《人民日报》，1950 年 2 月 15 日第 2 版。

本单独签订和约而无须俄国参加”①。3 月 23 日,陆军部副部长沃里斯也向国务卿艾奇逊提出备忘录,主张在媾和后恢复日本在外交、内政两方面的主权,但在军事上仍保留盟军总司令部,占领军亦留驻日本,保持半占领状态,以备不时之需②。在国务院高级顾问并负责对日媾和事务的杜勒斯和主政东京的麦克阿瑟努力下,国务院与军方的意见逐步趋向一致,双方在几个原则问题上的分歧已经基本解决,特别是在占领期结束后允许日本恢复有限武装和少量武器生产,保持美国在日本的基地及驻军权利等方面,尽管在媾和的时机和具体条件等问题上还有分歧③。

4 月 7 日和 5 月 18 日,杜勒斯两次提出美国政府应当尽快对日媾和,以便将日本尽快纳入美国在亚太的防御体系之中④。受到杜勒斯的影响,腊斯克在 5 月 31 日关于东亚新政策的报告中认为,如果美国要把日本作为未来的盟友,现在就必须立即表明态度⑤。到 6 月初,国务院关于对日和约的构想已经进一步深化,甚至提出了具体的日程和步骤。军方与其唯一的分歧在于担心对日和约的签订会削弱美国在日本的军事力量。在这种情况下,前线指挥官麦克阿瑟的意见便有了举足轻重的地位⑥。

麦克阿瑟此时对日本问题的态度也趋向强硬。过去他宣称任何保持基地的动作都将引发日本民众的普遍反对,现在则认为必须把日本同意“保留美军基地”作为结束占领的条件。与此同时,麦克阿瑟开始对日本共产党采取压制政策,6 月 6 日命令吉田茂首相整肃日共执行委员会及《赤旗报》员工,利用原为镇压极右派军国主义制定的法律,禁止共产党领袖从事任何政治活动。为了争取这位将军的支持,杜勒斯在启程访问

---

① *Кошкин А.* Вступление СССР в войну с Японией и территориальный вопрос//Азия и Африка сегодня,2000,№12,с. 57.

② 冯昭奎等:《战后日本外交》,第 107 页。

③ Schaller,*The American Occupation of Japan*,pp. 247-249.

④ *FRUS*,1950,Vol. 1,pp. 314-316;*FRUS*,1950,Vol. 6,pp. 1161-1166.

⑤ *FRUS*,1950,Vol. 1,pp. 347-349;Rusk’s report of May 31,1950,Department of State Records,RG 59,National Archives.

⑥ 详见冯昭奎等:《战后日本外交》,第 108 页;Schaller,*The American Occupation of Japan*,p. 255。

东京之前，经艾奇逊同意，决定与国防部和麦克阿瑟作一笔交易，即以美国对台湾的防御重新做出承诺，换取他们支持加快对日媾和的步伐①。

6 月 17 日，杜勒斯率领的国务院代表团与由国防部长约翰逊、参联会主席布雷德利率领的国防部代表团同时到达东京。因受到华盛顿重视而颇为得意的麦克阿瑟当然知道双方的目的：一个为了日本，一个为了台湾。为此，麦克阿瑟准备了两个长篇备忘录，其核心是，如果美国要在东亚地区夺得主动，就必须缔结对日和约并保证台湾不受到侵犯，二者不可缺一并互为补充②。在访问的最后几天，两个代表团与麦克阿瑟数度会谈。最后经麦克阿瑟从中斡旋，双方达成妥协。麦克阿瑟 6 月 23 日的备忘录反映了所达成的协议内容：和约签订后，美军继续留驻日本；为防卫作战之需要，整个日本领土与领海给予美国以无限制行使防卫权力的自由。此外，承认日本虽然在宪法中规定放弃战争，但在"受到侵略攻击时"拥有自卫权。在签订和约的同时，缔结日美安全协定，日本给美国以驻军及保留军事基地的权利③。布雷德利后来回忆说：我们的会谈是富有成果的。麦克阿瑟的备忘录像一座桥梁，最终将政府各部门连结在一起，一致同意了一个称心如意的和平条约④。

此外，日本的态度对于东京谈判的结果也起到了推动作用。吉田茂政府担心美国的内部争论延误媾和进程，反复表示在和约签订后日本仍将长期依赖美国的保护，并警告说，苏联有可能赶在美国之前提出令日本人感动的和约条件——放弃对库页岛和千岛群岛的占领。日本政府 6 月 1 日发表白皮书，宣布愿意同任何承认其独立的国家签订和约⑤。

无论如何应该看到，在 6 月 25 日朝鲜战争爆发之前，由于受到中苏同盟条约的刺激，华盛顿决策层已经消除了在台湾问题和日本问题上的原则性分歧。尽管尚未形成决策，但美国对台政策及对日媾和方针的前

---

① *FRUS*, 1950, Vol. 6, pp. 1205-1207、1221-1223; Haruki Wada, "Stalin and the Japanese Communist Party, 1945-1953: In the Light of New Russian Archival Documents", Paper for Conference "The Cold War in Asia" (Hong Kong, January 1996)。

② Schaller, *The American Occupation of Japan*, pp. 274-276.

③ *FRUS*, 1950, Vol. 6, pp. 1227-1228.

④ 《将军百战归》，第 686 页。

⑤ Schaller, *The American Occupation of Japan*, pp. 257-259.

景已经明朗化，所需要的只是实现这些新构想的机会和条件①。这种状况表明，东亚冷战的帷幕在朝鲜战争爆发前已经拉开。

四、朝鲜战争爆发后：冷战格局在亚洲的形成

新的研究表明，在朝鲜战争前夕和爆发初期中苏之间存在着诸多矛盾和分歧②。但白宫对此毫不知情。恰恰相反，战争的突然爆发，令美国朝野普遍认为中苏是这次军事行动的幕后“黑手”，同时也证明中苏同盟非但难以分裂，而且共产主义势力已经开始以战争的形式来实现其扩张的野心。自 NSC68 号文件形成以来，“共产主义威胁”的看法已弥漫于美国政府内部，而且其所提出的冷战对抗中“任何一地的丢失都是对全线的一个重创”这一思维逻辑已被美国领导人所接受③。朝鲜战争的爆发正好印证了美国政府的这一冷战心理，这反过来更推动美国总体冷战战略向“全面遏制”这一原则转变：1950 年 9 月 21 日，一个特别委员会完成了 NSC68/1 号文件，包括基本文件和附件在内长达 138 页④，以后又经过反复讨论和修改，最终在 12 月 14 日国家安全委员会第七十五次会议上，杜鲁门与国安会成员讨论并通过了 NSC68/4 号文件⑤。在美国政府这一宏观冷战战略的转变过程中，中国台湾、日本这两个地区被赋予了极为重要的地位，它们成为遏制共产主义在亚洲扩张的桥头堡和重要基地。为此美国彻底修改了对台、对日政策，将这两个地区完全纳入其在东亚的遏

---

① Michael Schaller 的研究认为，约翰逊和布雷德利没有接受麦克阿瑟的意见，他们在离开东京时仍反对和约。见 Schaller, *The American Occupation of Japan*, pp. 274, 278。笔者觉得这一结论有误。从东京谈判的结果看，军方的要求已经基本得到满足，他们没有理由固持己见。如果还有什么问题，恐怕也只是对日媾和的具体程序和时机了。

② 详见沈志华：《毛泽东、斯大林与朝鲜战争》，第 140—179 页；《朝鲜战争初期苏中朝三角同盟的形成》，（台北）《政治大学历史学报》第 31 期（2009 年 5 月），第 165—198 页。

③ 张曙光：《美国遏制战略与冷战起源再探》，第 244—245 页。

④ NSC68/1: United States Objectives and Programs for National Security, September 21, 1950, *DNSA*, Presidential Directives, PD00178, 00179.

⑤ NSC68/4: United States Objectives and Programs for National Security, December 14, 1950. *DNSA*, Presidential Directives, PD00167.

制体系中,同时通过武力介入朝鲜战争的方式,也将南朝鲜再次划入其在亚洲遏制共产主义的防御圈。

朝鲜战争的爆发,首先导致美国公开宣布其对台政策的根本性变化。6月26日参谋长联席会议主席布雷德利向杜鲁门提出:"韩国、日本、琉球、台湾、菲律宾和东南亚,都是同一个问题的不同部分",它们的地位"相互依赖",美国"急需一个互相配合的全面的远东政策"[①]。关于台湾问题,6月27日杜鲁门抛出了"台湾地位未定"论,美国海军第七舰队则借机侵入台湾海峡。美国的军事举动彻底阻断了中共解放台湾的设想,尽管国务院的报告仍认为中共具有攻占台湾的能力,并且可能提前采取行动[②]。

与此同时,日本问题也凸现出来。朝鲜战争使日本在东亚的地位骤然上升,美国在远东军事力量不足的矛盾使得重新武装日本显得更加急迫。7月8日,麦克阿瑟授权日本政府组建7.5万人的国家警察预备队,并增加了8000名海上保安队成员。几天后,远东盟军总司令部的专门委员会又提出一个计划,要求把警察预备队尽快编成4个步兵师,并装备美制武器[③]。杜勒斯回国不久就催促国务院加紧和约的准备工作。他在7月19日建议说:"由于朝鲜战争的爆发,使得对日和约变得更为重要而不是更不重要了",并主张从"更深远的角度"来考虑媾和问题。第二天,他又强调早日媾和与重新武装日本的不可分割性[④]。此时,美国军人同外交官的立场已经完全取得一致。8月22日,布雷德利通知约翰逊,目前的环境使得缔结对日和约有了正当理由,如果美国在日本的驻军和基地得以保留,并使日本承诺重建武装,军方不再反对批准对日和约。随后几个星期,国务院和国防部不断商谈,对和约的先决条件达成协议,随即签署了联合备忘录,并于9月7日递交总统。就程序而言,备忘录已经撇开

---

① Bradley to Johnson, May 31, 1950, CCS 381, Formosa (11-8-48), JCS Records, RG 218, National Archives.

② IM 312, July 26, 1950, *DDRS*, CK3100047045-3100047062.

③ 刘同舜、高文凡主编:《战后世界历史长编(1950—1951)》第六分册,上海人民出版社,1985年,第385页;冯昭奎等:《战后日本外交》,第93页。

④ *FRUS*, 1950, Vol. 6, pp. 1243, 1247-1248.

苏联,只是通过外交途径与远东委员会中友好国家进行秘密的预备性谈判。就内容来看,备忘录强调美国应享有外国军队在日本驻留的批准权和指挥权,不否定日本拥有自卫权和保持必要规模军队的权利。该备忘录作为国家安全委员会第60/1号文件得到杜鲁门总统的批准,只待朝鲜战场处于有利情况便可实施媾和①。

9月15日麦克阿瑟在仁川登陆一举成功,从根本上扭转了朝鲜战局。此后随着在战场上不断取得进展,美国提出了对日媾和问题。经过一番秘密的串联和准备,10月26日晚杜勒斯约见了苏联驻联合国代表马立克(Yakov Malik),向他转交了被称为"对日和约七原则"的美国备忘录,其主要内容包括:缔约国为"任何或一切愿意在所建议的和可能获得协议的基础上媾和的对日作战国家";日本承认朝鲜独立,同意联合国和美国托管琉球和小笠原群岛,接受英、苏、中、美四国将来所作关于台湾、澎湖列岛、南库页岛与千岛群岛的地位的决定(在条约生效后一年内做出决定,否则由联合国大会决定);日本有责任与占领军合作以维持该地区的和平与安全;缔约各方在原则上放弃要求日本赔偿的权利②。在会谈中,杜勒斯强调了三点:如果苏联参加缔结对日和约,依据和约,日本将库页岛南部、千岛群岛割让给苏联;即使远东委员会成员国中某国不参加缔结对日和约,美国也要进行对日媾和谈判;台湾地位问题暂时冻结,建议由联合国重新加以考虑。马立克对美国的媾和方案本身没有做出任何反应,只是表示反对冻结台湾地位,更不同意将这一问题交付联合国,而是主张恪守有关的战时国际协议。马立克还强调说,"台湾问题纯属中国内政"③。

美国这一基于全球和亚洲冷战的考虑而在对台、对朝、对日政策上的转变,都深深地刺激了中国。战争爆发伊始第七舰队便占据台湾海峡的

---

① *FRUS*,1950,Vol. 6,pp. 1278-1282,1293-1296,1297-1304.

② *Тихвинский С. Л.* Россия-Япония, Обречены на добрососедство, Воспоминания дипломата и заметки историка, Москва: Памятники исторической мысли, 1996, с. 43。另见《人民日报》1950年11月26日第1版的报道。

③ *FRUS*,1950,Vol. 6,pp. 1332-1336;Vojtech Mastny,*The Cold War and Soviet Insecurity:The Stalin Years*,New York and Oxford:Oxford University Press,1996,p. 108;刘同舜、姚椿龄主编:《战后世界历史长编(1952)》第七分册,上海人民出版社,1989年,第76—77页。

做法彻底破坏了中共领导人实现统一的构想,联合国军在朝鲜战场上越过三八线的行动更威胁到中国东北的安全,而美国积极推行单方面对日媾和、重新武装日本的方针也引起了中国的深刻担心。在朝鲜战场上北朝鲜政权摇摇欲坠、苏联却又袖手旁观的危急时刻,中国挺身而出,不顾苏联一再违背提供空军支援的诺言而派志愿军入朝参战,将美国人打回三八线。正是毛泽东在极其困难的条件下做出的中国出兵与美国孤军作战这一决定,才改变了斯大林对中共和毛泽东的看法,并在事实上巩固和发展了中苏同盟的政治基础。此后,斯大林及时派出苏联空军参战,为中国提供了大量军事和经济援助,并在涉及战争的一系列战略问题上支持了中国的主张①。这就是历史上时常出现的因果转换的典型实例:中苏同盟条约签订导致了朝鲜战争的爆发,而中国被迫单独参战则反过来巩固和加强了中苏同盟。

中苏同盟的进一步强化不仅表现在朝鲜战场方面,也表现在两国在对日和约、朝鲜停战谈判问题上的紧密配合。苏联之所以对美国10月26日提出的对日媾和方案不发表意见,是因为中国军队已秘密入朝参战、朝鲜战局必将发生重大变化,斯大林的想法是等朝鲜战场出现有利于中朝的局面后再表态。中国方面也持同样的看法,希望能在战场有利的情况下提出的自己的条件,解决台湾问题和对日和约问题。随着1950年年底中国志愿军打过三八线、攻占汉城,联合国关于停战谈判的呼声更加强烈,而且提出的条件也更加有利于中国。如果中国(得到苏联的同意后)接受1月13日联合国提案,进行停战谈判,不仅能够稳定住朝鲜战场的有利局面,也将对日本问题的处理产生极大影响。然而,在台前的中国和在幕后的苏联都没有抓住这次稍纵即逝的良机。当1月17日中国拒绝联合国提案后不久,美军即发起全面反攻,已是强弩之末的中国军队不

① 详见沈志华:《朝鲜战争初期苏中朝三角同盟的形成》,(台北)《政治大学历史学报》第31期(2009年5月),第165—198页;《新中国建立初期苏联对华经济援助的基本情况》,《俄罗斯研究》2001年第1期,第53—66页;2001年第2期,第49—58页;《毛泽东、斯大林与朝鲜战争》,第159—208页。

得不败退三八线以北①。朝鲜战局再次出现逆转，对日媾和问题的解决自然也就朝着与中苏愿望相反的方向发展下去。

战场上的优势地位使美国在媾和问题上的态度强硬起来。在3月30日美国再次递交给苏联大使馆的照书中，不仅重复了有关托管日本几个岛屿及承认日本享有单独或集体自卫权等条款，而且强调，不参加本条约的国家，将不被给予任何法律基础上的权利和利益。特别是关于领土问题的条款，美国的态度也发生了变化：回避《开罗宣言》和《波茨坦公告》关于台湾和澎湖列岛归还中国的规定，只提日本放弃这些领土，但未提其归属。对于《雅尔塔协议》所规定给予苏联的库页岛南部和千岛群岛，美国在表面上仍采取承认的立场，但条件是"这一规定只有在苏联签订和批准条约的情况下才会生效"②。

苏联确实不愿意在这种状况下签署对日和约，斯大林对朝鲜战局的变化颇感失望，随即对美国的对日媾和方案采取了反对和阻挠的明确立场。1951年5月6日斯大林致电毛泽东，说明了苏联对媾和问题的立场：指责美国单独准备和约草案的做法，要求条约草案中应明确中国对台湾和澎湖列岛的主权，反对把琉球群岛及日本其他岛屿交给美国托管，必须限制日本武装力量的规模。最后，苏联政府建议在7—8月召开四国外长会议，起草对日和约，其内容应规定：日本不得结盟以反对曾参加对日作战的国家；和约签订后所有占领军均应在一年以内撤出日本领土；任何国家均不得在日本拥有军队和军事基地等。毛泽东当天回电表示完全赞同③。5月7日，苏联外交部将"苏联关于美国对日和约草案的意见书"交给美国驻苏大使阿兰·柯克(Alan Kirk)。5月22日，周恩来正式向苏

① 有关中国在朝鲜战争中的这次决策失误，详见沈志华：《试论1951年初中国拒绝联合国停火议案的决策》，《外交评论》2010年第4期，第125—146页。

② *FRUS*, 1951, Vol. 6, pp. 908, 942-943; *Славинский Б. Н.* Сан-Францусская конференция 1951г. По мирному урегулированию с японией и советская дипломатия// Проблемы дальнего востока, 1994, №1, с. 84。参见《对日和约问题史料》，人民出版社，1951年，第80—86页。

③ 沈志华编：《朝鲜战争：俄国档案馆的解密文件》(以下简称《朝鲜战争文件》)，(台北)近代史所史料丛刊(48)，2003年7月，第755—756、757页；中共中央文献研究室编：《建国以来毛泽东文稿》第二册，中央文献出版社，1988年，第274页。

联大使罗申(N. V. Roschin)递交了一份照会,表示中苏意见“完全一致”,中国政府完全支持苏联政府关于对日和约的具体建议①。5月24日苏联全文发表了这个措辞强硬的文件②。6月10日,苏联政府再次照会美国,指责美国和约草案的目的是为了恢复日本的军国主义,并重申必须于1951年7月或8月召开包括所有参加对日作战国家代表出席的和会③。6月25日,朝鲜外务省也向苏联递交了照会,声称“无论是在准备条约的程序方面,还是在条约的目的和实质方面”,朝鲜“完全赞同和支持苏联政府对日和约的立场”④。

就在苏联明确表示抵制美国媾和方案的同时,朝鲜战场的形势由于中国军队的顽强抵抗而陷入了僵局,双方都表现出和谈的意愿⑤。6月5日,凯南与马立克讨论了停战谈判的可能性,苏联表示了急切进行停战谈判的意图。引起凯南注意的是,马立克在会面时根本没有提到诸如台湾和对日和约等远东国际事务问题。凯南判断,这也许表明苏联政府渴望停火,即使不解决这些更为广泛的远东问题⑥。美国人猜测得不错,苏联确实希望先实现朝鲜停战,再解决对日和约问题,这样会对中苏一方更为有利。美国的策略则是针锋相对,先实现对日媾和,再谈朝鲜停战问题。

美国利用1951年春季的军事优势,不仅迫使日本政府承诺不与新中国缔约,而且逼迫英国政府接受了“任何一个中国政府都不参加多边和会”的立场,从而结束了英美围绕中国签约权的纷争⑦。7月3日美英制定出对日和约的共同草案,但在敦促尽快召开和会的同时,美国还必须采

① 世界知识出版社编:《国际条约集(1950—1952)》,世界知识出版社,1961年,第358、360、361页;中国外交部档案馆,105—00019—03,第86—87页。

② 《人民日报》,1951年5月25日第1版。英文全文见MF2527245—0990,Main Library,University of Hong Kong。

③ 参见《对日和约问题史料》,第95、100、107页;Славинский, Сан-Францусская конференция, с. 87。

④ АВПРФ, ф. 0102, оп. 7, п. 25, д. 2, л. 26-31。

⑤ 相关的俄国档案见《朝鲜战争文件》,第777—786、804—811、835—840页。

⑥ 陶文钊主编:《美国对华政策文件集(1949—1972)》第一卷,世界知识出版社,2003年,第629—630页。

⑦ 详见《战后世界历史长编》第七分册,第78—81页;徐友珍:《美英在新中国参与对日媾和问题上的争议》,《世界历史》2004年第2期,第32—35页。

取一个重要步骤，就是拖延停战谈判。显然，如果此时朝鲜停战达成协议，远东地区出现和平局面，而中国和苏联成为"和平功臣"，美国就很难拒绝中国参加对日媾和，也无法说服其盟国同意继续在日本驻军和重新武装日本①。于是，7月10日开城谈判开始不久，美方代表就不断为和谈制造难题。尽管中朝方面步步退让，在确定谈判程序和划分停火线等问题上都大体接受了对方提出的方案，但美国仍然不断制造事端，致使开城谈判不得不于23日中断②。这正是美国要达到的目的。如此，当美国以近乎最后通牒的方式把美英共同草案交给苏联代表时，莫斯科已经被逼到了进退维谷的境地。

1951年7月6日，美国政府向苏联大使馆递交了一份备忘录及美英共同草案。备忘录以不容商量的口气指出，这个经过修改的草案已经"体现了参加签署对日和约的盟国基本上能够接受的条件"，并将于7月20日左右分发给所有与日本处于战争状态的国家，因此，希望在最短的时间内得到苏联政府的意见。更使苏联感到气恼的是，新草案在领土条款中所做的重要修改：3月30日草案还提到日本应该向苏联归还南库页岛及其毗邻岛屿，移交千岛群岛，而在7月3日的草案中只谈日本放弃对这些领土的权利和要求，却丝毫没有提到其归属问题。不等苏联答复，7月20日，美英两国大使同时拜访苏联外交部，递交了美英联合照会、关于参加1951年9月4日旧金山对日和约国际代表会议的邀请函、和约草案正式文本及其他一切有关文件。照会指出，这次会议是在美英共同草案的基础上召开的，美英政府请求告知，苏联政府是否接受这个邀请。尽管在照会中建议对和约草案提出意见，但同时又声称，不管有何意见，最终文本都将在8月13日予以公布。柯克还在口头声明中强调，召开国际会议不是为了制定条约，而只是为了签署美英8月13日的草案③。

斯大林确实为难了：参加会议无疑意味着向美国低头，拒绝出席又将

① 这一点，就连当时的美国报刊都看得十分清楚。见斯通：《朝鲜战争内幕》，南佐民等译，浙江人民出版社，1989年，第286页。

② 参见《朝鲜战争文件》，第941—1007页；柴成文、赵勇田：《板门店谈判》，解放军出版社，1992年，第144—155页。

③ *Славинский* Сан-Францусская конференциясс. 89-91.

处于外交上的孤立境地。此时，苏联领导人显得有些不知所措。7月21日副外长葛罗米柯(Andrei Gromyko)向斯大林建议苏联应该出席旧金山会议，显然因遭到拒绝，他在8月1日重新起草的照会中，说明了苏联不能参加这次会议的理由。但几天以后，苏联的想法又变了。8月10日，联共(布)中央专门讨论并通过了外交部准备的决议草案，苏联决定派代表出席旧金山国际代表会议，同时对美英草案提出批评和修改，特别是要强调中华人民共和国的代表必须参加会议；如果这些意见不被接受，苏联就拒绝签署条约。8月12日苏联向中国通报了这一立场①。8月15日，周恩来发表声明：对日和约的准备、拟制和签订，如果没有中华人民共和国的参加，无论其内容和结果如何，都是非法的和无效的②。

然而，中苏的这种表态未能阻止对日和约按照美国的安排进行签订。在9月4日开幕的旧金山会议上，苏联有关必须有中国代表参加和修改和约草案的建议都被拒绝。于是，苏联、波兰、捷克等国代表只能拒绝在和约上签字③。中国外交部则于北京时间9月7日晚将拒绝承认旧金山和约的声明文本交给了苏联使馆④。

就在旧金山和约缔结5个小时后，艾奇逊和吉田茂在旧金山军人俱乐部签署了已经准备就绪的日美安全条约。12月24日，吉田茂又在杜勒斯的压力下致函蒋介石，建议缔结和约。此后经过反复讨价还价，双方于1952年4月28日，即旧金山和约生效前7个半小时，签订了“日华和约”⑤。1952年4月23日，盟国对日管制委员会宣布停止活动。5月30

---

① *Славинский* Сан-Францусская конференцияс. 91-93, 95.

② 中共中央文献研究室编：《周恩来年谱(1949—1976)》上卷，中央文献出版社，1997年，第171页；《国际条约集(1950—1952)》，第362—364、366—367页。

③ 详见《国际条约集(1950—1952)》，第368—386页；*Славинский* Сан-Францусская конференция, с. 98; *Тихвинский С. Л.* Вмешательство американской дипломатии в процесс нормализации отношений СССР и КНР с японией после окончания второй мировой войны, Paper for the Conference "The Cold War and the Sino-Soviet Relations" (Beijing, October 1997)。

④ *Капица М. С.* На разных параллелях, записки дипломата, Москва: Книга и бизнес, 1996, с. 130.

⑤ 详见《国际条约集(1950—1952)》，第393—394页；《战后世界历史长编(7)》，第105—110页。

日，日本政府正式通知苏联代表团，由于和约生效，苏联代表团已经丧失其合法地位。随后，苏联代表团不得不离开东京，苏联已经完全无法介入和影响日本事务①。

至此，美国人如愿以偿地完成了其东亚集体安全体系的构想，而东西方两大阵营的对抗则在朝鲜战场上愈演愈烈②。

结　论

如果说在第二次世界大战结束前后美国还有可能与中共建立起比较正常和密切的关系，那么到1949年这种机会已经不复存在。所谓"失去中国"，本质上是指中国新政权倒入了苏联的怀抱。由于冷战出现和美苏两大集团之间的对抗，中共对苏联的态度和立场便成为影响未来中美关系走向的关键因素。

1949年1月，当中共在国内战场已经取得明显优势时，苏联开始重视中国问题，调整对华政策，并考虑与未来新政权的关系问题。而在毛泽东看来，夺取政权的斗争越是接近胜利，苏联的作用就越是重要。斯大林最初试图对国共内战进行调停，以此介入中国问题，但因毛泽东的坚决反对而作罢。此后，苏共政治局委员米高扬秘密访问西柏坡，以全面了解毛泽东和中共的真实情况。在确信中共将追随苏联走社会主义道路后，斯大林开始加强了对中共的援助和支持，中苏在各个方面的联系大大加强，毛泽东宣布向苏联"一边倒"。此时，美国政策的主要目标是阻止中苏接近，但毫无效果。从新中国成立到中苏同盟条约签订，毛泽东与斯大林之间围绕东北问题的权益发生了严重分歧和争斗。美国政府此期的政策目

① 彼得·卡尔沃科雷西编：《国际事务概览（1952年）》，吴世民等译，上海译文出版社1989年版，第485—487页；《人民日报》，1952年4月30日第4版。

② 美国在对日媾和问题上占到了上风后，立即转而推动停战和谈，但再次遭到中苏的联手阻击。朝鲜停战谈判的僵局直到斯大林去世后才开始解冻。详见沈志华：《对日和约与朝鲜停战谈判》，《史学集刊》2006年第1期，第66—75页；《1953年朝鲜停战：中苏领导人的政治考虑》，《世界史》2001年第2期，第2—18页。

标则是千方百计阻止中苏结成同盟关系，但结果适得其反，美国的压力反而成为促进中苏缔结同盟条约的重要因素。

在这场角力中，作为彼此对峙的美苏两个大国都力图争取的对象，当时正走向内战全面胜利的中国共产党实际上掌握了相当的主动性。无论是华德事件，还是与司徒雷登接触，亦或是征收外国兵营和美国经合署物资，特别是中苏同盟条约谈判，在这一系列事件中，中国共产党每每都掌握了主动并在很大程度上决定了历史的走向。尽管这种主动性多是客观条件造成的，但对于中共而言还是具有极强的指向性，即尽力稳固和发展与莫斯科的关系，以便在苏联的支持和帮助下迅速实现和巩固统一中国的大业。一方面由于中共受其本身意识形态取向和国际经验缺乏的制约，一方面由于中共作为地方性政权而长期未获美国信任和支持，中国共产党在走向胜利时，其政策指向在主观和客观方面的选择都十分有限。

作为世界头号强国的美国，却在与中共的交往中表现得十分被动。就其为破坏中苏结盟而采取的政策而言，其演变有着较为清晰的轨迹：从一开始的以打压为主、接触为辅，逐步转变为以利诱为主、打压为辅。但无论怎样，美国在整个过程中极少占据主动，也未能阻止中苏双方坚定地迈向同盟。实力强大的美国之所以会在这场较量中失败，首先是因为极少接触中共，对共产主义存在根深蒂固的偏见，根本不了解中共在此问题上的基本态度和目标；其次，美国政府在制定和执行相关政策时，难以摆脱国内右翼反共势力和国民党的干扰，因此无法做出有效的应对。

中苏结成同盟的动机，主要是出于对政权利益的考虑。对于莫斯科而言，拉拢中国这样一个亚洲大国加盟，其东方战线便有了可靠的屏障，而在北京看来，只有依仗苏联的支持和援助，经济的恢复和发展才能有所保障，漫长的海岸线也可以受到保护，从而使新生的政权得到巩固。然而，中苏同盟条约的签订还在客观上带来了两个后果。因为苏联即将失去在太平洋的出海口和不冻港，斯大林决心发动朝鲜战争，以挽回其亚洲战略利益的损失。美国则把中国加入苏联集团看做是共产主义势力在亚洲的扩张，从而酝酿和确定了“全面遏制”的新的冷战战略。这个结局，恐怕是毛泽东在“虎口夺食”时始料不及的。

另一方面，从地缘政治的角度看，中国以苏联盟国的角色加入冷战，其结果无疑是把美苏对抗的前沿阵地推到了太平洋的西海岸，远东地区的态势骤然发生了根本性改变——中国不再是美苏冷战的中间地带，于是中国台湾和日本的战略地位便凸现出来，由此导致了美国对远东乃至整个亚洲政策的转向。朝鲜战争爆发和中国的参战，进一步使美国明确了在东亚的集体安全政策，并把两大阵营在亚洲的对抗推向了高潮。美国在决定介入朝鲜战争的同时，毫不迟疑地提出了“台湾地位未定”论，并迅速确定了对日和约的新方针——把日本作为反共同盟国及早实现单独媾和。朝鲜战局的变化决定着对日媾和的进程，而旧金山和约的签订又反过来影响了朝鲜停战谈判的进程。面对远东地区的被动局面，斯大林和毛泽东决心在停战谈判中采取强硬立场，通过拖延战争的策略，把美国的力量吸引和消耗在远东。

于是，从中苏同盟条约开始，中经朝鲜战争爆发，到对日和约签订，冷战在远东形成的三部曲奏完了最后一个音符。苏联拉住中国和朝鲜，建立了社会主义阵营的东方战线，而美国则把韩国、日本和中国台湾纠集在一起，构筑了东亚地区的共同防御体系，远东冷战的格局由此定型。

（沈志华　华东师范大学冷战国际史研究中心教授；姚昱　华南师范大学历史系副教授）

查尔斯·蒂利论民主

孙 琇

【内容提要】 本文是对查尔斯·蒂利民主和民主化研究的解读。第一部分总结了蒂利对民主化进程的解释框架和独特观点。第二部分讨论了他的研究策略,主要包括:对民主概念进行历史化的处理,在抗争政治的背景下描述民主化的轨迹,引入机制和进程的分析来连接宏观和微观层面的分析。第三部分简要对比了蒂利和巴林顿·摩尔对民主的研究,认为蒂利抱持了一种超然的学术立场,在解释民主化进程时,他更看重社会结构的限定作用而非行动者的能动性。第四部分则讨论了蒂利在民主研究学术史上的地位,指出其研究具有一种跨学科的视野。

查尔斯·蒂利从抗争政治的角度观察并解释了现代化进程中宏观社会转型的内在机制与过程,被看做是横跨社会学、历史学和政治学的巨擘。他能从纷繁复杂的历史进程中,提炼出精妙严整的解释框架,进而为某些政治概念提供别样的观察视角。他对"民主"概念的阐释就是一个显著的例证。蒂利从民众抗争(contention)形塑统治体制(regime)的角度,对民主作了独特的定义,并通过三层面的多国案例比较,精彩呈现了欧洲民主化历程的共性与特性，丰富了人们对民主的既有理解。

一、蒂利“民主”与“民主化”的解释框架

1. 对民主和民主化的独特定义

蒂利认为“民主”是“抗争政治的一个罕见的、偶然的后果”①，“所有欧洲的民主道路都经过了热血沸腾的政治抗争”②。他对“民主”的定义是从民众与当权者的关系角度出发，认为“高水平的受保护协商（protected-consultation）为民主”③。他指出，对民主的认知必须是一个关涉“诉求制造者”与“诉求对象”互动的过程分析，即对“民主化”过程的解读。他说：“民主化是臣服于既有政府权威的人民和这个政府的代理人之间的关系特征的变迁。”具体而言，“民主化”就是要让更广泛的民众能够平等地进入政府的决策中去，民众的意见作为一个整体能有效地约束并限定政府决策，对民众，特别是少数类别的民众，政府能提供使其免受不公待遇的保护。“抑制或推进公民和政府代理人广泛、平等、有约束力和保护性关系的过程”就是“去民主化”或“民主化”的过程。④

基于如上的立场，蒂利的民主定义有三个独特之处：强调政治过程⑤；侧重国家层面上的民主水平；关注特定政府和民众之间的社会关

---

① Charles Tilly, *Contention and Democracy in Europe, 1650-2000*, Cambridge University Press, 2004, p. 6.

② Ibid., p. 35.

③ Ibid., p. 14.

④ Ibid., p. 68.

⑤ 蒂利指出与政治过程的定义相对的是：实体性定义（substantial definition）（强调平等、共享、福利这些政府行动的产物）、宪制定义（constitutional definition）（强调代议机制、法庭和法律）、程序性定义（procedural definition）（源于熊彼特的观点，通过缩小政府活动的范围来定义民主，关注选举，把是否有自由竞争的选举看做是民主的重要甚至唯一标准）。参见 Charles Tilly, *Contention and Democracy in Europe*, p. 14；谢岳著，《社会抗争与民主转型——20 世纪 70 年代以来的威权主义政治》，上海人民出版社，2008 年，第 22 页。熊彼特对民主的定义参见：J. A. Schumpeter, *Capitalism, Socialism and Democracy*, 2nd ed, New York: Harper, 1947, p. 269。

系。首先，蒂利对比了他与其导师巴林顿·摩尔的立场，指出《民主和专制的社会起源》是“从结果回溯起源来展开分析”，而他自己关注的“是轨迹（trajectories）而非源头（origins）和终点（destinations）”①。他认为政治过程，即各国民主化的不同轨迹，在历史—比较分析上占据优势②，轨迹中“反复出现的因果机制（recurrent causal mechanisms）”使得民主化有规律可循③。其次，蒂利把民主的分析单位放在了国家层面，原因有三：第一，蒂利认为民主的动力来源于民众抗争，所以民众抗争的对象——国家，自然就成为民主诉求的直接执行者；第二，在蒂利的民主化解释逻辑中，统治体制（强国家/弱国家）对民主的推进至关重要；第三，蒂利认为民主化是“受保护协商”在实质上向更高水平的迈进。所以他并不谈具体的民主内容，而是以各国“受保护协商”的相对水平来做参照，以国家作为比较单位。最后，蒂利以一种超然的社会学家的语气指出“民主是由……积极的、有意义的社会关系所构成”④，社会关系可细化解释民主的三大机制：公共政治与类属不平等的隔离、信任网络被整合进公共政治、公民和政府代理人之间的良性互动。三大机制是一种关系性的机制，也是推动民主化的内在动力。

2. 从“抗争”、“统治体制”与“民主”两两结合的三组关系中分析民主化

蒂利把对“民主化”的分析放进了他抗争政治研究的框架中，提出了

---

① Charles Tilly, *Contention and Democracy in Europe*, Preface, p. ix.

② 参见 Charles Tilly, “Historical Analysis of Political Processes” in Jonathan H. Turner, ed., *Handbook of Sociological Theory*, New York: Kluwer/Plenum, 2001; Charles Tilly, "Mechanisms in Political Processes", *Annual Review of Political Science*, No. 4, 2001, pp. 21-41。这里所说的历史比较的研究对象专指那些大的社会结构和进程，它更多地属于历史社会学的议题，不同于传统史学中小规模的对于具体事件或人物的比较。蒂利曾说他同意雷蒙德·格雷（Raymond Grew）的“历史进程的比较引发历史学家间的抵制，甚至怀疑”的判断。蒂利指出历史学家具有构建有效比较的优势，这是优于政治学家、社会学家和其他社会科学家的。Charles Tilly, *Big Structures, Large Processes, Huge Comparisons*, New York: Russell Sage Foundation, 1984, p. 85.

③ Charles Tilly, *Contention and Democracy in Europe*, p. 8.

④ Ibid., p. 14.

一个动态的解释逻辑。笔者根据他的论述，归纳如下：

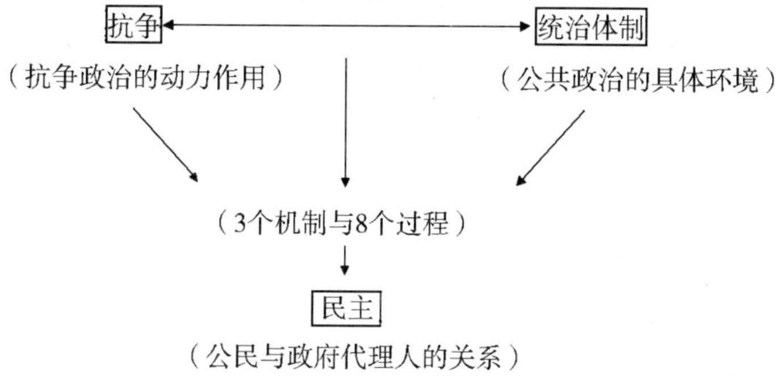

笔者认为蒂利对民主的定义实际上是在讲民众和政府代理人双方讨价还价的后果，民主化背后所隐含的过程是民众抗争对统治体制的塑造。抗争是民主的最终动力，统治体制是实现民主的具体条件，它们各自的变动以及两者的互动共同影响着民主化的进程。如上图所示的三组关系——抗争与民主、抗争与统治体制、统治体制与民主——构成了蒂利的解释框架。

（1）统治体制与民主

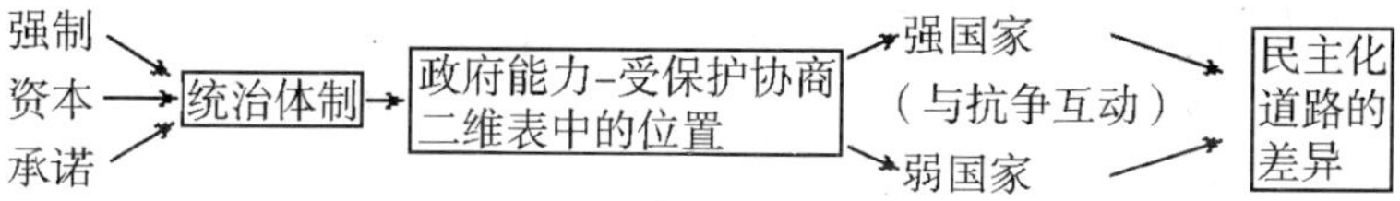

在蒂利的话语体系中，统治体制（regime）专指“包括政府在内的主要政治行动者之间反复、强烈的互动”①，是具体的政治制度安排及其运作，有三个外部的社会环境变量——强制（coercion）、资本（capital）和承诺（commitment）②——强烈影响着它的组织结构。三个因素在某种程度上“因时空而共变”③，组成了一种政治资源（political resources）④，限定了统

① Charles Tilly, *Regimes and Repertoires*, Chicago: The University of Chicago Press, 2006, p. 19.

② 对这三个概念的术语化解释参见：Charles Tilly, *Contention and Democracy in Europe*, pp. 46-47; Charles Tilly, *Regimes and Repertoires*, pp. 19-20。

③ Charles Tilly, *Contention and Democracy in Europe*, p. 47.

④ Charles Tilly, *Regimes and Repertoires*, p. 19. 笔者认为这一概念属于“政治机遇结构（POS）”的一部分。

治体制在“政府能力(Governmental Capacity)—受保护协商(Protected Consultation)”二维空间中的具体轨迹。蒂利指出“中等和相对同等水平的强制、资本和承诺”最利于政府能力的提升①,其中任何一个因素过快或过慢发展都无益于政府能力的良性成长。

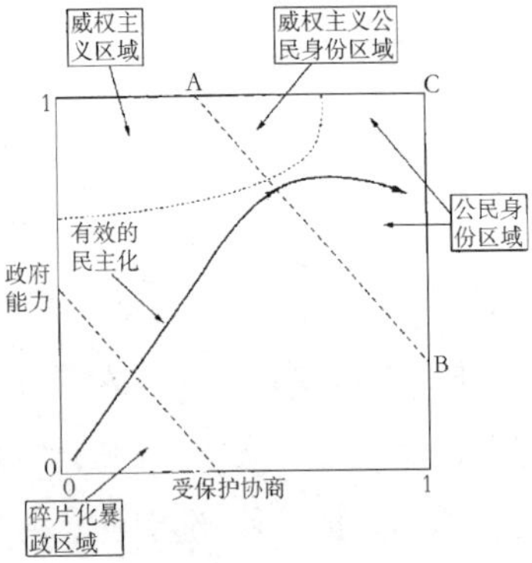

有效的民主化②

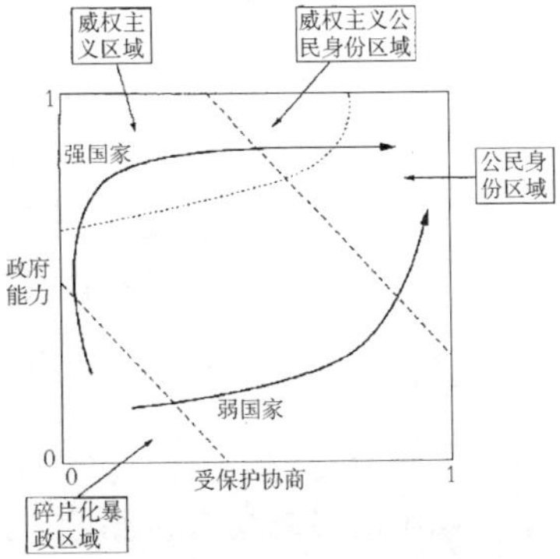

强国家和弱国家的民主化路径③

“政府能力—受保护协商”二维空间,是蒂利独创的一种分析工具。具备一定的政府能力,而受保护协商水平很低,则意味着这种统治体制是一种碎片化的暴政(fragmented tyranny)。政府能力很强,但受保护协商水平很低,意味着这种统治体制是威权主义的。只有政府能力和受保护协商水平同步稳健提高,即统治体制沿着二维空间的对角线攀升,才是一种有效的民主化路径。当受保护协商和政府能力都发展到一定的高水平后,公民权(citizenship)才会出现,才意味着民主的真正成熟稳固。蒂利进一步将国家划分为强国家(Strong-State)和弱国家(Weak-State)两大类型。强国家道路指政府能力在早期就有所增长,但这是以牺牲受保护协商为代价的,需要经历漫长的威权主义阶段,才能在民众抗争的推动下,缓慢提高受保护协商,进而最终走向民主,如英国和法国。弱国家道路是政府能力大举扩张之前,受保护协商就相对发达,如瑞士。蒂利指出“绝

① Charles Tilly, *Contention and Democracy in Europe*, p. 48.

② 查尔斯·蒂利:《欧洲的抗争与民主(1650—2000)》,陈周旺、李辉、熊易寒译,上海人民出版社,2008年,第48页。英文版原图见:Charles Tilly, *Contention and Democracy in Europe*, p. 52。

③ 查尔斯·蒂利:《欧洲的抗争与民主》,第49页。英文版原图见:Charles Tilly, *Contention and Democracy in Europe*, p. 53。

大多数欧洲经验都是沿着两条理想化道路之间的某条更不规则的道路前行"①。两条道路及其之间的轨迹,在一定程度上描绘了民主化的外部政治背景。这些背景又作用于下文即将提到的过程与机制,进而在各国民主化的具体道路上留下印记。蒂利对统治体制的影响做出了如下的归纳和推断:①如果政府能力的发展先于、快于受保护协商,那么民主之路就要途经威权主义,反之,如果受保护协商的发展快于政府能力,而统治体制得以存续,那么民主之路就要经历一个能力建设的险滩。②强国家比弱国家更有益于民主化的推进。③从长远来看,两个维度的增长是相互强化的,一方面,国家的扩张导致了反抗、讨价还价和权宜之计;另一方面,受保护协商要求国家介入调停,从而激励了国家的扩张,继而促进了政府能力的增长②。

(2)抗争与民主

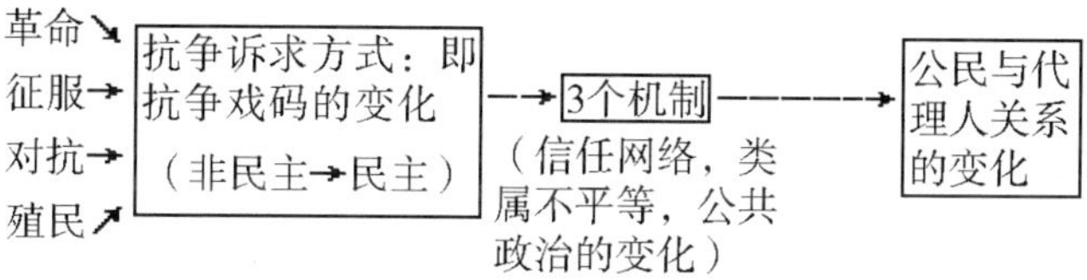

蒂利认为"民主源于民众抗争,并且动员和重塑了民众抗争"③。他指出,欧洲1650年以来,有"四个重复发生的条件"——革命、征服(conquest)、对抗(confrontation)和殖民化(colonization)——引发了广大民众的激烈反应,对旧有的社会安排造成出其不意的冲击。这四个条件首先通过"激活和转化抗争诉求的方式"④,即改变抗争戏码,进而引发民主机制变迁。蒂利区分了"非民主抗争"和"民主抗争"两种戏码。在非民主的统治体制下,欧洲民众经常使用地方性的(parochial)、特殊的(particular)和双轨的(bifurcated)集体诉求手段;而在民主的统治体制下,则使用普适性的(cosmopolitan)、模式化的(modular)和自主的(autonomous)的手段。随着抗争戏码的变迁,过程中的机制也发生了共变。蒂利认为有三

① Charles Tilly, *Contention and Democracy in Europe*, p. 54.

② 参见 Charles Tilly, *Contention and Democracy in Europe*, pp. 251-252. 1-4 条推论。

③ Charles Tilly, *Contention and Democracy in Europe*, pp. 28-29.

④ Ibid., p. 26.

组机制八个过程可以用来解释民主化[1]。它们分别是：

一、在公共政治中克服类属不平等

1 类属的平等化。

2 公共政治与类属不平等之间存在一个缓冲地带。

二、将信任网络整合进公共政治

3 绝缘性信任网络的解体。

4 创造通过"政治"联系起来的信任网络。

三、在公共政治中，改善公民与政府代理人的互动

5 政治参与的扩大化。

6 政治参与的平等化。

7 加强集体行动。

8 抑制专横权力。

"只有在信任网络整合、不平等绝缘于公共政治，以及相关的公共政治内部转型这些积极变迁交织在一起的地方，有效而持久的民主才能兴起。……三者中任何一个方面的逆转……都促进了去民主化。"[2]以巴尔干地区为例，历史上，以宗教为纽带的贸易移民团体、领主—附庸链条、家族体系盘根错节，政府长期依靠拥有武装的地方土豪进行间接统治，加之外来干涉，国内的受保护协商很不发达，民众对以政府为纽带的网络很不信任，以至于到今天这一地区都很难形成巩固的民主制度。巴尔干的现状是信任网络与公共政治隔绝的后果[3]。所以说三大机制相结合且能恰切地发挥作用，这才是维持民主的关键。

(3) 抗争与统治体制

自上而下(top down)看，统治体制为抗争提供了一种政治机遇结构(political opportunity structure)，推动或压制了抗争的转型；自下而上(bottom up)看，抗争政治自身通过提供可行的戏码(available repertories)也塑

① Charles Tilly, *Contention and Democracy in Europe*, p. 17-22.

② Ibid., p. 17.

③ Ibid., p. 33.

造统治体制的形态①。

从统治体制对抗争的影响看,“强制、资本与承诺的分配,限定统治体制在政府能力和受保护协商方面的轨道,转而显著影响了抗争政治的形式”②。每一个统治体制都规定了政治表演的范围,并将抗争诉求分为规定的(prescribe)、可容忍的(tolerant)、禁止的(forbidden)三类。在一个特定的统治体制中,当权者对民众抗争的态度是促进(facilitation)还是压制(repression),是预防型(anticipatory)还是反应型(responsive),都“划定了规定的、可容忍的和禁止的抗争表演的界限”③。不同统治体制对三种抗争表演的容忍程度是不同的。

<table>
<tr><th>统治体制</th><th>规定的抗争表演</th><th>可容忍的抗争表演</th><th>禁止的抗争表演</th></tr>
<tr><td>低能力的非民主国家</td><td>少</td><td>中等范围</td><td>多</td></tr>
<tr><td>高能力的非民主国家</td><td>多</td><td>狭窄范围</td><td>几乎是全部的抗争手段</td></tr>
<tr><td rowspan="2">低能力的民主国家</td><td>少</td><td>广大范围</td><td rowspan="2"></td></tr>
<tr><td colspan="2">抗争表演主要是前两者的深入重叠</td></tr>
<tr><td rowspan="2">高能力的民主国家</td><td>少</td><td>中等</td><td rowspan="2"></td></tr>
<tr><td colspan="2">抗争表演某种程度上是前两者的重叠</td></tr>
</table>

从抗争动员的具体过程看,需要考虑“经纪”的居间作用。经纪是地方代理人,他们沟通了国家层面的政府和地方层面的普通民众,他们在民主化时代来临之前曾异常活跃,服务于国家的间接统治。蒂利通过讲述1750年奥地利边陲豪恩斯坦郡的一次内战,展现了经纪将地方冲突与民族和国家权力中心联系起来的关键作用。经纪在创造或激活民众中分散集群的联系的过程中,将政治认同从嵌入式的(embedded)推进到超然式的(detached)。“嵌入性认同和超然性认同分别代表了一个流动的连续

① 参见 Charles Tilly, *Regimes and Repertoires* 一书中的第一章 What Are Regimes? pp. 1-17。

② Charles Tilly, *Contention and Democracy in Europe*, p. 54.

③ Charles Tilly, *Regimes and Repertoires*, p. 75.

体(continuum)的两极”①,前者往往在报复和争吵的抗争形式中出现,其优势在于它是唾手可得的(如呼朋引伴地上街喧闹,无须成本),劣势在于它的地方特殊性太强,限制了协同行动的规模;后者往往在群众请愿和造反等抗争形式中出现,优势是可以横跨多种地方条件,但劣势在于必须依靠专业的经纪,沟通渠道和符号系统,而这是需要成本的。超然性认同的高层次表达就是普遍公民权意识的产生。普遍公民权往往意味着直接统治——普通民众不再通过地方经纪,而是面对面地与政府代理人对话,相互规定权利与义务。在双方讨价还价的过程中,政府的机构和职能日渐繁复并承担了意外的负担(unintended burden)——民主②。

二、蒂利对民主问题的研究策略

笔者认为,蒂利对民主问题的讨论采用了独特的研究策略:第一,他将长期的民众抗争视为催生民主的源头,由此才会从受保护协商角度来定义民主。由于抗争政治的对象是政府,所以蒂利讨论的民主也是在国家层面上,而非在更低更小范围内。第二,蒂利关注民主的历史变迁进程,相对于讨论民主的源头和后果,更重要的是要在多样的演进轨迹中发现规律。蒂利对民主规律的探询是相对宽泛和开放的,充分考虑了民主化的多途性、民主产生的偶然性、民主过程的不可复制性。第三,由第二点派生出来,既然民主是个历史性的概念,民主化是个历史过程,那么去民主化的危险始终存在。第四,在具体操作上,如何发现民主的规律,蒂利提出关注过程和机制的策略,从历史经验中,发现民主化过程中反复出现的因果机制及其结合方式。这是一种中层分析。第五,中层分析的引入使得蒂利的理论框架更为严整,他在宏观、中观和微观三个层面上对民主化作出了相对开放的解释。第六,蒂利对民主的定义使得比较成为可

① Charles Tilly, *Contention and Democracy in Europe*, p. 59.

② 参见 Charles Tilly, *Coercion, Capital, and European States, AD 990-1992*, MA: Blackwell Publishing, 1992, Chapter 4: States and Their Citizens, pp. 96-126。

能,确证并补充了他的解释框架。以上六点,体现了蒂利对民主的分析具有跨学科的特质。

1. 在国家层面上将民主视为抗争政治的一种结果

蒂利的视角是自下而上的,他从普通民众切身的反应入手,把民众的诉求表达作为划分历史时期的标志。认为抗争政治从前现代到现代的演进,催生了抗争戏码的变迁,改变了社会的内在结构,使得诉求对象——当权者、政府以及后来实体化的民族国家——不得不做出预警式的或反应式的改变,引发政制体制的变迁,从而步入现代国家之林。可以说抗争与统治体制的互动是蒂利整个抗争政治研究的核心问题。

此外,蒂利也对学界旧有的民主定义方法作了批判,认为宪制的、实质性的、程序的定义都存在一些问题,他的取向是在过程取向的定义方法上前行的[①]。蒂利说"我们从国家出发","把分析的范围限制在公共政治上,不囊括国家和公民之间的所有互动……只考虑那些明显需要国家力量参与和国家主导的政治活动"[②]。因为"民主总是与那些特定的政府联系在一起"[③]。蒂利持这一立场的原因,除了上文已经提及的三点:"国家是抗争诉求的对象"、"国家能力对民主化道路的影响至关重要"、"从国家整体的民主水平考察便于比较"之外,笔者在此处还要强调"国家"(state)一直是蒂利观察历史,阐释抗争政治的基本单位,蒂利是"回归国家(bringing the state back in)学派"的忠实信徒。从蒂利本人的著作列表中就能看出,几乎他所有系统的历史分析都是基于国家展开的,《法国人民抗争史》(*The Contentious France*)[④]和《大不列颠的民众抗争》(*Popular Contention in Great Britain*)[⑤]两书是具体研究一国抗争的专著,《强制、资本与欧洲国家》(*Coercion, Capital, and European*

① Charles Tilly, *Democracy*, Cambridge University Press, 2007, pp. 7-10.

② Ibid., p. 11, p. 12.

③ Charles Tilly, *Contention and Democracy in Europe*, p. 14.

④ Charles Tilly, *The contentious French: Four Centuries of Popular Struggle*, Cambridge, Mass.: Belknap Press, 1986.

⑤ Charles Tilly, *Popular Contention in Great Britain 1758-1834*, Cambridge, Mass.: Harvard University Press, 1995.

States, AD *990—1992*),《欧洲的抗争与民主》及《社会运动》[1]中分析历史过程的专章也都是以国别为单位。蒂利认为"五千多年来,国家(state)是世界上最庞大的、最强有力的组织","在其领土内较其他组织具有明确的优先权(exercise clear priority)"[2],只有国家才能"垄断集中化的强制手段(monopolize the concentrated means of coercion)",并借此开展"发动战争","进行国家建设","榨取资源","提供受保护协商"这些核心活动[3],国家的这些特点,"最终对欧洲的历史产生了显著的影响"[4]。在分析瑞士的民主化时,蒂利看到了在瑞士的一些市镇和州中存在极端的直接民主,但是他并没有把这些市镇和州作为研究对象,他讨论的依然是瑞士联邦作为一个国家在整体上的民主水平。所以他着墨最多的是州与州之间的协调整合,强调的是各州共同构成的国家结构与民众诉求的对决,以及州以上国家内部的民主均质化。

蒂利关注国家,直接派生出对国家能力的关注。"国家能力是指国家机关对现有的非国家资源、活动和人际关系的干预,改变那些资源的现行分配状态,改变那些活动、人际关系以及在分配中的关系的程度。"[5]他不仅认为"政府能力—受保护协商"(或"国家能力—民主")的二维表格可以对统治体制做出划分,而且认为强国家能力是走向民主的关键,因为"沿着弱小国家走向民主的道路,三个基本的民主化过程……都发生得缓慢和不完全"[6]。在这里,蒂利隐含的假设:成熟发展的现代民族国家是现代民主的前提条件。这也表明蒂利的"民主研究"与之前的"民族国家研究"具有内在联系,而将国家能力作为一种分析框架,也是20世纪80年代以来"回归国家学派"的一种理路[7]。

---

① 查尔斯·蒂利:《社会运动1768—2004》,胡位钧译,上海世纪出版集团,2009年。

② Charles Tilly, *Coercion, Capital, and European States, AD 990-1992*, p. 1.

③ Charles Tilly, "War Making and State Making as Organized Crime", in Peter B. Evans, Theda Skocpol, ed., *Bringing The State Back In*, Cambridge University Press, 1985, p. 181.

④ Charles Tilly, *Coercion, Capital, and European States, AD 990-1992*, p. 4.

⑤ Charles Tilly, *Democracy*, p. 16.

⑥ Ibid., p. 175.

⑦ 回归国家学派对国家能力的讨论参见:Theda Skocpol, "Bringing the State Back In: Strategies of Analysis in Current Research", in *Bringing the State Back In*, pp. 9-20。

2. 从历史主义的角度看民主

蒂利有一个著名的论断：民主是湖泊，民主不是油田，也不是花园[①]。民主不像油田——只要在特定的条件下，经过数百上千年的积淀自然就会形成。民主不是自然的产物，民主更没有地理上的限定。民主也不像花园，只要有巧夺天工的园丁精心呵护，可以在任何条件下，经一两个季节的培育就能焕发生机。民主不可以人为制造，移植。相反，民主是湖泊，它会以数量有限却差异很大的几种方式形成，但一经形成，就会与其他湖泊共享很多特性。蒂利指出既然民主是“一度风云际会而规律性地发挥作用的一系列历史偶然条件”的后果，那么民主的促进者就应“专注于累积的历史经验”[②]，“集中于动态（dynamics）分析而不是静态的比较”，所以他说“我们不想仅仅考虑某个时间上的民主架构（democratic house），相反，我们有两个更加苛刻的要求：首先，比较不同政权的民主程度；其次，考察个别政权随着时间的变化，看它们在什么时候或者怎样变得更加民主或者更不民主”[③]。

民主具有历史性。正如前文谈到的蒂利基于对政治过程的观察，强调了民主与民主化的紧密关系，以及民主源于持久抗争的论断，都为民主概念注入了时间的要素。一个统治体制在“国家能力—受保护协商”二维空间中的位置，决定了它在强国家和弱国家之间的摇摆，进而影响了民主的最终形态。某一特定时期，外部环境，特别是战争、征服、殖民，也会在民主的轨迹上留下印记。如拿破仑战争对欧洲的横扫，震荡了旧有的统治体制；二战后的重建，外来干预和军事占领对法西斯国家民主重建至关重要。同一时期内的，国家关系也是一个重要的外部因素。“与其他国家以及作为一个整体的国际体系的联系，会反复影响民主化或去民主

① 参见 Charles Tilly，“Democracy Is a Lake”，in Charles Tilly，*Roads from Past to Future*，Rowman&Littlefield Publishers，Inc，1997，pp. 193-216；Charles Tilly，*Contention and Democracy in Europe*，p. 35。

② Charles Tilly，*Contention and Democracy in Europe*，p. 35.

③ Charles Tilly，*Democracy*，pp. 59，10.

化的路径和时间。"[①]对民主的思考是需要考虑地缘政治和国别差异的,这为民主概念注入了空间的要素。民主在历时性和共时性两个维度上的交汇形成特定的历史情境,这些情境通过抗争与统治体制的互动,作用于促进民主的多种机制上,造成了依条件而定的偶然(contingent)后果。

由此可以进一步得出四个推论:

民主是多样的。蒂利说:"我们力图解释的,既不是千篇一律的规律,也不是非此即彼的差异,而是多样性,是因时因地的变化。"[②]

民主是偶然的。如蒂利在分析1830—1848年间瑞士的历史时说"民主乃是州和联邦层面为了夺取主导权而进行的艰苦卓绝斗争的意外后果","瑞士公民身份和民主,及其所有的局限,都是作为民众抗争的偶然产物而出现的"[③]。

民主是非人为制造的。"民主化通常是作为斗争的结果出现的,在这些斗争期间(如19世纪的英法),即便有,也只有很少的参与者拥有创造民主制度的自觉。"[④]

民主是现代的。蒂利说,"在18世纪前某些民主的因素小范围地存在于全世界"[⑤],即使是19世纪之前的那些小规模的民主协商:如瑞士山民集聚到城镇广场对公共事务进行呼喊表决,荷兰商人涌入议会来管理市政事务,宗教团体在其成员间建立基本的平等,"它们当中没有一个成为民族国家的直接模式","民主的民族国家的主要形式实际上来自这些国家获得它们统治手段的真实过程——它们如何组织武装力量、它们如何收税、它们如何打败国内的竞争对手,以及它们如何和它们不能打败的掌权者进行谈判。"[⑥]蒂利表明典型的现代民主[⑦]是与现代化进程中民族

---

① Charles Tilly, *Contention and Democracy in Europe*, p. 244.

② Ibid., p. 38.

③ Ibid., pp. 192, 198.

④ Ibid., p. 9.

⑤ Charles Tilly, *Democracy*, p. 29.

⑥ Charles Tilly, *Democracy*, p. 192.

⑦ 蒂利认为虽然可以用"公民权"和"在广泛范围内轮流分担公民责任(civic responsibility)"两个标准来将历史上的某些政权纳入"现代民主的先驱中去",但是典型意义的现代民主必须是国家层面的广泛、平等、协商和保护,强国家能力是一个重要因素。Charles Tilly, *Democracy*, pp. 25-32, 34.

国家的成长同步的。

3. 将民主化置于一种流变中

蒂利认为他所提出的国家能力和受保护协商稳步并进的“有效民主化”模式和“强国家与弱国家的民主化路径”只是一种理想状态，欧洲各国的历史更多地还是沿着两条道路所划定的光谱更不规则的前行。甚至会在短期内发生倒退，逆转。去民主化的风险既体现在条件适宜情况下民主化过程中的反复上，也体现在条件不适宜情况下民主化的难产上。

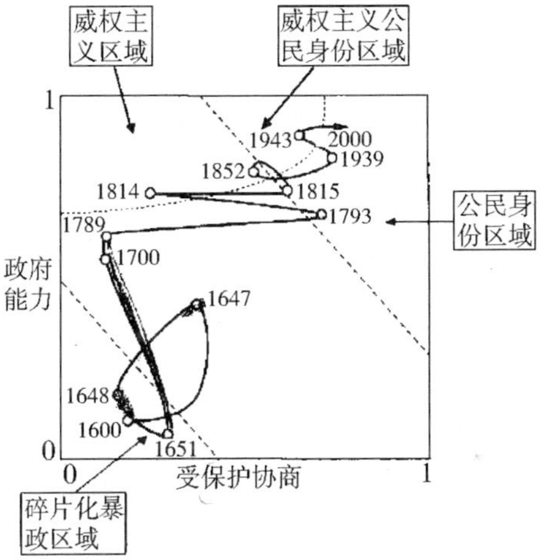

法国统治体制的波动，1600—2000①

蒂利在描绘法国过去四百年间的统治体制震荡时指出“尽管这条曲线蜿蜒曲折，其实还是夸大了趋势的一致性与连续性”②。16 世纪法国连续不断地在内外纷争中摇摆，到了 16 世纪末，政府能力也没能超过之前的水平，接下来的几个世纪，政府能力确实得到了潜在的提升，但付出的代价却是断断续续的叛乱与破坏国家税收的反复挑衅。如 1653 年之后，由于政府能力经历了一次蔚为壮观的提升，受保护协商在国家范围内显著缩减，法国统治体制变得更为威权主义。法国革命只是暂时推进了公

① 查尔斯·蒂利：《欧洲的抗争与民主》，第 94 页。英文版原图见：*Contention and Democracy in Europe*, p. 101。

② Charles Tilly, *Contention and Democracy in Europe*, p. 102.

民与政府代理人的协商,革命后的复辟又出现了强烈的反弹。直到 18 世纪 90 年代结束,拿破仑仍试图巩固一个新的威权主义。所以我们只能说在 1789—1793 年、1848 年、1879 年,以及 1946—1948 年民主得以显著地提升,但是对这些时期的观察仍然要纳入到整个高度冲突的大时段中去看。

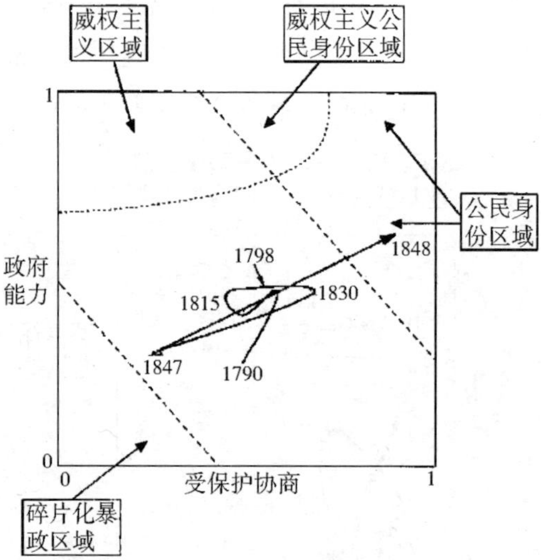

瑞士的统治体制波动,1790—1848①

在讨论瑞士时,蒂利也指出:考虑到 1830 年到 1847 年间的冲突对于广泛性、平等、协商和保护的影响,瑞士在这一时期从总体上看是去民主化的,只是到了 1848 年瑞士内部和解之后,全国层面的民主才超过之前 1798 年、1803 年、1815 年乃至 1830 年的水平。政府能力和受保护协商水平是波动前行的。

此外,蒂利还指出,在当今欧洲国家以外的世界,民主的前景也不是一片大好。历史时空的转移,使得非欧国家模仿英法,走"资本与强制结合"的现代民族国家的道路不再可能。"抗争与统治体制的互动"无法充分实现的情况下,新兴国家往往会倒向强制密集的道路。1985 年,蒂利曾分析:二战后,第三世界大量新兴国家的涌现,往往是通过去殖民化和

① 查尔斯·蒂利:《欧洲的抗争与民主》,第 165 页。英文版原图见:*Contention and Democracy in Europe*, p. 174。

领土重置来实现的,由此他们深受外部军事势力的影响,在国家内部,统治者与被统治之间缺乏相互限定、相互协商的历史磨合期,使得军事组织较其他政治组织不成比例地强大。在这种不成熟的国家里,只会出现军人专政,逆民主而行①。1992年,蒂利更详细地对当代军人政权进行了分析,他认为以去殖民化方式产生的国家,军队往往从前殖民者手中被赠送给脆弱的文职政府,随着以争夺领土为目标的外在战争压力的消失,镇压并控制国内人口成为了国家的头等大事,由此军人力量转向干预内政。在很多第三世界的国家中,军队的维系更多是依靠对内掠夺,而非依靠文职政府的税收支持,因此军事力量也无须考虑对普通民众的保护协商,使得构建民主的社会结构缺乏内在动力,走向民主的前景较为悲观②。"离开民主的运动……比走向民主的运动发生得更加迅速。"③

笔者认为,蒂利强调去民主化的风险,与他对民主的定义密切相关。他把成熟形态的民主视为一种非常晚近才出现的历史概念。在蒂利话语体系中,典型意义上的民主更多是专指首现于西欧的,以国家层面的当权者为主要执行人的统治者与被统治者——特别是国家与公民——之间的权力与义务关系。民主实现的四要素在于:民众政治参与的广泛性,平等性,政府决策的受约束性,以及政府向民众提供受保护协商。蒂利主要是从公民与代理人良性互动的程度上考察民主的发展,正如两者可以良性协商,两者也必然有可能恶性互抵。所以民主是个相对概念,民主化与去民主化处于一种流变中,它们分别位于一个连续体的两段,民众与政府的博弈来回在这一连续体上滑动,摇摆。这才是蒂利对民主并不盲目乐观的原因,他有的是一种审慎的冷静和客观。

当然,蒂利对民主的悲观也通过对现当代世界"非典型性民主国家"的考察而得以确证。《民主》一书比《欧洲的抗争与民主》晚二年出版,蒂利的视域从过去的欧洲历史转到了当下的整个世界。在此书中他借助大量二手材料从"去民主化"角度讨论了印度;从"信任网络"角度讨论了美

① Charles Tilly, "War Making and State Making as Organized Crime", p. 186.

② 参见 Charles Tilly, *Coercion, Capital, and European States, AD 990-1992*, Chapter7: Soldiers and States in 1992, pp. 192-227。

③ Charles Tilly, *Democracy*, p. 44.

国、阿根廷；从“平等”角度讨论了南非；从“公共政治”角度讨论了俄罗斯、中国和西班牙。此外还讨论了弱小国家走向民主的另类道路，如委内瑞拉如何借助“对石油收入的控制”从长期的“低能力不民主”状态开始向“强国家民主”道路转向；如爱尔兰如何在内乱的冲击下加速了民主化进程。蒂利丰富了他的论断，指出：高能力国家对民主化和去民主化都很敏感，而弱小国家在“外部征服”、“精英背叛民主契约”和“严重经济危机”这三个诱因之外，也会因国内对手争夺政府权力的斗争（内战）更加频繁地遭受去民主化的厄运。笔者认为蒂利对这些国家的关注很大程度上是试图验证他基于欧洲历史经验得出的解释模型在当今世界范围内的解释效力。通过对这些非典型国家丰富而多变的民主轨迹的描绘，蒂利验证了民主解释中核心机制和过程的有效性，但也松动了民主化在方向上的确定性，质疑了典型性民主国家模板的可扩散性。换言之，《民主》一书在一定程度上消解了《欧洲的抗争与民主》一书中所隐含的对“民主化”道路的规律性和普适性的乐观假设。

4. 发现过程中反复出现的因果机制

蒂利认为“理想主义、结构主义和工具主义的”路径并不能对民主的历史提供“清晰的解释”，他主张“对民主化和去民主化进行彻底的过程取向的（process-oriented）分析”①。他认为民主的规律在于民主化过程中一些“反复出现的因果机制”，他们的多样组合和排列，生产出类属不平等、信任网络和公共政治的变化。“因果机制及其结合方式”②为民主的历史比较提供可能。

在蒂利抗争政治的话语体系中，机制“意指一组被明确限定的事件，在各种不同环境下，以相同或颇为类似的方式，使一系列特定要素之间的关系得以改变”，“机制的有规则的组合方式与发生序列便是过程”。③ 蒂利指出对任何复杂的社会过程的解释均包括如下三个步骤：（1）对过程

① Charles Tilly, *Democracy*, pp. 49-50.

② Charles Tilly, *Contention and Democracy in Europe*, pp. 8, 9.

③ 查尔斯·蒂利、西德尼·塔罗：《抗争政治》，李义中译，译林出版社，2010年，第36页。

的描述,(2)将过程分解为一些基本的原因,(3)更概括地叙述这些原因是如何集合为过程的。四个概念可以作为这一解释过程的工具:相对微观层面的事件(events)和片断(episodes),相对中间层次上的机制和过程,这四个概念帮助解析了社会过程[①]。因果机制大致可以分为认知的、环境的和关系的事件(cognitive, environment, relational events),蒂利在解释民主化时,主要"集中在关系机制上",同时也"对认知和环境机制给予应有的关注"[②]。

对机制的关注最早可追溯到罗伯特·默顿,他把社会机制定义为"对于社会结构的特定部分具有特定作用的社会过程"[③]。过去政治学家往往静态地理解制度性机制,直到 20 世纪 90 年代,乔恩·埃尔斯特(Elester)和阿瑟·斯廷奇库姆(Stinchcombe)转向这一主题后,才使得社会学家和政治学家开始关注动态的社会机制。赫德斯特罗姆(Hedstrom)和斯韦德伯格(Swedberg)力图详细说明可以将各变量相互连接起来的机制。道格·迈克亚当、西德尼·塔罗和查尔斯·蒂利在抗争政治研究中追随了他们的这一路径[④]。

机制概念是默顿中层理论的解释工具。中层理论主要用于指导经验研究,具有一定的抽象性,但更接近于可验证命题的观察资料。它往往只涉及有限的社会现象,但又比单纯的经验概括更高一层,可以融入更普遍性的社会理论框架中去[⑤]。蒂利将机制与过程作为解释民主化过程的工具,也是出于对中层理论的服膺,他力图在丰富的历史经验和抽象的社会模型之间寻求一种连接两者的结构动力。

蒂利在民主研究中引入机制和过程概念,这在方法上修正了《法国人民抗争史》的不足。此书在 1986 年出版,蒂利试图说明"资本主义的发展"和"中央集权国家的构建"作为两个宏观进程代表了资本与强制的

---

① 查尔斯·蒂利、西德尼·塔罗:《抗争政治》,李义中译,译林出版社,2010 年,第 34 页。

② Charles Tilly, *Contention and Democracy in Europe*, p. 18.

③ Robert K. Morton, "The Self-Fulfilling Prophecy", in *Social Theory and Social Structure*. New York: The Free Press, 1968, pp. 43-44.

④ 道格·迈克亚当、西德尼·塔罗、查尔斯·蒂利:《斗争的动力》,李义中、屈平译,译林出版社,2006 年,第 31—32 页。

⑤ 侯钧生主编:《西方社会学理论教程》,南开大学出版社,2005 年,第 155 页。

角力,他们引发抗争与统治体制之间的互动,使得抗争团体的利益、组织和时机发生变化,引起集体行动在强度和特征上的联动,进而使得抗争戏码发生变化。在这一逻辑链条中,资本与强制或者说抗争与统治体制还是相对宏观的抽象、抗争戏码变迁是相对微观的具象观察,处于中间层面的是抗争团体的利益、组织和时机的共变。但这本书在很大程度上倒向了经验证据的罗列。社会学家西德尼·塔罗批评指出:蒂利的解释逻辑需要在"大结构和微观史之间追溯中间过程",特别是"结构变迁与行动戏码在理论上的联系需要理论详述",《法国人民抗争史》一书最大的缺陷在于"在处理宏观历史——如国家建设、工业化和它们对集体行动的作用——与微观历史——谁抗议,代表了什么,发生地点,反对谁——的关系时,缺少结构动力的整合"①。历史学家尤金·韦伯(Eugen Weber)也提出过类似的批评,他说资本主义和国家前行的两大主题"要么过于横扫一切,要么步伐太小无法提供满意的历史解释"②。2004 年蒂利出版《欧洲的抗争与民主》,充分吸取了批评者的意见,加入了机制层面的分析,使得其对民主的解释在宏观、中关和微观三个层面上达成了精致的勾联。由此使得他对民主的研究具有了动力学的特色。

5. 解释民主的三个层面

在其民主解释框架中,蒂利把三个概念"抗争"、"统治体制"以及"民主"两两组合,构成了三组关系,这是一种宏观的思考;他还精细描述某一国家具体时空背景下(如革命时代的法国,议会改革时代的英国,1830—1848 年间的瑞士)的事件和片断,这是一种微观的观察;并引入三个机制和八个过程的论述,这是一种中观的解释。其中,机制与进程的解释可以透过纷繁史实的表层捕捉深藏其中的某些结构、程式和规律。这种中观解释既对历史现象做出了一定程度上的概括与抽象,但又不是高度抽象,依然维持了与经验证据的亲昵,也容纳了一定的特例甚至反例,

---

① Sidney Tarrow, "Review: Big Structures and Contentious Events: Two of Charles Tilly's Recent", *Sociological Forum*, Vol. 2, No. 1 (Winter, 1987), pp. 200-202.

② Eugen Weber, "Review: The Contentious French", *The Journal of Modern History*, Vol. 59, No. 4 (Dec. 1987), p. 851.

构成了连接宏观与微观的桥梁。蒂利的三层面分析不仅解释逻辑精密严整,而且在社会变迁内部也试图发掘结构动力。这种结构动力一方面为静态的理论模型注入了时间的因素,使其解释能随着历史而流动,形成一种动态的分析。另一方面,这种结构动力还触及了史学理论中的一个基本问题:历史是规律性与特殊性的统一。

结构动力本身是一种规律性的概括,这是对可见历史现象的归纳;但是结构动力内部,又有次级变量,充满了可变的组合,造成了多变的后果,这是对历史现象丰富性的承认。表面上看,这似乎陷入了一个悖论:既然历史是有规律的,那么对历史特殊性的承认是否就是对前者的否定呢?蒂利通过提供"开放性的概括"明智地绕开了这个问题。他说"我们不去假设:每一个关于政治过程的言之有据的说法,要么是一种特性描述,要么是一种普遍规律;相反,我们可以划定自圆其说的因果类推的范围条件"①,进言之,就是在一组相似机制构成的条件下,多个变量互动,组合,产生不同的历史后果,这些后果既有相似性,使得我们能够把握住一定的规律;但又存在差异性,要求我们在差异中对规律做出确证或修正。蒂利为他的解释留出了充足的余地来容纳特例。例如在研究法国和大不列颠的民主化进程时,他指出强国家凭借其较高的政府能力能够在关键时刻有效地推进民主化进程,所以蒂利假设强国更有可能走向民主。瑞士是个特例,瑞士各州的独立性很强,作为一个整体的国家能力一向较为薄弱,尽管如此,它最终还是走上了民主化的道路,原因在于其具体的社会政治条件,激活并推进了三个关键机制的运作,服从了民主化的基本规律,所以瑞士的经验验证了我们对民主化机制的基本理解,又补充了弱国同样可以步入民主化的例证。此外,在瑞士,军事力量不具有广泛的政治自主性,瑞士也发明了一种折中的方式克服了宗教类属的不平等,法国的占领与独立联盟的后果都促进了政府能力的提升。所以,这又促使蒂利在思考民主时也承认了军事、宗教和国际关系的影响。这些因素的加入,丰富了规律的内容,照顾到了特殊性,也扩大了理论解释的适用范围。

① Charles Tilly, *Contention and Democracy in Europe*, p. 38.

6. 比较的可能

如前所述,蒂利认为民主化与去民主化分别居于一个连续统一体的两端,所以他关注国家层面上民主的整体水平,而非民主的具体内容。前者使得各国间的比较成为可能,也便于操作;后者则会受到更多国别传统、文化因素、社会结构差异的干扰,变得头绪繁杂,让人无从下手。从这一点上看,蒂利对民主的定义,为民主化道路的比较打开了方便之门。对于民主水平的测量,也就是对民主化的四要素——广泛性、平等性、约束性和受保护协商——的测量。如果比较各国在这四个参数上的差异,这其实是在做结果比较,运用计量史学的方法可以轻易完成,但这不是蒂利的选择。蒂利做的是过程比较,蒂利只是把民主化四要素作为一个最终参照,他关注的重点还是中间层面上的机制变迁过程。也就是说他比较的是民主化的诸多条件在各国是如何结合、互动并发挥作用的。蒂利的比较是西达·斯考切波所说的"比较历史分析"。这一历史的比较方法试图在既定的现象和潜在的原因之间建立起有效的联系,往往被用来解释只有少数案例的宏观历史现象,是一种多变量的分析。斯考切波指出:"这种方法压倒一切的目的是:建立、验证和提炼有关民族国家一类的事件或结构整体等宏观单位的因果解释假设。"[①]这一比较方法最早在约翰·斯图亚特·密尔的《逻辑体系》中得以展现,之后亚历克谢·德·托克维尔、马克·布洛赫、巴林顿·摩尔都继承了这一理路。

以《欧洲的抗争与民主》一书为例,蒂利做了如下几组比较。

一是"1650—1850 年间的低地国家、伊比利亚半岛"与"1600—2000 年间的法国、不列颠群岛、1830—1848 年间的瑞士"之间隐含的对比。前两个国家是非民主抗争,不能激活民主化的主要机制,后三个国家是民主抗争,成功激活了民主化的机制。由此,民主化的主要机制得以确证。

二是"1600—2000 年间的法国"和"同一时期内的不列颠群岛"间的明确比较,确证了机制的作用,也提出了强国家更利于推动民主化的

---

① 西达·斯考切波:《国家与社会革命——对法国、俄国和中国的比较分析》,何俊志、王学东译,上海人民出版社,2007 年,第 37 页。

假设。

三是“1600—2000 年间的法国、不列颠群岛”和“1830—1848 年间的瑞士”间的隐含的对比。用瑞士的特例修正了强国家假设，指出弱国家也能经更曲折的方式走向民主。并补充了三条原理：军事力量、外国干涉和宗教因素。

四是高度概述了 1815—2000 年间欧洲民主的和其他的统治体制，指出在这一时段内有四个时期——19 世纪 40 年代、一战、二战和 1989 年以来东欧和苏联社会主义政权的垮台——民主一窝蜂地实现了转型。其中俄罗斯的例子主要涉及类属不平等的机制。苏联的垮台重点着眼于公共政治转型这一机制上的问题。对后社会主义国家的概述主要是说政府能力和受保护协商的协调增长问题。巴尔干主要面临的是信任网络这一机制存在缺陷。伊比利亚主要是军人对公共政治的干扰。意大利民主化与去民主化的反复正是民主化机制与过程独特组合排列的后果。

再具体而微地看，蒂利的历史比较分析，最好地体现在对各国多种共同变量的呈现上。就是说哪些变量，一国有，而另一国无，哪些变量在哪些国家以哪样的方式结合，进而造成机制独特的排列组合，进而产生相似或差异的历史过程。这是蒂利比较的内在原理。

当然，如果以一个纯粹的历史学家的眼光来看，蒂利其实在并陈不同历史时期的史实，这冒着“时代错置”的风险。这涉及学科界限的问题，涉及研究层面的问题，也涉及宏观历史比较的目的问题。蒂利是一个典型的历史社会学家，他试图做的是在照应历史经验的基础上对相对大规模的社会变迁做出解释。他的研究对象不可能停留在属于传统史家的那种高度受限于时空要素的事件甚至历史片断上。他的研究也不可能高度抽离于经验研究，成为纯粹意义的社会学模型。相反，他在寻求一种折中和妥协。这是他的基本立场，笔者对此心存敬畏，但并不是说他的立场优于历史学家或社会学家，只能说他的立场和解释还算丰满，实现了自圆其说的目的。蒂利在历史流变的“共性”与“特性”这一连续体上找到了一种自洽的平衡，这是他的价值所在。

此外，还须指出，在蒂利的比较中，其实假设了所有比较单位都是相互独立的。也就是说各个国家相对独立地展现它们促进民主的各种条件。虽然蒂利提到了拿破仑战争对欧洲的横扫,提到了殖民问题,提到了二战后外来军事干涉的问题,但这都是寥寥数笔,只作为补充条件予以说明。如果考虑到国际结构的因素,那么变量会更加繁杂,比较在操作上就会出现更大的困难。这本身就是历史比较分析的局限,但同时也是一种考验,要求研究者必须“恰当地找到符合某种比较逻辑的历史案例”,“熟练地控制潜在的相关变量”,甚至发挥社会学的想象力,做出“策略性的猜想”①,在这一点上,蒂利向我们精彩地呈现了他的才华。

三、蒂利与巴林顿·摩尔对民主解读的差异

蒂利回答了这样一个问题:民主的成熟形态是如何随着现代化进程的展开在西欧出现的。巴林顿·摩尔的名著《民主和专制的社会起源》本质上也是在解答这个问题。《社会起源》为蒂利的民主理论提供了良好的外部参照,通过对读《社会起源》与《欧洲的抗争与民主》两书,笔者认为两者在方法上存在一定的继承关系,但在民主的具体理解上存在较大的分殊,这背后暴露了蒂利缺乏人文关怀的立场,也是蒂利民主理论的局限性所在。

1. 摩尔与蒂利民主研究的共同点

第一,摩尔和蒂利都是从政治冲突的角度入手②,来关注宏观社会结构变迁,只是摩尔习惯用“斗争(struggle)”一词,而蒂利则更喜欢用“抗争(contention)”一词,后者较前者囊括了更多非显性的、长时段中的民众与政府间的互动。他们两人对民主的讨论都分享这样一个假设:民主不是自成之物,而是政治冲突的后果。可以把斯考切波那句名言“Revolution

---

① 西达·斯考切波:《国家与社会革命》,第 40 页。

② John Garrard 认为蒂利继承了摩尔“历史中,甚至是在最稳定的民主国家中的冲突中心论(centrality of conflict)立场”。John Garrard, “Review: Contention and Democracy in Europe,1650-2000”, *The American Historical Review*, VOL. 109, No. 5 (December 2004), p. 1529.

comes, not made",替换成"Democracy comes, not made(民主是到来的,而非制造的)"。摩尔认为通向现代世界的三条道路:英法美的议会民主道路、德日的法西斯道路,中俄的共产主义道路分别对应自下而上的资产阶级革命,自上而下的保守革命,以及以农民为主体的共产主义革命。前两条道路都属于资本主义的,其区别在于第二条道路较第一条道路"缺乏革命冲击波强有力的震撼"。而印度作为反例,由于缺乏三条道路中任何一种激烈斗争的冲击,走向了"停滞路线",它避免了政治冲突的"惊人的代价",但同时也付出了"惊人的代价"。[①] 蒂利将抗争视为民主的动力,已经在上文作了分析。可以说,两人对民主的起源在最基本的立场上是一致的,但是他们对政治冲突的界定和具体解释是不同的。摩尔继承了马克思的阶级冲突的视角,强调土地贵族和农民所扮演的角色;而蒂利的抗争视角则相对比较异类、宽泛,是他自己与麦克亚当和塔罗等人新创的。

第二,在历史的框架中研究问题是他们两人共同的出发点,两人都对历史的丰富性和偶然性表达了充分的敬畏之情,都审慎地拒斥了经典现代化理论对高度普式性规律的迷恋。蒂利在谈及《社会起源》一书时曾说,摩尔"有意拒绝了探究政治发展的标准模式"的路径,"他决绝地采用了一种历史的立场:每一个国家的政治经验都是其历史时期中的特殊产品"[②]。西达·斯考切波曾把历史社会学的研究策略分为三种:(1)运用一般模型解释,(2)运用概念发展出有意义的历史解释,(3)解释历史中偶然性的规律性。她把斯梅尔塞的《工业革命中的社会变迁》(*Social Change in the Industrial Revolution*)一书视为第一类,它是结构功能主义的著作。她把摩尔的《社会起源》与蒂利的《反叛的世

① 巴林顿·摩尔:《民主和专制的社会起源》,拓夫、张东东、杨念群、刘鸿辉译,华夏出版社,1987 年 ,第 334 页。

② Charles Tilly, "Western State-Making and Theories of Political Transformation", in *The Formation of National States in Western Europe*, p. 631.

纪》(*The Rebellious Century, 1830—1930*)①归为第三种②,因为两人都充分考虑到了历史规律的一般性与特殊性的辩证关系。一方面,摩尔在《社会起源》的前言中就界定了他的研究范围——几个"大国"的民主道路,他说"某种既包括大国又包括小国、关于民主与专制前提的一般性叙述,很可能会由于泛泛而论而成为一种抽象的陈词滥调","过分热衷于理论往往会造成夸大某些与理论相吻合的事实的危险,以致使这些事实的重要性超越了个别国家的历史条件"。同时,另一方面,"有效的概括,犹如一幅飞行员用以穿越大陆的大比例地图,对于某些目的来说是不可或缺的,正如更精确的地图之于其他目的必不可少一样"③。蒂利对民主的历史主义解读同样是出于相似的努力。他们两人都希望找出更多的变量,关注更多变量的互动来抵制规律的闭合,通过为解释提供更多的余地来涵括更丰富的历史。

第三,两人都娴熟运用了宏观历史比较的方法。《社会起源》一书是宏观历史比较的开拓性著作,影响巨大。在哈佛大学,"摩尔的研究班是培养比较分析技巧的'熔炉'",查尔斯·蒂利和西达·斯考切波都曾受教于摩尔④。丹尼斯·史密斯曾总结摩尔对历史比较分析的几点基本判定:(1)它可以对归纳的有效性进行判断。(2)它是一种测试手段,用来拒斥借助归纳的方法解释特定的事件,因为有时候相似的经历会导致不同的结果。(3)它有助于归纳特定的社会结果或社会进程可能的变化以及各个变量相联系的变化方向,从而引发新的适用面更广的历史归纳。(4)它不可替代对特定事物的细节分析⑤。蒂利在《欧洲的抗争与民主》中的比较继承了这一传统。

---

① Charles Louise and Richard Tilly, *The Rebellious Century, 1830 - 1930*, Cambridge, Mass: Harvard University Press, 1975.

② 西达·斯考切波:《历史社会学的新兴议题与研究策略》,载西达·思考切波编:《历史社会学的视野与方法》,封积文等译,上海人民出版社,2007年,第382页。

③ 巴林顿·摩尔:《民主和专制的社会起源》,前言,第2、3页。

④ 丹尼斯·史密斯:《历史社会学的兴起》,周辉荣等译,上海人民出版社,2000年,第90页。

⑤ 丹尼斯·史密斯:《发现事实与价值:巴林顿·摩尔的历史社会学》,载《历史社会学的视野与方法》,第335—337页。

总之，蒂利的民主研究在方法上是对摩尔的继承和发扬，从社会冲突入手，考虑了历史的复杂性，并运用比较的方法反思了理论归纳。但是同时也应承认，两本书的成书年代相差甚远，写作的动机也各不相同，所以两人对民主的认知也存在相当大的差异。

2. 摩尔与蒂利民主研究的差异

第一，两人对民主的定义不同。摩尔的定义更像是蒂利所拒斥的对民主的实质性定义。摩尔说："民主进程是一场漫长的而且必然是没有止境的斗争，旨在进行三项密切相关的事情：(1)对专制统治者加以控制，(2)以公正合理的统治取代专制统治，(3)使民众分享统治权。"他进而解释指出"处决国王"、"建立法制，确立立法权力"、"运用国家力量促进民众福利"分别对应以上三条①。摩尔的"民主"是与"专制"相对的，认为民主的出现针对专制的靶子；他重视民主的结果，即民主的实质性内容；认为专制与民主之间具有相对决绝的断裂，假设后者取代前者是大势所趋。显然，摩尔的定义有强烈的价值判断。而蒂利将民主化与去民主化看做连续统一体的两段，他的民主没有对立面(蒂利在论述民主时未曾详尽地抨击过专制)，他只谈民主的程度问题，关注的是具体个案在两端的来回滑动。他把民主作为一种客观的历史现象，淡然陈述。

第二，相对而言，摩尔更关注对政治冲突起源的追溯和结果的解释；蒂利则强调社会冲突中的过程和轨迹。《社会起源》中，摩尔分析了两种形式的因果关系："先前的结构发展趋势……与……社会突发事件……引发的变迁进程之间的关系"和"上述突发事件和随之而来的关系到民主或非民主结局的结构性趋势之间的关系"。② 笔者认为这分别对应"回溯式(retrospective)"和"前瞻式(prospective)"分析，前者"追因"，后者"推果"。《社会起源》一书出版九年后，蒂利在《西欧民族国家的形成》(*The Formation of National States in Western Europe*)一书的开篇，也提到了

① 巴林顿·摩尔：《民主和专制的社会起源》，第335页。
② 丹尼斯·史密斯：《发现事实与价值：巴林顿·摩尔的历史社会学》，第356页。

这两种方法。[1]

回溯式:y 发生,如果 a, b, c——x 条件达到。

前瞻式:如果 a 发生,将会促进 w 的发展,如果 b, c, d——n 条件满足;

将会促进 x 的发展,如果,c, d, e——o 条件满足;

将会促进 y 的发展,如果,d, e, f——p 条件满足。

蒂利指出人们倾向于"回溯式地表达(phrase)最一般性的(general)问题,前瞻式地详述(detailed)历史性的(historical)问题"[2]。这种思考习惯摩尔和蒂利都有所采用,只是在《社会起源》与《欧洲的抗争与民主》两书中,前者表现得更加明显,因为前者有更强的论辩色彩(针对冷战的时代背景);而后者则较为微弱,更执著于对轨迹的描摹。

第三,摩尔在比较三条道路时,认为三者之间具有一定的启示性,他比蒂利更加关注国际关系方面的外部影响。他说:"三种类型是一些前后相继的历史阶段,就这一点而言,它们之间呈现出一定程度的制约关系。一个国家所选择的现代化方式,会在下一个阶段上改变另一国家观察问题的角度,正是由于洞察到这一点,维布伦发明了如今时兴的新词:'落后的优越性'。没有英国较早的民主式的现代化,很可能不会出现德国和日本所采用的反动形式。没有这两种反动的资本主义经验,共产主义纵然出现,其具体形式也会截然不同。……印度的缺乏自信,其实正意味着一种可以理解的利弊权衡,这是一种对早先三种形式的历史经验的批判性反思。"[3]蒂利则认为各国民主化道路相对彼此独立,一国的民主化对他国的参照作用很小。相对于蒂利各自为政,"平行"前行的论调,摩尔的论调则更加强调民主道路的经验累积,并隐含了一种预测未来的

① Charles Tilly, "On the History of European State-Making", in *The Formation of National States in Western Europe*, p. 14.

② Ibid., p. 15.

③ 巴林顿·摩尔:《民主和专制的社会起源》,第 335 页。

乐观,他在谈及印度时,甚至提出了与现代民主相关的五个条件①。蒂利甚至认为摩尔的这种立场受到现代化理论中的政治发展理论的直接启发(direct inspiration),“有点接近‘序列’路径(a bit closer to the ‘sequence’ approach)”②。

第四,蒂利用机制和抗争政治取代了摩尔对阶级和阶级政治的关注,由此他试图避免结构论者(structuralist)和还原论者(reductionist)的政治科学(由摩尔肇始)。蒂利认为这种“因果的科学(causal science)”——认为一组输入变量驱动了诸多关键性的后果变量,由此可以探寻“原因和效果的关系(cause-and-effect relationships)”——是一种黑箱式思考(black-box thinking),克服它最好的办法是把“多层面的机制与进程”作为解释工具来精致化假设的关系③。这也就是上文所提及的蒂利试图用中观层面来勾连宏观与微观的努力。在这里虽然蒂利回避马克思主义的阶级分析,但又似乎与多元民主理论的路径保持了距离。后者试图消解“多数”的“人民”,以“少数”的“利益集团”取代“阶级”,认为以多个精英利益集团竞争为特征的“多头政体(polyarchy)”既可以防止独裁统治,也能抑制暴民政治。这其实在本质上还是一种精英论④。而蒂利在抗争政治中并没有对民众进行任何集团化或派别化的区分,他始终采取了一种模糊的态度,将其视为一个与当权者对立的整体进行考察。由此他也把散布于民众中的多种形式的民众抗争(popular contention)全部纳入了研究的视野,这也扩宽了摩尔以革命和革命暴力为中心的讨论幅度。此外,在抗争政治中,他对“密集的抗争议价(thick contentious bargaining)”⑤的经验研究,丰富了人们对“理性—选择理论”的理解。这也是摩尔的著作

① 这五个条件是:上层地主与王权关系的平衡;向形式适宜的农业商品经济过渡;削弱土地贵族势力;防止建立针对工农的地主资产阶级联盟;以革命手段粉碎过去,以及一场通向现代的声势浩大的运动。参见《民主和专制的社会起源》,第348—350页。

② Charles Tilly, “Western State-Making and Theories of Political Transformation”, p. 632.

③ Mark Lichbach, “Charles Tilly’s Problem Situations: From Class and Revolution to Mechanisms and Contentious Politics”, *Perspectives on Politics*, June 2010, Vol. 8/No. 2, p. 545.

④ 王绍光:《祛魅与超越:反思民主、自由、平等、公民社会》,第103页。

⑤ “Charles Tilly’s Problem Situations: From Class and Revolution to Mechanisms and Contentious Politics”, p. 547.

中未能看到的面向。

第五,在研究民主的过程中,与蒂利相比,摩尔显著地关注文化和意识形态;蒂利在这方面很薄弱甚至说是缺失的。摩尔信奉心理学的解释,蒂利则更坚持集体行动是政治性的而非病理性的,蒂利不关注心态的问题。摩尔谈到了清教革命,谈到了中世纪自由人的契约观念,以及政治观念的传播,而这些在蒂利的著作中是难觅踪迹的。

整体而言,蒂利对民主的解读较摩尔的解释更加抽象,或者说在摩尔对民主化的解读里充满了更多的历史事件(eventful)。蒂利本人也认识到了摩尔对阶级要素的强调,摩尔的公式是"没有资产阶级,就没有民主(no bourgeoisie, no democracy)"①。摩尔更加关注阶级的联盟,将其视为民主发展的条件,如他详细讨论了上层地主与王权关系的平衡、土地贵族与城市居民的关系。摩尔同时也更加关注政治与经济的互动,如土地贵族对农业商品化的转向。摩尔对暴力革命的描述也比蒂利更加生动具体。总之,相对于蒂利的机制与过程的中层分析,摩尔的论述更加接近具体的历史现象本身,更加接近人类群体的活动。在"人类行动"与"社会结构"对峙的理论分野中,就笔者看来,摩尔更加偏向"行动",蒂利则更加偏向"结构"。

3. 两人对民主解读出现差异的原因

笔者认为摩尔与蒂利的差异从表面上看与两书的成书背景有关,但从更深层次上看其实反映了两人迥异的写作立场,蒂利较摩尔缺乏人文关怀。

首先,对比两书的成书背景。《社会起源》的写作开始于 20 世纪 50 年代,适值两大阵营的对立,冷战背景使得美国社会科学界思考一组对立的统治体制——民主与专制——的差异,学者们切身感受到了这种差异的存在,无形的意识形态上的紧迫感催促他们去思考差异产生的源头。60 年代,美国国内社会运动的风起云涌,也暴露了民主体制自身的一些问题,美国国内甚至有种"惶恐不安"的心态。② 摩尔正是在这样的背景

---

① Charles Tilly, "Western State-Making and Theories of Political Transformation", p. 631.

② 巴林顿·摩尔:《民主和专制的社会起源》,译者前言,第 3—4 页。

下出版了《社会起源》一书，他隐含着一种“捍卫民主，抵御专制”的强烈的价值取向。而蒂利关注民主的议题，始于20世纪80年代末到90年代初，写作《强制、资本与欧洲国家》(*Coercion, Capital, and European States*)一书时对“军人和国家”的思考，写作《大不列颠的民众抗争》(*Popular Contention in Great Britain*)时对“英国议会政治”的讨论。蒂利有感于当代诸多军人国家无法建立正常的民主秩序，进而反观西方典型的民主化发展道路，他试图论证的是新兴国家由于无法复制长久抗争中日渐形成的民众与政府代理人之间的受保护协商，所以民主无法自然地在这些国家出现，即使出现也无法健康持久地维持。蒂利的民主解读是服从于他抗争政治的基本判断的，或者说他对民主这一概念的解读其实是补充其抗争政治的一个例证。蒂利扩大了他抗争政治的解释范围，却没能为现实的政治状况提供有益的解决之道，他只是超然地陈述了一种悲观的前景。

进一步而言，摩尔和蒂利在价值判断和现世关怀的程度上的差异其实反映了他们对一个更加根本性问题的不同见解。这个问题就是：既有社会结构与人的能动性的关系。摩尔比蒂利更加承认人在既定社会结构中的能动性，并且认为这种能动性能为其“道德判断”提供一定的客观基础。所以丹尼斯·史密斯总结道：“摩尔通过他几十年的研究，明确了如下观点，那就是我们对于社会规则和社会变迁的解释只能通过系统地考虑结构限制和人类的动机、感知和选择来实现。”[①]相对而言，蒂利更多是从社会结构的角度找原因，虽然他承认民众主体的集体行动具有巨大影响力，指出抗争政治是诉求制造者强有力的武器，但是他较摩尔而言更加将社会视为一个超然之物，更加冷静，甚至机械地呈现了外在于人类意志的社会现实。在他的著作中，人的身影更加微弱，他更加依赖对社会结构的抽象建模来展开分析。蒂利的论述缺乏摩尔的激情与梦想，体现了他个人性情上的一种刻板和单调。

两人性情上的分疏，与两人成长的学术环境有关。摩尔早年在威廉学院学习时接受古典学传统，贵族化的通识性知识是蒂利在学生时代所

① 丹尼斯·史密斯：《发现事实与价值：巴林顿·摩尔的历史社会学》，第359页。

缺乏的。摩尔对经典现代化理论的反思也较蒂利更明确,更具针对性。蒂利早年在哈佛大学社会关系系学习时所获得的知识结构,研究生阶段曾有的迷茫,以及他对社会科学方法的接受和有限的反思,也决定了他写作上的某种风格。这涉及对二战后美国社会科学界整体风貌的考察。

如果要给摩尔和蒂利的比照作一小结的话,笔者认为,两人的著作都是"历史社会学"这一分支研究领域的具体成果,摩尔启示社会学家要在研究中关注历史经验,蒂利只是提供了更多的经验研究来回应这种呼吁。但是他的回应相当机械,具有价值无涉的冷漠,某种程度上抛弃了摩尔的人文传统。蒂利民主理论的价值在于提供了一种恰切的解释之道,逻辑精密,具有一定的解释力,但也仅此而已。蒂利对民主的讨论只是诸多民主讨论中的一种,因其"非主流",较摩尔的论述,可能会缺乏持久的生命力。

如果再进一步把托克维尔对民主的讨论①放进来比较,就会发现这三位社会学家虽然都关注结构的问题,但对行动的重视是显著不同的。从托克维尔,到摩尔,再到蒂利,行动的单位日渐上升:从个体化的地方结社到阶级联盟再到模糊抽象的所谓民众(诉求制造者),对于社会结构中人的自主性的尊重也日渐下降。对于民主的激情与向往也日渐被冷静甚至有点僵硬的社会学思考所淹没。

四、蒂利对民主的讨论在民主研究学术史中的位置

整体而言,蒂利对民主的讨论更确切地说是基于对"民主"的特殊定

---

① 托克维尔对民主的定义主要是针对社会经济状况而言,认为其主要特征在于"身份平等",他把民主理解为一种社会状态和政治形式。认为民主社会契合人性的需要,所以民主具有正当性,特别强调民情的意义,号召通过教育重新唤起民众对民主的宗教般的信仰。当然,托克维尔的民主更像是小国寡民的,他认为美国新英格兰地区的乡镇自治,是其典型的健康形态。对托克维尔论民主的讨论可参见崇明:《民主时代的政治与革命——论托克维尔的新政治科学和政治史》,2003 年,北京大学历史学系博士论文。李康:《阿列克西·德·托克维尔》,载杨善华、谢立中编,《西方社会学理论》(上卷),北京大学出版社,2005 年。雷蒙·阿隆、丹尼尔·贝尔:《托克维尔与民主精神》,陆象淦、金烨译,社会科学文献出版社,2008 年。

义而做出的对"民主化过程"的讨论。蒂利并没有深刻地讨论"民主"这个概念本身,他把大量的笔墨都放在了考察民主化的历史过程上。纵使在那一小部分讨论"民主"概念的篇幅中,他"受保护协商"水平决定民主程度的论断也更加接近达尔而非熊彼特的立场(蒂利几乎没有展开讨论过任何具体的制度安排,更不要说选举制度了)。达尔曾说"民主最关键的特征是政府对其公民偏好持续的回应性"①,但是达尔的立场虽然声名很大却是非主流的。这也就造成了一个问题:蒂利对民主的讨论与主流政治学家们对民主的思考路径有一定的距离。所以南希·贝尔梅奥(Nancy Bermeo)指出:"蒂利在地上画了一条显而易见的线(unmistakable line),将大群的政治学家划在了线外,但是他从未试图越界参与持久的个人攻击,相反,他只是用大量历史的证据来建构一个足够开阔和坚固的论证的大厦,以至于鲜有政治学家敢于对其发起攻击。"②

回顾民主研究的学术史会发现,无论是柏拉图、亚里士多德,还是马基雅维利、孟德斯鸠、卢梭,他们对民主的讨论都有一种社会理想蕴涵其中,他们其实都在着重讨论民主的来源和效果,特别是民主作为一种政治制度如何运作。18 世纪,受社会契约论的影响, 民主的讨论主要围绕普选、平等和扩大公民权等问题;20 世纪初,由大量殖民地国家要求独立的呼声所引发,民主政治的理论与实践转向了建设民主制国家的问题上,国家建设的意义凸显。

笔者认为蒂利对民主的讨论范围是非常狭窄的。首先,蒂利讨论的是成熟的现代意义上的民主化过程,所以他对民主的起源和后果,一律不加论及。由此读者很难从蒂利的著作中明确地捕捉到西方民主理念的传统根源和制度安排上的具体倾向,也很难向上追溯到他与其他民主理论的亲缘关系。其次,他对民主参与的广泛性、平等性和公民权的讨论,以及他把民主定义为民众与代理人受保护协商的关系,在这些点上似乎与社会契约论的追求有一定的相似之处,但是在蒂利的著作中从来没有提

① Robert A. Dahl, *Polyarchy: Participation and Opposition*, New Haven: Yale University Press, 1971, p. 1.

② Nancy Bermeo, "Review: Contention and Democracy in Europe, 1650-2000", *Perspectives on Politics*, Vol. 2, No. 4 (Dec., 2004), p. 882.

及这一重要的思想传统。社会契约论对天赋人权的强调,以及政府权威来自自由个人的观点,都没能在蒂利的论述中看到端倪。因为蒂利从来就没有认为民主是个必然之物,相反他觉得民主更像"意外的负担",是历史的偶然后果。而且在蒂利眼中与政府代理人相对的是具备一定声势的集体行动者,而非更加个人化的团体和个人,在蒂利的讨论中没有"个人自由"这个概念。

蒂利讨论民主时,非常注意民主进程与国家成长的关系。"民主化包含了两个平行的过程:它既是从非民主的政体向相对民主政体的过渡过程,也是国家建设或国家重建的过程。"①蒂利侧重国家能力建设,但几乎没有谈及国家自主性的问题,所以笔者认为他在"回归国家学派"中的位置值得进一步地探讨。

此外,蒂利在民主化过程的讨论中只谈到抗争是动力,统治体制是环境,没有谈及意识形态和文化因素,外部国际环境的大气候,也没有谈及生产、分配、财产所有权和阶级利益等诸多的社会经济要素,这本身就是一种高度简单化的处理,也使得很多研究民主的学者无从与之开展对话②。所以如果要在民主研究的学术史中客观地给蒂利一个位置,笔者认为:蒂利运用他抗争政治的独特视角③,解释了现代社会转型中西欧成熟的民主化道路的一些内在逻辑,他的解释是对既有研究的补充和扩展,成为诸多思考中的一家之言。借此,蒂利将民主也纳入了他抗争政治的

---

① 王绍光:《祛魅与超越:反思民主、自由、平等、公民社会》,第125页。

② 如王绍光在《民主四讲》(生活·读书·新知三联书店,2008年)第二讲中谈及的现代民主兴起的条件:"经济发展"、"阶级结构"、"文化"、"公民社会"、"社会资本",在蒂利的作品中都不是讨论对象,只有"国家有效性"与蒂利所说的"国家能力"具有一定的关联。谢岳在《抗议政治学》(上海教育出版社,2010年,第215—223页)和《社会抗议与民主转型:20世纪70年代以来的威权主义政治》(上海人民出版社,2008年,第21—49页)中曾对民主转型的结构条件作了学术梳理,分为:(一)合法性危机(二)经济发展的悖论(三)多元的社会结构(四)社会不平等(五)民主文化(六)外部国际环境。蒂利对民主的讨论只涉及第四类,并部分涉及第三类。

③ 自下而上的视角,类似于批判精英主义转型模式的底层动员模式,但是后者认为政治改革的结果取决于抗议的强度和抗议群体是否能够形成替代性的统治联盟,而蒂利只讲民众抗争,却没谈社会群体的结盟问题。"底层动员模式"的论述参见:《抗议政治学》,第227—232页;Michael McFaul, "The Fourth Wave of Democracy and Dictatorship: Non-cooperative Transitions in the Post-communist World", *World Politics*, No. 54。

理论框架。蒂利对民主的讨论,与主流政治学家的讨论重点不同,他更充分地考虑了社会学中的社会结构因素,并成功运用了历史的个案分析论证了其理论思考的有效性,提供了一种跨学科研究的思路。

（孙琇　北京大学历史学系09级博士研究生）

说　涿

——《三国志·张裕传》的一个考释

祝总斌

【内容提要】　“涿”字在《三国志·张裕传》中用为隐语,旧说指人之肛门,实误,应指男性生殖器。因“涿”所从之“豖”,与“蜀”字同声相通,而“蜀”字与从“蜀”之字(如“斶”、“屬”、“燭”)正有此义,可以假借;且此义也与此传上下文之恶谑丝丝合扣,肛门义则全不合。

《三国志·周群附张裕传》:东汉末任刘璋州从事。璋与刘备相会,裕在座,多须,“先主嘲之曰:‘昔吾居涿县,特多毛姓,东西南北皆诸毛也,涿令称曰:诸毛绕涿居乎!’裕即答曰:‘昔有作上党潞长,迁为涿令者,去官还家,时人与书,欲署潞则失涿,欲署涿则失潞,乃署曰:潞涿君。’先主无须,故裕以此及之。先主常衔其不逊”。

这段相互恶谑的话,准确意思是什么?裴注及卢弼集解均不之及。一种比较常见的看法是:“涿”指人的肛门,近人杨树达先生曾有考证①。

① 见《积微居小学金石论丛》(以下简称《论丛》)卷一《释屬》,中华书局,1983年。

他以为"涿"乃"屬"字之假借,而"屬""盖'豚'之初文"①,指臀,指尻,指"尾下窍"②。其理由最主要一条是:屬字从尾,蜀声;而据《说文·口部》"噣,喙也。从口,蜀声";"喙,口也",因而主张"蜀声有口窍之义"。屬字构造既为尾下之口窍,自然是"尾下窍"之初文了。

然而此说实可酌。

首先,屬字尾下并非噣字,而是蜀字,在古书中蜀字本义并不训口。《毛诗·东山》"蜎蜎者蜀"③,《说文》训为"葵中蚕"(毛传训"蠋"为"桑虫")。此外,"蜀"还有其他一些意思,但也与"口窍"相去甚远④。

其次,即便就"噣"言,《说文》训"喙",文字可能有误。《史记·天官书》:"柳为鸟注。"《索隐》:"《汉书·天文志》'注'作'喙'。"《文选·洞箫赋》:"垂喙蛩转。"李注:"'喙'或为'咮'。"《广雅·释亲》:"噣、喙,口也。"王念孙疏证以为《汉书》、《文选》之喙字,乃啄字之讹。他说:"噣、啄、咮、注,古同声而通用,喙则远矣。"⑤又《尔雅·释鸟》:"生噣雏。"郭注:"能自食。"郝氏义疏:"噣者,啄之假借","能自食"指"能自啄食"⑥。《说文·口部》:"啄,鸟食也。"段注:"鸟咮锐,食物似琢。"⑦这些说明噣字本当训"啄",指啄食,虽引申也可指"口",本义却并非"口窍"。

---

① 因"豚"字晚出,始见于三国张揖所著《广雅》。

② 《宋本广韵》卷五入声屋韵:"豚,尾下窍也。"按杨先生后来接受沈兼士先生意见,看法有所变化,但仍含混地坚持"尾下窍"之说,又参《积微居小学述林》卷二《释豕》,中华书局,1983年,第54页。

③ 此据《说文·虫部》"蜀"字下引。今十三经本《毛诗正义》卷八"蜀"作"蠋",段玉裁以为"非也",见《说文解字注》,上海古籍出版社,1991年,第665页。

④ 如训"一",见《广雅·释诂一》;训"叟",见《尚书·牧誓》伪孔传;训"祠器",见《管子·形势解》"抱蜀者"下尹注(黎翔凤《管子校注》则以为"蜀"乃"独"字,"抱蜀"即"抱一"。中华书局,2004年,下册第1171页),甲骨文有"罒"字,或以为即"蜀"之初文,见徐中舒《汉语古文字字形表》,四川人民出版社,1981年,第507页;或以为指方国,见孙森《夏商史稿》第626—627页,并引诸说,文物出版社,1987年。

⑤ 《广雅疏证》卷六下《释亲》,江苏古籍出版社,1984年,第203页。据王力先生古韵分类(见《汉语音韵》第七章《古音(上)》,中华书局,1980年,第138页)和唐作藩先生《上古音手册》(江苏人民出版社,1982年),噣、啄在屋部,咮、注在侯部,同属第四类,可以阴入对转通用。而喙乃月部字,在第七类,相去稍远,难以通假。

⑥ 《尔雅义疏》(商务印书馆《国学基本丛书》本)下册《释鸟第十七》,第46页。

⑦ 《说文解字注》,第62页。

可见，“涿”为肛门之说，似乎证据不足①。

会不会“涿”指男性生殖器呢？很有可能。

一、《尚书·吕刑》：“爰始淫为劓刵椓黥。”据汉代文献，“椓”字原为“斀”，更早为“劅”，是唐卫包据伪孔传之意改的②。在此四刑中，除“黥”刑略特殊外③，“劓”指割鼻，“刵”是割耳，则“劅”自是以刀割“蜀”。据孔疏：“劅，椓（人）阴。”④则此“蜀”自指“人阴”，即男性生殖器。

二、《说文·尾部》：“屬，连也，从尾，蜀声。”沈兼士先生解释说，屬训连，“字从尾，谓孳尾也”⑤。就人言自即指性交。此“连”义正好与屬字下部“蜀”指“人阴”说一致，而与上引杨树达先生“蜀”“有口窍之义”不合。又就“蜀声”言，黄侃先生指出：“形声之字虽以取声为主，然所取之声必兼形、义，方为正派。盖同音之字甚多，若不就义择取之，则何所适从也！”⑥故“屬”字其所以取蜀声，即因其有“人阴”之义，方与训“连”吻合，决非偶然。

三、《淮南子·精神训》：“燭营指天。”高注：“燭，阴华也。营，其窍也。”此“阴华”，黄侃先生以为“犹今言阴茎”⑦。按“燭”，蜀声，与“蜀”自相通；而“燭营”既可以“指天”（意上翘），此亦“蜀”为“人阴”之又一证，而决非肛门。

---

① 按清代学者早有此说。如朱骏声《说文通训定声·需部第八》“涿”字下，以为假借为“尻”，中华书局，1984年，第386页；又桂馥《说文解字义证》卷二五《尸部》“尻”、“屁”字下“借涿为豚”，指“臀”，指“后窍”，上海古籍出版社，1987年，第731—732页。因杨说已可代表，兹不赘考。

② 参顾颉刚《尚书校释译论》，中华书局，2005年，第四册第1942页。按古音从蜀之字与从豕之字通，因同在屋部，入声，如“噣”训“啄”（见上页注⑤）等，故椓、斀、劅可互换。

③ 用刀刺面涅墨，但并不割去何部分。

④ 十三经本《尚书正义》卷十九，中华书局，1980年，第247页。又《毛诗正义》卷十八《大雅·召旻》（第579页）：“昏椓靡共。”郑笺：“椓，椓毁阴者。”与《尚书·吕刑》伪孔传“椓，椓阴”同。

⑤ 《积微居小学金石论丛》沈序。

⑥ 《文字声韵训诂笔记·形声》，上海古籍出版社，1983年，第39页。

⑦ 《说文笺识四种·字通》，上海古籍出版社，1983年，第111页。又《积微居小学金石论丛》卷一《释屬》也以为“阴华盖阴茎之误”。

此外，黄侃先生还从字形上指出："蜀之为虫，似人阴"①，也可供参考。

总之，"蜀"字和从"蜀"之字可指"人阴"，"劅"字从刀割"蜀"，后称宫刑。由于"蜀"、"豖"古音同在屋部相通②，从"豖"之字也可借为"人阴"之义了③。所以黄侃先生说："阴器为涿、濁、燭，去阴则曰斀矣。"④

现在让我们回到《张裕传》上来。

"涿"字之义既明，不但刘备恶谑张裕的话意思十分清楚⑤，即便张裕之反击"潞涿君"，也不难理解。据《说文·水部》之"潞"，《雨部》之"露"，均路声，故"潞"乃"露"之谐声⑥。由于刘备无须，"潞涿"便是恶谑他的头面是"涿"（"人阴"）没有胡须遮拦，直接露了出来。

最后，还要补充一点：用隐语嘲谑，古代颇为流行。《汉书·东方朔传》：武帝近幸郭舍人遭笞打，不胜痛，呼号，"朔笑之曰：咄，口无毛"云云。并解释说，这是隐语，"夫口无毛者，狗窦也"。刘勰在《文心雕龙》中专门列入《谐隐》一篇，大量列举春秋至魏晋的例子，以为它们在历史上具有一定价值。而《张裕传》卢弼《集解》引刘咸炘曰："此等嘲语载之无谓……孰谓承祚为简絜邪！"这一看法未必妥当，因为"此等嘲语"至少反映以下问题：

首先，刘备与刘璋会见于涪，时在建安十六年（211）。当时刘备初次

---

① 《说文笺识四种·字通》、《说文同文》，第129、73页。按前正文引"蜎蜎者蜀"，毛传训为"桑虫"，《说文》训为"葵中蚕"，又《汉语古文字字形表》之"罒"亦虫形（第507页），均可为黄说之证。

② 参《上古音手册》，第20、121页。

③ 又甲骨文有"豖"字，赵诚先生以为"豖"字中间的一点"像被割去（猪）的生殖器"，见《甲骨文简明辞典》十六《动物》，中华书局，1988年，第200页。《积微居小学述林》第54页《释豖》则早以"豖"为指事之字，指"豖去势"，引申为人"去阴"。可见"豖"本与男性生殖器之义相关。

④ 《说文笺识四种·说文新附考原》，第222页。

⑤ 按《张裕传》之"须"字义，据《说文解字》卷九上《须部》："面毛也。"就是说当时是指人脸上髭、鬚、髯等一切毛状物。故"诸毛绕涿居乎"之恶谑意甚明。今本此传"须"字均误作"鬚"。"鬚"乃晚出字。《释名·释形体》："颐下曰鬚。"《玉篇》卷五："鬚，髭鬚也。"均限于脸上毛状物的一部分，其义与此传"绕涿"、"潞涿"显然不合。"须"误"鬚"，乃唐代以后二字因音同形近被混用混校的结果。我另有《须义"面毛"辨》一文详考。

⑥ 用《说文解字义证》的话来比喻（第732页），张裕此言是"借潞为露"。

入川，脚跟尚未稳，便敢于对刘璋属官（很可能是亲信[1]）挑衅，如此恶谑，实际上反映他不把刘璋放在眼里[2]。而张裕反唇相稽，毫不留情，又表明刘璋方面也早有准备，不怕刘备变脸，发动攻击[3]。都是有政治背景的。

其次，对张裕恶谑，刘备一直“衔其不逊”，在夺得蜀地后，加上新的矛盾，竟将张裕处死。这新矛盾便是：刘备与曹操争汉中，当时张裕已不得不投刘备为州后部司马，进谏以为“军必不利”，刘备不听，竟得汉中。不久，懂占候的张裕又私语人，备据益州，九年后要失去。备“忿其漏言”，便以“裕谏争汉中不验”为由，将他下狱处死。将以上诸事结合起来，便可看出，张裕乃刘璋心腹，在璋、备会见时极力为璋效力，恶谑仅其一例，故备“衔之”，对他有戒心，不但拒其争汉中不利之谏，很可能还认定他故意阻挠进军（否则仅一般谏争不验，岂能处死），加上张裕又散布刘备统治不久的言论，所以决心杀他了。卢弼《集解》引“或曰：昭烈以蜀方新造，恐其煽惑人心，俾无固志，诛之是也”。这当然不错，但如上所述，其所以要杀他，并不限于此事，而是因为长期以来就把他视为异己力量。张裕下狱后，诸葛亮“表请其罪”，备答曰“芳兰生门，不得不锄”。芳兰是香花，喻张裕极有才干，本当爱护，但它既长在门口，有碍出入，指故意和自己作对，便只能毫不容情地锄掉了。

由此可见，这段“嘲语”不是“载之无谓”，而是有其价值的。

（祝总斌　北京大学历史学系教授）

① 州从事，主察非法，监督郡太守，故多为刺史亲信；而一般州从事有多人，裕独能随璋会见刘备，非亲信也不可能。参《后汉书·百官志五》及章怀注。

② 据《三国志·刘璋传》、《先主传》，虽然说备、璋“欢饮百余日”，但张松、法正、庞统曾建议刘备“于会所袭璋”。刘备入川之步卒有“数万人”（《资治通鉴》卷六六建安十六年条）。可见实力是强大的。

③ 据《刘璋传》：“率步骑三万余人，车乘帐幔，精光曜日，往就与会。”不是预防不测，何必如此？而刘备当时不采纳张松等“袭璋”建议，说“此大事也，不可仓卒”（《先主传》），原因当在于此。

记忆与美国外交

——美国对外关系史研究的新趋向

李金仙

【内容提要】 进入21世纪,记忆研究成为了美国外交史研究新的学术增长点。学者们从决策者的个人记忆、美国社会的集体记忆以及国际层面的记忆三个方面,详细探讨了记忆与美国外交政策之间的复杂关系,揭示了记忆,尤其是战争记忆对美国外交政策的深刻影响。将记忆问题引入美国外交史研究扩展了外交史家的视野、运用史料的范围和研究方法,为解释美国外交政策的形成过程提供了一个新的视角。

历史记忆研究兴起于20世纪80年代,在90年代已经有大量的研究成果,不过其中多数来自文化史学家与文化研究专家①,而外交史学家则对此问题较少关注,相关成果寥寥。进入21世纪,记忆研究受到了外交

① 主要有:Albert Auster & Leonard Quart, *How the War was Remembered: Hollywood and Vietnam* ,New York: Praeger Publishers,1988; Michael Kammen, *Mystic Chords of Memory: the Transformation of Tradition in American Culture*,New York: Alfred A. Knopf,1991; John Bodnar, *Remaking America: Public Memory, Commemoration, and Patriotism in the Twentieth Century* ,Princeton University Press,1992; Michael Schudson, *Watergate in American Memory: How We Remember, Forget, and Reconstruct the Past*,Basic Books, 1992;Merrill D. Peterson,

史学家越来越多的关注。2001年,知名美国外交史学家罗伯特·麦克马洪在美国对外关系史学家协会年会上发表题为《记忆的争夺:越战与美国的社会(1975—2001)》的主席演讲,号召外交史学家应该重视对历史记忆,特别是战争记忆的研究,而不应该把这一重要问题只留给文化史学家和文化研究专家[①]。另一位著名美国外交史学家罗伯特·舒尔辛格在2004年发表的《记忆与美国对外关系的理解》一文中,也强调了记忆对美国外交史研究的重要意义。他指出,记忆研究通过在过去与现在之间建立起持续的对话以及关注记忆对人的行为的影响可以让外交史学家"更好地理解美国的对外关系"[②]。近年来,从记忆的角度研究美国外交史的作品在不断增加,相关的研究也不断深入,记忆,特别是战争记忆的研究已经成为美国对外关系史研究的一个新趋向。本文拟首先对记忆的概念、特征和历史记忆研究兴起的背景做出介绍,并在此基础上对美国外交史学中记忆研究的内容、特征和贡献做一梳理。

Lincoln in American Memory, Oxford University Press, 1995; Fred Turner, *Echoes of Combat: The Vietnam War in American Memory*, New York: Anchor Books, 1996; Michael J. Hogan, ed., *Hiroshima in History and Memory*, New York: Cambridge University Press, 1996; Philip West, Steven I. Levine, and Jackie Hiltz, eds., *America's Wars in Asia: A Cultural Approach to History and Memory*, Armonk, NY: M. E. Sharpe, 1997; Kristin Ann Hass, *Carried to the Wall: American Memory and the Vietnam Veterans Memorials*, Berkeley and Los Angeles: University California Press, 1998; Keith Beattie, *The Scar That Binds: American Culture and the Vietnam War*, New York University Press, 1998; Phipip D. Beidler, *The Good War's Greatest Hits: World War II and American Remembering*, Arthens: University of Georgia Press, 1998; Katherine Kinney, *Friendly Fire: American Images of the Vietnam War*, Oxford University Press, 2000; David Blight, *Race and Reunion: The Civil War in American Memory*, Harvard University Press, 2001; Christian G. Appy, *Patriots: The Vietnam Remembered From All Sides*, New York: Viking Press, 2003; Renee C. Romano and Leigh Raiford, eds., *The Civil Right Movement in American Memory*, Athens, Georgia: The University of Georgia Press, 2006; John Bodnar, *The "Good War" in American Memory*, Baltimore: The John Hopkins University Press, 2010。

① Robert J. McMahon, "Contested Memory: The Vietnam War and American Society (1975—2001)," *Diplomatic History*, Vol. 26, No. 2, Spring 2002, pp. 163, 184.

② Robert D. Schulzinger, "Memory and Understanding U. S. Foreign Relations," in MichaelJ. Hogan, Thomas G. Paterson eds., *Explaining the History of American Foreign Relations*, Cambridge University Press, 2004, p. 352.

一、记忆的概念、特征及历史记忆研究的兴起

记忆通常可分为个人记忆(personal memory)和集体记忆(collective memory)。个人记忆是指一个人生命中对亲身经历过的事件或自己经验范围内的事件的记忆,属于心理学范畴。如鲍威尔的越战经历使他对战争会有个人记忆,而克林顿虽然在越战期间逃避了参军义务,但他作为越战中成长起来的一代,对越战也有个人记忆。我们可以从言谈、回忆录、信件、辩论以及采访中获得某个人对历史事件的记忆。

集体记忆是指特定的社会群体共享和传递的记忆,属于社会学范畴。它最初由法国社会学家及哲学家莫里斯·哈布瓦赫在其代表作《记忆的社会框架》(1925)中提出,后来他又在50年代出版的《集体记忆》一书中对集体记忆的概念和作用机制进行了系统阐释。哈布瓦赫认为,集体记忆是针对共同的过去而采取的集体表述,是相对于个人记忆而存在的;大部分记忆具有社会性,个人通常是作为群体的一部分来进行记忆的,个人的记忆经常会被他人的记忆唤醒,并得到他人记忆的支撑。常见的情形是人们经常会记住自己没有经历的事情,因此“存在着一个所谓的集体记忆和记忆的社会框架,从而,我们的个体思想将自身置于这些框架之内,并汇入到能够进行回忆的记忆中去”①。

在哈布瓦赫看来,集体记忆是一个建构而不是给定的概念,在本质上是立足现在而对过去的一种重构,即集体记忆具有当下性的特征;集体记忆与群体(如家庭、宗教信仰者或不同的社会阶层)的身份紧密联系,不同的群体有着不同的集体记忆。

保罗·康纳顿后来在《社会如何记忆》(1989)中将集体记忆称为“社会记忆”。他认为,一个群体通过各种仪式塑造的共同记忆,并不是每个个人记忆的叠加,而是属于这个群体自身的。正是通过他们的社会群体

① Maurice Halbwachs, *On Collective Memory*, Lewis A. Coser, trans, Chicago: The University of Chicago Press, 1992, p. 175.

身份,个人得以获取、确定和回溯他们的记忆[①]。

德国文化学家及埃及学研究者杨·阿斯曼重新梳理了哈布瓦赫和康纳顿对集体记忆的理解,并将集体记忆分为两个层次:沟通性记忆(communicative memory)和文化记忆(cultural memory)。前者是对哈布瓦赫的集体记忆概念的重新界定,指通过个人与集体之间的日常交流而实现的记忆,类似于通过口述史而集合的记忆,限于在三四代人之间传递;后者是对康纳顿的"社会记忆"的升华,指通过文化形态(cultural formation,如文本、仪式以及纪念碑)和制度性交流(institutional communication,如课堂学习、习俗以及典礼)而得以长久维持和传递的记忆,它不会随着时间的消逝而消失,也不会受到记忆的代际传递的限制[②]。

此外,其他学者也对"集体记忆"进行了阐释。如法国历史学家皮尔·诺拉将集体记忆理解为国家记忆(national memory)[③];美国历史学家约翰·鲍德纳将集体记忆称作公共记忆(public memory),意指"帮助公众或社会理解它的过去、现在,也有可能理解将来的一套关于过去的信念和思想"[④];英语及犹太研究专家詹姆斯·E. 杨提出"汇集的记忆(collected memory)",意指许多经常互为竞争的记忆的集合体[⑤];美国社会学家杰弗里·欧里克将集体记忆看做是"积极的意义建构过程(active process of sense-making)"[⑥];美国外交史学家弗兰克·宁科维奇将历史的理解

① Paul Connerton, *How Societies Remember*, Cambridge University Press, 1989. 康纳顿对集体记忆理论的一大贡献是回答了群体的记忆是如何传播和保持的,在他看来,集体记忆是由仪式性的演练(ritual perfomances)来传达和维持的。

② 关于阿斯曼对文化记忆的阐述可参见:Jan Assmann, John Czaplicka, "Collective Memory and Cultural Identity," *New German Critique*, No. 65, Spring-Winter 1995, pp. 125-133。

③ John Bodnar, "Pierre Nora, National Memory, and Democracy: A Review," *Journal of American History*, No. 87, 2000, pp. 951-963.

④ John Bodnar, *Remaking America: Public Memory, Commemoration and Patriotism in the Twentieth Century*, New Jersey: Princeton University Press, 1992, p. 15.

⑤ James E. Young, *The Texture of Memory: Holocaust Memorials and Meaning*, New Haven: Yale University Press, 1993, p. xi.

⑥ Jeffrey Olick and D. Levy, "Collective Memory and Cultural Constraint: Holocaust Myth and Rationality in German Politics," *American Sociological Review*, No. 62, Dec. 1997, pp. 921-936.

(historical understanding)作为集体记忆的一种形式①。

尽管学者们对集体记忆的概念仍然存在不同的理解,但是关于集体记忆的特征却达成了较为一致的认识,概括来讲,包括以下几点:第一,集体记忆是可以传递的,不仅可以通过当事人的口述传递给下一代,而且还可以通过纪念碑、学术作品、图书馆、纪念仪式、影视作品、文学作品等记忆场而长久传递。第二,集体记忆具有高度选择性。人们经常会选择记住一个事件的某些方面,而忘却其他方面。人们选择记忆什么,如何去记忆,如何去解释他们记忆的东西,往往是由他们的价值导向或当前的实际需要决定的。第三,记忆是与等级权力相关联的,对过去的建构通常被当权者用来为当前的社会秩序或外交政策的制定提供合法性。第四,集体记忆的形成与群体或国家的目标和身份等更宏大的问题相关②。

集体记忆以不同的交流形式存在于各种记忆场(memory sites)③中,如学校使用的历史教材,历史学家、小说家、诗人和影视制作者的作品,音乐家、画家、戏剧家等艺术家们的作品,当事人的回忆录以及政治家们的言辞;此外,集体记忆还存在于各种纪念制品和各式纪念物中,如神龛、雕像、纪念碑、博物馆、战争照片等;它还可以存在于各种庆祝活动和纪念仪式中。

---

① Frank Ninkovich, "History and Memory in Postwar US-Japanese Relations," in Marc Gallicchio ed., *The Unpredictability of the Past*, Durham & London: Duke University Press, 2007, pp. 88-90.

② 这些观点可以参见 Maurice Halbwachs, *On Collective Memory*; Michael Kammen, *Mystic Chords of Memory*; John Bodnar, *Remaking America*; Paul Connerton, *How Societies Remember*; Jan Assmann and John Czaplicka, "Collective Memory and Cultural Identity"; Pierre Nora and Lawrence D. Kritzman, *Realms of Memory*, Columbia University Press, 1998; James E. Young, *The Texture of Memory*; Jay Winter and Emmanuel Sivan, "Setting the Framework," in Winter and Sivan eds., *War and Remembrance in the Twentieth Century*, Cambridge University Press, 2008, pp. 6-39; Jan-Werner Müller, "Introduction: the power of memory, the memory of power and the power over memory" in Müller, ed., *Memory and Power in Post-war Europe*, Cambridge University Press, 2002 等。

③ 记忆场的概念是由法国历史学家诺拉首次提出,该词汇已经在1993年被收入《大罗贝尔词典》(*Le Grand Robert de la langue franaise*)。参见 Hue-Tam Ho Tai, "Remembered Realms: Pierre Nora and French National Memory," *The American Historical Review*, Vol. 106, No. 3, June 2001, p. 906。

记忆在20世纪80年代以前并没有受到历史学家的特别青睐，因为在他们看来，历史追求的是客观、真实的历史再现，而记忆则经常是易变而且不准确的，会随着时间的流逝而变得模糊不清，缺乏原始档案文字记录的丰富性、稳定性和可靠性。但是这种观念在20世纪80年代随着历史学家对记忆的重新认识而发生了转变。大卫·泽伦在《记忆与美国历史》一文中指出，记忆之所以在80年代重新走入历史学家的研究视野，主要基于以下两点认识：第一，不论是个人记忆还是集体记忆或文化记忆都是根据目前的需求而对过去的重建(reconstruction)，因此在历史学中，记忆研究关注的重点"不是记忆如何与过去的某项事实准确地契合，而是历史行为体(historical actors)为什么会在特定的时间使用特定的方式建构他们的记忆"①。第二，对记忆的建构不是孤立进行的，而是在和他人发生对话的过程中完成的，而这种对话通常以群体、更广泛的政治和社会动力为背景，因此，从社会的视角关注记忆要比从准确性的角度关注记忆更为重要。泽伦认为，历史学研究记忆目的就是为了探索家庭、更大的群体以及正式的机构如何寻求共同的记忆以满足现在的需要，研究他们最初如何组织这样的记忆，之后如何形成共识或产生分歧，又如何相互协商，最终形成并保存共同的记忆②。

历史学界兴起记忆研究还与二战的大屠杀所造成的前所未有的心理创伤有关③。1989年，特拉维夫大学(Tel Aviv University)创办了杂志《历史和记忆》，目的就是为了探讨纳粹主义、法西斯主义以及大屠杀的遗产以及这些问题在当代如何被人们想象和表述。在美国，不仅是二战的记忆，而且很多其他战争的创伤性记忆也都逐渐成为了历史学家，尤其是文化史学家关注和研究的对象，如越战、朝鲜战争等，历史学家试图通过挖

---

① David Thelen, "Memory and American History," *The Journal of American History*, Vol. 75, No. 4, March 1989, p. 1125.

② Ibid, pp. 1117-1129.

③ 法国著名历史学家皮埃尔·诺拉(Pierre Nora)认为记忆研究的兴起主要是对二战大屠杀的文化回应，参见 Jay Winter, "The Memory Boom in Contemporary Historical Studies," *Raritan*, Vol. 21, No. 1, Summer 2001, pp. 52-53。

掘战争幸存者和受害者家属的故事和他们对战争的记忆,展现出战争对社会的深远影响。

此外,历史记忆研究的兴起还受到政治、经济、科学技术以及家庭等多方面因素的影响。杰伊·温特尔在《当代历史研究的记忆潮》一文中对此进行了深入的分析[1]。温特尔指出,在政治方面,一些族群,希望通过记忆,让受害者的声音被更多的人听到并记住;在经济方面,80 年代社会开始变得相对富有,人们有钱去以各种方式纪念过去;此外,在科学技术方面,一些新的信息储存手段不断涌现,如视频、计算机数据库等,这些新的科技手段有助于保存受害者以及家属的“声音”,使他们的故事可以长久保存下来;最后,在家庭层面,遭受创伤的家庭也希望将战争的创伤性记忆一代代传递下去。温特尔认为,这些因素都推动了历史记忆研究的发展,并使历史研究呈现出了“记忆爆炸(memory boom)”的景象。

将记忆引入外交史,史学家要做的工作就是厘清公众记忆、政治事件、领导者的记忆和领导者行动之间的错综复杂关系[2]。目前,学者主要从决策者的个人记忆、美国社会的集体记忆以及国际层面的记忆三个研究领域对记忆与美国外交政策之间的互动关系进行了研究。

二、决策者的个人记忆与美国外交政策

关于决策者的个人记忆与美国外交政策制定之间的互动关系是历史学家(也包括一些国际政治学家)关注较多的一个领域。早在 1976 年,国际政治学家罗伯特·杰维斯就在《国际政治的认知和错误认知》一书

① Jay Winter, “The Memory Boom in Contemporary Historical Studies,” pp. 52-66.

② Schulzinger, “Memory and Understanding of U. S. Foreign Policy,” p. 352. 不同研究领域对记忆问题的关注重点不同,如文化史研究较多关注记忆的具体表现(concrete manifestations of memory),如公众对战争的纪念活动、国家纪念碑建立等;大众文化及传播研究领域则关注大众媒体,如电影、小说等对特定历史事件的表述(representation)和建构(construction)。

中指出个人的经历经常会对一个人的政策偏好产生很大的影响。他引用了很多政治领导人的例子证明他们经常会依赖自己过去的经历和记忆来理解现实问题,并且经常会被自己过去的经历和记忆所蒙蔽而出现误判[①]。杰维斯举例说,迪安·腊斯克主张美国干涉越南即与他的二战经历和记忆有直接关系。腊斯克认为,二战期间关于东南亚远离美国,因此与美国无关的观点使他那代人付出了惨重的代价,因此,他坚信在越战中美国不能再犯这样的错误[②]。

很多外交史学家和国际政治家从杰维斯的著作中得到启发,开始关注决策者个人记忆与美国外交政策之间的关系。克里斯托弗·D. 萨利文在2009年出版的《科林·鲍威尔:美国的权力和从越战到伊拉克的干涉》一书中揭示了鲍威尔的越战经历和记忆对他后来担任参谋长联席会议主席时的政策制定产生了重要的影响[③]。萨利文的这一观察主要源自鲍威尔1995年出版的回忆录《我的美国之旅》。在回忆录中,鲍威尔指出,越战给他带来至少两方面的教训:第一,不能信任没有军事经验的政府专家;第二,成功的政策必须要有美国公众的支持。这两点教训在鲍威尔参与实施的1989年美国侵占巴拿马的计划和行动中都得到了充分的体现:为确保美国在短时间内取得胜利,他动用了大批军队和资源;而且在巴拿马行动开始前一周,他在国防大学发表演讲,特意强调了媒体管理的重要性,为此,战争期间媒体攻击巴拿马行动的报道被政府予以监控和限制,从而避免了媒体负面报道对公众情绪的不利影响,有力地保证了公众对战争的支持。通过有效利用越战的经验教训,鲍威尔使美国在巴拿马干涉行动中迅速取得了胜利,他也因此赢得了公众的信任。后来,鲍威尔在海湾战争期间(1990—1991),还依据他的越战经历,在温伯格原则的基础上制定了关于美国如何在海外部署军队的一套标准,后被称为温

① Robert E. Jervis, *Perception and Misperception in International Politics*, Princeton, NJ: Princeton University Press, 1976, pp. 218-275.

② Ibid, p. 225.

③ Christopher D. O'Sullivan, *Colin Powell: American Power and Intervention from Vietnam to Iraq*, Rowman & Littlefield Publishers, Inc., 2009.

伯格—鲍威尔原则①。

伯纳德·冯·波斯莫在《建构六十年代:从罗纳德·里根到乔治·W·布什对这十年的使用和误用》(2009)一书中运用多种史料②,描述了里根、布什等总统对60年代的个人记忆如何影响了他们执政期间的政治和外交决策。例如,里根对越战的记忆就对他担任总统时的对外干涉政策和行动产生了重要的影响。波斯莫指出,里根在1980年参与总统竞选时提出越战是一场"高尚的"战争的说法的确来自他本人,而不是他的演讲撰稿人。在里根眼里,越南共产党人"就像今天在巴格达街道杀人的恐怖主义分子一样"。里根承认越战的失败是政府的错误,而不是军队的错误,他同意越战可赢论,即如果不是华盛顿的政府精英们做出错误的决策,美国本可以在战争中获胜,同时他也强烈意识到越战使美国人民丧失了士气,患上了"越南综合症(the Vietnam Syndrome)",不愿意支持政府在海外的任何武装干涉行动。受到这种记忆的影响,里根在对外武力干涉行动上表现极其谨慎。例如,在1983年美国入侵格林纳达的行动中,里根就采取了绝对秘密的方式,直至行动开始一天才通知国会。在任职的8年里,里根也一直致力于清除越战的阴影,扭转公众对越战的记忆,并试图通过发动果断而小规模的干涉行动重塑美国人对政府的信心,强化美国人的爱国精神和自由精神③。

决策者在面临外交危机时,如何通过历史类比做出决策是学者关注的重点。理查德·诺伊施塔特和欧内斯特·梅在《用时间思考:决策者

① 温伯格—鲍威尔原则主要包括四个方面:第一,只有重要的国家利益受到真正的威胁,而且这些威胁通过政治、经济或外交的手段都无法解决时,美国才会发动战争;第二,要有具体而现实的目标,而且要尽可能保证成功;第三,要保证公众和国会的支持;第四,一旦开战,美国将动用必要的政治、道义和物质资源,实现速战速决,绝不恋战,而且撤退时会保证美国的信誉不受损害。参见 Sullivan, *Colin Powell*, pp. 25-32, 109。关于该主题更为详细的论述可以参见 Earl E. K. Abonadi, *Weinberger-Powell and Transformation: Perceptions of American Power from the Fall of Saigon to the Fall of Baghdad*, Naval Post Graduate School, 2006。

② 包括里根、布什总统和其他一些重要政治家的回忆录、传记和总统图书馆演讲撰写档案,如演讲初稿、演讲者的评价、白宫备忘录以及演讲撰写者和总统助手、内阁成员、同事、朋友和总统之间的私人通信等,此外,还包括作者对许多决策者的采访。

③ Bernard von Bothmer, *Framing the Sixties: The Use and Abuse of a Decade from Ronald Reagan to George W. Bush*, University of Massachusetts Press, 2009, pp. 70-92.

对历史的使用》(1986)这部经典著作中,通过一系列案例研究了决策者如何根据其过去的经验和记忆进行历史类比,进而做出外交决策的。其中一个典型案例是林登·约翰逊政府的越战升级决策。作者指出,对于约翰逊和他的主要顾问们来说,朝鲜战争意味着"要坚决、要坚持不懈、要在正当的事业中毫不退缩地使用武力"①,在他们看来,这同样适合于越战。而他们之所以把越南战争与朝鲜战争相类比并做出干涉越南的决定,部分原因是他们对杜鲁门总统在朝鲜战争中的痛苦经历以及民主党遭遇的重大打击毫无同情或切身体会。约翰逊本人曾在杜鲁门第二任期内担任民主党参议员,但是他对杜鲁门在朝鲜战争中的不幸遭遇毫无同情,并且有意与他保持距离,结果,杜鲁门的窘境让他在政治上受益颇多。1953 年约翰逊成为参议院的少数党领袖,后来又成为了多数党领袖。受到这种记忆的影响,他在 1965 年采用了朝鲜战争的历史类比以支持越战升级的决策。当时的国家安全顾问麦克乔治·邦迪在朝鲜战争发生的时候,正在哈佛大学任教,因此战争没有给他留下任何负面的记忆。国务卿迪安·腊斯克在 1950 年曾是负责远东事务的助理国务卿,当时他和其他大多数同事一样,低估了中国的影响,因此,在 60 年代他汲取了这个教训,强调中国扩张的威胁,强调中国会像在朝鲜战争中那样发动进攻,因此他坚持一定不能让中国卷入越南。而对于国防部长罗伯特·麦克纳马拉来说,由于他当时担任福特公司的执行总裁,朝鲜战争几乎没有给他带来任何影响。只有副总统休伯特·汉弗莱深切理解朝鲜战争对杜鲁门和其他民主党人造成了巨大的打击,因此强烈反对将战争升级,但是汉弗莱当时并没有受到约翰逊的青睐,因此,总统也没有对他的意见给予重视②。

孔元峰的著作《战争中的类比:朝鲜、慕尼黑、奠边府和 1965 年越战的决定》进一步论述了约翰逊政府的主要官员是如何利用朝鲜、慕尼黑和奠边府三个历史类比来审视越战的性质和威胁,并做出将越战升级决

---

① Richard Neustadt, *Ernest May*, *Thinking in Time*: *The Uses of History for Decision-Makers*, New York: Free Press, 1986, p. 87.

② Ibid, pp. 157-180.

定的[①]。孔元峰指出,慕尼黑教训告诉约翰逊政府绥靖希特勒是多么可耻和不明智,同样的道理,姑息北越的胡志明和中国的毛泽东也是不明智的;朝鲜战争则表明美国在1949年从南朝鲜撤军是错误的,因为它直接导致了1950年北朝鲜(受到苏联和中国的支持)的直接侵略;奠边府是越南一块战略上毫无价值的低地,在这里,法国人曾被越南军队打败,为此,"奠边府"象征着法国在20世纪50年代重新殖民越南的企图最终失败。约翰逊、腊斯克、麦克纳马拉以及邦迪主要依据朝鲜战争和慕尼黑的历史类比,将越南战争界定为北越在中国和苏联支持下对南越实行的一场国际性侵略战争,强调越战对美国造成的巨大威胁,而干涉越南在道义上不存在争议。与此相反,乔治·鲍尔则使用奠边府的历史类比,将越战定义为越南的独立战争,对美国的威胁不大,而且如果美国卷入战争,势必会和法国一样遭受失败。最终,约翰逊政府根据占据上风的朝鲜战争和慕尼黑的历史类比,做出将越战升级的决定。孔元峰也指出,决策者自身的经历在一定程度上影响了他们对历史类比的选择。如腊斯克的二战经历使他倾向于使用慕尼黑的历史类比,主张干涉越南;而鲍尔早期担任法国政府的律师,深刻了解法国在越南的遭遇,因此,在越南的问题上表现非常谨慎,坚信美国不会在越南取得胜利,因此主张美国从越南撤军。

杰弗里·勒柯德的著作《制造战争、思考历史:慕尼黑、越战和总统从朝鲜战争到科索沃危机对武力的使用》也同样对决策者如何利用历史类比做出外交决定的问题进行了研究[②]。勒柯德在书中指出,二战和越战结束之后,美国总统在多次对外干涉行动中依据慕尼黑和越战的历史类比做出是否应该在外交中使用武力以及如何使用武力的决定,而他们使用怎样的历史类比在很多时候取决于他们对该历史事件的个人经历和记忆。例如,海湾战争中老布什采用了慕尼黑的历史类比,认为萨达姆·侯赛因是地区范围内的希特勒,如果不对他实行遏制,他就会像希特勒一样实施进一步的侵略,最终美国将无法控制他,因此,必须对他使用武力。

① Yuen Foong Khong, *Analogies at War: Korea, Munich, Dien Bien Phu and the Vietnam Decisions of 1965*, Princeton, NJ: Princeton University Press, 1992.

② Jeffrey Record, *Making War, Thinking History: Munich, Vietnam and Presidential Uses of Force from Korea to Kosovo*, Annapolis: Naval Institute Press, 2002.

他之所以采用这一历史类比和他的二战经历不无关系。老布什在二战中曾是美国海军里最年轻的战斗机飞行员,二战的经历和对战争的理解和记忆深刻影响了他对使用武力的看法,即决不能纵容侵略者。同时,老布什也汲取了越战的历史教训,努力避免使战争陷入泥潭而引发国内反对,避免使美国遭受政治上不可接受的损失。与老布什不同,科索沃危机中,克林顿则依据越战的历史类比做出反对军事攻击塞尔维亚的决定,而这和他的个人经历和记忆也有着密切的关系。与老布什不同,克林顿在二战后出生,属于在越战中成长的一代政治家,他本人曾在越战中逃避服兵役,因此对使用武力向来都很反感,而且认为"越战的唯一教训是不能为其他人的战争而战"。因此,一开始,他就不赞成使用武力,只是后来联合国和北约保护的"安全区"遭到塞尔维亚人的袭击后,他才决定对塞尔维亚实施军事打击。而一旦做出武力干涉的决定,克林顿也和老布什一样在如何使用武力的问题上汲取了越战的很多教训。勒柯德指出,在海湾战争和科索沃危机中,慕尼黑和越战的历史类比都发挥了作用,按他的话说,"慕尼黑促成了干涉,而越战警告要谨慎,二者共同作用,实现了没有伤痛的胜利的追求"①。勒柯德还指出,不仅是美国总统,其他政府人员也同样利用慕尼黑和越战的历史类比做出外交决定。如国务卿奥尔布赖特在二战期间的逃亡经历促使她强烈要求对米洛舍维奇实施军事打击,而资深外交官、克林顿总统特使理查德·霍布鲁克的越战经历则使其强烈反对波斯尼亚战争,并坚持在战争中使用空袭②。

当然,研究也发现,决策者并不总是会依赖个人的经历和记忆来做出外交决定,有时,他们会背离个人记忆,而采取更符合现实世界复杂形势的外交决定。这方面的研究可见于理查德·梅兰森《撰写历史和制定政策:冷战、越战和修正主义》(1983)一书。在该书第六章,他通过对卡特政府时期20多个官员的采访(主要是国家安全委员会和国务院政策计划

---

① Jeffrey Record, *Making War, Thinking History: Munich, Vietnam and Presidential Uses of Force from Korea to Kosovo*, Annapolis: Naval Institute Press, 2002, p. 5.

② Ibid, pp. 129-155.

室的官员)①发现这些官员对冷战和越战历史的理解和记忆曾经受到修正派历史学家的影响,他们相信冷战是由于美国的傲慢、偏执和侵略性的理想主义所致,过度依赖军事手段导致了越战的发生,战后美国不应该在反对共产主义和苏联方面花费太多的精力。但是梅兰森通过采访发现,这些记忆和知识并没有成为他们制定战后美国外交政策的思想源泉,在任职期间,他们更多地从现实世界的复杂形势(如苏联侵占阿富汗和古巴卷入非洲事务等国际危机)出发进行政策的分析和判断,而且在政策制定过程中遵循了冷战的传统解释而非修正派的观点,最终美国在 70 年代末和 80 年代初卷入了阿富汗、尼加拉瓜等国际危机中②。

总之,在决策者的个人记忆与美国外交政策的研究路径中,学者主要关注决策者对特定历史事件的理解和记忆,关注他们的心理认知过程,着重研究决策者在面临外交危机时,如何通过个人记忆的透镜,如何采用历史类比的认知工具来看待和处理当前的困境,并依此进行推理,做出外交决策。毕竟决策者不可能生活在没有记忆的认知环境中,因此对决策者个人记忆的研究对重新解释美国外交史有着重要的意义。

不过,此类研究也存在一定的方法和史料运用方面的困境。从研究方法上讲,决策者对历史事件的个人记忆与他们的信仰、个性、态度、动机以及外部的社会环境是分不开的,因此,很难准确地判断个人记忆在他们的外交决策过程中到底可以起到多大作用。勒柯德就指出克林顿在科索沃战争开始时没有坚决采用武力,这不仅和他反越战的经历和记忆有关,而且还有很多其他的因素,如他拥有法律教育背景,所以喜欢采用法律手段解决问题,他个性不如老布什强硬,以及他对国内政治的优先考虑等③。

在史料的收集和分析方面,此类研究需要研究者花工夫从政策制定者的演讲、自传、回忆录、信件以及国会辩论记录中寻找他们对历史事件

---

① 其中包括罗伯特·A. 帕斯特、萨缪尔·R. 博格(政策计划室代理主任)、史蒂芬·拉拉比、玛德莱娜·奥尔布赖特和弗里茨·艾尔马斯等重要人物。

② Richard Melanson, *Writing History and Making Policy: The Cold War, Vietnam and Revisionism*, Lanham: University Press of America, 1983.

③ Jeffrey Record, *Making War, Thinking History*, pp. 113-128.

的记忆与具体的外交政策之间的关联。另外,也需要对政治圈内的相关人物进行采访,但是获得采访的机会较难,即使获得采访机会,领导人出于政治考虑也可能暂时不会将自己的真实想法直接表达出来。这些都是研究个人记忆与外交决策时可能遇到的障碍。

三、美国社会的集体记忆与美国外交政策

关于集体记忆与美国外交政策之间互动关系的研究主要兴起于21世纪初。学者的研究主要集中于三个方面:公众的集体记忆如何影响美国外交政策、外交决策者如何影响集体记忆的塑造以及社会群体的集体记忆与美国外交政策之间存在怎样的关系。

就第一个方面而言,学者们发现,公众的战争记忆在一些时候制约(constrain)着美国的对外干涉行动,在另一些时候又促进(enable)美国奉行积极的对外政策。

美国社会对越战的集体记忆就对战后美国对外干涉行动产生了极为明显的制约作用。罗伯特·麦克马洪在《记忆的争夺:越战与美国社会(1975—2001)》一文中指出,以总统、"鹰派"和新保守派为代表的精英记忆与大众文化(如电影、小说、戏剧、音乐等)塑造的公众记忆形成了强烈的冲突,前者强调战争的崇高性和正义性,而后者则强调越战是一场错误的战争,是一场充满伤痛、非常可耻的战争,公众的越战记忆也包含了强烈反对美国在海外使用武力的情绪。他进一步指出,精英记忆与公众记忆相互争夺,后者在争夺的过程中占据上风,并对美国战后的多次对外干涉行动形成制约,如里根时期美国对格林纳达、巴拿马的干涉以及克林顿时期对索马里的干涉①。

美国社会对二战的集体记忆尽管也存在着冲突和争议,但是爱国主义、英雄主义、美国的民主和自由的优越性则是美国社会对二战的主流记忆,它们对美国外交政策整体上发挥着能动而不是制约的作用。美国历

① Robert J. McMahon, "Contested Memory," pp. 159-184.

史学家约翰·博德纳在《美国人记忆中的"好战争"》一书中描述了美国社会对二战的记忆(包括爱国主义和战争胜利等主题)如何成为冷战期间美国社会团结一致的象征,并最终促使美国走向了越战①。

同样地,美国社会对珍珠港事件的记忆也成为推动美国实施冷战外交战略的有效工具。美国外交史学家埃米莉·罗森堡在《永存的日子:美国记忆中的珍珠港事件》指出,珍珠港事件在1941年至1991年的50年里,逐渐发展成为一种公认的文化标记。富兰克林·罗斯福总统使用日本偷袭美国的事件塑造了"可耻的[记忆]框架(infamy framework)",赢得了公众对美国政府立即惩罚日本欺骗行为(treachery)的支持;而总统的批评者则指责美国政府在军事方面准备不充分,因而导致了这场悲剧,为此"珍珠港"成为了一种"有用的警示故事(useful cautionary tale)",告诫美国要加强情报和军事能力。罗森博格进一步指出,这种"可耻/有准备(infamy/preparedness)"的集体记忆在50年代被冷战斗士们利用,推动美国实施冷战外交战略,即建立强有力的国防军事,以此阻止共产党潜在的诡诈行为②。

公众的集体记忆对美国外交政策起着重要的作用,反过来,政治家为了给当前的外交政策寻求合法性,会经常重塑美国公众对某个历史事件(越战就是其中的一个典型例子)的集体记忆,压制或有意遗忘对政策不利的记忆,甚至扭曲公众的集体记忆。

首先,政治家会为了当前外交政策需要而努力重塑公众的集体记忆。麦克马洪在《为失败辩护:美国总统演讲中的越战(1975—1995)》一文中通过分析战后美国总统从福特到克林顿的言辞,考察他们如何采用不同的话语策略转变了公众对越战失败的记忆。福特对越战采取了忘却和沉默的态度;卡特在就任前承认越战的错误,但是担任总统后则赞扬在战争中英勇作战的美国老兵;里根对越战的记忆进行了彻底的修正,强调美国士兵在战争中展现出来的英雄主义,并把战争塑造成为一场"高尚的"、

① John Bodnar, *The "Good War" in American Memory*, pp. 60-85, 200-234.

② Emily Rosenberg, *A Date Which Will Live: Pearl Harbor in American Memory*, Durham, N. C.: Duke University Press, 2003, pp. 11-33.

"正义的"战争;老布什和克林顿也强调士兵的高尚行为,但是他们采取了超越战争的态度,认为美国人应该将战争的伤痛忘却,积极治愈伤痛,寻求和解。麦克马洪指出,无论采用何种言辞(除卡特承认越战错误的言辞之外),美国总统对越战的记忆都具有很强的选择性,它们凸显了政治的需求而忽略了越战的真实影响①。

帕特里克·哈戈皮安在《美国人记忆中的越南战争:老兵、纪念碑和治愈的政治》中阐释了美国政治家如何通过介入越战老兵纪念碑的建立而努力实现重塑公众越战集体记忆的目的②。哈戈皮安指出,里根于1980年11月上台后,一直致力于重塑美国公众对越战的记忆,以克服越南综合症对他在中美洲实施干涉的约束。里根将战争定义为一场"高尚的"战争并通过各种方式将这一观念渗透到了越战纪念碑建立过程中。从纪念碑的设计到奠基仪式再到周年庆祝活动都可以看出美国政府试图重塑越战记忆的努力。在纪念碑的设计阶段,那些支持越战是一场"高尚"战争的右翼政府官员(如卡哈特)强烈指责林璎设计的纪念碑③没有表达出越战作为一项高尚事业所包含的自豪感,坚持让越战老兵纪念碑基金会(the Vietnam Veterans Memorial Fund, VVMF)在林璎的设计中加入士兵塑像、国旗和题字。最后,基金会迫于政治方面的压力,不得不做出了妥协。此外,"越战老兵领导计划(the Vietnam Veterans Leadership Program, VVLP)"是一个由里根政府支持的组织,他们做出各种努力改善公众对老兵的负面印象,并努力将"老兵是为了一场高尚的自由事业而战"的观念融入到了纪念碑的建立中。而包括里根在内的许多政治家受

---

① Robert J. McMahon, "Rationalizing Defeat: The Vietnam War in American Presidential Discourses (1975—1995)," in *Rhetoric & Public Affairs*, Vol. 2, No. 4, Winter 1999, pp. 529-549.

② Patrick Hagopian, *The Vietnam War in American Memory: Veterans, Memorials, and the Politics of Healing*, Amherst: University of Massachusetts Press, 2009.

③ 林璎当年仅21岁,是耶鲁大学建筑系学生,她设计的纪念碑碑体由黑色花岗岩砌成,长500英尺,呈V字形,黑色大理石墙上以每个人战死的日期为序,刻画着美军57000多名越战阵亡者的名字。整个纪念碑向地下延伸,如同大地开裂接纳死者。林璎说,纪念碑设计的出发点是"死亡是一种荣耀"。参见 Maya Ying Lin, *Boundaries*, Simon & Schuster, 2000; Tamara L. Britton, *The Vietnam Veterans Memorial*, Minneapolis: ABDO Publishing Company, 2004。

邀在纪念碑前发表演讲时，都表达出了类似于“美国军队永远不能因为国内的阻碍而输掉战争”的观念，这些也体现出美国政府借助纪念活动重塑公众越战集体记忆的努力。

其次，政治家为了满足当前外交政策的需要也会对集体记忆中的不同声音进行压制，使其逐渐被遗忘。哈戈皮安在《美国人记忆中的越南战争》一书中，还对这一主题进行了阐述。他指出，在建立纪念碑（包括各地纪念碑）的过程中，有一部分反战者的声音，他们认为战争是不道义的，美国士兵在战争中犯下了众多暴行，但是他们的声音很快就被压制和淹没了，所有对战争的指责都在“欢迎老兵回家”的主题下被淡化。哈戈皮安指出，纪念碑建立的目标是避免对战争做出任何明确的政治申明，但同时它也暗示着美国士兵值此殊荣，不管他们在战争中犯下了怎样的凶残罪行（如马莱大屠杀），也不论战争是如何进行的，战争的目的是什么。

最后，政治家甚至会扭曲公众的集体记忆，以此获得公众对其政策的支持。杰瑞·兰可在《唾弃的形象：神话、记忆和越战的遗产》一书中指出“被唾弃的老兵形象（the image of spat-on Vietnam veteran）”是老布什等政府官员用来重塑公众越战集体记忆、说服美国公众支持海湾战争的工具。“被唾弃的老兵”是美国一些电影（如《第一滴血》）、电视以及报纸等媒体刻画的越战老兵被反战运动示威者唾弃并虐待的形象，它包含了公众强烈的反对海外使用军队的情绪，也被许多政治家视作导致越战失败的一个主要原因。兰可指出，在海湾战争期间这种形象和记忆被政治家和媒体广泛采用，用以回击战争反对者，激起公众对这些战争反对者的愤怒情绪，以此获得公众对战争的支持。但是，他通过研究发现，“被唾弃的老兵”与历史事实不符，而只是一个神话，事实上反战运动者和越战老兵之间总体上保持着友好互助的关系，而且很多老兵退伍后都加入了反战的行列①。

就集体记忆而言，学者们关注的第三个方面是不同的记忆主体，即不同社会群体（如政府官员和政策制定者、反战社会活动家、媒体人物以及

① Jerry Lembcke, *The Spitting Image: Myth, Memory, and the Legacy of Vietnam*, New York: New York University Press, 1998.

受害者家属等）对历史事件的集体记忆与美国外交政策之间的关系。学者的研究主要集中在两大群体，一是政府官员，二是社会边缘群体，特别是战争受害者。

在这方面，历史学家关注的第一个主题是，政府官员群体从战争中总结的教训以及由此形成的记忆如何影响了美国外交政策。

爱尔兰科克大学历史系教授大卫·莱恩研究了美国政府官员的越战记忆如何影响了冷战后美国海外干涉政策的制定①。莱恩指出，冷战的结束标志着美国获得胜利，但是越战失败的阴影依然笼罩在人们的记忆中，后者成为限制美国使用武力的主要因素。为了打破这种记忆的约束，冷战后美国政府在海外干涉行动中一直恪守越战的四个教训：战争目标要以可确认的国家利益为核心进行清晰的界定，要保证有公众和国会的支持，战争要有较大的成功可能，必须要有一个不损害美国声誉的退出战略。同时美国政府也努力重建“[战争]胜利的文化(Victory Culture)”，从老布什时期的海湾战争到克林顿政府对波斯尼亚、索马里和海地的干涉，再到1999年美国对科索沃的空军轰炸行动，美国都一直努力取得胜利，以此重塑美国政府在国内和国际上的声誉。但是，9·11袭击给美国造成巨大的伤亡，暂时改变了这种“[战争]胜利的文化”，此前历届美国政府官员的越战记忆也逐渐被遗忘，对美国对外干涉的约束也被打破，这在2003年的伊拉克战争中得到体现。莱恩指出，尽管布什在关于2003年伊拉克战争的言辞中依然充满了越战后的词汇，如责任、意愿、决心、美国的声誉和领导地位，但是他在政策和行动上都违背了美国长期积累的来自越战的四个教训：首先，布什的战争目标过于宽泛而不清晰，将打击恐怖主义和美国推行民主的理想相混合，而且也没有充分做好如何应对战争的准备；其次，面临着战争伤亡人数增多、伊拉克政府和武装部队的反抗增强等形势，战争成功的可能性受到质疑；再次，随着战争伤亡人数的增加，越战失败的记忆被激起，大部分公众和参议员选择了不支持伊拉

① David Ryan, “Vietnam, Victory Culture and Iraq: Struggling with Lessons, Constraints and Credibility from Saigon to Fallujah,” in David Ryan & John Dumbrell, ed., *Iraq in Vietnam: Tactics, Lessons, Legacies, Ghosts*, London and New York: Routledge, 2006, pp. 111-138.

克战争的立场；最后，莱恩指出，由于局势恶化，布什政府最终将不得不寻求维护政府声誉的退出策略。

美国外交史学家弗兰克·宁科维奇在《战后美日关系中的历史和记忆》一文中探讨了美国决策者对太平洋战争的记忆及其如何塑造了战后美国对日政策和美日关系。宁科维奇指出，太平洋战争刚结束时，美日两国对战争的记忆都很不愉快。许多美国人认为珍珠港事件是诡诈多端的代名词，而许多日本人和一部分美国人认为美国使用原子弹的行为很野蛮。但是战时的敌意和战争的创伤并没有让美国在战后对日本采取惩罚和报复行动，相反，美国决策者很快超越了战时的记忆，而将两国的战争经历和对战后问题的理解置于自由主义的、全球现代化的视野（liberal vision of global modernization）之中，并以积极乐观的记忆取代了充满敌意和怨恨的历史记忆，这为他们制定积极、温和与合作的战后对日政策奠定了基础。宁科维奇认为，历史理解也是集体记忆的一种形式。美国决策者对战争的历史理解大致包括两个方面：第一，20世纪30年代日本的扩张是其走向现代、自由社会过程中发生的一次失足或过失；第二，日本的军国主义根植于日本的社会制度，战争是其自然结果。他们对战前日本的认识也比较乐观，强调日本战前在现代化道路上已经取得了卓越的进步，日本人具有较高的文明程度而且充满智慧。这些认识促使美国决策者在对日占领政策上采取了温和的态度，如保留日本天皇，相信日本人有能力并愿意推行民主，并且认为美国有必要与日本建立同盟关系①。

除政府官员群体之外，历史学家还关注社会边缘群体的战争记忆如何影响了美国社会的集体记忆，并进而影响了美国的外交政策和对外关系。

美国历史学家迈克尔·J.艾伦研究了越战受害者群体的战争记忆如何影响了美越关系。他在《直到最后一个士兵回家：战俘、失踪者和永无休止的越战》以“东南亚地区美国战俘和战时失踪者家属全国联盟（the National League of Families of American Prisoners and Missing in Action in Southeast Asia，以下简称‘联盟’）”的社会活动家寻找失踪士兵的过程为

① Frank Ninkovich, “History and Memory in Postwar US-Japanese Relations,” pp. 85-120.

核心，展现了他们和美国政府以及越南政府之间为战争的意义和记忆而进行的复杂、持久的争论和斗争，而这些争论和斗争影响了美越关系的走向，并且重新塑造了美国的政治①。艾伦指出，"联盟"参与了越战集体记忆的重塑过程，尽管是边缘群体，但是他们却发挥了主导作用。他们作为受害者对越战的悲痛和辛酸的记忆，以及他们对尼克松政府有意抛弃被俘美国士兵的揭露影响了美国社会对越战的态度和记忆：美国人民普遍认为政府背叛了士兵，并且隐瞒了事实的真相，而"战争中战俘们受到的煎熬和政府最终没有找回失踪士兵的结局，成为了上百万美国人看待越战失败的主要方式"②。艾伦指出，"联盟"社会活动家向美国社会所传递的战争记忆使尼克松、里根以及后来的保守派政治家"很难重建战前的国家凝聚力，同时也制约了政府对武力的使用"③。作为受害者，"联盟"社会活动家的悲痛记忆也使他们对越南政府表现出强烈不满，指责越南政府在战时虐待美国战俘，在战后扣留美国士兵。"联盟"还向华盛顿施压，要求对越南实施经济制裁和外交孤立。美国政府后来拒绝给予美越停战协定中承诺的对越重建援助与这种压力不无关系。

关于集体记忆与美国外交政策关系的研究具有如下特征：第一，在研究对象上，从关注精英群体的历史记忆转向关注边缘群体或底层群体的历史记忆及其与美国外交政策的关系。哈戈皮安、兰可等学者关注精英群体的记忆，认为当权的精英群体引导和控制了公众对越战的集体记忆，并通过重塑、压制或扭曲集体记忆来为美国的外交政策和国家利益服务。而艾伦更重视边缘群体的历史记忆及其影响，认为集体记忆的形成"更多的是参与式过程，在这个过程中，边缘群体发挥着主导作用"④，他对"美国战俘和战时失踪者家属全国联盟"的研究表明了边缘群体对美国集体记忆的塑造和外交政策形成的重大影响。艾伦进一步认为，集体记忆是通过群体或个人的行为建构的，而不仅仅依赖于言辞，而且这些群体

---

① Michael J. Allen, *Until the Last Man Comes Home: POWs, MIAs, and the Unending Vietnam War*, The University of North Carolina Press, 2009.

② Ibid., p. 3.

③ Ibid., p. 8.

④ Ibid., p. 10.

或个人在建构记忆的过程中，会和其他的群体发生冲突和对话，因而在研究中应该最大化地利用有效的证据，关注尽可能多的群体和声音，才可以更好地理解不同群体之间关于记忆的对话①。

第二，在研究方法上，既有传统的历史方法，也引入了文化研究的方法。传统的历史方法考察不同群体对历史事件的记忆并根据时间顺序将这些记忆纳入到一个叙事框架中去。如艾伦在《直到最后一个士兵回家》一书中就采用了这样的研究方法。他按照历史发展的时间顺序安排各个章节，并关注不同时期的历史事件（如伊朗门事件、冷战的结束等）、记忆主体（“联盟”社会活动家和美、越政府）与集体记忆之间的互动关系。近年来，文化研究中的一些概念，如“话语”、“表述”、“建构”、“解构”等概念也大量应用到集体记忆研究中，用以分析记忆的塑造过程。如麦克马洪在《记忆的争夺》一文中就通过分析总统和保守政治家话语中对越战记忆的建构，以及大众文化中对越战的表述，指出精英记忆和公众记忆存在冲突和矛盾。将文化研究方法和传统的历史研究方法相结合是研究集体记忆与美国外交政策的一个发展趋势。

第三，在材料的运用上，研究记忆问题的学者们既使用政府和团体的档案、个人回忆录、政治家的演讲、历史教科书和学术著作等传统文献，同时也重视电影、文学作品、戏剧、电视等大众文化方面的材料在塑造公共记忆方面的作用。综合使用传统史料和新材料已经成为研究集体记忆与美国外交政策的一个趋势。

四、国际层面的记忆与美国的对外关系

除了研究美国社会的集体记忆如何影响美国外交政策外，学者们还开始关注美国与其他国家对同一场战争的不同记忆以及跨国行为体（如旅游者、移民等）的战争记忆，以此开展国际层面的记忆研究。学者研究

① Michael J. Allen, *Until the Last Man Comes Home: POWs, MIAs, and the Unending Vietnam War*, The University of North Carolina Press, 2009, p. 10.

的重点是越战和太平洋战争。

美国外交史学家罗伯特·舒尔辛格在《和平的时代:越战的遗产》中详细探讨了美国和越南两国对越战的记忆及其如何影响了战后两国关系的发展。舒尔辛格发现,对美国人和越南人来说,战争是影响他们生活、世界观、信仰和情感的经历,两个国家不只一代人通过越战记忆的透镜来审视他们时代的战争、政治、外交和文化。越战留给美国社会极大的创伤和分裂:一方面,美国民众对美国政府的能力、诚信、智慧和美国对外行为的道义性都提出质疑;另一方面,美国社会在如何记忆战争、从战争中汲取怎样的教训、如何看待政府机构的廉洁以及如何认识美国的世界地位等问题上产生了巨大的分歧。但是在越南,人们对战争的记忆远没有美国人那么复杂。越南人民对越战的记忆是由最终获得胜利的革命者塑造的,越战被描绘成人民成功抵抗外来侵略的英雄主义叙事。根据这一叙事,越南人民英勇奋斗,将美国人赶出了国土,统一了国家,因此为这场民族主义战争的胜利而感到骄傲和自豪。显然,从外国统治中获得民族独立是越南人越战记忆的核心内涵。舒尔辛格指出,战后美越两国错误理解了对方,致使两国关系在很长的时间内充满了敌意。美国社会认为一部分美国士兵被扣押在越南、老挝和柬埔寨,尽管这种记忆是错误的,但是它使美国人对越南抱有极大的愤恨和报复情绪。正是在这一情绪影响下,美国在战后对越南实施了经济制裁,并否决其在联合国的席位,拒绝在外交上承认越南。而越南政府在战后夸大了美国反战运动的影响,错误地认为反战运动使美国人民相信他们在道义和物质上亏欠越南人民,因为后者在战争中经历了巨大的苦难。美越两国对战争的记忆不是固定不变的,随着冷战的结束和苏联的解体,两国开始从私人和官方两个层次直接接触,他们对战争的记忆逐渐发生变化,两国关系才逐渐走向缓和①。

罗伯特·麦克马洪在《珍珠港袭击和太平洋战争的起源:美国和日本的记忆争夺》一文中指出,美国和日本对太平洋战争的记忆长期存在着分歧。在美国人的记忆中,珍珠港事件代表着日本的狡诈和欺骗,是美

---

① Robert D. Schulzinger, *A Time for Peace: the Legacy of the Vietnam War*, New York: Oxford University Press, 2006, pp. 3-19.

国加入太平洋战争、反对日本的唯一原因;而日本人却强调美国的轰炸带给他们巨大的灾难,他们将偷袭珍珠港的事件放在日本与西方帝国主义国家之间的冲突中进行理解和记忆,对于美国人所说的狡诈和欺骗则避而不谈。美日双方都将自己看做是战争的无辜受害者,一直到纪念战争50周年的时候,两国在如何理解太平洋战争问题上仍然难以达成谅解和一致①。

日本学者佐佐木拓也(Takuya Sasaki)在《冷战外交与太平洋战争的记忆:美国和日本的案例分析》一文中指出,美日两国对太平洋战争的理解和记忆存在着本质上的不同,他们从战争汲取了完全不同的历史教训,这深刻影响了两国的冷战外交以及冷战后两国关系的发展。对于美国人来说,太平洋战争是一场为了维护民主原则、反对集权专制的正义战争。珍珠港事件使他们汲取了深刻的历史教训,即美国采取孤立主义是不可行的,美国应该在和平时期就建立强大的军事力量。正是汲取了这样的历史教训,美国决策者在战后将苏联视为潜在的敌人,如同战前的日本,并利用珍珠港的历史类比,推断苏联可能会实施与战前日本一样的行为,因此决定对苏联采取遏制政策,大幅度增加军事开支,加强军事实力,以更好地遏制苏联和国际共产主义的传播。与美国人的战争记忆不同,日本人认为太平洋战争是历史上最糟糕的一次错误战争,它使日本遭受了前所未有的失败和国土的破坏。战后大多数日本人对使用军事武力深感厌恶,倾向于使用非军事手段解决国际冲突,而且与美国不同,战后日本认为它的安全并没有受到苏联或中国的威胁,尤其对中国持有一种愧疚感。在对外政策上日本的表现也比美国被动,它充分利用美国和苏联的冷战,为自己赢得发展的空间。佐佐木也指出,由于美国和日本对珍珠港、巴丹、广岛、长崎一系列事件的理解和记忆没有进行坦诚的讨论,在20世纪80年代随着苏联军事威胁的减退和日本经济实力的迅速上升,两国关系开始倒退。美国出现了强烈的反日情绪,一些美国人甚至认为应该对日本实行遏制,而日本也对美国的对外干涉表现出反感。佐佐木

① Robert J. McMahon, "The Pearl Harbor Attack and the Origins of the Pacific War: Contested Memories in the United States and Japan," *Nanzan Review of American Studies*, Vol. 32, 2010, pp. 21-31.

认为,进入 21 世纪,美日两国对太平洋战争的记忆仍然影响着两国处理外交事务的方式以及两国的关系①。

除了考察不同国家对战争的记忆如何影响了两国之间的关系,学者们还关注非国家行为体(如旅游者、移民等)的战争记忆。

斯科特・拉德曼在《越南的旅行:战争、旅行指南和记忆》一书最后一章"战争的另一面"中,通过调查国际旅行者对胡志明市"战争遗物博物馆"(以下简称博物馆)陈列物的反应,揭示了这些旅行者(其中很多是美国旅行者)对越战的记忆和越南人民的战争记忆之间的冲突和互动。拉德曼指出,博物馆展示了很多美国人在国内未曾听说过的事情,如米莱大屠杀、美军对杀虫剂的大量使用以及向越南投了不计其数的凝固汽油弹和白磷炸弹,并炸毁了越南的许多学校、医院或其他民用设施。博物馆还揭示了越南的实际伤亡人数(近 300 万人被杀,400 多万人受伤,200 多万人的健康受到化学药剂的影响,50 万儿童成为畸形儿)以及美国学者们几乎从未提到的一些事实,即战争致使 17 万越南人成为孤寡老人。通过分析游客在"博物馆"意见簿上写下的感受和反馈,拉德曼发现一部分游客认为自己了解到了越战历史真相的另一面,并为美国在战争中所犯的错误和罪行而深感愧疚;而另一部分游客则对"博物馆"过分强调越南人民的痛苦遭遇而深感厌恶。拉德曼指出,游客的不同反应取决于他们对越战道义性质的判断:如果游客相信越战如里根所言是一场"高尚的"战争,就不会相信"博物馆"中展出的照片、展品和数字是真实的,反之则会相信这些是真实的。同时,大多数游客之所以对"博物馆"的展品持反对或厌恶的态度,是因为博物馆的战争叙事与好莱坞电影中的战争叙事完全不同,前者将越战视为一场成功抵抗外来侵略的民族主义战争,而后者将越战描述成一场反叛乱、维护世界自由的战争。对这些游客来说,"博物馆"展现出来的战争记忆和叙事对美国人固有的集体记忆和国家认知是一种冒犯。拉德曼认为,尽管由于不同的历史记忆而产生的冲突

---

① Takuya Sasaki, "Cold War Diplomacy and Memories of the Pacific War: A Comparison of the American and Japanese Cases," in Marc Gallicchio ed., *The Unpredictability of the Past*, Durham & London: Duke University Press, 2007, pp. 121-154.

不会很快消除，但是“博物馆”在某种程度上成了连接记忆、表达哀悼和推进对话的记忆场①。

国际层面的记忆研究从一个侧面反映了当今美国外交史研究的国际化趋势。当然，这一路径的研究要求学者具备使用多种语言和多国档案的能力，并熟悉除美国以外的其他国家的文化和文献。

结束语

在美国对外关系史研究中引入记忆问题，深入到外交决策者的心理与认知世界，无疑丰富了对美国外交政策形成过程和原因的解释。记忆研究把外交史与文化史和社会史结合起来，也加强了外交史学家与其他史学家的联系，扩大了外交史学家的视野。

其次，将记忆引入美国外交史研究也拓展了史料的运用范围。电影、小说、音乐、电视剧、博物馆、照片、各种展览以及纪念活动等这些承载着记忆的材料都可以为史学家所利用，从而改变了传统史学中过分依赖政府档案而忽视其他史料来源的弊端。

此外，将记忆引入美国外交史的研究，也使外交史学家的研究方法更加多元化。人类学、社会学、文化研究、心理学、传播学等学科的知识和方法都可以被大量运用到记忆研究中去，从而扩展了史家解释美国外交史的方式。

总之，将记忆，尤其是集体记忆引入外交史的研究体现了当今美国外交史研究中文化转向的潮流，历史记忆研究已成为美国对外关系史研究新的学术增长点。

（李金仙　外交学院英语系副教授、北京大学历史学系博士研究生）

① Scott Laderman, *Tours of Vietnam: War, Travel Guides, and Memory*, Durham, NC: Duke University Press, 2009, pp. 151-182.

关注环境与城市的公共史学家

——安德鲁·赫尔利教授访谈录

高国荣

安德鲁·赫尔利(Andrew Hurley)教授是美国知名的环境史学者、城市史学者及公共史学者。他生于1961年,于1988年在西北大学获得博士学位,自1991年以来一直任教于美国密苏里大学(圣路易斯),现任该校历史系主任。迄今为止,他已出版了5本著作①,并在《环境史》、《城市史》、《公共史学家》、《美国历史杂志》等刊物上发表了多篇文章。2008年10月赫尔利教授访问北京期间,我在中国社会科学院世界历史所对他进行了两次采访,以下是采访内容(英文原稿曾经赫尔利教授审定)。

高国荣(以下简称高):你从什么时候开始决定要研究环境史?做这

① *Beyond Preservation: Using Public History to Revitalize Inner-Cities*, Philadelphia: Temple University Press, 2010; Co-author, *From Neighborhood to Village: A History of Old North St. Louis*, St. Louis: Missouri Historical Society Press, 2004; *Diners, Bowling Alleys, and Trailer Parks: Chasing the American Dream in Postwar Consumer Culture*, New York: Basic Books, 2001; *Environmental Inequalities: Class, Race, and Industrial Pollution in Gary, Indiana, 1945-1980*, Chapel Hill: University of North Carolina Press, 1995; Editor, *Common Fields: An Environmental History of St. Louis*, St. Louis: Missouri Historical Society Press, 1997.

方面的研究是否与你的一些早期经历有关？

安德鲁·赫尔利(以下简称赫尔利):在我读研究生之前,尽管我常常对环境问题很感兴趣,但我从来没有注意到环境史。读大学时,我曾经参加了一个社团,那个社团关注当时环保主义者关心的能源问题,反对撤销对电和气价格的管制。我们当时与另外一个致力于保护水源的社团共用一间办公室,两个社团之间有许多协作。大学时参与环保的经历,让我在读研究生的时候就对环境问题感兴趣。

我读研究生之初并没有打算研究环境史。但我有幸遇见了亚瑟·麦克沃伊(Arthur McEvoy)教授。亚瑟·麦克沃伊是经济史专家,我当时想做经济史方面的研究,就选修了他开设的几门研讨课,结果发现他还研究环境史。我对这个新的领域产生了浓厚兴趣,就这样进入了环境史这一领域。

高:《渔民问题》①是亚瑟·麦克沃伊的名作,被誉为美国环境史领域的扛鼎之作,曾先后被法律与社会协会(Law and Society Association)、美国历史学会(American Historical Association)、美国环境史学会(American Society for Environmental History)、北美海洋史学会(North American Society for Oceanic History)授予优秀著作奖。您能介绍一下这本书的内容及其创新之处吗？

赫尔利:这部精彩的著作探讨的是印第安人、欧洲移民及大公司如何相继利用和管理加利福尼亚的渔业资源。它将生态环境、法律和文化融为一体,分析了不同人群与海洋生态系统之间的互动关系,讨论了海洋科学对公共政策的影响,以及各方在资源保护名义下所展开的政治博弈对公共政策的影响。这本书最显著的理论特色就是对加勒特·哈丁(Garrett Hardin)的"公地悲剧"理论进行了反驳。麦克沃伊试图强调,要理解环境变化,不能只依靠普遍的经济规则,还必须了解具有历史连续性的文化。该书在环境问题上所体现出的乐观态度,在当时也非同寻常。

---

① Arthur McEvoy, *The Fisherman's Problem: Ecology and Law in the California Fisheries*, New York: Cambridge University Press, 1986.

这本书介绍了1960年代和1970年代所带来的人们的观念的根本转变，它的结论让人充满希望。此书和卡罗琳·麦茜特(Carolyn Merchant)的《自然之死》①都认为环保运动带来了鼓舞人心的变化，《自然之死》对麦克沃伊有很大的启发。

高：您是亚瑟·麦克沃伊这位杰出环境史学家的得意门生，您能谈谈他如何培养教育学生吗？

赫尔利：我尤其钦佩我导师的是他涉猎众多学科，这也是他备受称道的一个方面。我以为导师会让我多读一些历史书，但他却让我读法律理论、女性主义理论、生物学和其他学科的文献。他能巧妙地将这些领域的成果应用到自己的研究之中。

亚瑟对学生的兴趣总是饶有兴致，鼓励学生按自己的兴趣发展。我不知道其他学者如何指导学生，也许会告诉学生应该这样做，应该那样做。亚瑟不是这样，他给学生很大的自由度，支持他们研究自己感兴趣而又能带来成就感的那些问题。

高：您和美国环境史领域的后起之秀安德鲁·伊森伯格(Andrew Isenberg)都是亚瑟·麦克沃伊的学生，你俩都强调城市环境史研究的重要性。这种学术旨趣是否与你的导师有关？

赫尔利：亚瑟的兴趣并不在城市方面。继《渔民问题》之后，他就城市里的工业事故写过文章，但他的主要兴趣从来就没有集中在城市方面。

我研究城市环境史，并未受麦克沃伊的影响，只是因为我对这方面感兴趣。城市在安德鲁·伊森伯格以前的著述中并不占据重要位置。伊森伯格的第一本书关注的是美国大平原野牛从繁盛到几近灭绝的悲惨命运。他还有一本关于加利福尼亚的书或许更多地涉及了城镇，但我认为那不是城市史著作，我也不会把他当做城市史学者。他那时也不参加城市史的会议。然而，他近年来对城市环境史兴趣日增，他指导研究生做这

① Carolyn Merchant, *The Death of Nature: Women, Ecology, and the Scientific Revolution*, San Francisco: Harper & Row, 1980.

方面的论文,还主编过两本文集,其中一本即将出版。我想他的学术转向不是由于受麦克沃伊的影响,而主要是基于他生活在城市这一事实。但麦克沃伊提供了一个可应用于许多不同场景的分析模型。麦克沃伊的另外一个学生贾里德·奥尔西(Jared Orsi),则从一开始就研究城市史。他写了一本关于洛杉矶的精彩著作,即《危险的都市:洛杉矶洪水和城市生态》①,该书以奥尔西在麦克沃伊指导下在威斯康辛大学(麦迪逊)完成的博士论文为基础。贾里德·奥尔西、安德鲁·伊森伯格,以及麦克沃伊的另一个学生邦尼·琳·谢罗(Bonnie Lynn Sherrow),一直都被认为是研究西部史的学者。

美国学者传统上总将西部史与环境史相联系。我认为,在过去二三十年间,西部史的确发生了很多的改变,更多地与城市史发生交融。人们现在认为,城市是西部发展历程中的重要组成部分。可以说,西方史学家现在不仅研究环境史,而且研究城市环境史。

高:《环境不公正:印第安纳州加里的阶级、种族及美国工业污染》是你的成名作,以你的博士论文为基础。你为什么会选择这个题目?选择这个题目在1980年代后期是否很具有挑战性呢?

赫尔利:我当时对环境政治,尤其是环境政治中的阶级问题很感兴趣。我对环境保护主义很感兴趣,因为在我看来,它在美国自由主义议程中占据了一个特别的位置。作为美国自由主义的核心支持力量,美国工人阶级对环境保护主义常常敬而远之。我觉得美国工人阶级在环境问题上的矛盾立场很值得探讨,就选择了这个题目。我希望能找到一个理想的社区进行调查,这个社区应该有重工业,有过声势浩大的劳工运动,地方环保运动也在兴起。很幸运的是,印第安纳州的加里完全符合这些要求,而它距离我就读的西北大学所在的芝加哥又很近。

在我开始调查时,主要考虑的是阶级问题。后来我意识到,如果忽视印第安纳州加里的种族问题,你就不可能深入研究这个地方。我研究的

① Jared Orsi, *Hazardous Metropolis: Flooding and Urban Ecology in Los Angeles*, Berkeley: University of California Press, 2004.

主题也逐渐从政治转向了社会公正，在 1990 年代之前，有害垃圾处理设施的分布在美国还没有成为一个高度政治化的议题。这一研究就是这样随着时间的推移而不断发展完善。

高：您在《环境不公正：美国印第安纳州加里的阶级、种族和工业污染》中提到，环境史学家往往忽视了社会分层的重要性。环境史学者为何会有这种倾向？为什么环境史学者应该重视社会分层？

赫尔利：环境史学者之所以忽视社会分层，是因为环境史研究的总是环保运动所关注的那些问题。一些环境史学者站在环保人士一边，他们并不关心社会不平等，他们和环保运动采取一致的立场。

环境正义（environmental justice）运动直到 1990 年代前后才出现，并进入人们的视野。在我着手研究时，我对环境正义运动还一无所知。在这场运动兴起时，我正好在做这方面的研究，对我而言，这完全是一种巧合。我有幸率先开始了这方面的研究，但我当时并不知道争取环境权益平等的政治运动正在发生。这本书备受关注的原因之一是当我研究这些问题并解释问题何以发生时，美国恰巧出现了控诉排污企业和政府管制机构存在种族歧视的抗议活动。对我来说非常幸运的是，我在这场运动兴起之际就已经开始了这方面的研究。如果你要评估不同社会群体的环境责任和环境权益，你就不能不考虑美国社会广泛存在的社会分层，不能不考虑阶级、性别和种族因素。

高：为什么在追溯美国环境正义运动的源头时，人们会提沃伦抗议①而不是拉夫运河事件？②

---

① 沃伦（Warren County）抗议发生于 1982 年北卡罗来纳沃伦县的一个贫困黑人社区。为阻止州政府在该社区填埋含有多氯联苯（PCBs）的有害垃圾，当地居民组织了大规模的示威游行，他们保卫家园的斗争以失败告终。沃伦抗议暴露了环境种族主义的存在，推动了环境正义运动的兴起。

② 拉夫运河（Love Canal）事件发生于 20 世纪 70 年代末、80 年代初纽约州尼亚加拉瀑布城的一个白人工人阶级社区。这个社区是在废弃化学垃圾填埋场上建立起来的，社区居民的健康因此受到了严重威胁。为搬离这个有毒社区，社区居民进行了不懈斗争，并最终取得胜利。拉夫运河事件使人们开始关注有毒有害垃圾对社区的影响。

赫尔利:我认为,探讨环境正义运动历史的那些学者之所以将其源头追溯到沃伦抗议而不是拉夫运河事件,是因为这场运动一般是与美国黑人抗议联系在一起的。正是美国黑人社区率先把环境平等作为一个社会公正问题提出来。

拉夫运河社区是一个白人社区。生活在拉夫运河社区的那些家庭并没有明确地把他们的斗争表达为社会公正问题,尽管我们可以说,它涉及的是无权无势的工人阶级,因而在很多方面具有可比性,但我认为,因为他们没有把它说成是一个社会公正问题,它就没有被视为环境正义运动的一部分。当然,也有一些不一定是历史专业背景的学者将拉夫运河事件与沃伦抗议联系起来,认为这两起事件是同一场运动的组成部分,都抗议垃圾焚化炉和填埋场这类困扰当地环境的设施安置在他们的社区。

高:环境史对种族、阶级因素的重视与环境正义运动之间是否存在一些联系?

赫尔利:在我写《环境不公正》一书时,我当时并不知道环境正义运动。但此后有一些历史学家就环境正义运动出版过一些有影响的作品。这类著作通常分为两种:一类力图对环境正义运动有关诉求的合理性进行辩护,关注谁是过错方,谁应该受到谴责,并对焚化炉和垃圾堆填场如何被安置在少数族裔社区进行历史的分析;另外一类著作则对环境正义追根溯源,一些学者会追溯到20世纪初期,哈罗德·普拉特(Harold Platt)、德洛利斯·格林伯格(Delores Greenberg)和西尔维娅·华盛顿(Sylvia Washington)的作品都属于此类。西尔维娅·华盛顿最近出版了一本专门探讨芝加哥非裔美国人的书。

环境正义的视角现在已经被历史学者大量地应用到他们的作品中。因为在现实中,环境侵害总是有选择地被强加给特定人群,不同的人群对环境问题的界定也有差异,我们可以从这两方面对环境变化进行评估。马修·甘迪(Matthew Gandy)的《混凝土和黏土:纽约市对自然的重新规划》①中有一章涉及1970年代对环境正义的关注,集中探讨了纽约的贫困人口。这本书虽不是社会史著作,但却有许多社会史的内容。迈克·戴维斯(Mike Davis)的《恐惧的自然》②是另外一本有关洛杉矶的书,它也采用了社会史的研究方法。越来越多的学者,比如莫林·弗拉纳根(Maureen Flanagan)和安杰拉·古格利奥塔(Angela Gugliotta),开始关注性别和环境。古格利奥塔在她的书稿即将杀青时,不幸去世,但我听说她的丈夫还在配合匹兹堡大学出版社出版那本书。

高:你在这本书中一再谈到白人中产阶级妇女的行动,你为何没有就性别得出更多的结论?

赫尔利:在那个时候,我还完全没有留意性别因素。我认为,美国历史学者对阶级因素的关注要比对性别因素的关注早一些。所以在我读研究生时接触到了大量有关种族和阶级的文献,但有关性别的资料就比较少。我当时甚至没有考虑性别这一因素。我的导师罗伯特·维贝(Robert Wiebe)在读过我的博士论文初稿后对我说:"你应该利用这个绝佳的机会在论文中谈谈性别因素,因为你写的参与斗争的那些白人中产阶级大多数都是女性。"但他的建议并未引起我的重视,我是很晚才开始考虑性别因素。

高:近年来,环境史学界年轻一代有越来越多的人强调性别、阶级和种族这些范畴的重要性。你认为用社会环境史这个术语来描述将环境史和社会史融合起来的那类学术成果是否恰当?

赫尔利:我认为,我们无须称其为社会环境史,因为它已经被人们接受。当我写作《环境不公正》一书时,我想将这两个领域合并起来。因此,我非常谨慎地使用社会史的范畴去探求环境变化。但现在这种做法已经被广为使用,在使用时也不必顾虑重重。它已经成为观察环境变化

① Matthew Gandy, *Concrete and Clay: Reworking Nature in New York City*, Cambridge, Mass.: The MIT Press, 2003.

② Mike Davis, *Ecology of Fear: Los Angeles and the Imagination of Disaster*, New York: Metropolitan Books, 1998, Pan Macmillan, 2000.

的一种方式，许多环境史学者在研究中融入了社会分析。我认为社会史正在变成环境史，环境史也正在成为社会史，社会史与环境史之间的界限在消失。

贾里德·奥尔西关于洛杉矶的那本书是将社会史应用于环境分析的一个范例。奥尔西可能不会把那本书当作社会史，他并没有刻意融合社会史和环境史。然而，在他的书中有很多社会史的内容。该书有关英裔、拉美裔和黑人之间的关系如何影响了公众对环境的认知的内容，我觉得尤其精彩。在英裔到来之前，西班牙裔殖民者已经掌握了关于当地环境的大量知识。但这些知识却因为20世纪建立起来的文化权力的等级体系而遗失了，这种遗失阻碍了洛杉矶建立起有效的供排水系统。可以说研究城市环境问题，就不能不研究社会史。

高：在这本书中你提到，社会平等可以作为历史学家衡量环境变化的另一个标准。那么，传统的标准又是什么呢？你如何看待对"平衡生态系统"这一概念的普遍质疑？将社会平等作为环境变化的评估标准有哪些优缺点呢？

赫尔利：我认为，传统上人们以环境的健康作为衡量标准。这里头似乎存在一个假定：人为引起的环境变化越多，环境就越糟糕。因此，要想弄清楚人为的环境变化和理想的或原始的自然环境之间的巨大差异，就要对环境恶化或退化进行衡量。但环境变化的衡量标准并不恰当。这种衡量基于另外一个假定：人类将会灭绝，可怕的事情将会发生。但我一直认为，人类的未来未必一团糟，我们也无法预测未来。我们可以对过去加以解释，但我们确实不知道未来究竟会怎么样。

但环境史告诉我们，我们的预期往往并不准确。我更愿意接受一些切实可行的标准来衡量环境变化。我觉得，依据社会成本和社会责任来衡量环境变化就是一个可靠的标准。这个标准与你提到的"平衡生态系统"的概念有关。按照传统的标准，理想状态下的生态系统都是平衡的生态系统。但科学家现在开始对此提出质疑，认为不存在均衡状态，因此传统的标准受到了质疑。我认为，平衡生态系统这一标准的吸引力主要在于它能为环境日趋恶化这一观点提供依据。

高:你提到传统上以环境的健康为标准。那么怎样判断环境是不是健康呢?

赫尔利:我以为,健康的环境是可能的,但我不知道如何进行判断。但这个标准中的某些方面是可以衡量的。你可以看一下生物多样性。然而,也有特定生态系统中物种的品种虽然保持不变,但各物种的数量组成却出现了变化。例如,在美国的五大湖区,因为污染和外来物种的引进,鱼的品种出现了显著的更替。尽管依然存在生物多样性,但人们不喜欢某些鱼。因此,事情就变得很复杂,且难以判断。你根据什么标准,判断鲤鱼比鲑鱼更好,价值更高?我觉得,许多历史学家讲述五大湖区的故事时,都会自觉或不自觉地受到这一观念——人为导致的环境变化越剧烈,环境就越糟糕——的影响。因此,历史学家创造了一些在没有人为干预前存在的理想化的自然状态。一想到这种状态,人们就会想到平衡生态系统。多年来,对环境的传统看法是:环境通过一系列演替,最终达到平衡状态。它认为,生态平衡在人类干预之前一直存在,但人为的破坏使生态平衡不复存在。在人们的心目中,平衡生态系统就是环境的一种理想状态。这种观点受到了科学家的驳斥。

现在我们已经知道,环境总在不断变化,根本不存在平衡状态。理想状态既然无从谈起,那么以之来衡量环境的积极或消极的变化,就变得更加困难。在我动手写那本书时,我采用了我提出的那个标准,但我当时并不知道已有一些批驳平衡生态系统理论的研究。那些研究客观上为我的直觉判断提供了支持,我觉得以环境健康来衡量环境变化这一标准存在不足,因为它过于主观。我认为,如果从社会平等的角度,以不同社会群体所受的影响来衡量环境变化,环境史学者的研究将会更加客观。

高:你认为用社会平等作为衡量环境变化的标准,是否也有不足呢?

赫尔利:的确,我们仍然需要对生态系统的质量变化进行总体的评估,看看环境是否在朝有利于人类的方向演变,即使这样做很难。如果只关注社会层面,就可能会忽视生态系统作为一个整体是在变好还是变坏、它正在如何变化这类更宏大的历史。

高:你的第二本书《共有土地:圣路易斯的环境史》,是跨学科研究的典范,它展示环境史学者与地理学、考古学等领域学者合作的成效。你怎么会想到编辑这本文集?

赫尔利:那是密苏里大学(圣路易斯)和密苏里历史学会的一个合作项目。我当时刚刚受聘于密苏里大学,我的工作让我和密苏里历史学会时有接触,该学会经营着一个相当规模的博物馆,它还有一个图书馆和档案馆。我工资的一部分是由密苏里历史学会资助的,所以按规定,我要参加这两个机构的合作项目。作为一个公共机构,密苏里历史学会感兴趣的是面向大众而不是专业人员的历史。密苏里历史学会会长对环境问题很感兴趣,希望有一些历史著作能引起对当代环境问题的讨论。因此,他们非常希望我能对此有所贡献。我最初打算写一部圣路易斯的环境史。但当我开始和其他学者接触时,我发现其实有好多人都正在做这方面的研究。所以,将那些成果收集起来,而不是由我一人独立承担,更加切实可行。了解其他学者采用各种不同的方法来研究环境变化,我觉得非常有趣。参与者来自不同学科,这就使这本书更有趣。这个项目就是那样开始的。

高:您是怎样提高自身的自然科学素养的?

赫尔利:就提高自然科学素养而言,我的导师亚瑟·麦克沃伊对我的影响很大。在我读研究生的时候,他就告诉我自然科学对研究环境史何其重要,因为众多的环境研究都是以自然科学为基础。有科学依据的主张会在环境政治中占有一定优势。就有关环境保护主义或是环境文化的大多数研究而言,如果想真正了解生态系统的有机联系,具备一定的科学知识非常重要。我尽力多读科学方面的成果,但我还不能读专业性特别强的研究论文。但我力图多读一些我能够理解和消化的科学文献。

高:这本书的主标题"共有土地"的确切含义究竟是指什么?

赫尔利:这本书的主标题"共有土地"有两层含义。圣路易斯是由法国殖民者建立的一个城市,这些人当时在城外开辟了一片被称为"共有土地”的耕地。我们把“共有土地”用作主标题,一是因为它本身是圣路易斯市历史的重要组成部分,同时还想通过它传达环境为人类所共享这样一种观念。

高:正如你在《共有土地》一书中提到,自然环境直到最近才被纳入城市史的分析范畴。为什么会出现这种现象?在环境史兴起之前,是否已有学者意识到了自然对城市的重要性呢?

赫尔利:自然环境没有成为历史研究的分析框架,我认为与盛行的一种文化观念有关,农村和荒野被认为是自然的,而城市则是人工的。

例外当然存在,最典型的是刘易斯·芒福德(Lewis Mumford)。他这个人很有趣,不是科班出身,而是自学成才。他从文化的视角观察城市化和城市生活,被认为是20世纪既关注城市历史又关注城市现状的大师。他写了多部关于城市发展历程的著作。他最著名的作品是《城市发展史》①。此书力图通过审视城市发展,来书写文明自始以来的历史。他将城市视为文明的关键。虽然本书的讨论仅限于西方文明,但仍不失之为一全面分析的力作。书中没怎么提到中国和印度,但从时间的跨度和以巴洛克②(baroque)和有机体两种模式对文明进行的分类而言,仍可称之为一部鸿篇巨制。

芒福德认为,城市能否有效管理资源及将自然融入城市,直接关系到城市能否满足人类创造性的精神需求。他极力推崇对城市的“有机规划”。有机规划不依赖宏伟的蓝图,也不是政府所强力推行的,而是通过试验和纠错而不断修正。芒福德主张规划要因地制宜,谴责忽视环境差异的标准化设计。他反对主要由西班牙和法国殖民当局在其统治区域内所推行的那种方方正正的网格状街道设计,这种设计完全不考虑地形因素。相比于有机规划,他认为巴洛克风格的规划(planning)将人类从自然中割裂出来,使人类的精神需要难以得到满足。自然和环境就是这样

① Lewis Mumford, *The City in History: Its Origins, Its Transformations, and Its Prospects*, New York: Harcourt, Brace & World, 1961.

② 巴洛克风格,是指十七八世纪在欧洲流行的以华丽雕饰、俗艳绮靡为特色的一种建筑及艺术风格,在建筑方面的典型代表为法国的凡尔赛宫。

融入他的历史著述之中。

芒福德受埃比尼泽·霍华德(Ebenezer Howard)影响极大,后者是花园城市运动的发起者。霍华德认为,理想的环境应该把城市和乡村两种生活的最好的方面融合进来。很多人受霍华德的影响,并沿着这些思路规划城市。伊恩·L. 麦克哈格(Ian L. McHarg)的名作《设计结合自然》①就沿袭了芒福德和霍华德的传统。

如果以一种整体的视角观察城市化,就必须了解人类与自然之间的互动。环境史学家对此已有了认识。从这个意义上说,刘易斯·芒福德的著述给环境史学家提供了灵感。芒福德很自负,爱憎分明,一切都是非黑即白。虽然芒福德将自然融入城市史研究是值得效仿的,但他的研究方法还显得有点简单和僵化。

高:2001年你出版了《流动快餐车、保龄球馆和房车停靠场:在战后消费文化中追逐美国梦》。在这本引起争议的书中,你探讨了流动快餐车、保龄球馆和房车停靠场作为白人工人阶级融入大众消费文化的过渡载体的重要意义。你怎么会想到写这样一本书呢?1960年代的社会动荡与消费文化存在着怎样的联系?

赫尔利:早在我研究环境问题之前,我就一直在关注流动快餐车。流动快餐车是麦当劳、肯德基炸鸡等可以批量生产的快餐的前身。它们看起来有点像小拖车,20世纪中期,全美到处都能见着。我小时候,妈妈经常带我到那里吃点东西。

在我二三十岁开始做科研时,流动快餐车已经很少见了。所以我想知道,它们在美国的出现和消失究竟意味着什么?这项研究会让我对社会变革有深刻的见解,我是想通过这个项目去观察消费行为怎样表达社会愿望并导致社会变革。我觉得如果仅仅了解一个消费渠道,我的结论可能有些片面。我想我应该研究工人阶级的其他消费场所,来了解它们是否也像流动快餐车那样,可以揭示美国工人阶级融入主流社会的过程。所以我又增加了对保龄球馆和房车停靠场的研究。

① Ian L. McHarg, *Design with Nature*, Garden City, N. Y.: Natural History Press, 1969.

在该书的最后一部分,我把这些场所联系起来进行考察,显示体现在消费文化中的社会躁动,这种社会躁动通过1960年代的社会动荡,特别是妇女运动和民权运动体现出来。人们批评我通过消费意愿来分析社会抗议,说我将严肃的社会抗议庸俗化了。我认为我被误解了。我并不是要说民权运动和妇女运动就是消费者运动,而是消费意愿和消费行为在20世纪五六十年代是实现美国梦的关键,在那一时期,社会群体通过消费来表达他们的意愿。我对民权运动及其消费取向的分析使一些人很不高兴。这些人认为消费主义很肤浅,所以他们抵制将社会抗议运动和某种很肤浅的事物联系起来的所有做法,因为这些做法是对社会运动参与者的亵渎。但我认为消费并不是肤浅的表面现象,而是我在书中试图探讨的严肃话题之一。消费是人们表达自己并表明其社会身份的一种方式。对人们而言,消费行为意义深远,并不是肤浅的表面现象,它涉及何为美国人这一核心问题。无论如何,这只是我的一己之见。1960年代社会骚乱在社区,主要是非裔美国人社区发生时,商铺就是人们攻击的目标。所以,在谈消费主义时,如何能够避而不谈1960年代的社会骚乱?在我所有的研究当中,这一研究受到的批评是最多的。

高:《流动快餐车、保龄球馆和房车停靠场》可以被视为典型的社会史或文化史研究,而与自然很少关联。在某种程度上说,近年来你越来越强调社会因素而不是自然因素。这样说准确吗?果其如此,您为什么会沿着这个方向前进?

赫尔利:我认为你的判断是准确的。我从来没有认为自己就是一个环境史学家。在美国,人们总是试图要把你归进一类。我没有把自己当做某一特定领域的历史学家,所以我没有必须从事环境史或其他某类专门研究的负担。决定你研究某类历史的一个重要因素就是你所在的单位对你工作的安排和期望。我是作为城市史学家受聘的,我所做的大部分工作,不论是否与环境史有关,但都一直是城市史方面的。我喜欢城市,我对城市充满感情。迄今为止,城市作为一条主线,一直贯穿于我的研究之中。但我并没有把自己囿于某个特定的历史研究领域。我探究的都是我感兴趣的问题。

高：作为长期研究城市史的学者，您能否介绍一下城市史领域近年来发生了哪些变化？

赫尔利：城市史是在1960年代作为社会史的一部分而出现的。当时，人们对人口结构、人口流动和人口变化产生了浓厚的兴趣。这些研究往往以城市为背景，但并没有真正地研究城市化进程，只是研究发生在城市里的一些社会进程。然而，对城市化进程的探讨一直存在。城市历史学家过去往往对单个的城市进行个案研究，而现在他们对城市化现象进行宏观的考察。目前还有很多人探讨城市之间的联系或城市与其他地方之间的关系。这方面最知名的学者之一就是威廉·克罗农(William Cronon)，他是著名的环境史学家，是《自然的大都市》①一书的作者。这本极其重要的著作在城市史与环境史之间架起了一座桥梁。这本书的主题虽然是芝加哥的发展，但实际上它更关注城市化对农村的影响。克罗农促进了对城乡关系史的研究。此外，现在有许多社会学家和地理学家参与城市史方面的研究，比如汤姆·萨格鲁(Tom Sugrue)、艾莉森·伊森伯格(Alison Isenberg)、迈克·戴维斯等。萨姆·巴斯·华纳(Sam Bass Warner)是1970年代知名的城市史学家，他是当时对城市自然环境(包括城市布局)感兴趣的少数学者之一，而近年来研究城市自然环境的成果在明显增多。

高：研究城市史为何要重视自然因素的作用？

赫尔利：我们要想了解城市如何运行及运行是否顺畅，就不能不考虑自然环境，并应对资源管理方面的挑战。但我们应该将城市视为人类这一生物的栖息地。我们能举出历史上的大量实例，说明城市命运与资源管理息息相关，古代的罗马或中世纪的伦敦都概莫能外。卫生革命使城市的运行发生了令人难以置信的转变，要了解城市发展，就必须了解资源管理。

---

① William Cronon, *Nature's Metropolis: Chicago and the Great West*, New York: W. W. Norton, 1991.

高:环境史一向重视自然在人类社会中的地位和作用,但它为何在1990年代之前却不关注城市的环境问题?

赫尔利:曾几何时,城市环境史被排除在环境史领域之外,它的兴起好像特别突然。但实际上,城市环境史是环保运动所关注问题的必然延伸。环保运动一开始更关注荒野和物种保护,当它慢慢地越来越重视城市问题时,学界也开始有所回应。最早从事城市环境史研究的学者,比如乔尔·塔尔(Joel Tarr)和马丁·梅洛西(Martin Melosi),都是从政治的角度切入,对政策很感兴趣。此外他们所研究的诸如污染一类的环境问题,并不适合采用由第一代环境史学家围绕环境变化所构建的宏大叙事。

高:你能否介绍一些城市环境史领域的领军人物和力作?

赫尔利:克罗农长期致力于构建有关城市和内地之间的关系,这是非常重要的一个分析框架,现在有更多的人正在做这类研究。凯瑟琳·布罗斯南(Kathleen A. Brosnan)就丹佛写了一本题为《山区和平原的一体化》[①]的书,采用的就是克罗农的分析模式。阿里·凯尔曼(Ari Kelman)写了一本很棒的有关新奥尔良的书,书名为《河流和河滨城市》[②]。其他有影响的佳作还有马修·甘迪的《混凝土和黏土:纽约市对自然的重新规划》、杰拉德·奥尔西的《危险的都市:洛杉矶洪水和城市生态》等。

高:在美国的城市环境史学领域,哪些城市受到的关注最多?

赫尔利:备受关注的那些城市,往往在其附近就有研究环境史很知名的大学。匹兹堡在美国是比较小的城市,但那里却有两位著名的环境史学家,即卡内基—梅农大学的乔尔·塔尔及匹兹堡大学的萨缪尔·海斯(Samuel Hays)。因此,匹兹堡受到了很多关注。洛杉矶是如此的迷人,

---

① Kathleen A. Brosnan, *Uniting Mountain and Plain: Cities, Law, and Environmental Change along the Front Range*, Albuquerque: University of New Mexico Press, 2002.

② Ari Kelman, *A River and Its City: The Nature of Landscape in New Orleans*, Berkeley: University of California Press, 2003.

对这个城市的研究也更多。这里环境灾害频发,出现过地震和洪水,其地形地貌也复杂多样,有海洋环绕,也有沙漠和山地。我想正是因为洛杉矶的环境很不稳定,才吸引了很多环境史学者。

高:您提到或许应将城市视为栖息地,可以对宠物和在城市里生活的其他动物进行研究。您可否对此略作说明?

赫尔利:让我们像观察其他物种一样观察人类。人类的生存在某种程度上与其他物种差不多。我很关心人类将如何适应环境变化。人类已经适应了环境的不断变化。我们往往通过生物学来理解人类对环境的适应。我们可以把城市视为人类适应环境的明证。这种思路很有价值。虽然已经有了一些讨论,但我们仍不清楚如何才能进一步打破将人类和非人类世界人为分开的分析模式。"大历史"力图融合自然科学、社会科学以及人文科学,全面书写世间万物的历史,它代表了一种鼓舞人心的模式。"大历史"提供了一种解释历史的合理模式,但我还不清楚"大历史"是否有详尽的学科发展规划。

有关城市与特定动物——诸如威尼斯的鸽子或罗马的猫——之间的关系如何发展而来,这些动物如何成为城市生活的一部分,是一个很有意思的话题,值得写一本书。我对这个问题已有很多想法,但可能永远也不会着手研究这类问题。

高:虽然您更倾向于认为您是城市史学者,但您却是因为环境史研究而成名的。您和美国环境史学会的联系多吗?

赫尔利:我加入美国环境史学会大约是在 1988 年。我在 2004 年以前参加该学会组织的活动更多一些,参加过 1989—1995 年间召开的 4 次年会,我参加过 2002 年在丹佛召开的年会和 2003 年在罗德岛州普罗维登斯召开的年会,并曾担任过评奖委员会的委员。我参加了 2011 年在凤凰城的会议。

我有一次受环境史学家大卫·斯特拉德林(David Stradling)之邀去辛辛那提大学,我和他谈到了我最近所做的有关历史遗迹保护和公共史学方面的一些工作。我给他说,我现在不再研究环境史了。他说:"你做的就是环境史,你正在做的研究都涉及地方景观变迁,而地方景观变迁就是环境史所研究的内容。”但在我看来,非人类的自然只有成为研究的重要组成部分时,才能被算做环境史方面的成果。对我而言,环境史有这样一个门槛。自然应该是环境史研究的中心。

高:您认为环境史应该是什么样子,或者说什么是环境史?

赫尔利:环境史主要探讨人类与自然环境之间的关系。它涵盖人类影响自然环境的方式以及环境对人类的影响。它并不只限于直接导致自然环境改变的人类行为,它也探讨人类如何看待自然,那一直是环境史研究的一个层面。我觉得,环境史的定义越简单越好。

高:您能否谈谈环境史研究在美国兴起以来的一些发展变化和最新趋势?

赫尔利:环境史在美国兴起于1970年代。环境史领域最早的一些研究成果将环境问题归咎于人、社会和文化。唐纳德·沃斯特(Donald Worster)的《尘暴》①就是一个例子。当时也有关于环境政治的研究,这些研究植根于更传统的政治史,而政治史直到20世纪70年代之前还一直是历史研究的主要方面。环境政治史也包括对环境政策的研究。塞缪尔·海斯的《资源保护和效率的福音》②就是一个例子。它是典型的政治史视角。另外,唐纳德·沃斯特和罗德里克·纳什(Roderick Nash)等人还撰写了一些关于环境思想的优秀著作。环境政治史、环境思想史都是这个领域最常见的研究范式。从那时起,环境史的研究视角变得更加多样化。一些成果将自然理解为文化的产物和社会的建构。威廉·克罗农有力地推动了这方面的研究。当然,受社会史的影响,环境史学者也运用社会史的方法,开始探讨社会分层和权力等级结构。那是一个巨大的飞跃。

---

① Donald Worster, *Dust Bowl*: *The Southern Plains in the 1930s*, New York: Oxford University Press, 1979.

② Samuel P. Hays, *Conservation and the Gospel of Efficiency*: *The Progressive Conservation Movement*, *1890-1920*, Cambridge: Harvard University Press, 1959.

在1980年代末，理查德·怀特(Richard White)、威廉·克罗农、卡罗琳·麦茜特和亚瑟·麦克沃伊运用比较方法，研究不同文化作为彼此独立的系统对环境的历时性或共时性的影响，比较宏大生态背景下不同文化与自然相互影响的方式。

全球环境史看来是一个新趋势。在二三十年前，我们关注的是地方性的环境问题。随着全球气候变暖等问题的出现，我们的视野也在扩大，这会推动环境史朝更加国际化的方向前进。尽管这样做不容易，但它无疑是非常重要的。目前研究全球范围内的环境变化的学者还很少。约翰·麦克尼尔(John McNeill)和安东尼·彭纳(Anthony Penna)已经开始做这方面的研究。还有一些学者在研究地域范围相对较小、超越民族国家界限的环境变化。

环境史学者柯克·多尔西(Kurk Dorsey)曾经和我一起在西北大学读研究生，他后来去耶鲁大学师从威廉·克罗农，他围绕候鸟和海豹所产生的外交问题出版过佳作。即便这些作品关注的是政治，但已经超越了曾经占主导地位的以民族国家为中心的政治史的视角。所以我认为，跨国的视角体现了未来发展的趋势。我们也有机会研究跨国的社会关系，研究资本主义世界的消费行为如何影响发展中国家的农牧民。我认为，我们需要探讨将资本主义扩展到全球的种种联系。约翰·索卢瑞(John Soluri)出版过一部杰作《香蕉文化：洪都拉斯和美国的农业、消费和环境变化》①。他将美国的消费和中美洲生产香蕉的那些地方的环境变化联系起来。我想今后会有更多的类似研究。

高：环境史研究在当今世界有何价值？

赫尔利：环境史把人类和非人类世界视为一个整体，将人类视为自然世界的一部分，这样一种视角，也许可以带来史学的革新，指引人们更深刻地理解人类社会历史的变化。

环境史对理解当前的环境状况做出巨大贡献。对历史学家而言，关

① John Soluri, *Banana Cultures: Agriculture, Consumption, and Environmental Change in Honduras and the United States*, Austin: University of Texas Press, 2006.

注那些新出现的环境挑战是非常重要的。环境史总是有助于了解人类所面对的环境变化。只要环境挑战在不断改变,环境史的研究内容就会不断更新。毫无疑问,我们面临从全球气候变暖、基因工程到物种灭绝等一系列问题。环境史尽管不能给我们提供解决这些问题的办法,但它至少可以给我们提供一些有助于解决这些问题的思路。因此,我认为环境史最重要的价值在于它总是与我们当前面临的问题有关。

并且,环境史可以使我们超越政治边界思考问题。我们以前总是在民族国家的范围内讨论人类行动。在全球经济联系日益密切的今天,我们开始质疑以民族国家作为叙述框架是否合理。环境史还可以让我们依据自然环境的差异重新界定叙述的空间范围。具有明显自然特点的地方,与民族国家的边界并不一致。环境史教导我们,为了应对当前的诸多环境挑战,应该把世界看做不同的生态区域。环境史还有助于我们调整论述所及的空间范围,重新关注那些超越国家边界的社会现象。

高:环境史研究是否还像以前那样充斥着末世论?

赫尔利:环境史学者过去之所以青睐于历史上的一些灾难性事件,是因为通过这些灾难可以看到人类作用于自然所带来的最显著的后果。因此,我认为,灾难题材的环境史著作将继续占有一定的比例。但更多作品通过强调人类与自然世界的良性互动,展示更加光明的前景。尽管对人类的环境影响加以赞赏的著作还不多,但越来越多的作品展现了一种乐观的或至少是一种喜忧参半的倾向。

马克·乔克(Mark Cioc)的《莱茵河的生态传记:1815—2000 年》[①]就是这样一本书,这本书的主要内容就是恢复自然的某些因素以满足人类的需求。认可生态脆弱地区的环境价值,预示着德国人和莱茵河之间的一种可持续的关系,无疑给人带来了一些希望。我认为在过去的二十年间,环境史学家总是对环保运动这一主题青睐有加。环保运动已经带来了一些实实在在的积极变化,它可能让环境观念在世界各地的文化中扎

① Mark Cioc, *The Rhine*: *An Eco-biography*, *1815-2000*, Seattle: University of Washington Press, 2002.

根。我想在未来20年间,环保运动或许会让历史学家感到更加乐观。

高:你赞成还是反对末世论?

赫尔利:我反对末世论叙事方式,不只是因为我觉得未来如何发展根本无法知晓。我觉得我们根本无法对未来的环境进行预测。历史学的训练可以让我们对往事进行剖析。但我认为悲观的心态于事无补,悲观情绪可能会让我们更加迷茫。环境史学家应该让人们相信,未来可能会更好。如果把人与环境的关系作为挑战加以叙述,无疑会更有价值。

我可以举一本书为例,尽管它不是一本严格意义上的环境史著作,即约翰·里德(John Reader)的《城市中的自然和影响探奇:从最初出现到今天的大都市》①。城市环境史叙述的往往是一些悲观的情形,比如,城市环境破败,成为诸多环境破坏的源头,城市吞噬了大量的自然资源,它不仅使自身的环境受到污染,而且还破坏了乡村的环境。

我喜欢这本书,因为里德将城市的历史建构为一场人类有效管理资源的持久斗争。对斗争的叙述迂回曲折,时有起伏。虽然城市资源管理效率普遍不高,但也有很多通过创新使城市社会更好地管理环境资源的例子,我喜欢这本书,因为它传达的信息为我们提供了城市能解决环境问题的例证。

事实上,研究柏林的德国学者贝恩德·赫尔曼(Bernd Herrmann)也提出了类似的见解。他强调对不断变化的环境状况和挑战加以适应。他认为,像柏林这样的城市随着时间的推移变得更有可持续性。环境史尚未重视的一个事实是,人类,尤其是城市人口,比100年前更长寿。至少从人类学的观点来看,一些积极的变化正在发生。

高:你认为混沌理论对环境史有何影响?

赫尔利:混沌理论有助于我们解释和理解自然变动的永恒性。根据混沌理论,小小的一次波动,可通过一连串反应导致灾难性的后果。因而

① John Reader, *Cities: A Magisterial Exploration of the Nature and Impact of the City from Its Beginnings to the Mega-Conurbations of Today*, New York: Atlantic Monthly Press, 2005.

微小的波动也可以变得极其重要。我认为,混沌理论可以修正历史学家对因果关系的认识。在我看来,混沌理论对环境史的影响并不大。据我所知,只有杰拉德·奥尔西在《危险的都市》一书中成功地应用了这一理论。麦克·戴维斯在他的书中也肯定了混沌理论。

高:一些环境史学家认为,环境史在历史学领域一直处于边缘位置。如何使环境史进入史学研究的主流?

赫尔利:环境史要想融入主流,环境史学家就必须为此付出更多的努力。美国正统的历史著作并没有容纳多少环境史的研究成果,但对此不要过于在意。环境史研究有助于理解人们面临的环境困境和环境问题,这才是其价值所在,应该充分挖掘环境史的价值。环境史的优秀成果最终会被主流史学所吸收。唐纳德·沃斯特所讲述的尘暴重灾区的故事已经进入了历史教科书。所以,对环境史处于边缘位置不要太在意。要致力于使环境史成为主流,但不要为此使环境史的特色丧失殆尽。

高:在过去三十年间,许多环境史学家对这个领域的发展做出了巨大的贡献。您能给我们介绍一下环境史领域的知名学者吗?

赫尔利:唐纳德·沃斯特、塞缪尔·海斯、罗德里克·纳什、艾尔弗雷德·克罗斯比(Alfred Crosby)、约翰·奥佩(John Opie)和卡罗琳·麦茜特是第一代环境史学家中的领军人物。在城市环境史研究方面,乔尔·塔尔和马丁·梅洛西都属于第一代中的权威学者。第二代中应该有威廉·克罗农、理查德·怀特、史蒂芬·派恩(Steven Pyne)、亚瑟·麦克沃伊。至于最新的一代,我觉得唐纳德·沃斯特的学生,特别是泰德·斯坦伯格(Ted Steinberg)和亚当·罗姆(Adam Rome),应该名列其中。安德鲁·伊森伯格的成果值得称道。克雷格·科尔顿(Craig Colten)作为一名地理学家在城市环境史取得了重要成绩,也许他应该算在第三代。凯瑟琳·布罗斯南现在执教于休斯顿大学她应该算作城市环境史学者中的第三代。目前在美国环境史学会担任职务的许多人都属于第三代。第三代中有学者做非裔美国人方面的研究,比如黛安·格拉韦(Diane Glave)。这些人研究的都是美国环境史,但也有许多在美国任教的学者在研究世界的其他地区。关于拉美环境史的成果还不多,但这个领域发展很快。艾尔弗雷德·克罗斯比的《哥伦布交换》①是这个领域的奠基之作之一,这本书包括了很多关于拉美的内容。沃伦·迪恩(Warren Dean)属于环境史领域的第二代学者,他对巴西的森林砍伐做过出色的研究。不幸的是,他已经离开了人世。埃莉诺·梅尔维尔(Elinor Melville)的《羊灾:征服墨西哥的环境后果》②也很有名,她在加拿大教书,最近刚去世。近来问世的优秀作品之一,是约翰·麦克尼尔(John McNeill)的《蚊虫帝国》③,这本书用环境史的视角探讨了蚊虫这个在历史上长期困扰人类的问题。

高:您讲授过"1865 年以来美国历史选读:公共史学和城市"这门课程,您还发表过一篇题为《城市滨水区:公共史学在社区复兴中的作用》④的文章。您能否简单介绍一下公共史学,并结合您的经历谈谈城市环境史对改善城市环境有何帮助?

赫尔利:从广义上说,公共史学是面向非学术的人群的历史。因此,公共史学可以是文献纪录片、电视节目、博物馆展览,以及你在大众书店所能见到的那些东西。社区参观指南也属于公共史学的范畴。

在美国,公共史学在过去 30 年间已经发展成为一个专业领域。历史学领域已经有一批学者致力于为非专业读者精心创作。我认为公共史学专业旨在为面向公众的历史提供专业的视角。

我在公共史学方面所做的工作往往会涉及与城市社区的合作,以便培养居民的历史意识,帮助他们应对当前的挑战。作为一名走进社区的学者,识别这些挑战不是我的职责,当地居民对此会有更清醒的认识。在

---

① Alfred W. Crosby, *The Columbian Exchange: Biological and Cultural Consequences of 1492*, Westport, CT: Greenwood Press, 1972.

② Elinor Melville, *A Plague of Sheep: Environmental Consequences of the Conquest of Mexico*, New York: Cambridge University Press, 1994.

③ John McNeill, *Mosquito Empires, Ecology and War in the Greater Caribbean, 1620-1914*, New York: Cambridge University Press, 2010.

④ Andrew Hurley, "Narrating the Urban Waterfront: The Role of Public History in Community Revitalization," *The Public Historian*, Vol. 28, Fall 2006, pp. 19-50.

我同社区合作时，我们研究的是被社区居民视为挑战和困境的那些问题。不知道出于何种原因，环境问题在这些社区的议事日程上还不够重要，所以我最近参与的项目还没有多少属于城市环境史研究的内容。

有一个我与之合作的社区，他们对探索本社区与密西西比河不断演变的关系感兴趣，那是一个偏远的小镇，他们希望从内河航运中获利。这个小镇依河而建，但大约在150年前，这个社区搬到离河流稍远的地方，所以他们失去了与河流的联系，而河滨则被用于工业开发。我们在这个项目中要做的事情之一，就是通过历史的诠释，重新建立小镇与河流的联系。我们的目标之一是让人们相信，滨河地带作为社区的组成部分，是富有价值的历史遗产，可以被改造成社会活动场所。这个例子表明，在将自然元素重新整合融入城市生活方面，公共史学是可以有所作为的。

另一个例子来自俄勒冈州波特兰市。那里的一个滨河社区聘请公共历史学家发掘该社区与河流之间的长期联系，以便重新开发河滨地区，使其恢复活力。与此同时，他们也关注开发活动对鱼类种群可能造成的影响。他们既关注环境史也关注社区的历史，提出了一个既保护社区也保护鱼类的两全之策。

公共史学作为一个专业领域出现在1960年代末和1970年代初。当时，美国社会运动蓬勃兴起，出现了反战运动、民权运动和妇女运动。我认为，有许多史学家卷进了社会改革的洪流，致力于推动社会进步。因此，受聘于大学的一些历史学者开始接触校园外的社会运动和社会团体，而无论这些社团是劳工组织还是当地的历史学会，这使他们的研究别开生面。公共史学就是这样兴起的。另外，当时很多有博士学位的人在学术领域找不到工作。所以他们力图在学术圈之外开辟新的空间，争取能够受聘从事与专业相关的一些工作。他们受聘于国家公园管理局和各类政府机构，与公众打交道。这是公共史学在当时出现的另外一个原因。

尽管公众史学和公共史学家有多种类型，但公共史学的核心在于推动社会变革。在过去的七八年间，我一直在做公共史学方面的研究。我与圣路易斯当地的一些社区机构合作，提出了通过构建社区历史、增强社区认同感、改善邻里关系的社区发展策略。各个地方的居民总是在一定的自然环境中共同生活。如果人们了解当地的历史，那将有助于增强人们的互信和了解，避免对当地的自然或人工环境进行破坏。我总认为，历史学能够增进人们对现实的了解。将社区视为先辈们传承下来的遗产，我们就会觉得有责任将这遗产传递给下一代，我们就会怀有敬畏之心和共同的责任感。这不是一己之力可以做得到的，而需要整个社区的参与。这会促使人们思考，我们从哪里来，要去往何方。

人们会思考下一步应该怎么办。这一直是我的兴趣之所在。《从村庄到社区：圣路易斯北部老城区的历史》这本书讲述了圣路易斯一个社区的历史，它是我们所开展的公共史学方面的研究成果之一。虽然书的封面上写的是我和另外一位作者的名字，但它是一个集体成果。为写作该书，那个社区成立了一个委员会，以决定书中应该讨论什么，应该有什么样的篇章结构等问题。委员会还审阅了全部书稿，并提出修改意见。这本书是专门为生活在这个社区的居民所设计的，这样居民就可以了解他们的历史。这也是公共史学的一个例子。

我发现，美国公众真的渴望了解历史，他们也喜欢并需要历史。因此，人们往往非常欢迎类似我们所做的那些项目。所以，公共史学受到了历史学者的青睐，这与他们在学术上受挫也有关系。他们在科研方面付出了巨大的心血，但到头来可能只有一两百人阅读他们的作品。

高：您正在研发一个软件，该软件可以三维图像展现某个地方在历史上的景观变迁。是什么促使您启动该项目？您能否简要介绍该软件的原理及价值？

赫尔利：我们称这个项目为虚拟城市，其核心是在计算机上以三维立体图像的方式重构城市历史景观，这样人们可以随时进入城市虚拟空间，在城市里逛逛，并获取信息。环境通过三维图像显示出来，其构建元素，可与任何类型的数字信息相链接，无论是图像或文本，还是音频或视频资料。这款软件在世界的任何地方都可以使用。

我们在圣路易斯有个试点项目，这是虚拟城市软件被首次运用，但我们希望其他城市和其他地方也能开发出自己的虚拟城市软件并进行联网。这个项目有很多用途。它可以作为教学工具，用于从小学到大学各个阶段的教学。对于学生来说，这款软件极具吸引力。尤其是今天的年轻人已习惯于视频游戏和三维数字环境。这款软件还有一个优点是它能互动。你可以通过记录自己的路径获得信息。

相比之下,教科书就没有互动。你从书的第一页开始阅读,跟随作者的思路前进。但在三维图像的数字环境中,你得自己决定到哪去获取信息。因此,这款软件比传统的教科书在获取知识方面会有更多的互动。因为它能给大量历史文献分类而且按照地理方位进行整合,所以它不仅是教学工具,也是研究工具。最后,它还可以成为规划工具,人们可以借此了解城市是如何随时间而改变的,并对未来发展做出最佳规划。

高:除了三维立体图像软件,您在研究美国的城市和环境问题时还应用哪些高科技手段?

赫尔利:政治学家和社会学家利用地理信息系统和图谱绘制技术对数据进行分类和整理。历史学家使用这些工具则相对较慢。然而,在城市研究中这类手段运用较多。许多学科在涉及城市问题时,较历史学采用了更多的定量分析,现在历史学者也开始使用定量分析。在史学界,城市史学家往往引领运用计算机技术的潮流,因为他们要处理大量的数据。

环境史学家还没有那么依赖于计算机技术。我最近看到一个非常有趣的演示,地理学者吉姆·哈兰(Jim Harlan)开发出了一款类似于虚拟城市的软件,可以用以演绎自然环境变迁。他从19世纪初以来的历史文献和报告里搜集数据,重建了密苏里在18世纪末、19世纪初欧洲人开始在此定居时的自然景观。他确定每棵树的位置,并在计算机上记录下来。在登录入这一虚拟模型后,人们就可从密苏里州的上空看看哪里曾经有草原,哪里曾经有森林。这类产品可以为环境史学者所用。

高:您目前正在研究什么项目?

赫尔利:我刚刚完成了一本有关美国老城区的历史遗迹保存和公共历史的书。在过去的大约20年间,历史遗迹保护在美国已成为促进城市复兴的重要手段。因为修复和重新启用一些老建筑,那些一度破败不堪的老城区吸引了新的投资和居民。但很少有学者对其进行深入的历史分析。这本书不仅是一本历史书,它也是一本指南,告诉人们如何描述社区的复兴，也可以增强居民的归属感，以促进社区和谐关系的发展。

我最近开始着手对郊区贫民窟的研究。在美国，人们总以为贫民窟只存在于城市，而不存在于中产阶级居住的郊区。但现在郊区的穷人比市区多。郊区贫民窟的状况让我触目惊心，但人们对此还缺乏认识。我特别关心问题最严重的那些社区，这些社区在以前多是工业区。所以，我想通过追溯历史，来了解这些地方的生活质量为什么会降到如此糟糕的地步。同时，我已经着手从社会史的角度来对密西西比河流域进行研究，但是这个项目将需要相当长的时间来完成。

（高国荣　中国社会科学院世界历史所副研究员）

记忆史视野下的辛亥革命研究

——评《辛亥革命的百年记忆与诠释》

郭　辉

最近,由华中师范大学罗福惠教授、朱英教授主编的四卷本《辛亥革命的百年记忆与诠释》(华中师范大学出版社 2011 年 7 月版,以下简称《百年记忆》并径引卷页)正式出版。该书是教育部哲学社会科学研究重大委托项目的最终成果,是为纪念百年辛亥革命而打造的精品文化工程。该成果由华中师范大学中国近代史研究所牵头,依靠南京大学中华民国史研究中心、武汉大学国家文化创新研究中心、武昌辛亥革命纪念馆等多家科研单位力量及部分海外学者通力合作,历时一年半而成。四卷本《百年记忆》共二百二十余万字,考察了百年来人们对辛亥革命的纪念、记忆与诠释,视角新颖,方法独到,是一部对辛亥革命百年记忆与诠释进行系统、全面研究的开创之作。

一、记忆史与辛亥革命研究视野的新扩展

20 世纪 60 年代,西方学界出现了一种被称为"新社会文化史"的研

究倾向。新社会文化史研究肇始于法国,其后传播到德、美等国家,1980年代在欧美史学界全面繁盛。随着新社会文化史研究趋于成熟,社会记忆史成为新社会文化史研究的重要领域之一。英国新文化史家彼得·伯克将新社会文化史分为七大类:1. 物质文化史,即饮食、服装、居所、家具及其他消费品如书籍的历史;2. 身体史,它与性态史、性别史相联系;3. 表象史或如法国人所称的"表象社会史",即对自我、民族及他人等的形象、想象及感知的历史;4. 记忆社会史或"社会记忆史";5. 政治文化史;6. 语言社会史;7. 旅行史①。新社会文化史具有几个显著特征,即注重文化与文化的作用,强调文化的独立性与自主性;注重跨学科研究,积极采用文化人类学、社会学、心理学等学科的理论和方法;注重微观历史的研究,从宏大叙事中解放出来,关注普通民众的日常生活等。新社会文化史提供了新的方法,大大地开阔了历史研究的视野。

法国史学界在促使记忆成为历史研究对象方面有着突出贡献。法国学界对记忆问题的关注源于第一次世界大战给人们造成的痛苦记忆,当时涉及记忆问题的多为文学家、哲学家和社会学家。法国社会学家莫里斯·哈尔布瓦克于1925年出版的《记忆的社会框架》一书引入"集体记忆"概念,历史学家马克·布洛克为此书撰有评论,但"记忆"并未能就此引起史学界的足够重视。直到"20世纪70年代中期,由于法国社会发生了巨大变迁,法国面临着记忆的危机。人们越来越对历史学有意遗忘某些现象、某些群体表示不满,因而出现了集体记忆的觉醒和对传统历史学的反抗。在此过程中,历史学本身也面临着重大的转向。在这两种趋向的双重影响下,集体记忆成为历史学新的研究对象"②。法国记忆史逐渐兴盛,其中最具代表性的是法国著名史学家皮埃尔·诺拉发起组织编写的《记忆场所》,成为"集体记忆史研究成果的大检阅"。"记忆场所"包括空间上的地区、城市、名胜古迹等;象征意义的国歌、三色旗、口号、谚语等;一些机构、出版物和常年的活动;辞书、集体观摩活动和一些节日;一

① 〔英〕彼得·伯克著,刘华译,李宏图校:《西方新社会文化史》,《历史教学问题》2000年第4期,第25—26页。

② 沈坚:《记忆与历史的博弈:法国记忆史的建构》,《中国社会科学》2010年第3期,第205页。

些历史事件,如雨果的葬礼和两次世界大战;一些社会集团,如工人、移民等[①]。《记忆场所》推动了记忆史研究的全面发展,在记忆史理论的形成、方法的运用、史料的选取等方面都具有开创性的指导作用。

受新社会文化史思潮影响,中国史学界在20世纪90年代前后开始了对历史记忆的研究。1994年,台湾学者王明珂运用"集体记忆"概念进行台湾史研究[②],在他的影响下,翁佳音从"历史记忆"与"历史事实"的关系入手,对台湾原住民史中的一个个案进行了尝试性研究[③]。1997年,大陆学者杨念群在对一本英文记忆史实证研究著作进行评介的同时,介绍了"历史记忆"的一些概念[④]。其后,赵世瑜利用历史人类学方法,从社会史的角度考察了"东南沿海地区对崇祯之死的历史记忆"[⑤]。罗志田则用"历史记忆"研究五四新文化运动,探讨"五四新文化运动的当事人这些历史的创造者在特意从历史角度纪念五四时如何有意无意地对历史进行了'再创造'"[⑥]。随着史学界对"历史记忆"研究的逐步深入,实证性研究形成了两条路径:一是以王明珂、赵世瑜为代表的"社会史"路径,趋向于区域史、地方史、族群史研究,赵世瑜与王明珂同时也是中国史学界"历史记忆"理论的主要研究者,这一研究路径的成绩斐然。另一条是以葛兆光、罗志田为代表的"思想史"路径,葛兆光从"思想史写法"对"历史记忆"进行了理论思考[⑦],其余学者均集中于中国近现代史研究。对"思想史"研究路径的历史学者而言,记忆史研究仅仅是"副业"而已。个中原因,部分源于实际研究的困难,使得"历史记忆"难以在"思想史"中生

---

① 参见沈坚:《法国史学的新发展》,《史学理论研究》2000年第3期,第82页。

② 王明珂:《过去、集体记忆与族群认同:台湾的族群经验》,近代史研究所编:《认同与国家:近代中西历史的比较》,台北:近代史研究所,1994年,第249—274页。

③ 翁佳音:《历史记忆与历史事实:原住民史研究的一个尝试》,《台湾史研究》1996年第3卷1期。

④ 杨念群:《历史记忆之鉴》,《读书》1997年第11期。

⑤ 赵世瑜、杜正贞:《太阳生日:东南沿海地区对崇祯之死的历史记忆》,《北京师范大学学报(社会科学版)》1999年第6期。

⑥ 罗志田:《历史创造者对历史的再创造:修改"五四"历史记忆的一次尝试》,《四川大学学报(哲学社会科学版)》2000年第5期。

⑦ 葛兆光:《历史记忆、思想资源与重新诠释——关于思想史写法的思考之一》,《中国哲学史》2001年第1期。

根发芽。可以说,中国“历史记忆”研究的主流取向与记忆史巨著《记忆场所》的研究对象发生了某种程度的偏离,更多的成了一种“边缘”的历史。

“社会史”与“思想史”路径的历史记忆研究,可作几点区分。第一,研究对象的不同。“社会史”路径主要是以民间传说、民间故事、族群历史等区域性历史记忆为对象;“思想史”路径则是以宏大历史事件和历史人物的记忆为对象。前者侧重于“边缘”,后者侧重于“中心”。第二,史料获取方式的不同。“社会史”路径主要是通过田野调查、访问口述、拍照摄影等来获取史料;“思想史”路径史料主要来源于各种报纸、杂志、前人著述、资料汇编等。第三,研究方法的不同。“社会史”路径主要借助人类学、民族学、社会学等学科的研究方法,对史料进行解读,倾向于对下层社会记忆的研究,由此返观国家,进而探寻社会与国家的关系;“思想史”路径虽然不排斥其他学科的研究方法,但更多地运用历史学方法对文本进行分析,多是对一些重要群体、精英人物的历史记忆进行研究。在研究的价值目标等方面,也存有差别。当然,两条研究路径并非泾渭分明,它们之间也存在诸多相通之处。从根本上讲,两者都是对历史记忆问题的研究。两者在研究方法、史料运用等不少方面也可以互相借鉴,丰富对历史记忆的认识,促进不同路径历史记忆研究的纵深发展。

近两年,华中师范大学中国近代史研究所同仁着手历史记忆的实证研究,并展开了对“辛亥革命记忆史”的探索。罗福惠教授在《百年记忆》“导论”中开宗明义地指出:“在辛亥革命已经成为百年往事的今天,研究中国人百年来的‘辛亥革命记忆史’,与研究当时的辛亥革命事件本身,具有同等重要的意义。”并就“辛亥革命记忆史”的理论渊源、研究对象、内在演进、学科归属、研究路径、史料选取、价值意义等方面做出理论性构建。他希望通过大家的共同努力,使“记忆史研究”能“给史学研究展示一个此前已经朦胧存在,此后或许逐渐明晰的研究领域”(导论第1页)。《百年记忆》在很大程度上延续的是历史记忆研究中的“思想史”路径,正如该书主编所言:“历史记忆的问题不仅关乎历史知识、社会心理,也是一个思想史上的问题。”(导论第5页)《百年记忆》弥补了以往国内学界对“历史记忆”研究的若干偏颇,全面探析了“辛亥革命”这一“中心”事件的百年记忆与诠释。虽说《百年记忆》是从“思想史”路径出发，但同时亦参照“社会史”路径。

百年来，人们对辛亥革命的记忆与诠释千姿百态，各不相同，要对辛亥革命的百年记忆与诠释进行研究，就必须充分了解、透视辛亥革命的“本真”。华中师范大学中国近代史研究所是国内外研究辛亥革命的重镇，近代史所创始人章开沅先生自上个世纪50年代即开始致力于辛亥革命研究，为1949年后最早从事辛亥革命研究的学者之一。章先生立身杏坛，桃李满园，为学界培养出不少辛亥革命史研究学者，《百年记忆》的两位主编都是章开沅先生的弟子，在辛亥革命研究方面卓有成就。另外，经过几十年来几代学者的不懈努力，史学界对辛亥革命研究取得了丰硕成果，“使人们对辛亥革命的认识越来越客观、越来越全面、越来越深入”（第三卷第4页）。辛亥革命史研究的成效使“辛亥革命记忆史”研究成为可能。从内在学术理路的发展看，“辛亥革命记忆史”的提出是辛亥革命研究的扩展，是辛亥革命“事件史”研究发展到一定程度的自然产物。该书撰稿者充分利用了华中师范大学在辛亥革命研究方面的有利条件，提出“辛亥革命记忆史”，开拓了辛亥革命研究的新方向，大大深化了对辛亥革命的研究。

二、辛亥革命记忆史研究的实践

用记忆史的方法进行历史研究，需要解决三个关键问题，即：记忆的主体、客体与载体，换言之，就是解决谁的记忆、记忆什么、如何记忆的问题。四卷本《百年记忆》围绕着这三个问题对百年辛亥革命记忆与诠释进行了整体考察。

四卷本《百年记忆》利用“辛亥革命记忆史”理论展开对百年辛亥革命记忆与诠释的具体研究工作。第一卷为“政府、党派的辛亥革命纪念”，共六章，比较全面地论述了百年来政府、党派关于辛亥革命的历史记忆，注重对政府和政党纪念活动的考察，并对辛亥纪念及历史记忆背后的政治蕴涵进行探寻。第二卷为“民间社会对辛亥革命的记忆与诠释”，共七章,具体考察了工商界、知识界、基督教界、华人华侨等不同界别及其社会团体对辛亥革命的认知、纪念、记忆、诠释和行动,还有大众传媒、教科书、文学艺术作品等对辛亥革命的报道、宣传和书写。第三卷为“历史学者对辛亥革命的研究与诠释”,共八章,较为全面地呈现了百年来中国大陆及台湾,以及日、美、俄、法等国家的辛亥革命研究状况,并注重对研究产生原因、达到的目标进行诠释。第四卷为“纪念空间与辛亥革命百年记忆”,共十三章,对百年来国内外辛亥革命历史的物的承载者与无言的叙述者,即各式各样的辛亥革命纪念空间进行描述,肯定这些纪念空间在塑造、传承、展示辛亥革命记忆上的重要功能。

首先是记忆的主体,即谁的记忆?第一卷以政府、党派为记忆主体。百年来中国的政府,经历了中华民国时期的北京政府、南京国民政府以及中华人民共和国三个正式政权的更替,其间还有南京临时政府、广东国民政府等临时性、过渡性的政权,也有中国共产党革命根据地的苏维埃政府和陕甘宁边区政府以及汪精卫的伪政权。此后,还有1949年后国民党败退台湾的“国民政府”。具体到每个时期,则有中央与地方政府之别。党派主要指国民党、共产党、民主党派,另外,民初的统一党、共和党、民社、进步党等,1949年后台湾的民进党、建国党、亲民党、新党等皆在考察之列。当然,百年来的政府、党派是个异常复杂的主体,该卷已尽其努力进行全面呈现。第二卷以民间社会为记忆主体,具体包括工商界、知识界、宗教界、华人华侨等,工商界主要指工商业者、商会;知识界则指“教育、文化、学术诸机构群体和人士的总称”(第二卷第103页),尤以教育界为主;宗教界主要是基督教新教传教士和中国基督徒;华人华侨以东南亚华侨为主,并涉及其他国家和地区。第三卷以历史研究者为记忆主体,包括中国大陆百年来中华民国、新中国各个时期的历史学者,还有1949年后的台湾学界,以及美、日、法、俄等国的历史学界。第四卷中的记忆主体较为多样,有政府、政党,有各种社会团体,也有个人、地方民众等。

其次是记忆的客体,即记忆什么?顾名思义,“辛亥革命记忆史”是指记忆辛亥革命。“辛亥革命”具体包括与辛亥革命有关的历史事件,如武昌起义、黄花岗起义、中华民国成立等,也包括与辛亥革命有关的历史人物,如孙中山、黄兴、秋瑾等,还包括与辛亥革命有关的思想,如三民主义、中山精神等,以及与辛亥革命有关的派别势力,如革命派、立宪派、清廷等。就各卷而言,第一卷记忆的客体主要为与政府、党派有密切联系的重要政治人物,如孙中山、黄兴等,以及重大军事事件,如黄花岗起义、武昌起义等。政府、党派着重对这些记忆客体所蕴涵的政治内涵进行诠释。第二卷记忆的客体主要为与民间社会有关的区域性、地方性事件,如1895年广州起义、各地光复等,以及革命团体,如兴中会、同盟会等。民间社会通过对这些记忆客体的记忆与诠释,表达自身的利益诉求。第三卷记忆的客体与历史学者对辛亥革命的研究视野有关,为广义的综合、全面的辛亥革命,包罗万象。历史学者的研究与政府、党派、民间社会不同,对这些客体的关注,站在超越的立场上,追求客观。第四卷记忆的客体略偏重留有纪念空间的人物和人物群体。不仅有革命领袖孙中山等,还有立宪派领袖梁启超等重要历史人物,也含具地方影响力的辛亥历史人物,乃至辛亥人物群体。通过纪念空间自然呈现这些记忆的客体。当然,各卷记忆的客观不无重复,但各有所重。

最后是记忆的载体,即如何记忆的问题,亦即所谓"记忆之场"。记忆需要载体才能呈现,最为常见的记忆之场是文本,文本传承着人们的观点与想法。另外,口述、行为仪式、形象化物体等也都是重要的记忆载体。辛亥革命记忆的载体也是如此,该书主编指出,"辛亥革命记忆与诠释"的"呈现方式,并非仅仅体现为史学著作和历史教科书。而各种政治力量的动员文宣,社会各界的相关记忆和纪念,无言的历史遗迹及在相关场所进行的仪式和观览,还有各种文学和艺术制作,以及今天的音像制品乃至网络空间等",都包含有"辛亥革命记忆与诠释"的存在和传播的可能性(导论第3页)。从各卷可知,《百年记忆》对记忆载体的考察比较全面,第一卷除文本外,还有纪念会、纪念仪式、纪念活动、葬礼、座谈会、研讨会、展览会等。第二卷有特殊文本形式的学位论文、大众媒介、教科书、文学作品,还有广告、电视剧、电影等。第三卷则主要为国内外与辛亥革命有关的史学研究著作,当属文本。第四卷侧重于空间意义上的墓地、祠堂、纪念碑、纪念馆、展览、故居、遗址、纪念公园、纪念亭、纪念学校、塑像、行政区划名称、纪念图书馆、道路命名、博物馆、广场、纪念室等,其中也有文本、口述、网络空间等。这些载体既包括文字语言图像,也包括"无言的历史遗迹”与场所。

通过上述分析，可见《百年记忆》对百年辛亥革命记忆与诠释的主体、客体和载体进行了充分的研究，基本上呈现了百年来辛亥革命记忆与诠释的全貌。当然，《百年记忆》并非三者的简单描绘，而是通过一种动态的多维度考察，解决了“种种辛亥革命记忆如何产生，具有哪些内容以及如何表达”（导论第8页）这一问题，其中很多探索具有首创性意义，值得其他研究者关注和借鉴。

三、特色和意义

《百年记忆》对百年来的辛亥革命记忆与诠释做出了细致的梳理和考察，以此拓展和丰富了“思想史”路径的“历史记忆”研究。笔者以为，本书主要有以下几点研究特色与意义：

第一，视野开阔，史料来源丰富。在某种程度上，“史学即是史料学”，史料是史学研究的基础，没有史料就无法进行史学研究。同时，史料的选择又与研究者的学术视野及研究对象有密切关系。在进行史学研究的实践时，要求研究者具有一双慧眼，能够尽可能地扩充史料，面对史料还需根据研究对象进行取舍。《百年记忆》在这个问题上有着较为自觉的关怀。正因为编著者具有开阔的视野，所以选择材料时，举凡报刊、日记、书札、回忆录、访谈录、教科书、文艺作品、网络文章、革命遗址遗物等，均囊括其中，包括以前史学研究中较少用到的及新挖掘的众多史料。比如第四卷中使用了不少作者们通过田野调查拍摄的照片，对此灵活运用，配合文献，成为重要的史料来源。另外，由于“辛亥革命”的特殊性，百年来出现了各种具有不同立场和意识形态的史料，研究者抱持不偏不倚的态度，顾及各种姿态的辛亥革命记忆和诠释，对此尽可能地全面客观呈现。史料的扩充，使还原出复杂的历史面相得以可能，呈现了丰富的历史场景，这也是《百年记忆》书写成功的重要基础。在一部历史著作中集中使用如此丰富多样的史料，并不多见。可以说，《百年记忆》为记忆史研究在史料的选用方面提供了一个成功的范例。

第二,“思想史”路径记忆史研究的实践。国内记忆史研究虽有一些成果,但主要集中在“社会史”路径,而从“思想史”路径进行记忆史研究,缺乏有影响力的成果,《百年记忆》的出版弥补了这一缺憾,将成为从“思想史”路径进行记忆史研究的标志性成果。《百年记忆》正因为是“思想史”路径,文本分析是最主要的研究手段,通过分析各种辛亥革命记忆文本,以呈现出百年来丰富多彩的辛亥革命记忆与诠释。当然,在实际研究过程中,研究者们出于具体研究内容的需要,借鉴了不少“社会史”路径的研究方法,不过,这些方法的运用只是为了能够更好地说明和解答问题,而采取的辅助手段。《百年记忆》深入探讨了记忆背后的理念和思想与记忆形成的关系。政府、党派会采取多种手段留下有利于自身的历史记忆,留下众多的政治文本、纪念空间等,建构其统治或政治上的合法性。民间社会对辛亥革命的记忆与诠释也不能摆脱政治的影响,连本着求真精神的史学界,“政治仍然是影响学术的重要力量”(第三卷第5页)。可见,正是在“政治”理念与思想影响下形成了“有态度”的辛亥革命记忆与诠释。“思想史”路径的历史记忆研究最终应该落实到对记忆形成思想背景的解析,通过对记忆表现形式与记忆内容的挖掘,进而探析背后的理念与思想,以及这种理念与思想的展现与记忆形成的关系。《百年记忆》是“思想史”路径记忆史研究的突破。

第三,为类似的史学研究提供新范式。《百年记忆》成功开拓了辛亥革命研究的新领域,也将为以后史学研究的发展提供新方向,特别是为中国近现代史上类似事件和人物进行记忆史的研究提供借鉴参考。当然,并非所有的历史事件和历史人物都能进行像《百年记忆》一样大型的记忆史研究,辛亥革命在近代中国具有特殊的意义,成为少有的“典型”历史事件,为各方各派所共同关注,对其进行的记忆和诠释反映出百年来政治、经济、文化、社会等方面的发展变化。《百年记忆》的出版引导学者放宽研究视角,将眼光延伸到事件或人物发生之后的时空,而不再仅仅局限于事件或人物本身,将彻底改变史学研究中成熟话题难以为继的困境,“成熟”正是进行记忆史研究的起点。通过《百年记忆》开拓性研究,可以揭示出“记忆与诠释”所具有的某些能够适用其他类似研究的一般性认识。首先是记忆与诠释的多样性,不同的政治势力、团体、人物有着不同的记忆和诠释；其次是记忆与诠释的时代性，不同历史时期有着不同的记忆与诠释主题，与时代的政治社会大环境联系密切；最后是记忆与诠释的层次性：一是政府、党派与民间社会的记忆与诠释存在于不同层次上，一是政府、党派、民间社会内部的记忆与诠释也有层次性。这将从理论与实践上指导类似记忆史的实证研究，如五四运动记忆史、北伐战争记忆史、抗战记忆史等。

第四，回答史学研究与"历史记忆"的关系。"史学是一门客观之学，史学家应始终抱持求真、求公的立场态度"，史学家以追求历史真实为志业。史学家进行记忆史的研究"一方面应将已有的历史记忆与真实的历史进行比对，分析有关记忆形成和变化的主客观原因，发现历史记忆与历史真实的异同；另一方面对被抽象化、简约化的记忆，不断地通过实证的研究来加以丰富，避免历史上有价值的事物被社会遗忘"（导论第 9 页），《百年记忆》通过辛亥革命记忆与诠释的实证研究，对辛亥革命的价值和孙中山等革命家的伟大精神进行肯定和保存。《百年记忆》第三卷中的"历史学者""真正以追求历史真实为目标，力图为当世和后世的人们提供更为客观、更为完整、更为本质的记忆资源"，实际上"有一般性的历史记忆者的一面，又有为人类历史记忆提供可靠根据的'记忆再生产者'的一面"（第三卷第 1—2 页）。历史学者通过对历史真实的追求，为"历史记忆"提供了资源和素材，另外，对"历史记忆"的探寻，也有裨于认清历史的真实。《百年记忆》正是认识到史学研究与"历史记忆"的相互关系，而进行的实际探究。

《百年记忆》第四卷还在一定程度上起到了旅游指南与导读的作用，让人们了解辛亥革命纪念空间，清楚它们的历史，感受鲜活的历史人物和生动的历史事件。辛亥革命史的爱好者和研究者能够通过阅读这本图文并茂的"纪念空间"，达到亲临"历史现场"之效。《百年记忆》在研究中对跨学科方法的提倡，并邀请不同学科研究者进行实际写作的做法，也值得学习。

四、局限和问题讨论

由于史料与时间限制等原因,对辛亥革命的百年记忆与诠释进行的考察,也难免存在一些局限。

第一,某些书写详略不当,甚或有忽视之处。第一卷偏重于中央政府对辛亥革命记忆与诠释的研究,而对地方政府论及较少。第二卷有些部分的研究时段并非百年,如工商界、知识界、宗教界主要只论述至1949年以前,1949年后较少涉及,客观原因在于这些主体“内容较少,难以展开”。尤其是由于史料的欠缺,本卷未对工人、农民的辛亥革命记忆进行探讨。宗教界中,伊斯兰教界、佛教界、道教界也未涉及。华人华侨则主要集中于南洋地区,对欧美地区虽涉及但研究相对比较薄弱(第二卷第5—6页)。第三卷回顾和分析各国或各地的辛亥革命研究史,“对于也有一些研究成果的英国、以色列、澳大利亚、加拿大、东南亚和南亚国家的辛亥革命研究状况,无法顾及”,香港、澳门地区也涉及不多(第三卷第3页)。第四卷侧重对辛亥革命纪念空间的介绍和描述,而对纪念空间如何形塑辛亥革命记忆缺乏深入分析。就全书而言,侧重对孙中山个人的书写,对在辛亥革命中有着重要地位的黄兴、宋教仁、梁启超等虽有涉及,但明显重视不够,对革命派和立宪派等辛亥革命中的群体缺乏整体观照。

第二,互动研究不够。当然,《百年记忆》中已经有不少互动研究,比如孙中山葬礼中北京政府与国民党的互动。但就整书而言,还略显不够。第一卷还应强调同时期不同政府、党派之间对辛亥革命记忆与诠释的互相影响,以及不同时期政府、党派辛亥革命记忆的传承、发展、变异等。第二卷工商界、知识界、基督教界、华人华侨都是广泛而复杂的群体,对他们的“辛亥革命记忆”,不能概而论之,需要对单个群体内部“辛亥革命记忆”的差异性以及相互关系进行更多研究。有条件的话,甚至可以对不同界别辛亥革命记忆与诠释的互动进行考察。第三卷须更多注意各国家与地区间学界的交往,其学术互动肯定影响着他们对辛亥革命的研究与诠释。在论述国内学界受外国影响时,已有不少提示,但当单论国际学界时则较少关注互动研究。另外，各卷之间也缺少互动性关照。总之，历史本是一个多元互动的整体，对其进行“割裂区分”便于研究，但并不能更好地揭示历史真实。

第三，著者群分布广泛，内部协商不够。参与《百年记忆》写作的人数近四十位，这虽然有利于优势互补，但因著者们的个人才能、知识结构、学术修养等难免存在差异，致使对“辛亥革命记忆史”的理解也各不相同。同时著者们分布广泛，缺乏足够的互动协商，其具体体现就是《百年记忆》的各卷无法实现主旨思想、题材选取、表述风格等的一致，甚至单卷中的某些章节亦是如此。对于多人参与的集体项目，似乎难以避免。

作为利用新社会文化史方法对辛亥革命记忆与诠释进行研究的开拓性著述，《百年记忆》难免有不完善之处。新社会文化史思潮源自西方学界，原始理论架构隶属于西方知识话语体系，中国史学研究者对之无疑有着种种陌生感。中国学者在接受西方话语范畴的新社会文化史时，对异域的知识体系肯定会存在一个选择的过程，通过选择后的理论其实已不再是原有理论。中国学者的接受也是对西方理论的“翻译”，通过“翻译”对西方原始理论又会产生“仁者见仁，智者见智”的差别。该书主编提出“辛亥革命记忆史”，有着高度的理论关怀，其理论和方法当然是选择、“翻译”，以及再创造的产物。

一般认为，真正援用西方理论进行史学研究，都是看西方理论如何在史学研究中得到充分的准确的展现，其程度意味着研究成功的大小，史学研究中书写手段、方法运用等的中西参半历来为人诟病。但是，西方理论的引进必然经过一个“中国化”的过程，保留原汁原味的西方理论反倒不适合于中国学者，西方理论的“中国化”何尝不能称之为理论的再创造？主编在援引西方记忆史的相关理论时，认为“早在20世纪二三十年代，钱穆先生对疑古史学和顾颉刚的‘层累的造成的中国古史’学说，一方面表现出尊重古史的立场，另一方面也表示‘古史之真相为一事，某一时代人对古史之想象为又一事。当知某一时代人一种活泼之想象，亦为研究某一时代之历史者一极端重要之事项也’”。而将“钱穆所说的‘活泼之想象’”与“1980年代，西方史学界研究‘历史记忆’成为潮流”后，美国历史学者“詹姆斯所说的‘所发生的事情是如何传给我们的’内容和过程”并置，认为他们都是“今人所说的‘历史记忆’”（导论第1—2页），这显然是在中国的历史理论资源中寻找与西方理论契合之处，汲中西理论资源之所长，构建其独具特色的不同于西方的记忆史内涵。总之，《百年记忆》体现出的中西史学的对话、交流、融合也很值得探究和讨论。

（郭辉　湖南师范大学历史文化学院讲师）

忠厚长者杨广胜教授

彭小瑜

杨广胜大使和我交往有十几年的历史了。杨大使由外交部退休以后在历史学系和希腊研究中心担任兼职教授,讲授现代希腊语,却能和青年学生们在一起谈笑风生,怡然自得。马克垚先生和我夫人都是山西人,与他是老乡,所以他每次见到我都让我问候他的两位老乡,并嘱咐我多吃山西的小米、红枣和陈醋。中心先后几位秘书,如小周和小阙,都视大使为爷爷,感情很深。

古人云,"圣人之文虽不可及,然大抵道胜者文不难而自至也"。杨大使早年曾学俄文,后留学保加利亚索菲亚大学,改学现代希腊语,成为现代希腊语的专家,也通晓英文。他多年在塞浦路斯和希腊从事外交工作,前后担任参赞和大使,成绩斐然,却无暇著书立说。但他退休以后很快成为翻译家和语言学家,出版了多部希腊神话的译著,还写了现代希腊语的教材和语法。他是北京大学希腊研究中心的创始人,于2000年介绍希腊朋友瓦西利斯·康斯坦塔科普洛斯先生到北大,资助中心的建立和工作。当时担任中心主任的是朱孝远教授,也一直与杨大使合作得很愉快。杨大使和艾兰娜博士多年在中心教授现代希腊语,培养了一批通晓希腊文化和语言的学生,派遣他们到希腊进修和攻读学位，为中国的希腊现代历史和文化研究打下了坚实基础，开创了一个崭新的学术领域。

在北大校园，担任教授的杨大使富有忠厚长者的风范。他平时最经常穿的是中式布衫，样式是现在流行的所谓“唐装”，材料却是蓝色的棉布，让我联想起60年代南方市民穿的中式棉袄和外套。当然，这件衣衫和笑呵呵的慈祥面容只是杨大使性格的一个方面。我也在陪同他访问希腊时，看到他身穿西装从容优雅的形象。当代表国家时，哪怕是以一个退休外交官的身份，他也是彬彬有礼的，同时又是那么严肃认真，自如地把握住友善和尊严之间的分寸。当他用流利的希腊语致辞时，立刻就成为人们目光的中心。

求学之人多以为“学者文而已，故愈力勤而愈不至”。杨大使德高望重，淡泊名利，“卓然有不顾世俗之心”，一心只求在中国传播希腊文化。故无论是教学还是翻译、写作以及与同事们交往，他都能够潇洒自如，以自己的道德文章成为我们的表率。

多年担任职业外交官的杨大使，在其晚年是北京大学历史学系的教授，积极参与希腊研究中心的教学和对外交流工作，深受同学的爱戴和同事们的敬重。杨广胜教授翻译过短篇小说，也写过介绍希腊语、奥运会和塞浦路斯风情的文章，但是他的主要学术贡献是在语言学和希腊神话的翻译方面。其主要译作和著作如下。

译作：

《希腊神话》，〔希腊〕代尔塔—帕帕道普洛斯、卡克利迪斯著，中国少年儿童出版社，2003年。

《精选希腊神话》，〔希腊〕普西豪吉乌、查拉斯著，中国少年儿童出版社，2004年。

《绘画本希腊神话》，〔希腊〕代尔塔—帕帕道普洛斯、卡克利迪斯著，山东画报出版社，2008年。

著作:

《中希文简明实用旅游会话手册》,中国少年儿童出版社,2004 年。

《现代希腊语简明实用语法》,金城出版社,2011 年。

杨广胜教授于 2012 年 10 月 10 日因病在北京去世,享年 72 岁。

(彭小瑜　北京大学希腊研究中心主任、历史学系教授)

张寄谦先生著述系年初编

李雷波

张寄谦先生,原籍贵州安顺,1925 年 11 月 28 日生于北京,2012 年 9 月 28 日因病在京逝世。先生生前为北京大学历史学系教授,曾任系中国近代史教研室主任,主要研究领域为:中外关系史、晚晴政治史、港澳台史和民国高等教育史。1945 年考入西南联合大学历史学系,1946 年联大复员后入清华大学历史学系,师从邵循正、雷海宗、吴晗等先生,后专攻中国近代史。本科毕业后回清华大学历史学系任助教,1952 年院系调整后到北京大学历史学系工作。在本系历任助教、讲师(1952)、副教授(1979)、教授(1986),至 1995 年荣休。1953 年,《光明日报 · 史学》双周刊创刊,最初由北京大学历史学系、近代史研究所和北京师范大学历史学系负责,后由北大历史学系单独编辑,翦伯赞先生任主编。张先生与邓广铭、田余庆、陈庆华等先生组成编辑小组,由邓先生领导该刊的编辑工作。1950 年代中任历史学系教学秘书,因通晓英、德、法等多种语言,兼管系内留学生工作。1981 年,北京大学历史学系中国近现代史教研室与西柏林自由大学东方学系汉语专业建立学术合作关系,共同研究 19 世纪至 20 世纪 20—30 年代的中德关系,张先生与郭恒钰(Kuo Heng-yu)教授分别任两校主持人。此外,先生还曾担任过国家教委八五社会科学研究规划港澳台组组长、中国社会科学院近代史研究所学术委员会委员、全国李大钊研究会理事、北京大学校工会女工委员会主任委员、校工会常委等职。1985年,张先生在德国柏林自由大学汉语系东方近代史研究中心做访问学者,并仿学洪堡大学等。1989至1992年间,曾为美国普林斯顿大学访问学者,顺访哈佛大学、耶鲁大学等。

张先生一生倾心学术,大部分精力灌注于中国近代史的研究和教学,为中国近代史的学科建设做出卓越贡献,有诸多开创性的成果, 1982年出版的《中国通史讲授提要(近代部分)》"完全打破了"中国近代史的传统编写体例(王蔚:《无怨无悔事业路——记北大历史系女教授张寄谦》,《光明日报》1995年6月14日),多有创见,在学科领域中具有深远长久的影响;先生与西南联合大学有深厚渊源(先生兄长系西南联大校歌曲作者张清常,先生本人亦为西南联大的学生),故其晚年以较大精力专注西南联合大学历史的研究,成果丰硕(李晓波:《古稀老人书写"文化长征"史》,《中华读书报》2000年3月22日);先生晚年健康状况欠佳,仍坚持治学不辍,临终前又刊出有关中德关系史的主编论文集。凡此种种,作品俱在,精神永存,不一一枚举。

自20世纪50年代以来,先生在中国近代史园地上辛勤耕耘,取得丰硕研究成果。因时间紧迫,本编所录张先生的论文与著述不免疏漏,欢迎读者诸君补正。

一、教材

1982年,《中国通史讲授提要(近代部分)》,张寄谦著,北京大学出版社。

1984年,《中国通史讲稿(下)(近代部分)》,张寄谦著,北京大学出版社。

二、编著及主编资料集

1960年,《盛宣怀未刊信稿》,北京大学历史系近代史教研室整理(与邵循正、陈庆华合编),中华书局。

1964 年,《中俄关系历史资料选辑》,北大历史学系(与邵循正、陈庆华合编),《历史研究》编辑部。

1985 年,《邵循正历史论文集》,李克珍编辑,张寄谦先生参编并撰写序文,北京大学出版社。

1986 年,《国立西南联合大学校史资料》,张寄谦先生任执行编辑,北京大学出版社。

1988 年,《笳吹弦颂情弥切——国立西南联大五十周年纪念论文集》,张寄谦(编辑组成员),中国文史出版社。

1993 年,《素馨集:纪念邵循正先生学术论文集》,张寄谦编,北京大学出版社。

1994 年,《十九世纪的香港》,余绳武、刘存宽编,"第二章"第一稿由张寄谦先生执笔,中华书局。

1999 年,《中国教育史上的一次创举》,张寄谦主编,北京大学出版社。

2010 年,《联大长征》,张寄谦编,新星出版社。

2011 年,《中德关系史论文选集》,张寄谦主编,北京大学出版社。

三、论文

1959 年,《西藏是中国领土不可分割的一部分》,《人民日报》4 月 26 日,第 7 版。[①]

《十年来中国史研究概况》(邓广铭、田余庆、陈庆华、张寄谦),《光明日报·史学》双周刊第 172 号,10 月 29 日。

1960 年,《义和团在北京的战斗——纪念义和团运动六十周年》(与杨济安、林华国、黄思骏合写),《北京大学学报》1960 年第 4 期。

《从纪念义和团运动六十周年所想到的》,《光明日报·史学》双周刊

---

① 按本年张先生还有《西藏简介》一文,刊发报刊不详,暂不附列,参见郭卫东、牛大勇著:《北京大学历史学系简史(初稿)》,北京大学历史学系,2004 年,第 329 页。

第186号,1960年5月。

1978年,《翦伯赞同志和〈中国史纲要〉》(与邓广铭、陈庆华、张传玺三先生合撰),《北京大学学报》1978年第3期。

1979年,《五四运动前后的蔡元培》,《北京大学学报》1979年第3期。

《清代的垦田与丁口记录》,孙毓棠、张寄谦著,载《清史论丛》1979年第1辑。

1981年,《义和团运动在山东活动情况二三事》,《历史档案》1981年第1期。

1985年,《关于中华革命党研究述评》,《孙中山研究述评国际学术讨论会论文集》,10月。

《义和团时期的中德关系》,收入张寄谦主编:《中德关系史研究论集》,北京大学出版社,2011年。

1987年,《辛亥革命时期的蔡元培》,载《辛亥革命史丛刊》第五辑。

1988年,《蔡元培的中西文化观》,收入《论蔡元培》,旅游教育出版社。

1989年,《金登干(J. D. Campbel)与中国海关》,《近代史研究》1989年第6期。

1990年,《哈佛燕京学社》,《近代史研究》1990年第5期。

《西南联大大事简记》(1937年7月—1946年7月),《高等教育论坛》1990年第1期。

1993年,《严复与北京大学》,《近代史研究》1993年第5期。

《邵循正先生传略》,收入张寄谦编:《素馨集》,北京大学出版社。

《蔡元培的"社会主义"观》,收入张寄谦编:《素馨集》,北京大学出版社。

1994年,《邵循正史学成就探源——写在〈素馨集〉出版之际》,《近代史研究》1994年第6期。

《清末民初孙中山和梁启超等人与台湾的关系》,《台湾研究》1994年第1期。

《范文澜与北大历史系》,《近代史研究》1994年第1期。

《清末民初孙中山和梁启超等人与台湾的关系》(续),《台湾研究》1994年第2期。

1995 年,《袁世凯的政治顾问莫理循(1862—1920)》,祝总斌主编:《北大史学》第三辑,北京大学出版社。

1996 年,《孙中山关于执政党如何继续保持革命精神的思想》,《北京社会科学》1996 年第 4 期。

1997 年,《孙中山政党思想初探》,孙中山与现代文明、中华炎黄文化研究会、上海炎黄文化研究会编:《孙中山与现代文明》,苏州大学出版社。

1999 年,《翦伯赞与〈光明日报·史学〉专刊》,张义德主编:《名人与〈光明日报〉》,光明日报出版社。

2003 年,《一部异彩纷呈的著作——林中明先生著〈斌心雕龙〉》(注:作为林著序文),台北:台湾学生书局。

2004 年,《关于清史编纂的意见》,国家清史编纂体裁体例工作小组编:《清史编纂体裁体例讨论集》,人民大学出版社。

2005 年,《骆驼剧团活动纪实》(与罗士刚合撰),清华校友通讯丛书《校友文稿资料选编》第 10 辑,7 月。

2006 年,《梅祖彦的"八十自述"》,清华校友通讯丛书《校友文稿资料选编》第 11 辑,7 月。

2007 年,《深谙政治且不曲学阿世的历史学家》,《邓广铭教授与中国史学》专刊,北京大学中国古代史中心 3 月 16 日出版。

2008 年,《支撑起西南联大的是中华民族自强不息的精神》,《西南联大北京校友简讯》第 43 期,4 月。

《资深日语翻译家马斌》,《北京大学校友通讯》第 45 期,8 月。

2011 年,《一位党史教员在百家争鸣后的遭遇》,《炎黄春秋》2011 年第 6 期。

(李雷波　北京大学历史系博士研究生)

Abstracts

A Revised Chronological Table from the Former Han Dynasty to the Xin Dynasty

Xin Deyong

【Abstract】 Due to ambiguousness and incompleteness of the historical records, there are a number of errors in the chronology of the Former Han Dynasty and the Xin Dynasty, regarding the exact time of Emperor Wu initiating the very first reigning era name, each reigning era name used by Wang Mang, and *dijie* (地节), the reigning era name Emperor Xuan of Han employed. By means of analyzing archaeologically excavated items which were inscribed with the era names, and relevant historical texts such as those in *Shiji* (史记) and *Hanshu* (汉书), the author has improved the studies on the reigning era names, and has created a revised chronological table from Former Han to Xin.

The Response to the Plague of Locusts in Shandong Region in the Kaiyuan Period of the Tang Dynasty

Zhang Long

[Abstract] Large-scale and continual plagues of locusts exploded in Shandong region in the early years of the Kaiyuan Period. The question as to how to deal with this disaster led to a heated debate among the bureaucrats. A number of government officials opposed going into action to eliminate locusts on the pretext of the tradition that considered locust plagues as a heavenly punishment inflicted upon sinful men. Prime Minister Yao Chong obtained the endorsement from Emperor Xuanzong in organizing a campaign to end this natural disaster. By encouraging people to burn and bury locusts, Yao eventually succeeded in his efforts and prevented locusts from causing further damage to agriculture. His success also ensured the political reforms to be carried out smoothly during the Kaiyuan Period.

The Red or the Purple Uniform Awarded in the Tang and the Song Dynasty

Chen Wenlong

[Abstract] The official uniform color classification system was often connected with the rewards for successful military actions in medieval China. In the Tang Dynasty, *ci feizi* (赐绯紫), that is, the system of awarding an official with the red or the purple uniform, was divided into three types: to be bestowed by Emperor himself, to be sought by high ranking officials for their subordinates, and to be acquired according to government regulations. Eunuchs' uniform color was yellow and was not determined by their ranking titles (*sanguan*) in the Tang Dynasty. In the early Song Dynasty, officials wore green, red or purple according to their ranking titles rather than in agreement to the posts they held, a tradition already existing in the late Tang dynasty. The system of *ci feizi* was also related with officials' length of service. It eventually loosened the relation between an official's uniform color and his nominal ranking title, and made the color more realistically indicative of his actual status.

Constructing History by Selecting and Organizing Materials: In the Case of the Two Images of Wang Qiao

Zhao Dongmei

【Abstract】 Most traditional Chinese historians incline to show their thoughts by selecting and organizing materials rather than by making comments directly. The biography of Wang Qiao, in Book 458 of *Songshi*, tells a story of a role model of filial duty, while the biography of the same person, in the Book 5 of *Mianshui Yantanlu*, tells a story of a reclusive hermit. By a detailed textual study of the two biographies, this paper explores how selection and organization of materials helps to construct the two different images of Wang Qiao.

A Comparative Study of the Land Taxes in Guangdong during the Song-Yuan-Ming Transition: In the Case of Lianzhou, Guangzhou, Chaozhou and Huizhou

Liu Guanglin

【Abstract】 This paper aims to explore changes in the collection of land taxes in Guangdong during the Song-Yuan-Ming transition. Based on invaluable information on taxation preserved in extant Song and Yuan local chronicles, the author argues that the Yuan governance marked a crucial point in long-term changes in land taxes during the five centuries from 1000 to 1500. The Yuan administration no longer adopted progressive taxes and gave up the approach in assessing family property and land holdings known as *chanqian*, but turned to payment-in-kind for the collection of land taxes. Information on the early Ming land tax system shows a direction in opposite to the money-based tax administration in the Song era. In terms of per household tax burden calculated in real terms, early Ming farmers in Guangdong paid much higher than those in the eleventh century.

Multiple Perspectives on "Shen Jin's Death"

Zhang Hairong

【**Abstract**】 In 1903, Shen Jin, a revolutionary and journalist, was tortured to death under the rod penalty by the Empress Dowager Cixi for exposing "Secret Agreement between China and Russian". This most profound perception has been accepted for about a hundred years. According to the archives of Qing Dynasty, however, this argument is contrary to the historical fact. Because of the absence of the protagonist of this event and Qing government's reticence, Shen Jin's death caused intense disputes among his contemporaries, and was re-interpreted in various forms in the past more than a hundred years. Although these re-interpretations are not in accordance with historical truth, they leave a more striking imprint in memory than the fact itself. By exploring how Shen Jin's death was portrayed, this article attempts to reflect the model of constructing modern Chinese history and inquire the history of narration on the historical events.

Teaching of Asian History in Chinese Universities in the Republic of China

Shang Xiaoming

【**Abstract**】 It has long been believed by historians that teaching and researching of Asian history in Chinese universities did not really exist before

1949. By referring to sources regarding courses offered and teachers who taught before 1949, we can prove that teaching of Asian history did develop substantially. This fact can be perceived in many aspects, such as the topics taught, the number of universities where they were taught, the high qualification of many teachers, and the good quality of some of the courses. Teaching and researching of Asian history in universities in the Republic of China laid down a solid foundation for future development of this discipline.

From Economic Development to Class Struggle: Propaganda Tactics for the Campaign of Reducing the Number of Workers and Residents in Cities

Liu Yigao

【Abstract】 Reducing the number of workers and residents in cities was one of the major operations for restructuring national economy in the early 1960s. Although some researchers have focused on the success of this mass mobilization, they appear to overlook political and ideological circumstances of the day. In comparison with former large-scale mobilizations, this campaign of reducing urban population so harmed ordinary people's vital interests that it was very difficult for the government to carry it out. The case is very indicative of the deep-rooted cause that influenced politics and ideology during that period. By analyzing the tactics used by the government to execute the campaign, this essay reveals profound changes in the core contents of the then political propaganda. They were gradually transformed from promoting economic development to emphasizing class struggle. Officials further gave up making dialogues with people and demanded obedience more directly through imposing pressure on people by the administrative authority they possessed. This episode in the history of People's Republic of China created a political culture even less transparent and more dependent upon coercive force and mass mobilization.

The Relations between Qing Dynasty and Korea in the Context of *Zongfan* System and Its Rituals

Wang Yuanzhou

【Abstract】 Traditional eastern Asian feudal relations, the *zongfan* system (tributary system), regarded highly rituals performed by envoys from the subject states. It is sometimes believed that this system itself was in essence a peculiar form of political rituals. During the reign of Qing Dynasty, legates from Korea performed very complex and subservient ceremony of *sangui jiukoutou* (three kneeling-downs and nine kowtows). Although this practice gradually lapsed into less strict forms, the Koreans never forgot the humiliation they experienced while performing these rituals and later demanded their abolition. This mostly ceremonial *zongfan* system was not an appropriate diplomatic instrument in modern international relations, even after modifications had been made in order to adapt it to the new situation.

Reflections on the Fall of Rome: A. D. 476-800

Li Longguo

【Abstract】 After A. D. 476, both in Italy and Constantinople, the fall of Roman Empire began to be recorded by the chroniclers whose works were continually copied by the later authors. The idea of the fall embodied in these texts may have been transmitted to the courtiers of Charlemagne when he became the king of Italy in 774. In most historical works outside Italy, this historical event had been more or less ignored till the beginning of the 8th century, and instead the survival of the Roman Empire in Constantinople was recognized by many authors of Western Europe. Bede started to notice the fall of Rome by borrowing materials from previous authors in his two *Chronicles*. And through Alcuin, the ideology regarding the fall and the survival of the Roman

Empire should have some impact upon Charlemagne and might have exerted some influence upon him when he decided to be crowned by Pope Leo in A. D. 800.

The Debate on Right to Privacy in the United States, 1880-1910

Cao Hong

【Abstract】 At the turn of the 20th century, the United States turned into modern industrial society. Improved technology, urbanization and new journalism reshaped the traditional situation of privacy and brought up a new privacy interest. Among the middle-class elites, an idea of individual privacy right which protected person from sensational journalism prevailed. However, this idea of right to privacy was not widely recognized in the judicial practice at first. On June 27, 1902, the Court of Appeals of New York denied the existence of right to privacy in Roberson v. Rochester Folding Box Company. The decision eventually led to the passage of an act which protected right to privacy in the next year in the State of New York. Since then, many legal cases and statutes in favor of right to privacy emerged. However, the right to privacy in those cases and statutes was different from the original ideal about this right, and merely prohibited using a person's name, portrait or picture for the purposes of trade. This result to a great extent stemmed from the emphasis upon freedom of the press, the emergence of mass society and class polarization, and the conflict between the individual rights and property rights, all of which characterized the American society during the Gild Age and the Progressive Era.

America's Reaction to the Establishment of the Sino-Soviet Alliance and the Formation of the Cold War System in Asia

Shen Zhihua, Yao Yu

[Abstract] After the emergence of the Cold War in Europe, the United States decided to support the pro-American Nationalist Government in the civil war in the hope that it would win and China would become an important U. S. ally in the Asia Pacific region. The U. S. government was forced to adjust its China policy in early 1949 when the Nationalist army quickly collapsed. Its main aim was to alienate China from the Soviet Union and to prevent China from joining the socialist bloc. When this effort failed, the United States immediately modified its overall strategic arrangement in the region. First, the United States attempted to contain both the Soviet Union and China. Secondly, the U. S. supported Japan and protected South Korea and Taiwan in in order to establish new alliance relations. In the triangular interaction among China, the United States and the Soviet Union in the Far East, the formation of Sino-Soviet alliance not only was the key factor that decided the evolution of bilateral relations between New China and the United States, but also shaped the basic strategic consideration of American leaders when they designed the blueprint of Cold War in Asia.

Charles Tilly on Democracy

Sun Xiu

[Abstract] This essay presents an interpretation of Charles Tilly's research of democracy and democratization. After summing up his main explaining schema and unique ideas about democratization in first part, the second part discusses his research strategies, such as historizing the concept of democracy, describing the democratization's trajectories within the context of contentious politics, and bringing a mechanism and process analysis to bridge the micro and the macro analysis level. The third part makes a brief comparison between Barrington Moore Jr.'s and Tilly's research and attitude towards democracy. It concludes that Tilly, with a detached academic stand, prefers structure constrains to actors' agency when explaining the processes of democratization. Finally, the fourth part locates his position in the democracy research academia and views his work as an example of conducting research in an interdisciplinary perspective.

Notes on *Zhuo*(涿) in *The Biography of Zhang Yu of San-kuo Chih*

Zhu Zongbin

【Abstract】 The Chinese character *Zhuo* (涿) appeared as a place name in the biography should be regarded as the vehicle of a vulgar insinuation. However, earlier commentators deciphered it as 'anus' of human being, which must be rejected as far-fetched. The implication of this word should be 'phallus', because *Zhuo* (涿) is morphologically affiliated with *Chu* (豖), which in turn can be phonetically identified with *Shu* (蜀). The latter and those morphologically affiliated with it, such as *Zhuo*(斶), *Zhu*(屬) and *Zhu* (燭), being phonetic loan characters, all lead us to the meaning of 'phallus'. Furthermore, the meaning of 'phallus' clarifies precisely the vicious ridicules in the context of the biography, where the meaning of 'anus' fails.

Memory and American Diplomacy: A New Trend in the Studies of History of American Foreign Relations

Li Jinxian

【Abstract】 The first decade of the 21st century witnessed a vast increase in attention devoted to memory studies in American diplomatic history. Scholars have studied the complicated relationship between memory and American foreign relations by looking into policy-makers' personal memories, collective memory of American society, and national memories of the U. S. and other countries involved in the wars, in addition to memories of non-state actors, such as those of international tourists. The introduction of memory into American foreign relations studies helps historians expand their scope of research, exposes them to wider range of historical documents, and enriches their research methods, thus enabling them to interpret the process of decision-making in American foreign policy from a new perspective.

Interview with Andrew Hurley: A Public Historian Concerned about City and Environment

Gao Guorong

Book Review on *One Hundred Years of Memory and Interpretation about the Revolution of 1911*, edited by Luo Fuhui and Zhu Ying (Wuhan: Huazhong Normal University Press, 2011)

Guo Hui

An Essay in Memory of Professor Yang Guangsheng

Peng Xiaoyu

A Brief Biography and Publications of Late Professor Zhang Jiqian

Li Leibo

稿　约

一、《北大史学》由北京大学历史学系主办，发表中、外历史学论文、书评、译文，欢迎国内外史学界同仁投稿。

二、本刊系年刊，于每年底出版。年度稿件于9月1日截止。

三、本刊由执行主编负责稿件的具体事宜，采用匿名审稿制度，稿件的最终审定由本刊编委会作出。

四、稿件字数一般不超过1.5万字。但特殊稿件的字数可以例外。

五、稿件注释一律采用"脚注"。注释规则请参下附《注释规范》，请投稿者严格遵循。

六、请同时提供中、英文"内容提要"和作者的工作单位和职称，附于稿件之末。

七、来稿请用A4纸打印，并提供电子文本（Word格式）。

八、来稿是否录用，一般将于10月底前告知作者，请勿一稿两投。

九、来稿一经刊载，即奉稿酬。

十、来稿请寄北京市海淀区北京大学历史学系《北大史学》编辑部。邮编：100871。电子版的中国史文本请发送至 zhangfanbd@263.net，世界史文本请发送至 Wanglx@pku.edu.cn。

附:注释规范

一、基本工具书和中文著作书目排列

人名和地名等外文专有名词在中文的研究作品中必须有统一的译法。新华社编辑、商务印书馆出版的诸种译名手册比较实用。下面所列的几种手册可以作为世界史研究者和翻译者统一人名和地名译法的基础。中文书目排列的先后秩序以作者名或编者名的汉语拼音为准;未标明作者的,以书名的拼音为准;未带括号内“编”字的,是指著作者。

《基督教词典》,北京:北京语言学院出版社,1994。

豪厄特(主编):《世界历史词典》,北京:商务印书馆,1988。

(在以上两书中可以找见许多冷僻世界史专有名词的习惯汉译)。

辛华(编):《世界地名译名手册》,北京:商务印书馆,1978。

辛华(编):《英语姓名译名手册》,北京:商务印书馆,1981。

辛华(编):《法语姓名译名手册》,北京:商务印书馆,1996。

辛华(编):《德语姓名译名手册》,北京:商务印书馆,1973。

新华通讯社译名室(编):《世界人名翻译大辞典》,北京:中国对外翻译出版公司,1993年。这是迄今最完整的外国人名译名辞典。

二、中文著作、译作和论文引用

第一次引用必须注明作者、书名、出版地、出版社、出版年和页码。中译本书、文章需注出作者国别和译者。所引作品再次出现时,只注出作者名、书名或论文标题以及页码。引用古籍,一般须注明编撰者、书名、卷次、部类名和篇名,常用古籍或官修典籍可注出编撰者。原刻本、抄本和稿本,须分别注明版本情况;影印本,则须注明出版地、出版社、丛书名和影印版本;点校本,须注明出版地、出版社、出版时间和页码。引用文集,可用引用古籍之例,注明著作者、书名、卷次和篇名,也可以先注明作者和篇名,再注出文集名和卷次。版本情况,一律在第一次引用时注明,此后省略。如：

《基督教词典》，北京：北京语言学院出版社，1994年，第33页。

〔芬兰〕韦斯特马克：《人类婚姻简史》，刘小幸、李彬译，北京：商务印书馆，1992年，第7页。

李工真：《德意志犹太人向巴勒斯坦的移居》，《历史研究》2004年第1期，第150—164页。

阎步克：《孝连廉"同岁"与汉末选官》，《北大史学》第6辑，1999年，第1—13页。

孙铉：《为政第一编》卷一，《授任·候选》，康熙四十一年(1702)刻本。

万历《淮安府志》卷六，《学校志·社学》，上海：上海书店《天一阁藏明代方志选刊续编》影印万历刻本。

《汉书》卷五四，《李广传》，北京：中华书局，1962年，第2439页。

《资治通鉴》卷二一四，唐玄宗开元二十二年二月壬寅，北京：中华书局，1956年，第6805页。

宋濂：《孔子庙堂议》，《宋濂集》第一册，杭州：浙江古籍出版社，1999年，第19—21页。

三、外文作品在中文著作和论文中的引用法

一般的规则之外，请注意每个例子的特殊性，比如同时有作者和编者、重印本、丛书、文献集成等情况。英、法、德、日和拉丁的书名写法有细微的不同，也请留意。为方便和求得风格的一致，所有西文书目中的说明文字(卷数和版本等)，一律用英文。所引作品再次出现时，只注出译成中文的作者名和文章标题或书名以及页码。西文的书名和期刊名必须用斜体。如：

博伊尔：《中世纪拉丁古抄本学》(L. E. Boyle, *Medieval Latin Paleography: A Bibliographical Introduction*, Toronto: University of Toronto Press, 1984)，第1页。

特伯维尔:《中世纪异端和宗教裁判所》(A. S. Tuberville, *Medieval Heresy and the Inquisition*, reprint ed. London: Archon Books, 1964),第 2 页。[也可以给出原初的出版地、出版社和出版年,与重印本出版地、出版社和出版年以分号隔开]

迈松纳夫:《宗教裁判所起源研究》(H. Maisonneuve, *Études sur les origines de l' inquisition*, 2nd ed., Paris: Librairie Philosophique J. Vrin, 1960),第 3 页。

雷斯:《教会之刑法权》(W. Rees, *Die Strafgewalt der Kirche*, Kanonistische Studien und Texte 41, Berlin: Duncker & Humblot, 1993),第 4 页。

斯蒂格勒:《拉丁教会法历史》(A. Stickler, *Historia iuris canonici latini*, Rome: Liberia Ateneo Salesiano, 1985),第 5 页。

圣伯纳德:《圣伯纳德全集》第 3 卷(*S. Bernardi opera*, Vol. 3, ed. J. Leclercq and H. M. Rochais, Rome: Editiones Cistercienses, 1963),第 6 页。

波美里乌斯:《论沉思的生活》(Julianus Pomerius, *De vita contemplativa*, Lib. III, 13 et 15),见《教父文献大全(拉丁编)》(*Patrologia latina*)第 59 卷,第 493 栏(= col. 493. "column"不宜译为"页")。

莱维森:《中世纪的双剑理论》(W. Levison, "Die mittelalteriche Lehre von den beiden Schwerten," *Deutsches Archiv für Erforschung des Mittelalters* 9/1951),第 8 页。

瓦尔特:《异端与教皇政治》(H. G. Walther, "Häresie und päpstliche Politik: Ketzerbegriff und Ketzergesetzgebung in der Ábergangsphase von der Decretistik zur Decretalistik," *The Concept of Heresy in the Middle Ages*, ed. W. Lourdaux and D Verhelst, Louvain: Louvain University Press, 1976),第 9 页。

四、档案和网络资讯的引用法

引用档案,如业经编辑出版的档案,直接注明编辑者、书名、出版社、出版时间和页码;如系档案馆收藏的档案(包括原件和胶卷),按照档案馆的编目体例注明。如果光盘和网络资讯来源是已经印刷出版的图书和论文,引用者首先应按上面的外文著作注释体例注明作者和出版信息,然后注明光盘来源或网址,例如:见[CD-ROM] Available: Proquest New York Times On Disc, Jan. 1996-Dec. 1996。或者:见〈http://www.queens.lib.ny.us/mlk〉,并在网址后的方括号内写明网址最近更新时间或上网查阅的时间(网址往往不是永恒的资讯来源)。如果网络资讯没有出处或者是首次发表的原作,引用者应注明网址、网络资讯的类型和作品发表时间。如:

四川档案馆编:《清代巴县档案汇编·乾隆卷》,北京:档案出版社,1991年,第61页。

中国第一历史档案馆藏:《军机处录副奏摺》,光绪朝综合类,13/151/7432/6。

马丁·路德·金:《我有一个梦想》(Martin Luther King, *I Have a Dream*, August, 1963. Internet on-line),见〈http://www.queens.lib.ny.us〉[12 June 2000]。